刑事司法における薬物処遇の社会学

「犯罪者／アディクト」と薬物の統治

ドーン・ムーア＝著
平井秀幸＝訳

現代人文社

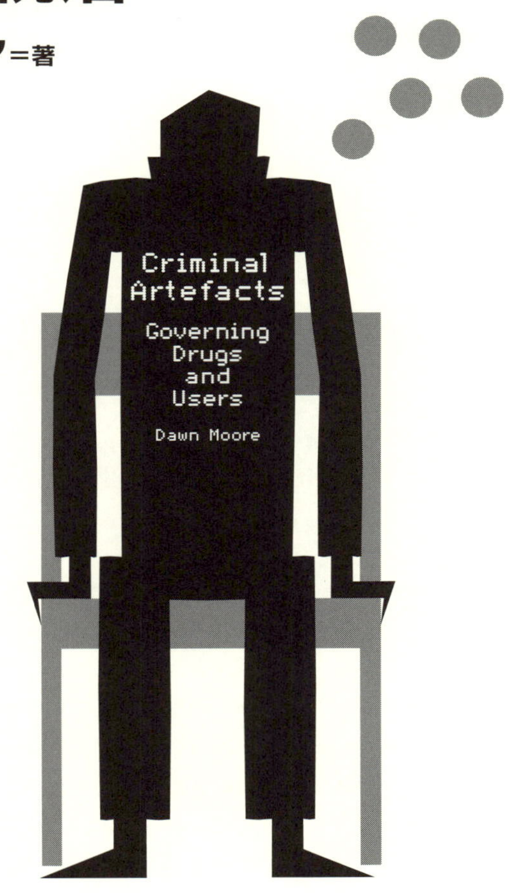

Originally published as
CRIMINAL ARTEFACTS
By Dawn Moore
under the imprint UBC Press © The University of British Columbia Press, 2029 West Mall, Vancouver, Canada. 2007
Japanese translation published by arrangement with University of British Columbia Press through The English Agency(Japan) Ltd.

日本語版への序文

本書の初版が刊行されてから、10年近くが経とうとしている。この10年間のカナダを思うとき、私の胸にはフランス語の格言“plus que ca change, plus que ca la reste la meme: the more things change, the more they stay the same（物事が変化すればするほど、その根本は同じままにあり続ける）”が去来する。私がこの序文を書いている時点で次の選挙が迫ってきているものの、われわれカナダ人が今でも、私が本書を準備していた頃とまったく同じ政権のもとで暮らしていることに変わりはない（訳者注：2015年10月19日に行われたカナダ連邦総選挙において、ジャスティン・トルドー率いる自由党が勝利したことにより、実に10年近く続いたハーパー保守党政権からの政権交代が実現することになった）。

この政権は、「法と秩序」の刑事司法政策を愛するとともに、目立ちはしないが取るに足らないとは必ずしも言えないような身振りでもって、「社会復帰的（rehabilitative）」な志向性を標榜し続けている。いまや、こうした志向性はますます問題解決型裁判所（problem-solving court）として形をなすようになってきており、ドラッグ・コート（drug treatment court: DTC）――その数自体は増えていないものの――の活用や、（カナダの司法システムは隣国（アメリカ合衆国）のそれとは別物なのだと願望する）カナダ社会に向けた訴求力はまったく衰えていない。カナダ人は、寛容とは程遠いカナダの刑罰システムを象徴するこの10年間の残虐行為や、継続して発生する数々の人権侵害にもかかわらず、今でもカナダの司法システムはより寛容で、より穏当なものであると信じているのである。

皮肉にも、変化はカナダの国境の外で――すなわち、われわれの南方の悪名高き隣国、アメリカ合衆国において――まさに生起しつつあるようだ。聞くところによると、そこにおいて拘禁主義（carceralism）からの退却が進行中だというのである。シアトルで行われた2015年の「アメリカ法・社会学会（Law and Society Association）」の年次大会において、私はこのトピックに関連した少なくとも4つのパネルに参加した。そこで私が目にしたのは、超拘禁国家（hyper-carceral state）の手ひどい失敗（と財政面での持続困難性）を論じる報告やペーパーの数々であった。代わりに注目されていたのは医療モデル（medical model）への回帰といったものであり、本書で提示された知見に関するさまざまな関心と疑問をむねに、たくさんのアメリカ人研究者が私にアプローチしてきた。要約すれば、かれらの着目点は、私が本書で展開した“社会復帰的志向性を産獄複合体の外側に位置づけることや厳罰的心性とは異なるものと理解することに対する警告”の先見性に注がれていたようである。

言うまでもなく、過剰収容の軌道修正という一見すると特殊アメリカ的な動向——そもそもそれが生起しているとすればの話だが——が不十分かつゆっくりとしたものであるのと同様に、この刑罰モデルを「新たな」ものとして受け止めることにも慎重でなければならない。とはいえ、本書のなかでも述べたように、私はそれを医療モデルという術語で適切に記述できるとも考えていない。おそらくは日本においても過去10年ほどの間に目撃されてきたように、それほど新しくはないはずのこの社会復帰的志向性は、1950年代から60年代の西洋世界における医療モデルに導かれた福祉国家的合理性から距離をとり、その代わりに責任化、個人化、犯罪・犯罪化をシステム的ないし構造的に理解することからのあからさまな撤退、といった考え方に強く依拠したネオリベラルな潮流に根ざす枠組みを重視し続けてきたのである。それに加えて、カナダにおいて（そして議論の余地はあろうがおそらくは日本においても）実際に起こっているように、医療モデルからわれわれがかつて学んだ権力の活用の（それゆえに権力乱用の危険性の）増幅についての教訓は忘れ去られ、現状のどこにも見出すことができない——「処罰から治療へ」？　喜劇にすらならぬ歴史を繰り返すつもりだろうか。刑務所への拘禁措置に反対する政策はいかなるものであろうと本来的に善いものである、という感情は実に強力で揺るがしがたいものである。

そうだとすればおそらく、本書で展開される議論は10年前にカナダの文脈下でタイムリーだったのと同様に、よりグローバルな視角から見れば現在においてこそタイムリーなのかもしれない。いわゆる犯罪に対する厳罰政策は多くの地域において拡大し続けており、加えていまや、拘禁された者に対して何かポジティヴで生産的なことをしようという広くゆきわたった意志と結合している。しかし、法律違反者を変容させようとするこのような意志——かれらを「より善く」しようとする意志——も、個人の生に対して伸ばされる統治的権威の腕が、単に個人の身体を押し込めておく段階から、（Foucault（1977）の議論に立ち戻るまでもなく）個人の魂（より精確にはプシケ（psyches））に介入する段階へと拡大されていることからも分かるように、後退するどころか増幅し続けているのである。もしかすると、われわれは刑罰性（penality）に関する新たな種類の危機の幕開けに立ち会っているのかもしれない。それは善意の意図に覆われており、間違いなくこれまでものよりも把握しづらい刑罰性である。しかし、刑務所の壁で閉鎖された空間の内と外の双方において生起している心理的なもの（the psy）と拘禁権力（carceral power）の融合は、人権に対する深刻な脅威をもたらし、われわれに以下のような問いを投げかけるよう駆り立てずにはおかないだろう。

いったいなぜ、ある特定の人々が——仮にかれらの犯罪性が実際にアディクションのような病理と結びついているとしても（もちろん私はこの仮定に同意できないが）——刑罰レジームに係属しなければならないのか。仮にもこうした病理の拡がりは、厳罰的な国家が単に、他の方法でも対処可能なはずの社会問題に対する裏口対応であることを示唆するひとつの指標ではないのか。もしそうなら、われわれはさらに次のような問いを続けなければならない。なぜわれわれは、社会問題に対処するための第一義的なメカニズムとして、繰り返し「厳罰的なもの（the punitive）」に立ち戻ってしまうのだろうか。

2015年9月

ドーン・ムーア
(Dawn Moore)

刑事司法における薬物処遇の社会学
「犯罪者／アディクト」と薬物の統治

目次

本書をカール（Karl）に捧ぐ。

私は、彼が刑務所に収容されていた約6か月の間、カールとともに仕事をした。彼は国外追放処分（deportation）を待つ身であった。カールはカナダで生まれ育ち、英語しか話せず、にもかかわらず（ここではさして重要ではない多くの理由によって）決してカナダ国民になることができなかったのである。彼は生涯を通してぎりぎりの暮らしをしてきた。貧しい生まれで、学校をドロップアウトし、（何度も）パクられ、継続的なヘロイン使用の習慣を有している、といった具合に――。彼は犬を愛し、ひどい頭痛持ちだった。カールは目前に迫った国外追放処分を心底恐れていたが、言うまでもなくそれは、言葉もしゃべれず、ストリート文化も分からず、信頼できる者も彼を守ってくれる者もいないような国に行くのが怖かったからだろう。われわれは、カールの国外追放処分が取り下げられるよう格闘したのだが、ついにそれは叶わなかった。彼は、真夜中の飛行機で、生まれてこのかた一度も行ったことのない某国に連れ出されていったのだが、彼の乗った飛行機が到着して1週間後に、薬物取引（drug deal）の失敗のさなかで命を落とすことになった。彼は殺されたのだ。カールの死に関して語ろうとする者は、刑務所にいたわれわれの一部を除いては1人もいなかった。私たちがカールの家族の最も近くにいた人々だったのだと思う。

以上は、私がこのプロジェクトのための調査を開始した2001年の冬の出来事である。それ以来、カールはずっと、私と共にあり続けている。

カールの問題、それは「ヘロイン」の問題だったのだろうか。いや、決してそうではない。それは「ルール」の側の問題だったのである。

謝辞

本書を脱稿することができたのは、実にたくさんの人々や組織による仕事や、かれらの支えがあったからである。この調査は、社会・人文諸科学に関する調査審議会（the Social Science and Humanities Research Council）からの博士奨学金にその一部を負っている。オンタリオ公文書館（the Archives of Ontario）のスタッフには、文書を発掘し、ファイルにアクセスするにあたって、大変お世話になった。トロント大学犯罪学センターや、カールトン大学公共問題マネジメント学部からの財政支援は、調査旅費やその他調査のための支出にあてられた。さらに私は、保護観察所やドラッグ・コート、そしてこのプロジェクトに参加してくれた保護観察官とドラッグ・コートのクライアントたちに、大きな恩義を受けている。

Krista Lazette、Tara Lyons、Jenny Rodopolous、Akwasi Owusu-Bempeh、そして Jachie Shoemaker-Holmes は、皆有能かつ素晴らしいリサーチ・アシスタントたちだった。

多くの友人や同僚が、厄介な問題について話しあったり、草稿に目を通してもらったり、執筆に向けた励ましをくれたりするなかで、この仕事に寄与してくれた。Connie Backhouse、Doris Buss、Xiaobei Chen、Simon Cole、Aaron Doyle、Pat Erickson、Kevin Haggerty、Kelly Hannah-Moffat、Jennifer Henderson、Ron Levi、Cheryl Lousley、Sunny Marriner、Mike Mopas、Pat O'Malley、Paula Maurutto、George Rigakos、David Sealey、Neora Snitz、Carolyn Strange、Peter Swan、Sarah Todd、Smita vir Tyagi、Kimberley White、Diana Young、オタワ「CRAT」研究会、オタワ「ベイスメント・セキュリティ」研究会、オタワ「フェミニスト法理論」研究会、トロント「現在性の歴史」研究会はすべて、この本に何らかの影響を与えている。同様に、私はこの本に対するブリティッシュ・コロンビア大学出版会の継続的な支援と、特に編集者である Randy Schmidt がその過程で与えてくれたすべての助力に対して恩義を感じている。そして、そのなかでも特に、信頼する友であり、よき師でもある Mariana Valverde に対して、特別かつ深い感謝の意を表したいと思う。

私の家族は、それぞれのやり方で、私が何をなしていくべきかについての基盤を与えてくれた。私は特に、Joyce と Tedd Wood、Terry Moore、そして

Katie Wood がしてくれたすべてのことに感謝したい。私の母や兄弟もまた、私自身の能力を見出す手助けをしてくれた。

そして最後に、私は自分の想像力に対して独特の光を当ててくれている２人の人間——私のパートナーである Carrie Leavoy と、息子の Kier Sider——に対して「ありがとう」と言わなければならないだろう。彼自身はまだ気づいていないかもしれないけれど、Kier の存在はあらゆることの理由なのだ。彼はいつでも私のモチベーションの源であり、基底線（ground wire）であり、そして決して変わらないもの（constant）でもある。このプロジェクトが進行するにつれて、彼は私にとってとても大切な人になっていった。Carrie は、——彼女の方はと言えば、私がこのプロジェクトを終えようとしている頃に私の世界に飛び込んできたのだが——何かクリエイティヴなことが思い浮かびそうなときに素晴らしい合図をくれる存在である。私は彼女の明晰な知性、分野を問わぬ才能、そして勇気と粘り強さを心から尊敬しているし、何よりも彼女が私を信じていてくれていることに感謝せずにはいられない。私たちは、互いにこれまで夢にも思わなかった友情と愛を実現している。毎日のように、私は自分自身のあまりの幸運に驚き続けているのだ。

Criminal
Artefacts
Governing Drugs
and
Users
Dawn Moore

第1章

序論

1. 犯罪者／アディクトと、薬物と犯罪との連関——批判的犯罪学に向けたひとつの試み

犯罪と薬物には、注意を払うべき何かがある。カナダの連邦刑務所（Canadian federal penitentiaries）に収容されている内の80％は、かれらの犯罪性（criminality）に関連した何らかの物質乱用問題を抱えていると言われている[*1]。連邦や多くの州における刑罰執行機関は、拘禁刑と社会内刑罰（community sentences）の服役者に対する宿泊型アディクション治療プログラムを提供しているし、アディクション治療命令（addiction treatment orders）は、条件付判決（conditional sentences）[訳注1]に処された犯罪者が求められる命令としては最もポピュラーなものであると言ってよい。現在、6つのドラッグ・コート（drug treatment court: DTC）[訳注2]が展開中であり、今後も増えていく予定である。連邦刑務所管理局（the federal prison service）は、依存の治療法を考案したり、それを研究したりするための包括的な調査機関を有している。犯罪者／アディクト（criminal addict）へと読みかえられた薬物使用者は、刑事司法の支柱をなすものであり、犯罪原因と治療の両者をめぐる問題系の中心に位置しているの

訳注1 「条件付判決（conditional sentences）」はカナダにおける量刑上の選択肢のひとつであるが、2年未満の拘禁刑判決を言い渡す場合において、その執行を社会内で行うこととする判決である。執行期間中は裁判所が課した遵守事項のもとで社会内での生活を行う（遵守事項違反の場合は残刑期の執行のために刑務所に収容される）。特に先住民（aboriginal people）の過剰収容問題が深刻化したことを受け、1995年に導入された。

訳注2 ドラッグ・コートについては本章および第3章、第4章において詳述される。アメリカ合衆国を中心とするドラッグ・コート運動についてはNolan（2001＝2006）、日本における受容と検討過程については石塚編（2007）などを参照。

である。

本書は、犯罪化された薬物使用者に関するものである。問いの立て方によっては、薬物使用者という人物はつかみどころのない者となる。主流派犯罪学（mainstream criminology）――それは薬物と犯罪との関連性に関する調査研究の大部分が生み出されている研究分野であるが――において、研究者は、異なる変数間の記述的連関性（例：クラック使用と犯罪との間に結びつきはあるだろうか？）もしくは罪を犯した薬物使用者に対する矯正処遇の効果（例：「What works?」論争の回帰）のどちらかに関連した問いを立てる傾向がある（例えば、Harrison et al. 2001、Incardi 1981、Leukefeld 2002を参照）。こうした行政的な認識論は、現代における「犯罪問題」に関する思考に大きな影響を与えており、刑事司法における対応のあり方をも形作っている。それらの多くは、薬物を原因、犯罪をその帰結と考えるような、確固とした薬物と犯罪との連関（drug/crime nexus）に関する原因論を想定していると言えよう。

「薬物使用は本当に犯罪を引き起こすのだろうか？」「どのようにしてわれわれは犯罪者／アディクトを治療することができるのだろうか？」といった問いを離れて、批判的犯罪学者たち（critical criminologists）は、薬物と犯罪との連関の必然性・真正性や、それに引き続いて語られる、「罪を犯した薬物使用者への『社会復帰（リハビリテーション）』は不可欠で正しく、かつ人間的な営みなのである」という主張それ自体を問いに付すところまでわれわれをいざなっていく。仮にアディクションが犯罪の主因として表象されているとしても、薬物とその使用は、犯罪性と結びついているというよりむしろ、社会構造に由来する問題であり、トラウマの病歴に関連する問題であり、学習障害に起因する問題であり、頭蓋の形状に関連する問題であり、そして／もしくは脳内セロトニンの分泌量に関わる問題なのであり……、等々といったことを示す証拠が提出されている（Keane 2002、Marez 2004、Mitchell 1990、Peele 1989）。薬物と犯罪との結びつきは偽のものであり、ドラッグ戦争（war on drugs）はレイシスト的、セクシスト的、コロニアリスト的であり、かつ階級的に偏った効果を持っていることが明らかである（Boyd 2004、Carstairs 2005、Courtwright 2001 = 2003、Giffen, Endicott and Lambert 1991、Musto 1973, 2002、Sheptycki 2000）。同時に明らかなのは、病理的で犯罪誘発的（criminogenic）な傾向を付与された法律違反者たちを矯正しようという企てを伴って上昇する医療的、治療的なものと法的権力の結婚は、犯罪性の背後にある構造的要因をあいまいにさせ、犯罪者に対する重い社会統制――かれらを犯罪化し、病理化し、すでに周縁化されているかれらをさらに抑圧するよう機能するような――が課される余地を開いてしまう傾向にある、ということであろう。その逆に明らかでないことは、いかにして犯罪者／アディクトが犯罪の主要因として表象されるようになってきたのか、なぜ薬物とその使用が犯罪行動を撲滅するにあたってこうまで重要な要因としてみなされ続けるのか、といったことである。私のプロジェクトはこれらの問題を追及するためのものである。

ドラッグ戦争を非難するあまたの研究（Acker 2002、Boyd 1984、Campbell 2000、Comack 1991、Courtwright 2001 ＝ 2003、Erickson and Smart 1988、Jensen and Gerber 1993、Mosher 1998、Marez 2004、Reeves and Campbell 1994、Sheptycki 2000、Sloman 1979）があり、そのなかのいくつかには犯罪化されたアディクトを治療しようとする企てに関連した研究（Boyd 2004、Carstairs 2005、Fisher, Roberts and Kirst 2002、Nolan 2001 ＝ 2006、Peele 1989）があるのに比して、薬物の統制をより大きな統治のコンテクストの内部に位置づけようとする研究は今までのところほとんど見られない*2。この犯罪者／アディクトという存在が興味深いのは、ドラッグ戦争が間違っており、かれらに治療を強制する企てに関心を持つべき正当な理由が存在するから、という理由だけではなく、数多くの異なる、ときには関連性を持たない戦略を通して、さまざまな役割を同時に演じ分けるからでもある。かれらは支配的な道徳にとっての脅威であり（Carstairs 2005）、治療的なセラピーという名の約束に内在する不朽の信念を固定化するための媒体であり（Nolan 2001 ＝ 2006）、白人ミドルクラスの存在にとっての引き立て役として機能する他者であり（Reeves and Campbell 1994）、そして同時に非人性と非行性のアイコンなのである（Boyd 2004）。犯罪者／アディクトは刑事司法の試金石のひとつであることに間違いはないのだが、まったく目立たず、完全なまでに当然視されているため、なぜかれらが重要なのか、といった問いはほとんどと言ってよいほど提起されない。しかし、このことに注意を払い、犯罪者／アディクトを偶有的な構成物として、そして刑事司法上の奇異な存在として捉えることで、薬物政策と薬物法制に関する基盤となるような、薬物統制に関するまた別の批判を深めることが可能になる。それだけでなく、その機能が解決を要する秩序問題として問題を構成することに部分的に依存しているようなシステムへの重要な洞察を深めることが可能になるだろう。

あらゆる方法論を駆使することで、私は1950年代から現在までの刑事司法におけるアディクション処遇の上昇をあとづけ、２つの同時代的なサイト――

DTC と保護観察プログラム――に関する綿密な分析を提供することにしたい。私の研究では、刑事司法が反復している、潜在する恐怖（lurking spectre）としての犯罪者／アディクトのイメージが、不可避なものでも、真理でも、言うまでもなく自然なものでもないということが示されるだろう。その代わりに私が明らかにするのは、ひとつの社会的構成物（a social artefact）としての犯罪者／アディクトであり、その存在は、構造的要因、臨床的知識、文化的理解、そして司法的実践の特定の布置関係に依存しているということである。これらの要素やそれに加えた他の要素との連関のなかで生み出される犯罪者／アディクトの形象は、特定のあり方にかれらを作りあげ、さらにはかれらを新しい、健康で、非犯罪的かつノーマライズされた人間へと再形成しようとする統治戦略（governing strategies）のターゲットでもある。犯罪者／アディクトのアイデンティティというのは、統治のための戦略に他ならないのであり、かれらの「発見」があってはじめて、介入のための一連の技術・知――それは、司法上の実践それ自体が形成／再形成されるあり方に関して、われわれにより多くのことを教えてくれるのだが――が整備・配置されるのである。

私はここで、犯罪者／アディクトを統治上のアイデンティティとして位置づけてはいるが、そうは言ってもかれらは行為（action）可能な存在でもあるということを忘れるわけにはいかない。要するに、自分自身が罪を犯した犯罪者／アディクトとして構成（constitute）されてしまったと理解した人々は、当該アイデンティティを通して提起される統治戦略に対処するために自ら行為を起こすことができるのである。黙従（acquiescence）、追従（compliance）、そして抵抗（resistance）といった行為はすべて、犯罪者／アディクトたちを変容させようとするシステムにおいて、自分自身を管理し、配慮（care）するために犯罪者／アディクトたち自身によって用いられる戦略に他ならないのである。

本書は、20 世紀の後半から 21 世紀にかけて、特定の犯罪問題であると同時にその解決のための鍵概念でもあった犯罪者／アディクトへの関心からスタートする。犯罪者／アディクトの前景化や、それに引き続いて起こる薬物乱用処遇プログラムの上昇は、合理性、アクター（actors）、文化、知、権力、そして自己といったものの布置関係から理解される。もしくは、よりシンプルに以下のように言うこともできるだろう。犯罪者／アディクトを刑事司法のスポットライトの下へとエスコートし、そこにかれらが留まることを手助けするような、薬物、薬物使用者、国家、そして（司法的かつセラピー的な）公的エージェントからなるつながり（connections）が存在するのだ、と。犯罪者／アディクトを処遇することは、刑事司法のアクターにとって、犯罪者に対する善意に基づく変容のプロジェクトを政治体制の変革などによらず意図的に展開し続けるための方途のひとつである。薬物それ自体に由来する文化的・臨床的行為もまた、犯罪者／アディクトを変容志向の刑事司法の一特徴として固定するのに重要な役割を果たす。さらにはパーソナリティも、文化的要因と臨床的要因の双方を通して、薬物（一般的なカテゴリとしても、特定の実在としても）に帰属される。こうしたパーソナリティは、薬物が刑事司法のなかで受ける対応のあり方を形成するのに一役買っている。それゆえ、犯罪者／アディクトを統治上のひとつの構成物として理解することは、いかにして薬物それ自体が統治戦略に貢献する構成物であり得るか、ということを理解するための重要な一歩を記すものなのである。

犯罪に付随する特定の個人的病理を同定できる、という考えは、カナダにおける刑罰実践を推進してきた考えであると同時に、この国の犯罪が特定の個人的病理――物質乱用はそのなかでもほぼ間違いなく最も典型的と言えるものであるが――の産物であると素朴に理解されることを後押ししてきた考えでもある。こうした『犯罪行動の心理学』[訳注3]（Andrews and Bonta 1998）へのフェティシズムは、犯罪者／アディクトを社会的構成物として幅広く理解するためのプロセスの一部として、批判的検討の机上にあげられるべきものである。私としては、最近になってカナダの刑罰の特質を縮約して示すようになってきた心理的介入のための特定のブランドは、特定の歴史的・政治的瞬間にのみ見出されるものでしかないはずの科学的真理を追い求める社会的、政治的、文化的企てである、と理解するのがよいと主張したい。私は、こうした特定のものでしかないはずの真理が可能となる条件を明らかにすることに興味を抱いているのである。

こうした志向性は、この領域で行われた他の批判的研究とは異なるプロジェクトを要請する。カナダでは、刑事司法実践が抑圧的、差別的、侮辱的、近視眼的であることを明らかにすることによって主流派犯罪学の前提に挑戦しようとする、批判的犯罪学者たちによる極めて重要な運動が存在している。こうし

訳注３『犯罪行動の心理学（The Psychology of Criminal Conduct）』は、1994年の初版以降、主に実証主義に基づく主流派犯罪学に対して極めて大きなインパクトを与え続けている学術書であり、現在第５版（2010）を重ねている。計量的実証研究の蓄積を系統的にレヴューした結果得られた実証的根拠（エビデンス）を重視しながら、犯罪者処遇におけるリスク・ニーズ・応答性モデル（Risk-Need-Responsibility model）や認知行動療法（cognitive behabioral therapy: CBT）の有効性を主張した。本書第２章や平井（2014・2015）での議論も参照。

た研究の多くが犯罪者／アディクトに注目している。Giffen, Endicott and Lambert（1991）のカナダの薬物法制に関する素晴らしい研究は、おそらくこの分野における最も基礎的かつ重要なテクストであろう。カナダの薬物法の誕生と発展に関する慎重な歴史的研究を通して、Giffen et al. は「パニックと無関心」に関する物語を編みあげるのだが、そこでは流動的で望ましからぬ人々（中国人、黒人、女性）や、広範にわたる特定の行為や関係性（セックス、養育、雇用）を支配するための一手段として薬物を用いる統制のシステムが構築される。Giffen et al. の研究は――理論的には退屈であるのだが――薬物・アディクション・犯罪という３つの結びつきが極めて政治的かつ大部分に関して抑圧的なプロジェクトである、というクリアな印象を読者に与えるのである。

これと同様の見解は、薬物に関心を持つ現代の批判的犯罪学者たちにおいても共有されている。女性と薬物に関する Boyd（2004）の研究では、薬物統制に関するすべての展開の背後にある駆動力として、階級・ジェンダー・人種的なバイアスが明らかにされるとともに、家父長制、コロニアリズム、増幅された（amplified）社会統制の存在が指摘される。その他の研究では、いわゆる「ドラッグ戦争」が権利剥奪の道具であることが明らかにされ、刑事司法システムを通してアディクションを治療しようとする企てが応報的かつ過度に厳罰的（punitive）であることが考察される（Boyd 1984、Fisher et al. 2002、Jensen et al. 2004、Mitchell 1990）。Anderson（2001）と Fisher et al.（2002）では、ドラッグ・コートの出現を通して、罪を犯した人々が治療へと強制されていく様子に格別の関心が払われている。

批判的犯罪学者たちはまた、「セラピー的目標とセットになった刑事司法制度はいかなるものであれ、そもそも定義からして慈悲深く、正しく、そして善いものである」という想定に挑戦するような研究を数多く蓄積してきた。この領域における批判的分析の多くは、メンタルヘルスと女性に関する研究のなかから輩出されている。反精神医学運動を背景としながら、研究者たちは、法とセラピーの結婚が統制の増幅を帰結し、特定の振舞いに関する広範な構造的理解を促進する代わりに個人（女性）を責任化・病理化し、さらには時代遅れのジェンダー化されたステレオタイプを再創造してしまうと論じている（Burstow 2005、Chunn and Menzies 1990、Dobash, Dobash and Gutteridge 1986、Kendall 2000）。このような主張を展開する研究者たちにとって、カナダにおいてまさに明らかであるような「社会復帰の復権（reaffirm rehabilitation）」（Cullen and Gilbert 1982）という現代的潮流は、犯罪原因に対する個人化されたナラティヴを偏重しているという点で、犯罪行動に対する社会的説明のあからさまな拒否を意味している。批判的犯罪学のプロジェクトは、薬物統制、法とセラピーとの接合、そして広範にわたるその他の重要な現代刑事司法実践への関心、といったものに応答するために、現在のシステムに内在する深い問題を少しでも是正するための一手段として、構造的・社会的不平等といった問題の周辺へと刑事司法を位置づけなおす必要がある、というわけだ。

「犯罪に対する説明や処方箋を考えるうえで、構造的な問題・要因が前景化されるべきである」という批判的犯罪学者たちの主張に対して私は共感するけれども、ここでは、司法に関するこうした主張の一歩外へと足を踏み出し、薬物と犯罪が接合し、犯罪者／アディクトが中央舞台へと据えられる瞬間を“不思議がってみる（look curiously）”ことの重要性を指摘したい。私は犯罪者／アディクトを社会的構成物とみなしたいし、その存在や治療が権利という観点から重要であるのみならず、社会問題を解決するためのわれわれの反復的企てにとって多くのことを教えてくれるような、現代における貴重な形象（relic）であると理解してもいる。私は、これまでに紹介したような、刑事司法において繰り返し強化される現代の犯罪者／アディクトの描写に対して、以下のように問うことで応答したいのである。「いかにしてそのように描写されるに至ったのか」「いかにしてそうした描写は勢いを得たのか」——。

こうした問いは、われわれが多くのことに関して「ポスト社会復帰的（post-rehabilitative）」と描写される世界に生きている、という点においてとりわけ重要な問いとなろう。というのも、この世界においては、刑事司法ビジネスの刑罰部門は人間を変容させようとする福祉国家的プロジェクト上の倦怠期を迎えており、ほとんど倉庫番程度と言えるような粗雑な統制実践でしかない状況として記述されるからである（Bauman 2000、Garland 1996, 2001、Garland and Sparks 2000）。しかしながら、刑罰福祉主義（penal welfarism）は社会的な福祉主義（social welfarism）（Rose 1996b）とともに死滅したのだとする主張に直面するとき、われわれにとって以下のように問うことが妥当性を帯びることになろう。すなわち、カナダにおいて（本質的には他のすべての西洋的な刑罰行政において）刑事司法システムがいまだに人々を治療しようとし続けているというのはいかなることなのか、そして、なぜ犯罪者／アディクトはそのなかで極めて驚嘆すべき役割を演じているのだろうか、と。このように問うことは、われわれの現在における実践がいかにして可能となっているのかを明らかにすることで、刑事司法、セラピー、そして薬物へのアディクションの接合関係に関する現状の批判的説明を補完することを意味するのである。

2. Foucaultと統治性

私の調査分析は、構造的抑圧のシステムを暴きだすことからはじめようとするものではなく、むしろ特定の問題化（problematizations）へと注意を払うことからスタートする。Foucaultは、問題化を、人が「いかにして、そしてなぜに、ある特定の物事（振舞い、現象、過程）が問題となったのか」（Foucault 2001＝2002：249、日本語は訳書から一部変更している）を探求する際の方法論として定式化している。そうした方法のねらいとしてFoucaultが説明するのは、ある現象（例えば狂気やアディクション）の経験的現実を否定したり無効化したりすることではなく、その系譜学を理解することである（例：事物や振舞い、イデオロギーの特定の布置がいかにして「精神疾患」として理解されるようになったのか）。いかにしてある事柄が特定の種類の問題としてみなされ、その見方が維持されるようになるかを理解するなかで、いかにして特定の実践がその問題に対する解決策として――すなわち統治上の戦略として――現れるのかを理解することもまた、可能になるだろう。

Foucaultを援用したからといって、アディクションのいきいきとした現実を消去しようとか、事実として特定の物質依存と格闘している人々が存在するのだという主張に異議を唱えようとか、そのようなことに私の目標が置かれるわけではない。むしろ、目標としているのは、いかにして、そしてなぜに、薬物とアディクションを周到に結びつける原因論のナラティヴを通して犯罪という問題が形作られていったのかを解明するという点に他ならない。言い換えれば、いかにして犯罪に関するトラブルがアディクションに関するトラブルになったのだろうか、ということ（ちなみに、この特定の問題化のやり方は、セラピー的介入の要請を帰結していくことになる）――。この問題に関して、以上のようなかたちでhow（いかにして）とwhy（なぜ）を問うことにより、犯罪者／アディクトを、統治の心性（mentalities）、専門知、個々人の行為、そして文化的ファクターがひとつに凝縮された形態として理解することが可能になるのである。

この問題化に関する統治や知の諸側面を探求するために、私はFoucaultによってデザインされた「統治性（governmentality）」という枠組みを用いることにしたい（Foucault 19991a、Dean 1999、Gordon 1991）。O'Malley, Valverde and Rose（forthcoming）は、ひとつのパースペクティヴとしての統治性を次のように定義している。

> 政治的権力を普遍的なものとしてではなく、常に特定の——特定の目標のもとに導かれ、その基礎や限界に関する特定の反省スタイルを備えているような——合理化（rationalizations）という観点から作動しているものと捉えること。それゆえに、「統治性（governmentalities）」の分析は、それら異なる思考スタイル、それらの形成条件、それらが借り受ける、もしくはそこから生起する理念や知識、それらが構成する実践、それらが維持されていくあり方、それらと他の統治の技法（arts of governing）との葛藤関係や同盟関係、といったものを同定することに目標が置かれることになる。
>
> (O'Malley, Valverde and Rose forthcoming)[訳注4]

分析の一方法としての統治性は、研究者を、合理性と「コンダクト・オブ・コンダクト（振舞いの操導：conduct of conduct）」の諸実践の分析へといざなうことになる。そうすることで、統治が自己のコンダクトと他者のコンダクトを形作る一手段として作動しているあり方を明らかにすることが可能になるのである。ここでのポイントは、政治的権力を、広範にわたる諸々の関係性や行為から由来し、それを通してゆきわたる広大なスペクトラムとして理解するということだ。そうした理解は、Foucault（1991a：91）の言を借りれば、以下のことを明らかにしていくものである。

> 統治者、および統治の実践は、一方では、一家の父、修道院の上長、子どもや弟子に対する教師や師匠など、多くの者たちが統治を行うことからして、数多くある活動であるということになる。したがって数多くの統治があり、それらとの関わりから言えば、国家を統治するという君主の統治はそのなかのひとつのあり方に過ぎない。また他方で、これらすべての統治は、社会自体の内部、あるいは国家の内部に位置するものなのです。一家の父が家族を統治するのは国家の内部においてであり、修道院の上長が修道院を統治するのも国家の内部においてなのです。

訳注4　この論文は後に Rose, O'Malley and Valverde（2006）として一部改編のうえ出版された。本書で原著者が参照しているのは同論文の草稿バージョンである。

(Foucault 1991a：91)

統治性の枠組みを通して記述されたこの種の国家権力は、必ずしも集権的な主権を指し示すものではない。それはマキャベリ的な支配的国家権力ではないのである。統治性を研究することは、支配という概念を解体することにつながる。それゆえに、諸アクターや諸実践が広範な統治のプロジェクトに巻き込まれていくさまを理解することができるのである。

心性（mentalities）を分析することを通して、われわれは、いかにして特定の統治のテクノロジーが構成されるのか、ということを見ることができる。Ewald（1991）による保険とリスクの諸心性に関する研究がここでの好例となるだろう。Ewald は、19 世紀の保険産業の発展を通した保険数理主義（actuarialism）の上昇が、いかにしてリスクの概念を援用した統治の可能性を開いたのかを明らかにしている。不運に見舞われる可能性を計算するという能力は、Ewald によれば、人々の統治に関する新たな思考を開いたという。保険数理的なアセスメントやリスク、確実性といった概念の上昇は、何に従うべきか（従うべきでないか）ということを定めた明確なコードではなく、リスクのレベルに応じて人々は統治され得るのだということを意味した。さらに重要だったのは、それに加えて、人々は自分自身のリスク・レベルを管理することを通じて自らを統治するよう促され得る、ということを保険数理主義が意味した点である。Ewald（1991）の述べるところによれば、19 世紀の終わりまでには、保険実践の統治は極めて広範な拡がりを見せていたという。

> （保険実践の統治は、）新たな政治経済学、社会経済学の原理となった。保険は——新たな種類のリスクが保険可能なものとなったというだけでなく、ヨーロッパ社会が自らを、そして自らの抱える問題を、一般化されたリスクのテクノロジーの観点から分析するようになったという意味で——社会的なものとなったのだ。19 世紀終わりにおける保険は、産業社会が自らの組織、機能、管理を把握するための制度やダイアグラムの総体を一度にまとめて表現するものだったのである。

(Ewald 1991：210)

支配のプロジェクトとしての保険数理主義的心性のインパクトは、19 世紀だけで留まるものではなかった。リスクのテクノロジーとディスコースは、個人の責任を通しての統治（O'Malley 1996）と並んで現代における刑事司法の主要な特徴となっている（Ericson and Haggerty 1997、Feely and Simon 1992、Hannah-Moffat 2001）。諸テクノロジーと諸統治性との関係を解き明かすことによって、さもなくば隠されたままであろう権力諸関係を見ることが可能となるのである。Ewaldによる保険数理主義の上昇に関する研究は、保険数理的テクノロジーを、日常生活レベルにおけるあいまいだが完璧な統治を機能させ得る特定の統治テクノロジーとして描き出すものであった。Ewaldの仕事を現代において引き受けるかたちで、Hannah-Moffat（2001）は女性刑務所における保険数理的リスク・アセスメントの活用について研究を行っている。彼女は、いかにしてこれらのテクノロジーがシステムの内側において脱道徳的（amoral）な効果をもたらすかということを、"受刑者の保安、管理、処遇は、道徳的で、主観的で、バイアスのかかったアセスメントの産物ではなく冷静な数学的計算の産物なのだ"ということを指摘することで明らかにしている。すなわち、刑務所の統治は、女性受刑者を重警備のもとに置くようなタイプの国家による抑圧手段としてではなく、むしろかれらをハイリスクだとみなす保険数理的リスク・アセスメント――別の言葉で言えば、「処罰」ではなく「リスク管理」として表象される包括的統治レジーム――として構成されるのである。女性刑務所は――Hannah-Moffatの見るところによれば――リスクと保険数理主義の言語、諸テクノロジー、そして諸合理性によって統治されているというわけである。

加えて、統治性の枠組みは、支配に関する特定の諸実践や諸心性がなぜに、そしていかにして特定の文脈のなかから現出してくるのかについての理解を助けてくれる。カリフォルニアにおける仮釈放（parole）に関するJonathan Simonの研究は、このことを説明する好例だろう（Simon 1993）。Simonは19世紀からの仮釈放の展開過程をあとづけている。彼は政治的、社会的状況の変化がいかにして諸実践や諸心性の変化に先駆けて生じたのかを適切に記述しているが、Simonにとって仮釈放におけるそれは以下のような変容であった。つまり、仮釈放は、対象者に仕事を割り当て、そこに縛りつけておくための手段から、第二次世界大戦後の時期において、かれらをより善い人間へと変容させようとする社会復帰的（rehabilitative）なモデルへと変化した。そしてさらに、現代における仮釈放の諸実践は、社会復帰的というよりは経営管理的（managerial）なものになっているという。Simonによれば、こうしたすべての変化は、それぞれの経済的、社会的背景から理解することができるものである。

同様のアプローチは、私のプロジェクトに関しても有用なものとなろう。犯罪者／アディクトは、明らかに第二次世界大戦後の福祉国家期に刑罰システムのなかに登場してきた。この時代――社会的サービスの提供と市民形成のプロジェクトを盛り込んだ「ゆりかごから墓場まで」という統治上の心性によって一般的には表現される時代であるが――において、カナダの処罰のなかに特定の社会復帰的な理念が上昇してくる。また、それと並んで上昇していったカナダの刑罰システムにおける医療モデル（Ekstedt and Griffiths 1988）にも後押しされるかたちで、刑事司法官僚たちは、罪を犯した人々に対する広範な心理的諸介入（"psy"-based interventions）を通した犯罪原因の特定に大いなる関心を示していくことになる。[*3] 電撃療法、ヨガ・クラス、そして個人に対する心理療法とともに、受刑者たちは、刑務所内「治療共同体（therapeutic-community）」の出現を通してアディクションの治療を受けることになった。この時期の心性に関して言えば、こうした処遇はアディクションを抱えた受刑者たちに対する――かれらを薬物と犯罪の両方から離脱させ、善き市民（good citizens）に変容させようとする意味で――ホリスティックな治療を志向するものであった。犯罪性はアディクションのような個人的要因によってもたらされると理解される一方で、社会的要因も同時に考慮に入れられていたのである。しかしながら、1980 年代に、福祉国家的理念が後景化し、明らかにネオリベラルなレジームが上昇してくるとともに、政治的環境は変化していく。ただし、後述する私の試論的な考察[*4]が明らかにしているように、人々を変容させようとする倫理（the ethic of changing people）はこうした心性における変化のただなかにおいても生き残ったのである。犯罪者／アディクトを治療しようとするプロジェクトは、いまだにカナダにおける処罰の一特徴であり続けている。もちろん目標は据え置かれたとしても、目標が達成されるために用いられる諸テクノロジーは、心性の変化に対応するかたちで変化するものである。今日において犯罪者／アディクトに対してなされる介入は、1970 年代に行われていたそれとは明らかに異なっている。社会的な説明はかき消され、犯罪の唯一の原因としての個人的病理、という説明図式がますます幅を利かせている。ホリスティックな介入は、効率性と効果というマントラによって形作られた政策群にとって代わられたのである。

このように変化する諸統治性のなかを耐え抜いていく犯罪者／アディクトたちの能力は、専門家の認識論における変化を見ることで理解することができる。

Foucaultは、権力と知を、同じコインの表裏というアナロジーを使って結びつけているが、統治の諸戦略上における専門性（expertise）の役割は、このことを論じるためのひとつの好例となるだろう。Foucaultは、特定の領域（精神医学、医学、処罰）における専門性の上昇過程をあとづけ、権力の行使がこれらの知を通して駆動され、作動するなかでいかにして可能となるのかを示したが、Pasquino（1991）はこの考えを、学問としての犯罪学の上昇を理解するための一手段として活用したのだった。「犯罪学の父」と称されるEnrico Ferriの著作を追うなかで、Pasquinoはいかにして犯罪学的知が自らの介入上のターゲットを再設定したのかを示した。「科学」としての犯罪学が出現する以前は、罪を犯した者は「ホモ・ペナリス（homo penalis）」――犯罪行為に関わった結果として処罰を受けるのが妥当であるような者――であった。ところが、犯罪学的専門性の発展（大部分において、監獄の誕生とそれにひき続く収容者の研究によって促進された）は、ホモ・ペナリスが「ホモ・クリミナリス（homo criminalis）」――非行者――となったことを意味したのである。犯罪行為に加担した者という位置づけから、犯罪行為がその者をあらわすような（犯罪行為によって性格づけられるような）者という位置づけへの変化は、その志向の出発点として「犯罪者（criminals）」と言うべきものが存在するのだという前提を置く犯罪学的専門性によって可能になったと言える。もし本当に「犯罪者」といったものが判別し得るひとつの類型として存在するのであれば、かれらに対して働きかけ、かれらを変容させる（ノーマライズする）ことも可能なはずである。犯罪的なもの（the criminal）や犯罪性の本質（the nature of criminality）といった知を通して作動することで、広範な権力諸関係の可能性が開かれたのだ。犯罪者というものが実際に存在し、この者たちはどこかを病んでいるからという理由で犯罪者なのだとすれば、他の者たちはかれらを治療すべく働きかけることができることになる。それゆえにそこには、ある人々（専門家、実務家）が他の人々（犯罪者）に対してかれらを異なる人間に作り変えるために働きかける際の、諸関係、諸プログラム、諸介入といったものが存在するはずなのである。犯罪学的専門性がなければ、これらの新たな権力諸関係が存在することはできなかったであろう。

犯罪者／アディクトを治療しようとする企ては、心理的な認識論（psy epistemologies）によって駆動されている。そこでは、犯罪者／アディクトとは何者であるかということは、政治的状況とともに変化するこれらの知識――それらは犯罪者／アディクトとは何者なのかということに加えて、治療のためには何が必要なのかということをも、時代とともに変化させる——いかんに関わっている。1970年代の犯罪者／アディクトはまったく異質なものであり、90年代の犯罪者／アディクトと比較してはるかに社会的な存在であった。犯罪的傾向性を縮減するための一手段として臨床的処遇を必要とする、という点では双方の時代とも同じなのだが、70年代における犯罪者／アディクトの処遇は、広範に流布した福祉国家的感性を反映して、90年代のそれと比較するとはるかに社会的な志向性を有していたと言える。それに対して90年代の介入においては、認知行動療法（cognitive behavioural therapy: CBT）の出現によって、すべての厄介な人間行動は、お手軽で標準化された介入を通して解決される些細な問題へと切り詰められることになったのである。

統治上のサイトは、個人に働きかけるべく相互に融合しあう異なる知識にとって、出会いの場のようなものである。これらのレジームを通して展開される諸戦略は、個人に対して行使される特定の権力がさまざまに接合されたものとなる。Foucaultは、この権力を抑圧的なものではなく、生産的なものとして描き出している。Foucault（1977）は、ひとつの統治戦略としての規律権力を、何か振舞いをやめさせるものであると同時に／もしくはむしろそれ以上に、振舞いを促進するものとして描き出している。もしも権力が生産的であるならば、その際の支配の心性は、人々を育て上げ、かれらをある特定のやり方で振舞うよう励ますことだろう。保険数理的アセスメントを経て「ハイリスク」とみなされた女性たちは、刑務所のなかの抑圧的な環境にとらわれたと感じるかもしれない。しかしながらそれと同時に、刑務所プログラム、規律的処遇環境、監視、そして心理的諸介入といったかたちをとるすべての統治実践が、かれらに何かをするように、ある特定のやり方で振舞うように、さらには特定のタイプの人間になるように働きかけるのである。刑務所の権力は、人々を作り出す（make）という能力の内にあるのだ。

私が以下で描き出すような志向性においても、野蛮な力や抑圧的な戦略が展開されることはなく、むしろ罪を犯した人々に対して「変容を選びとる」よう「機会」が提供されることになる。犯罪者／アディクトの治療プロセスは、概して個人の精神の内部から生じるものとして理解される。かれらの周りの臨床的・法的アクターは、単に個人的な自己実現、自己達成、自己変容の途へとかれらを導くだけなのである。この意味において、システムは犯罪者／アディクトを壊す（break dawn）方向ではなく、かれらを何かに向けて組み上げる（build up）方向に作動すると言えよう。

権力を研究するなかでFoucaultは、“コレコレの制度や人間が権力を所有しており、それ以外はそうではない”とわれわれが主張すべきである、とする理解を退けている。その代わりに、彼は以下のような権力に関する関係的視点を提起するのである。

> （自分にとっての心得ですが）権力を意図や決定のレベルでは分析しないこと、権力の意図や決定を内側・内部から考察しようとはしないこと、（私には迷路のように見える）次のような問い、つまり「誰が権力を持つのか？」「その人は何を考えているのか？」「権力を持つ者は何を求めているのか？」という問いは立てないことでした。そうではなく、問題なのは権力を逆にその意図――意図があればの話ですが――が完全に現実の実質的な実践の内側に配備されていた場で研究すること、権力を言わばその外面で、今仮に権力の対象、標的、適用の場とでも呼ぶことができるものと権力が何の介在もない直接の関係にあるところで、さらに言い方を変えれば権力が根を下ろし、その現実の諸効果を生産するところで研究することが問題でした。
>
> (Foucault 1980：97)

こうしたレンズを通して統治をまなざすことは、１人の人間、集団、組織が他者と関わりあうなかでとり行う統治実践をあとづけることを可能にするだけでなく、われわれが自らを統治するよう促されるあり方をも、あとづけることを可能にする。Foucault（1978）はわれわれが自らを配慮（care）するあり方――自己の諸実践（practices of the self）――を、広範な統治的諸関係が有する特徴として理解している。このような観点から把握する場合、インフルエンザに罹患し、治療に通い、養生に励む、という至ってシンプルな営みですら、多くの研究者がネオリベラルな自己の諸実践と名づけているものの一部として了解されることになろう（Rose 1998）。われわれが自分自身を配慮するやり方は、われわれがそのなかで生きている統治構造の派生物なのである（例えば、2006年現在の健康で、適切で、適応的な自己のあり方というのは、個人の選択であると同時に政治的義務でもある、といった具合に（Cruikshank 1996））。結局のところ、デブで、病気持ちで、神経症の人々は、現代において――無責任とは言われないまでも――悪しき市民と言われることになるのだろうか。

Foucaultが「自己の諸実践」と呼ぶものは、犯罪者／アディクトを治療しようとする営みにとって決定的に重要である。なぜならかれらは、自立した、自己管理的な人間になるように働きかけられるからである。私が本書でとりあげるようなプログラムに参入する人々は、何も解毒部屋（dry-out cell）のようなところに何週間も閉じ込められるわけではない。むしろかれらは、物質使用の習慣を変容するための個人的動機づけを増進する「内的インセンティヴ(internal incentive)」を鍛えあげるべく、自己の諸実践に励むよう促されるのである。

もし権力が関係的に構成されているのだとすれば、権力行使のターゲットとなる人々はそれに抵抗することができる。Foucault 自身や彼を援用する多くの研究者がこの点についての検討を深めてこなかったのは事実であるが（ただし、Bosworth 1999 や Sawicki 1991 は特筆すべき例外である）、すべての権力諸関係において抵抗の可能性もまた残り続ける、という点において Foucault の立場は明白であるように思われる。権力はゼロサムゲームではない。Foucault は『監獄の誕生』（1977）において、絞首台の例を用いながら、仮に処刑というものが国家権力による権力行使の深遠な瞬間であると仮定しても、そこにおいてすら抵抗の可能性は存在しているのだということを示唆している。人々は絞首台の下で涙し、罪人の解放を求めることができるのである。例えば本書での私の調査においては、抵抗の振舞いは自己への配慮の概念と密接に結びついていることが明らかにされた。本調査の対象であった保護観察対象者と DTC のクライアントは、自分自身を管理するための方策として自らの振舞い方を変容させることに取り組んでいた。ときとして、こうした取り組みはアディクトという統治可能なアイデンティティを拒否するような形態をとることもあったが、他のケースでは、ミクロな統治諸戦略の拒絶は、広範なノーマライゼーションのプロジェクトにおける自我感情の維持の試みとして現出していた。すべての例において、こうした権力との交渉（ngociations）は、先験的な欲望や性向によって媒介され、自己への配慮の実践として表現されていたと言える。究極的には、こうした政策に従属した人々の精神と身体は、権力が最も忙しく動き回るサイトであるとみなすことができるのだろう。

3．Goffman の相互行為分析

これらのサイトにおける多くの諸関係が統治性や自己への配慮といったレンズを通してよりよく理解されることは確かであるとしても、これら支配の諸戦

略が作動する日々の相互行為に注意深い注目を払うためには、Foucaultの方法論はやや不十分である。私は分析を補完するために、エスノメソドロジーへと目を向けてみたい。[訳注5] シカゴ学派の都市社会学の伝統を引き継ぐかたちで、薬物使用のエスノグラフィはストリート・レベルの相互行為に焦点をあわせる傾向を有してきた。言うまでもなくBecker (1966 = 2011) の『アウトサイダーズ』はそのなかでも最も特筆すべきものである。しかしながら、その他にも多くの業績が存在する。Lindesmith (1965)、Waldorf and Reinarman (1975)、より最近のものでは、Bourgeois (2003)、Denton and O'Malley (2001) などが挙げられよう。こうした研究者たちの仕事から、私は、薬物使用者のような周縁化され、周囲から中傷されるような人々に対して共感的な態度で研究を進めようとする姿勢、倫理を学びとりたいと思う。この種の研究は、人々やコミュニティを捉える際に、かれらの行為を規範化された想定——「薬物使用は悪だ」「薬物使用者は、おしなべて能力的に劣った者たちだ」等々——で染めあげてしまうような偏見を含んだレンズを通してではなく、かれらの日々の生活の現在性 (actualities) を通して見る必要がある、との主張を展開している。つまり、これらの研究者たちは、薬物使用に対して「すべての人々に対して明確な敬意をもって接する」という調査倫理を携えながらアプローチしていると言えるだろう。このような姿勢が、薬物使用者のコミュニティにおける密接な結びつき (Becker 1966 = 2011、Waldorf and Reinarman 1975)、薬物の取引に参加する際に要求される高度な知性 (Bourgeois 2003)、薬物使用者たちのいきいきとした経験に対して薬物統制や医学的介入が及ぼす長期的に見てよくない影響 (Lindesmith 1965)、といったものの発見として結実したのである。

犯罪者／アディクトの発見は、そして犯罪者／アディクトに対してなされる介入は、一般的には、裁判所や保護観察所における日々の業務・出来事 (daily goings on) を通して生じていると言える。そこでの相互行為を探求するための手助けとして、私はErving Goffmanのエスノメソドロジーに幅広く依拠することにしたい。精神障害者のためのアサイラムの内的世界に関する彼の研究のなかで、Goffman (1961 = 1984) は、個人の生活に対するほぼ全般にわたる統制を展開する精神病院の権力を、日々のルーティンにおけるミクロな相互行

訳注5　エスノメソドロジー (ethnomethodology) という術語に関して、ここで原著者が念頭に置いているのは、現代日本の社会学領域で「エスノメソドロジー」の語で一般的に想起される——Garfinkel やSacks らによって開拓された——研究領域と必ずしも重ならないことに注意が必要である。。

為の内に求めている。個々の事例の歴史や、関係者による管理、間もなく患者となる人との慎重な相互行為等を戦略的に検討しながら、Goffmanは——病気によって導かれる真の「ニーズ」によってではまったくなく——個人を構成(constitute)し、統治する施設の能力によって、いかにして病院が人々を精神疾患患者として作り出しているかを示している。

> 個人を精神医学的に見ることは、この見方自体がその個人の社会的運命の転機——すなわち社会生活において、個人が(精神)病院に収容される過程を経験するとき、しかもそのときにのみ、根源的となるように思われる転機——となる限りにおいてのみ、重要な意味を帯びてくるのである。
> (Goffman 1961 = 1984：134)

Goffmanは、精神病患者というものが科学的真理ではなく社会学的現象である、ということを明らかにした。さらにGoffmanにとって、この現象は日常生活の細目を観察することによってのみ、可視的となるものであった。ひとつのサイトをボトムアップで下から見ていくことによって、例えば患者がいかにして病院スタッフの統治的権威や病院それ自体の規律的効果と交渉し、それに抵抗しようとするのか、ということを見ることもまた可能になる。病院においてルーティンとして生じる種々の出来事は、権力との交渉がコンスタントに生じるサイトとみなすことができるし、こうした交渉はすべて、精神病患者の役割によって媒介されるのである。

Foucaultの方法論が支配のプロジェクトと自己のプロジェクトとの関係性をトップダウンで上から捉えることの重要性を喚起するとすれば、Goffmanはこれとは逆に、同じ関係性を下からボトムアップで研究するための手段を提供してくれると言うことができる(Hacking 2004)。こうした研究のメリットは、犯罪者／アディクトに対してなされる広範な諸実践の場となる微細な交渉や相互行為に対して、より実り豊かな説明を試みることができる点である。例えば、認知行動療法の上昇が、いかに犯罪者／アディクトに対する変容のプロジェクト(project of change)を復活させるのに(自身の回復に関する責任化を通して)一助あったか、ということだけでなく、犯罪者／アディクトが、かれらを統治するために使用される言語とまったく同様の言語を、いかにして自分自身と刑事司法上の地位に対する対抗ナラティヴを提供するための手段としても用いるのか、といったことを明らかにすることが可能になるのである。

4．アクター・ネットワーク・セオリー

こうした分析を試みることは、犯罪者／アディクトが単なる医学的／法的形象であるというよりも、特定の諸要素の凝縮体であるということを示すことで、犯罪者／アディクトの形象に関する前提に揺さぶりをかけることになる。このサイトにおける統治上の地図は、今のところ垂直に積みあがった層のようなものとしてあらわれている。諸統治性や心理的専門性が上層に位置づくのに対して、犯罪化された薬物使用者は下層に位置づいている。私のプロジェクトのひとつの利点は、各層の構成を調査し、諸アクターがいかにして各層を移動するのか、という点をあとづけることで、この層化の仕組みを問いに付すことができるということだろう。しかしながら、犯罪者／アディクトの上昇は、薬物使用者と統治的／専門的権威の関係性によってのみ説明されるものではない。このサイトには考察に値する第三のアクター集団が存在するのである。それは薬物それ自体である。薬物に関しては、それをめぐる展開を駆動する何か重要かつ特徴的なものがあるように思われる。薬物（特定の「薬物（drug)」だけをさすのではなく、一般的な意味での「諸薬物（drugs)）は、われわれの社会における重要なアクターなのである。例えば、子どもたちに対するわれわれの関係性は、部分的には、諸薬物が何をもたらすのかということに関する恐怖によって形作られているし、近隣住民たちは皆、諸薬物と関係があるかそうでないかで判断されるし、社会的害悪や個人的病理、言うまでもなく犯罪はすべて諸薬物によって引き起こされる、といった具合に――。それに対して、薬物（drug）は文化と科学的知識の双方によって形作られる特定のパーソナリティを有してもいる。こうした薬物が持つ諸パーソナリティ（クラックは有害かつ効果が長続きしない、マリファナは何か解放感を伴うが比較的害は少ない、等々）は、特定の物質やその使用に対する刑事司法の対応を組織化することに影響している。ある薬物はその他の薬物よりも有害だと考えられているし、使用者たちは薬物がまさにかれらに対して“もたらす”何かゆえに、薬物に対して危険であるとの感情を抱くのである。一般的に、そして臨床上および刑事司法上の議論においても、クラック使用やクラック使用者はマリファナ常用者（pot heads）よりも犯罪誘発的であると理解されている。こうした区別は、「規制薬物・物質法（the Controlled

Drugs and Substances Act)[訳注6]」にも反映されており、そこではクラックに関連したいかなる犯罪に対しても、より厳しい刑罰が規定されている。

私は、薬物それ自体の行為（action）を説明するためのひとつの手段として、アクター・ネットワーク・セオリー（ANT）を援用してみたい。ANTの研究者たち（Callon 1999、Latour 1987 = 1999, 1993 = 2008、Law 1999）は、あらゆる科学的行為に関与しているすべてのアクターをひとつのネットワークの内に位置づけるような、ポスト人間中心主義的な方法論を採用している。例えばLatourは、彼の研究領域を人間たちの関係性ではなく、「集合体（collectives）」同士の関係性に関するものであると明確に規定している。「集合体」という概念を用いることで、Latourは、「魂を持たない（soulless）」かもしれないが、にもかかわらずネットワークのなかで行為しているような客体（objects）を自身の分析の射程に含めることができたのである。真理の構成における人間の特権的地位を剥奪することにより、Latourは客体それ自体がいかにしてキャラクターを有し、当該セッティングのなかで影響力を有するのか、という点をわれわれの前に示す。Latour（1993 = 2008）は、この点を説明するにあたって幾いくつもの例を用いているが、おそらく本書における私の関心に照らして最も適切な例は、脳内化学物質の効果に関する広くゆきわたった知識が、精神病に関する概念化にいかなる影響を与えるのか、ということを論じた箇所であろう。彼が示唆しているように、「精神分析家の診察室の長椅子に横たわった無意識下の患者に関して、彼／女の乾いた脳（dry brain）が神経伝達物質を送り出していると見るか、彼／女の湿った脳（moist brain）がホルモンを分泌していると見るかで、われわれはまったく異なった記述を試みることが可能となる」（Latour 1993 = 2008：4、訳は一部改めた――訳者）。同様に本書においても、薬物は、それを使用する諸個人とまったく同様に、集合体の一部として理解される。このアプローチをとることで、研究者はあるサイトにおける前提視された権力のヒエラルキーを揺らがせることができるのである。いかにして支配のプロジェクトがデザインされ、支配の対象に対してそれが行使されているのか、ということを観察するのではなく、Latourのアプローチは権力の一定した流れをあいまいにさせ、いかにしてネットワークに巻き込まれた人やモノ（things）が行為可能になり、影響力を持ち、さらには自分以外のものすべてから影響を

訳注6　カナダにおける連邦レベルの薬物取締法であり、それ以前の「麻薬統制法（Narcotic Control Act）」（1961）と「食品・薬事法（Food and Drugs Act）」（1920）の第3部と第4部を統合するかたちで1996年に制定された。

受けるのかを分析するのである。Latourが示した診察室の長椅子に座る患者の例に立ち返れば、このアプローチの有効性は明らかである。このサイトのなかのすべての「モノ（things）」——精神分析家、脳、脳内化学物質、そして患者個人——はおしなべて行為しており、そしてそれぞれの行為は他のアクターやネットワーク全体に影響を及ぼしているのである。ネットワークは人間かそれ以外かを区別しないし、むしろ固定化された区別に関する前提を揺らがせる。こうしたアプローチを用いることで、モノ、機械、微生物、そして薬物がいかにしてネットワーク内の他のアクターに影響を与えるような生成的能力を有するのか、さらにはネットワークの目的（例えば、新たな機械を発明すること、病気を治療すること、等々）が達成されるか否かにかかわらずいかにしてそれらが活動的な役割を担うのか、を明らかにすることができるのである。

私のプロジェクトは、ANTの研究者たちによってなされた科学論的プロジェクトと同一のものではない。私は実験室の研究をしているわけではないし、科学的発明それ自体の生成場面を研究しているわけでもない。そういったわけで、私は厳格なANTの方法論に従うことはしない。そうではなく、犯罪者／アディクトの上昇を理解するにあたって、いかにして、そしてなぜに薬物のパーソナリティが重要となるのかを示すために、無生物行為（inanimate action）の概念をANTから借り受けようとしているのである。無生物的な客体の行為の価値を認めるANTのレンズは、いかにしてこれらの臨床的かつ文化的な諸属性が刑事司法上の諸介入を作りあげるのかについて考察することを可能にしてくれるのだ。

薬物に帰属される行為は、臨床的な認識論を通してのみ形成されるわけではない。薬物は、薬物と犯罪との結びつきを固定化し、われわれが犯罪者／アディクトを理解しそれに応答する際のやり方を特徴づけるような、示差的かつ文化的な実在性（existence）を有している。例えば、ドラッグ・スケジュール[訳注7]上に

訳注7　規制薬物・物質法（the Controlled Drugs and Substances Act）のもとで定められた薬物分類指標のこと。個々の薬物・物質はⅠ～Ⅷまでの８つのスケジュールのいずれかに分類されるが、各スケジュールで管理や規制の度合いが異なっている。例えば所持に関して言えば、スケジュールⅠの薬物の場合は最大７年の拘禁が課されるのに対して、スケジュールⅢの薬物の場合は最大３年の拘禁が課されることになる（つまり、ある薬物がスケジュールⅢからⅠに「格上げ」されるとすればそれは基本的には厳罰化を意味することになる）。

おけるヘロインのようなオピエイト（opiate）[訳注8]の格上げは、ヘロインの臨床的属性が反映された結果であるのと同時に、ヘロインに対する文化的共鳴（cultural resonance）の反映でもあると思う[*5]。実際に、ほとんどすべての例において、われわれが薬物について「知る」のは臨床的な手段ではなく、文化的な手段を通じてである。これらの文化的諸概念の影響に関しては、私が本書で掘り下げる諸サイトにおいて容易に見ることができるだろう。薬物概念の文化的インパクトと、文化的な要因が個々の薬物のパーソナリティを作りあげるやり方はともに、薬物使用者に介入する刑事司法システムのあり方にとって根本的に重要である。このことを示すために、私はカルチュラル・スタディーズから――特にKlein（1993＝1997）とSzasz（1985）のそれから――いくつかの道具を借り受けたいと思う。この２人の研究者は両者とも、薬物を社会関係を理解するための試みの最前線に配置している。Szaszにとって薬物の効果は、薬物の「儀礼的化学反応（ceremonial chemistry）」、言い換えれば薬物の使用や忌避に関係する文化的儀礼を形作る。薬物は、薬物に対する人々のリアクションを駆動するのである。また、Kleinは、彼のタバコに関する研究のなかで、こうした諸物質が本質的に薬物使用に対するグローバルな反応に帰結するような文化的重要性を有していることを指摘している。ここでのポイントは、決定論的な議論を展開するという点ではなく、諸物質が文化的に理解されていくあり方は、それらが臨床的に理解され、人々のリアクションを駆動していく際のあり方を形成する、という点である。例えばカナダにおいては、初期における薬物法制整備の背後には、統治的諸心性や臨床的観察ではなく、Emily Murphyによる非常によく知られた著作が存在した。彼女の著作においては、特定の諸物質が疑問の余地なく明確に悪魔化され、薬物が人種的堕落の原因やカナダの道徳秩序に対する脅威として位置づけられたのだった。今日においては、薬物は現代文化のどこにでも――ニュースからポップ・ソングに至るまで――存在するようになっている。こうした文化的重要性を鑑みるに、本書のような犯罪者／アディクトの上昇を理解しようとする研究は、薬物の「パーソナ

訳注８　アヘン（オピウム：opium）から採取されるアルカロイドや、そこから合成された化合物、また体内に存在する内因性の化合物、それに対応する受容体などをさし、鎮痛、陶酔作用等を有する薬物をオピオイド（opioid）と言う。オピエイトはオピウムから誘導される薬物の総称であり、モルヒネ、コデインといった（半）合成薬物を包含する。極めて単純化して言えば、人の生体に内在する物質をオピオイド、モルヒネやヘロインのように外部から摂取する物質をオピエイトとして区別することができる。本書でオピエイトとして言及されるのは、ほぼすべてのケースでヘロインである。

リティ」に注意を払う必要があると思われるのだ。こうした文化的観点からの理解は、犯罪者／アディクトに対する介入や政策をデザインし、実施する人々が文化の枠内に存するのだという点において、より重要となってくる。裁判官、弁護士、セラピスト、保護観察官が罪を犯した人々の薬物使用を理解していくあり方のなかに、このような文化的影響が存在するのは明らかであろう。これらの影響を明らかにしていくにあたって、私としては統治的志向性を形作る影響力のネットワークに関するわれわれの理解を拡げておきたいのである。

私はネットワークの概念を、（統治性分析であれば、ヒエラルキカルなレンズを通して捉えるであろう）知識諸関係（knowledge relations）を理解するに際しても有益なものになると考えている。Foucault の主要な関心が権力におかれていたのに対して、Latour は真理に関する問いからスタートする。ネットワーク・アプローチに依拠した場合、真理もまた、ミクロな権力諸関係を理解するために有益なガイドとなる。真理は知識の一特徴であり、知と権力は Foucault が指摘した通り表裏一体のものである。確かに Foucault は日々の生活の些細な出来事を注視していく必要性を強く主張したのではあったが、彼は人々が国家や専門家との間でとり交わす相互行為ほどは、人間同士が同じレベルでとり交わす相互行為についての考察を展開することがなかった。Latour の方法論を用いることで、統治的戦略のなかでいかにして異なる人間同士の相互行為が機能するのかを見ることが可能となるだろう。私はこのアプローチの有効性を、特に第 4 章——私はそこで専門家をめぐる知識諸関係を素描するつもりである——において示そうと思う。統治のネットワーク（この場合は DTC）のなかで解き放たれ、循環する専門的アクターと知識に注目することは、権力の動力学（kinetics）と、法的なものと心理的なもの（psy）が協働してアディクトに対して権力を行使するやり方とを理解するにあたって最適な訓練となることだろう。

ネットワークに関する以上のようなイメージは、本書を通底する主題としての役割を果たす。Latour はネットワーク・アプローチを支持するにあたって、それが調査上のサイトから想像上の障壁（imaginative barriers）を取り除くように機能する、という点を挙げている。Latour の世界においては、例えばエンジンを科学の領域においてのみ存在するものとして理解した場合、エンジンの発明に影響を与えるその他すべての要因——社会的「ニーズ」、経済的な実現可能性、そして関心をうまく転換するにあたっての技術者たちの能力——から目をそらすことになってしまうであろう。Latour は、われわれは自然的なもの（the natural）と社会的なもの（the social）との間の分断が想定された小箱のなかで――科学的であろうとそうでなかろうと――ものを考えることなどできないと主張している。Latourによる「いまだかつて近代であったことなどない」（Latour 1993＝2008）という言明は、この小箱が歴史的に特定の時期における構成物であり、自然と科学は互いに、決して外部に「自然に」存在しているわけではない、ということを示唆しているのである。そういったわけで、諸現象を理解しようとするいかなる企ても、多岐にわたる――実際、潜在的には限界のない――影響力を持ち得るネットワークのなかで諸行為を捉えていくことによって、そしてその影響力のすべての側面に対する探求を開くことによって、首尾よく遂行することができるのである。

本書は、薬物、薬物使用者、そして国家という3つの現象の間に存在するネットワークに関する本である。私は本書において、統治的諸実践が複雑なものであるということ、加えてそれらが多岐にわたる出典や勢力を引き出し、それによって駆動されるものであるということを示していく。犯罪者／アディクトを統治することは、法的権威や専門的知識を通して分節化された統治的心性の単なる帰結ではない。そうではなく、それは部分的にはこうした要因に起因し、他の部分においてはその他多くの要因――文化、科学、そして自己等を含む――に起因するような現象なのである。

5．複合的な方法論と統治の実践分析

私が展開する複合的な方法論は、「調査上忠実であることが求められる特定の理論的伝統に自分自身を注意深く一体化しなければならない」と考える学者にありがちな強迫感を否定する。Valverde（2005）やCole（2001）のような研究者たちと同様に、私としては自分の仕事を「フーコー主義（Foucauldian）」、「ラトゥール主義（Latourian）」「ゴフマン主義（Goffmanesque）」等々といったものとしてみなすことに興味はない。これらの研究者たちは、社会的世界を理解するにあたって、理論ではなく方法論に注意を払っているのである。そうだとすれば、――これはValverdeの議論でもあるのだが――調査を展開するために、これまでに挙げてきたような一連の諸方法論を借り受けてくることは十分に可能なはずである。私のアプローチは、これらの諸パースペクティヴを、それらが相互に補完しあう限りにおいて用いていく、といったものとなろう。例えば、権力諸関係を強調し、広範な支配のプロジェクトが諸個人に降りてく

るさまを理解する際のFoucault的方法論の強みは、こうした広範なプロジェクトを理解するための一手段として人間諸関係をエスノグラフィ的にマッピングするGoffmanの方法論によって補完される。さらに、これらの諸方法論を通して観察される関係性は、Latourのように関係性のネットワークのなかに置いてみることでより豊かに理解される。ネットワークのなかでは、他の諸要因や諸アクター（例えば、薬物の生成的な（generative）能力など）は、互いの文化的、科学的共鳴を通してはっきりと見えるようになるのである。ただし、Latour的なアプローチは、権力諸関係を見るにあたって――ヒエラルキーを無視する傾向があるため――実際それほどは適したものとは言えない。それゆえに、私はFoucault的な方法論にもう一度立ち戻ることになるだろう。

究極的には、本書は統治の諸実践に関する本なのである。私は「現状が公正であることの必要性（necessary rightness of status quo）」（Garland 2001）を希求する犯罪学的潮流に寄与したいと思う。私はBosworth（1999）、Cruikshank（1996）、Doyle（2003）、Hacking（1999＝2006）、Hudson（1987）、O'Malley（1996）、Rose（1998, 1999）、Valverde（2003a）といった研究者たちの仕事に棹さしている。以上すべての研究者たちは、秩序のシステムを動揺させる一手段として、特定の社会現象の注意深い調査研究を活用しているのである。もちろん、動揺させようとするポイントは各人で異なる。Doyle（2003）は、われわれが犯罪というものをいかに捉えるのかに関する現代的思考を揺らがせるための取っ掛かりとしてコミュニケーション技術に注目しているし、Hacking（1999＝2006）は児童虐待のような、前提視され、自然化されたアイデンティティが社会的産物であることを暴露することに興味を抱いている。そうした暴露的発見は、われわれが過去を認識するにあたって、非常に有益な役割を果たすのである。こうした研究者たちをひとつにまとめるのは、かれらの実際の研究領域ではない。そうではなく、かれらの仕事をひとつの潮流にまとめるのは、支配のシステムに対する共通の問題関心、支配のシステムがいかにしてこのようなものとなったのかに関する共通の問題関心、さらに言えば、振舞いの操導（conduct of conduct）に対する共通の問題関心なのである。私のプロジェクトをこうした仕事に関連づけて理解することは、私自身がこうした体制の動揺をめざすプロジェクト（the disruptive project）に参与していることを意味している。犯罪者／アディクトの探究は、犯罪者／アディクトの見かけ上の頑健性に挑戦していくもうひとつの探求の必要性を浮上させる。それゆえに、本書は犯罪者／アディクトに関する本というだけでなく、統治の諸戦略に関する本でもある、ということなのだ。犯罪者／アディクトという形象は、人々をより善くするべく働きかけられる営みにおいて、セラピスト、裁判官、弁護士によって演じられる役割を探求するためのひとつの機会を与えてくれる。犯罪者／アディクトを研究することで、われわれは統治の心性や規律の認識論を明らかにすることができるし、加えて犯罪者／アディクトは、いかにそれらが相互行為しているのかを見るための便利なサイトでもある。さらには、犯罪者／アディクトの強烈な文化的存在感は、統治と文化の間の――しばしばあいまい化され、ないしは／加えて無視されてしまうような――関係性を明らかにする（Garland 2001）。本書は、統治の多岐にわたる諸サイトや諸戦略についての研究であり、さまざまな刑事司法システムが、あからさまに極端で厳格な強制力を行使することなく秩序を維持していく際のさまざまに異なるやり方に関する研究なのである。

私が刑事司法システムに関して記述しようとしているある種の系譜学的探求にとってのいくつかの困難性は、そこでの非常に入り組んだ日常の現在性の一部に由来している（O'Malley 2001）。刑事司法の諸制度は閉ざされた制度であり、いかなるレベルにおいてもアクセスするのが困難なのだ。犯罪者／アディクトを治療しようとする諸レジームを研究するためには、私は――先に記述した方法論に従って――治療の歴史、文化、科学、そして実際の諸実践を研究することができなければならない。本書における当初の課題は、カナダ連邦矯正局（Correctional Services Canada: CSC）によって提供された処遇プログラムの詳細な系譜学であり、私は調査開始前において、CSC によって提供された諸プログラムの歴史を描くことを想定していた。それゆえ、刑務所見学に加えて刑務所職員や受刑者たちへのインタヴューにいくらかの時間を費やしたのだが、CSC との数か月にわたる交渉の末、私が要望しているようなアクセスを許可することに関して、どうやら CSC の方は快く思ってはいないようだということが明らかになった。結局のところ、実際に CSC は私のアクセスを一切拒絶したのである。

幸運なことに、ちょうどその頃、オンタリオ公共安心／安全省（the Ontario Ministry of Public Safety and Security: OMPSS、私は以下、当時知られていたような呼び方で単に“the Ministry”と記すことにする)[訳注9]が保護観察処遇プログラムをまさに展開中であった。そして、OMPSSは、プログラムを受講している保護観察対象者に私がアクセスすることを快く許可してくれたのである――プログラム・セッションそのものを参与観察することは許されなかったのだが。本書における課題はそれゆえに、オンタリオ州のシステムに関する系譜学を編纂し、処遇プログラムを受講する保護観察対象者へのインタヴューを通して、権力のメカニクスを――少なくとも部分的に――観察していく、といったものとして再定式化されたのだった。このアプローチは少なくとも、オンタリオ州――結果的にはオンタリオ州はこうした政策潮流が広まるうえでの中心地的な役割を果たすことになった――におけるアディクション処遇の上昇過程において、重要だと思われる歴史的ナラティヴを私が継ぎあわせることができた点、そして私が研究しようと思っていた、実際にこうした諸介入の対象となった人々と話をすることができた点、においてうまくいったと思う。しかしながら同時に、このアプローチには2つの問題点が存在した。第一に、実際のプログラムに対するアクセスや、プログラムを担当している保護観察官へのアクセスに対する許可がthe Ministryから下りなかったため、相互行為の場における重要な1ピース(統治上の実際の諸実践)を把捉することができなかった。そしてそれと同時に、第二の問題点として、一部のインタヴューの実施時期がオンタリオ州における大規模な公務員労働争議と重なってしまったため、このプロジェクトにとっては決して好ましいとは言えない事態に陥ってしまった(この出来事の詳細に関しては後述するつもりである)。しかしながら、何もかもが失われたわけではない!例えば、私がアプローチした際、トロントとバンクーバーのDTCは、限られたアクセスではあったが、私に快くアクセスの許可を与えてくれた。DTCのクライアントたちにアクセスすることはできなかったものの、DTCを通して、私は統治上の相互行為を見ることができたし、実務家たちにインタヴューをすることもできたのである。

こうした不幸な出来事を悪い方向に理解するならば、このプロジェクトは、一貫した全体を示そうとする無駄な企てのなかで――あるものはこちらから、

訳注9 公共安心／安全省(the Ministry of Public Safety and Security)は、2002年に矯正サービス省(the Ministry of Correctional Services)から組織改編によって引き継がれたものであり、2003年にはさらにコミュニティ安心／矯正サービス省(the Ministry of Community Safety and Correctional Services)へと改編されている。本書では、これら3つの省をすべて「the Ministry」と統一表記していく。

別のものはそちらから、といったように――無理にパッチワーク的な調査をつなぎあわせようとするものになったと言えるかもしれない。確かに、本書が諸サイト間の継続性を明らかに欠いていることはひとつのウィーク・ポイントである。しかしながら、私にはこれは本プロジェクトにとって致命的な欠陥というわけではないばかりか、ある意味では本書の強みを構成しているとすら思われる。本書は、犯罪者／アディクトに対する刑事司法的介入の「いくつかの断面（slices)」に関する研究なのである。まず、系譜学的な分析はDTCと保護観察プログラムの両者が現れてくる広範な社会、政治、文化的コンテクストを記述する。さらに双方のサイトは、それらが展開する介入の異なる側面を明らかにしてくれるだろう。DTCは専門知や専門性の活用や普及という観点から示唆的だし、保護観察対象者に対するインタヴューは自己の諸実践に関する洞察を提供してくれる、というように。同時に、この２つのサイトは犯罪者／アディクトというまったく同じ問題に直面してもいる。DTCも保護観察プログラムも、どちらも薬物と犯罪との連関（drug/crime nexus）という概念を通して作動し、個人に焦点化しながら、介入実践のレベルにおいては心理的なもの（the psy）との強固な協力関係に依存しているのである。その意味では、私が本書で提出するのは、パッチワーク的な結果などではなく、犯罪者／アディクトに対する介入――かれらは、自らに差し向けられる介入に対して多様に異なる観点から応答するのであるが――に関する多角的な（triangulated）説明である。本書は、特定の政策的展開に関する詳細な編年史ではなく、いくつもの介入の特定の瞬間に関する豊かな分析を提供しようとする広範な調査研究なのである。

6．方法と資料

私は本書をいくつかの理由から第二次世界大戦後の時期からはじめたいと思う。最も重要な理由は、オンタリオ州における第二次世界大戦後という時期が――他の西洋世界の各領域と同様に――福祉国家の最盛期であったからである。医療や心理関連の諸学問（the psy disciplines）への信頼の拡大、そしてそれに伴われた経済発展……。こうしたことのすべてが市民の社会福祉に関連する国家の諸実践の増加と維持に寄与した。処罰システムがこの時期に大きな変動を経験した唯一のシステムであったわけではなく、脱施設化への動きや、心理的な（psy）プログラムの増加は、刑事司法セクターと同様に精神医療セクターを特徴づけるものでもあった（Simmons 1982）。同様に、犯罪に対する関心は、個人を社会的に望ましい振舞いへと水路づけることをめざすあまたの社会的な介入プログラムの設置を駆り立てていった（Valverde 1995）。要するに、1950年代が福祉国家的心性の成功を象徴しているという事実が、本書の探求をこの時期から開始することを論理的なものとしているのである。

私がオンタリオ州を選んだ理由は、同州がカナダで最も多くの英語話者人口を抱えているからである。オンタリオ州は同時に最も大きな刑罰システムを有しており、それ故に、新たな政策を展開するための資源を最も多く有している州でもある。加えて、オンタリオ州は、第二次世界大戦以来、刑罰上の薬物政策における最も重要な展開のいくつかが生起した州でもある。かつてのオンタリオ州は、独自の研究、治療センターを有しており、それは刑罰システムと連動した実験的処遇プログラムを展開していた。1950年代にオンタリオ州を特徴づけていた刑罰上の薬物処遇をめぐる活発な展開は、現代においても継続している。オンタリオ州はDTCの最初のホスト州であり、刑罰上の処遇プログラムを展開し、発展させ続けているのである。とはいえ、私のオンタリオ州への注目は、本書の観察を他の領域に拡大することを妨げるものではない。私は、第2章において、ケース・スタディによってではあるが、オンタリオ州の傾向や展開が他の地域においても生起していることを示すつもりである。

本書の歴史的分析の部分は、第二次世界大戦後の時期のオンタリオ州に関する所蔵された資料に基づいているが、資料はさほど豊富に存在するというわけではない。オンタリオ公文書館（The Archives of Ontario）所蔵の資料にはこの時期のオンタリオ州の処罰に関するファイルが含まれていたが、そのほとんどは行政的な問題――サポート・スタッフの教育の問題や、財源確保の問題など――に関するものであった。しかし、なかには直接的に州内刑罰システムにおける処遇上の問題に言及するものや、最善の処遇実践や法改正、財源配分のあり方等を議論することを通して間接的にそれに言及するものも存在した。私はまず、矯正サービス省（the Ministry of Correctional Services）と司法省（the Ministry of Attorney General）に所蔵されているファイルに関して、1950年代以降のすべてのファイルのリストと書誌データをリクエストすることから作業をはじめることにした。オンタリオ公文書館は、情報自由法（the Freedom of Information Act）によって、犯罪者個人の氏名が特定可能な資料か、20年未満しか経過していない資料の公開を禁じられている。そんなわけで、私がリクエストしたすべてのファイルは公文書館の職員によるチェックを受けたものであり、1980年より以前のものに限られているという点を断っておきたい。

公文書館によって提供されたファイル内容に関する書誌データに基づいて、私は24種類の異なるファイルへのアクセスを申請することにした。大臣によって発出された文書、小委員会の議事録やファイル、特別な指導に関するパンフレットや教材、大臣や副大臣（deputy minister）によるスピーチや報告、等々である。私は公文書館によって提供されたすべてのファイルに目を通し、メモをとったり特別に必要なものに関しては複写を試みた。

断片的な公文書館のデータを補うために、過去50年間をカバーしている州立法データベースのなかの国会議事録（the Hansard transcripts）にも多くを負うことになった。議事録の目次を利用することで、立法データベースのなかの処罰、矯正、薬物に関するすべての資料をチェックすることができたのだが、加えて私は、the Ministryの年次報告書（Estimates）――入手可能なものに関してはすべて――に目を通すことにした。年次報告書とは、各省が行う諸活動に関する報告書のようなものである。年次報告書は、議会が開催される前の時期に、典型的には1年半か2年に1回発行されている（後に、それは司法小委員会が開催される前の時期に発行されるようになった）。1990年代の半ばより以降の資料に関しては、the Ministryのウェブサイト上で閲覧することが可能である。プレス・リリースや年次計画、大臣によるスピーチなどはすべて、最新ニュースやthe Ministry内の各局に関する総合情報とともにウェブサイト上にアップされている。

これらの文書データをさらに補完するために、私は7人の鍵を握るインフォーマントに対するインタヴューをあわせて実施することにした。このインタヴューのなかでは、政府組織、または非政府組織の被雇用者としての、かれらの仕事上の経験にスポットが当てられている。インタヴューに先立って私は、過去におけるthe Ministryとの関与の有無、現状でのアクセスの容易さ、他のインフォーマントからの推薦等によってインタヴュー対象となる個人を選択した。その後、かれらに接触し、調査プロジェクト自体と調査終了後に結果が公刊される可能性についての簡単な説明を行い、調査プロジェクトに関わることに興味があるかどうかをたずねた。すべての調査協力者たちの名前は、匿名性を保持する観点から伏せられている。けれども、私としてはこうした匿名化に関して別の意義を感じてもいる。つまり、調査協力者の誰かが立場を明確にしてしまったら、この研究に参加した誰もがどこか打ち解けない、という状況になってしまうかもしれないのだ。すべての調査協力者たちは、調査協力者としてのかれらの権利と同様に調査の目的や性質について十分な説明、情報提供を受けたことを了解する旨を記した合意文書にサインした。かれらには、同時にこれらの諸情報についての詳細が記されたインフォメーション・シートが配布された。全般的にここでのインタヴューでは、さまざまな政策やプログラムに関する特定の経験に関する個人の認識と、当該個人が属するフィールドにおける一般的な傾向についての認識とに焦点が当てられることになった。

本調査のもうひとつのパートとして、私は保護観察対象者として物質誤使用に関するオリエンテーション・プログラム（the Substance Misuse Orientation Program）を修了した10名の方々に対するインタヴューを実施した。これらのインタヴューは質的なものであり、対象者に対してはオープン・エンドの質問が試みられた。インタヴュー対象者は、プログラムを通して（多くの場合は、プログラムの最後のセッションにおいて私自身によって行われる本調査に関するプレゼンテーションを通して）募集した。そこで興味を示してくれた人たちには、かれらのファースト・ネームと連絡手段の希望（電話で直接連絡をとってよいか、保護観察官を通すべきか）を記入してもらい、電話でのコンタクトを了承してくれた方々には、後日保護観察所でのインタヴューのセッティングのための電話をかけた。当初、私は40名以上の男性にインタヴューできるのではないかと期待していたのだが、前述した2002年の労働争議によって、ほとんどのプログラムが本研究開始後すぐに中止される、という状態になってしまった。多くの保護観察所において、この労働争議の後に再度プログラムが実施されることはなく、結局私がインタヴューできたのは10名に留まった、というわけなのである。インタヴュー対象者に対しては、インタヴューに先立って同意文書を手渡し、調査協力者の権利と調査の目的との関するブリーフィングを行い、同様のことを文書で記したインフォメーション・シートを配布した。もし調査協力者が同意した場合は、インタヴューはマイクロカセット・システムを利用してテープ録音され、後にリサーチ・アシスタントによってテープ起こしがなされた。個人を特定できるすべての情報はトランスクリプトからは削除され、テープ自体は鍵のかかった棚に保管された。私はいかにしてプログラムを実施するかについての保護観察官向けトレーニング・セッションに参加し、さらにプログラムの教材について学習し、プログラム開発者に対してもインタヴューを行った。

本研究においては同時に、トロントとバンクーバーにあるDTCの調査も実施されている。2005年12月現在（私がこの調査を終了した時点）においてDTCはこの2つのみであったが、2006年現在においてはカナダ全土でオタワ、エドモントン、ウィニペグそしてレジャイナのDTCが新たに資金提供を受けて動きはじめている。[訳注10] 私は2002年の7月から2003年の1月までの半年強の間、トロントDTC（TDTC）の法廷観察を実施した（そして、リサーチ・アシスタントの1人が2005年の3月から2005年の7月まで、バンクーバーDTC（VDTC）を観察した）。双方のDTCは、1週間に2回のペースで開廷された。法廷メンバーのすべて（「クライアント」も含めて）は、本調査についての情報提供を受けている。私は、調査を開始する前にトロント、バンクーバー双方のDTCの裁判長と会って調査目的についての説明を行ったが、その後かれらが私の調査希望についてDTCの他のメンバーに事情説明をしてくれた。私はまた、私自身と本プロジェクトに関する簡単な概要を記したチラシを作成し、クライアントに対してそれを配布した。私とリサーチ・アシスタントは、法廷観察の調査日誌をつけ、毎回の法廷訪問ごとにそれをアップデートしていった。

DTCの調査を行うにあたって、私は裁判官、国選弁護人（duty counsels）、検察官（Crown attorneys）、DTCの連絡調整担当（liaisons）、トリートメント・コーディネーター、親子調整官（parent-child advocates）、何人かのセラピスト、といったDTCの鍵を握る人物を対象とするインタヴューを計画した。先に言及したインタヴュー調査と同様に、このインタヴューも半構造化されたものであり、インタヴュー対象者の法廷における役割に応じて聞きとられた。ただ、法廷のなかで「鍵を握る人物」と目される個人はさほど多くはないので、この調査でのサンプリングはランダムではなく、セラピストを除いては全数となっている。具体的な手順としては、すべての鍵を握る人物にインタヴューし、TDTCのセラピスト全員に調査の依頼を行ったところ、8名の内4名のセラピストから私の調査プロジェクト参加に対する快諾の返事を受けとることができた。[*6] さらに、これも前述のインタヴュー調査と同様に、匿名性に関する配慮が行われている（文脈上容易に個人が特定できる者はその限りではない）。調査対象者の幾人か（セラピストや弁護士）は著名な人たちというわけではなかったため、私はかれらの名前を使うことを避け、数字のみで表記することにした。DTCのクライアントたちへの接触は許可されなかったため、言うまでもなくかれらに対するインタヴューは実施していない。

人物（Human beings）に対する調査に関する限り、本プロジェクトはすべて、

訳注10　2014年現在も、同様の6つのDTCが継続して開設されている。詳細はカナダ連邦法務省（Department of Justice Canada）のHPを参照（http://www.justice.gc.ca/eng/）。

トロント大学調査倫理審議委員会（the Ethical Research Review Board of the University of Toronto）に報告され、その許可を得たものであることを記しておく。

7．各章の要約

私は刑事司法システムにおけるアディクション処遇に関する系譜学から本書をスタートさせる。第２章においては、20世紀後半を通しての治療的な志向性／政策展開に関する概観が試みられる。そこでは、アディクトの形象が中心に据えられ、繰り返しその姿を現すことだろう。私は、犯罪者／アディクトの形象が、現在の刑事司法政策にとって便利なものであるということを論じるつもりである。犯罪者／アディクトという存在は、ホリスティックな介入を必要とする病理的かつ福祉国家的主体から、治療可能ではあるが犯罪と直接的かつ因果的に結びついている個人的病理ゆえに自己選択を誤ってしまう究極的にネオリベラルな犯罪主体に至るまで、その姿を変えることができる。私の調査分析結果からは、犯罪者／アディクトの形象が政治的感受性（sensibilities）をもって著しい変化に対応できるようになるのは、かなりの部分、中間管理職レベルの実務家（心理学者、官僚、プログラム設計者などを含む）の活動を通してである、ということが示唆されるだろう。認知行動主義のようなリベラルな心理的(psy)テクノロジーを採用することによって、こうしたアクターたちは犯罪者を治療するという総合的な目標を維持することができるのである。

第３章は、薬物の生成的行為——それは犯罪者／アディクトへの働きかけの内に現れてくる——を研究するために、アクター・ネットワークの分析が行われる。私が展開する議論は、薬物に関する文化的概念と臨床的概念の双方が、薬物は犯罪誘発的であるとの信念を支持するような特定の理解の仕方を形作っている、というものである。そこにおいて私は、「諸薬物（drugs）」という網羅的な術語が有するパーソナリティと、マリファナ、コカイン／クラック、ヘロインといった個別物質が有するパーソナリティの双方が、刑事司法（とその職員）が薬物使用に介入する際のやり方を形成していることを示すつもりである。

第４章と第５章は、薬物に対するアディクションを有する犯罪者を治療しようとする日々の企てに焦点を当てる。第４章では、アディクトに対する働きかけのケース・スタディとしてDTCがとりあげられる。そこでは、DTCにおいて、法的なアクター・知識と心理的（psy）なアクター・知識が公式のネットワークのなかで循環している様子が描かれることだろう。このサイトにおける自由化されたアクターと知識のフローは、DTCの「クライアント」に対してなされるケアや統制の諸合理性、諸実践を増幅させる（exacerbate）ように機能する。例えば、このネットワークを通して、典型的には刑務所への収容のような法的行為が、セラピストによって治療目的のもとに活用される、といったことが起こるのである（その逆もまたしかり、である）。こうした知識交換の権力こそが、刑事被告人でありつつ治療を必要とするクライアントでもある犯罪者／アディクトの形象を保持しようとする関心を惹起せしめるのである。

最終章では、犯罪者／アディクト自身によって行使される自己の諸実践に関心が注がれる。私は、DTCのデータや保護観察対象者に対するインタヴューデータなどに依拠しながら、アディクトのアイデンティティが統治の一戦略として構成されていくさまを明らかにしていく。罪を犯した人々にこのアイデンティティを受け入れさせることにより、ひとつの一貫した介入戦略――アディクションの回復を達成する一手段として、自己への配慮の諸実践をその中心に置くような介入戦略――が動員される。アディクトのアイデンティティは、人々をこの戦略のなかに誘い込む（trap）のである。そこに誘い込まれた人々は一連の自己への配慮実践を展開していくことになるが、統治的権威から示される実践の型を踏襲する者もいれば、対抗的自己像（counter-selfhood）を維持しようとしたり、その統治戦略を転覆（subvert）させようとする者もいることだろう。

第2章

トリートメントの心性
――犯罪者/アディクトと変容のプロジェクト

犯罪者のアディクションを治療するという――まさに、広範囲にわたる変容のプロジェクトに代表されるような――目標は、変化する政治的情勢のなかを生き延びていく。なぜなら、その目標を達成しようとする諸実践は、広範囲の政治的、社会的変動に対応すべく、自らを変化させることができるからである。第二次世界大戦後の福祉国家期から、現代のネオリベラリズム期に至るまで、犯罪者/アディクトは決して常にポピュラーな形象であったというわけではないが、それでも絶えず存在し続けてきた。犯罪者/アディクトはしたたかな性質を帯びており、その特徴が文脈に応じて変化するような構成物(artefact)なのである。1960年代と1970年代の犯罪者/アディクトは1990年代のそれとは大きく異なる性質を有している。それゆえ、いかに薬物と犯罪との原因論的な結びつきが急速に固定化するにせよ、犯罪者/アディクトの性質はより広い情勢にあわせられるように変化していくと言えるだろう。こうした性質が上昇し、そして維持されたさまをあとづけることによって、いかにして諸ディスコースや諸実践が変容し、異なる政治的風土においてこの登場人物(personage)が召喚される機会が開かれたのかを理解することが可能になるだろう。

1. 変容のプロジェクト

法を犯した者も社会復帰が可能である、との主張は新しいものではない。法を犯した者は、過去200年もの間、個人に対する何らかの「働きかけ」――その改善(reform)効果が真に持続することを期待されつつ――を受け続けてきた。しかしながら、犯罪者個人の社会復帰や改善という目標が維持され続けた一方で、この目標を実現するための諸テクニックが変化してきたのも事実である。人々を変容させようとする実践としては、これまでに例えば、身体的拷問、宗教を重視した収監環境、精神分析・集団療法・個人カウンセリングなどの心理的介入、ロボトミーや広範な向精神物質を含む薬物の投与などの物理的介入、等々が存在した（Foucault 1977、Garland 1985、Proctor and Rosen 1994、Rothman 1980、Simon 1993）。そして、法を犯した者を変容させるための特定のテクノロジーは、政治経済、文化、そして科学等の影響のもとで選択されていく（Garland 1996、Simon 1993）。それゆえ、それぞれに異なるこれらの「刑事上の（criminal）」介入実践の背後には、犯罪行動の原因に対する当該時期における人々の考え方から生じる特定の思考が存在する。犯罪に対する種々の問題化（problematizations）は、特定のイデオロギーと共振した種々のテクニカルな解決を上昇させるのである。例えば、Bentham（1791 → 1962）の唱えたパノプティコンは、逸脱的で反抗的な受刑者に対して働きかけようとしたのであり、それは、犯罪が非従順性（waywardness）の産物であると確かに理解された時代に生まれたのだった。それとは対照的に、1960 年代においては、個人的な自尊心や他者と関わっていくための能力に対して介入を受ける受刑者層が登場する。そこでは犯罪とその解決策が社会的な問題として理解されたと言えよう[*1]。

1970 年代における「ホワット・ワークス（what works / nothing works）」論争は、多くの理論家や歴史家たちにとって、現代の刑罰性（penality）における社会復帰時代の終わりの到来を告げるものであった（Cullen and Gilbert 1982、Garland 2001、Martinson 1974、O'Malley 1999b、Feeley and Simon 1992）。浅い墓穴（shallow grave）に眠る社会復帰思想の傍らで、刑罰の「新たな」時代を特徴づけようとする理論家によるいくつかの企てが存在してきた。Feeley and Simon（1992）は、われわれが刑罰の意味が変容した新刑罰学（new penology）の時代に入りつつあることを論じた。かれらによれば、「旧刑罰学（old penology）」においては「責任、過失、道徳的感受性、診断、犯罪者個人への介入や治療」といったものに関心が示されるのに対して、新刑罰学においては危険性（dangerousness）に応じてふるい分けられた諸集団を同定し、階層化し、管理するためのテクニックに関心が示される。こうした営みは、変容志向的（transformative）なものではなく、経営管理的（managerial）なものである（452）。Feeley and Simon は、3つに区別される新刑罰学の特徴を以下のように定義している。第一に、保険数理主義と経営管理主義の言語が、治療と道徳の言語にとって代わったこと。第二に、犯罪学的なディスコースにおいて、個人的なもの（the individual）は、集合的なもの（the aggregate）にとって代わられたこと。そして第三に、効果（effectiveness）と効率性（efficiency）が、システムの「減量化（de-frilling）」から保険数理的なアセスメント・ツールの適用に至るまで、新たな刑罰テクニックの発展にとっての主導原理となったこと、である。

われわれは刑罰におけるポストモダン時代に突入したのだ、とする Feeley and Simon の主張に応えるかたちで、Garland（2001）は今日の刑罰実践は近代のそれとは明らかに異なるものであることを認めている。けれども、彼は同時に、現代を「ポストモダン」と表象することは、現在とさほど昔ではない過去との間に明白すぎる境界を引いてしまうことにつながると主張する。Garland は、刑罰実践とレトリックにおける変化を、結論にいまだたどり着いていない近代の連続体のなかに位置づけようとする立場に近い。社会復帰思想の退潮は、Garland によれば、刑罰行政における技術的かつレトリカルな変容から生じたものに他ならないと理解されなければならないし、われわれは刑罰を想像したり実施したりするあり方の内に、「主権国家の限界（limits of the sovereign state）」といった見方と同様に、文化的変容の影響をもまた見てとる必要があるというわけだ（Garland 1996）。

それに対して、O'Malley（1999b）は、われわれが現代の刑罰性に関する系統的なナラティヴを作り出すことは不可能であると論じている点で、この種の変容に対するおそらく最も思慮深い説明を提供しているように思われる。O'Malley によれば、われわれは現代の体制を、すべてを統べる合理性や一般化されたアジェンダのようなものがほとんど存在しない「気まぐれで矛盾した（volatile and contradictory）」ものと理解しなければならない。処罰に関するひとつのグランド・ナラティヴの代わりに、われわれが有しているのはネオリベラル[*2]な処罰概念とネオコンサーバティヴ[*3]な処罰概念の編みあわさった体制であり、それは効率的であると同時に厳罰的（punitive）な刑罰スキームを構成しているのである。これこそが、O'Malley が「ニューライト（new right）」の産物として言及するアプローチなのだ。

最近のものでは、「新たな厳罰性（the new punitiveness）」の議論が挙げられよう。そこにおいては、主に収監実践（practice of warehousing）と過剰収容（mass incarceration）に注意が払われているのだが、Pratt et al.（2005）はこの主題に関して編まれたリーディングスの冒頭で以下のように述べている。「監獄は、『人をより善くする』という目的のもとにデザインされた社会的実験室から、いまや管理のための超収容システム（transcarceral system of control）と化した体制を通して絶え間なくリサイクルされる人体用のコンテナとして生まれ変わったのである」(Pratt et al. 2005：xiii)。こうした想定は、このリーディングスに論文が収録された多くの優れた論者たち（Loic Waquant、Mona Lynch、John Pratt 等）に広く共有されており、加えて広範な理論的論争（例えば、Bauman 2000、Beiras 2005）を反映したものでもある。こうした「厳罰化への旋回（punitive turn）」仮説は、例えばWaquantが、アメリカにおける前途有望な脱施設化の時代から収監好きの時代への回帰をして、政治意識上の「大いなる後ろ向きの飛躍（the great leap backward）」と名づけたような、多くの社会的・政治的転換によって特徴づけられるだろう。Waquantは、こうした方向性へ導いたいくつもの「動因」を指摘しているが、それらには―― Feeley and Simon（1992）らの議論と共振するものでもあるが――社会復帰思想の退潮と矯正専門職の脱中心化、超厳罰的な大衆感情の上昇、危険な階級に対して新たな形態の統制を発明する必要性等が含まれている。Bauman (2000) もまた、同様の現象に対する説明の中心部分にリベラリズムによるある種の専制と並んでポピュリズムを置いているが、そうした動向は、個人的自由とセキュリティの概念を要塞化の諸実践によって満たそうとするものである。Pratt（2005）は、Elias（1984 = 2010）による文明化概念の文脈の内に新たな厳罰性を位置づけているが、そこではWaquantと同様に、現在の傾向は脱文明化された諸実践へのある種の「逆戻り（reversal）」であるとの議論が展開されている。

(1) 社会復帰の復権

いかにしてわれわれの時代、すなわち現代における処罰を特徴づけるべきかに関する議論が極めて少ない一方で、すべての先端的な刑罰理論家たちは、ある決定的な一点において合意を見ているように思われる。それは、「社会復帰思想は息絶えた、もしくはほぼ息絶えかけている、ないしはますます効率性と（現在では）コスト削減（austerity)、そして厳罰化に興味を示すようになってきている矯正パラダイムのなかで傍流に追いやられている」というものである (Garland 1996, 2001、O'Malley 1999b、Feeley and Simon 1992)。

しかしながら、他の領域、特にアメリカの社会－法学的リアリズムの潮流から出てきた研究のなかには、現代の司法に対するまったく正反対の理論を展開するものもある。Nolan（1998・2001 = 2006）によればわれわれは治療国家の上昇を目撃しているのであり、それは法的、統治的ディスコースにおける感情と「新しい心理主義（the new psychologism)」に対する傾注によって裏づけられるという。家族はペットを亡くしたことによる苦悩のために計り知れないダメージを被るし、ビル・クリントンは彼がいかにアメリカ市民の感情をよく知っているかということに関してしゃべりたてる、といった具合に。刑事司法の領域において、Nolan はそれを通して治療国家が反復されるサイトとしてドラッグ・コートを位置づけている。ドラッグ・コートの拡大運動が有する遠心的性格は、結果として司法に対して革命的な変化をもたらしたのであり、すべての裁判手続きを等しく治療的な場へと変換したというのである。

多くの司法関連領域における動向が（ある部分ではカナダでも）、治療から手を引く処罰の応報的・超厳罰的モード——新刑罰学や「厳罰化への旋回」仮説の理論化に現れているような——の上昇を如実に物語っている。しかしながら同時に、社会復帰思想に親近的な理念や実践は決して消滅してはいない、ということを示唆する説得力のある証拠もまた存在する。拘禁（imprisonment）のための広く受け入れられた目的として社会復帰の医療モデルが放棄されたことは明らかだとしても、「それは、犯罪者個人に資する概念または実践としての社会復帰が矯正的試みのなかから排除されてしまったわけではない」（Ekstedt and Griffiths 1988）[*4]。犯罪者に対する介入において、「ホワット・ワークス：どのような処遇が効果的なのか（what works）」という問いは、カナダ、イギリス、そしてアメリカの一部において、多くの実務家および研究者間の論争の焦点であり続けている。そしてそこでは、現在においても、社会復帰的な処遇にコミットすることに対するエビデンスが蓄積されているのである。ほとんどの点において、刑罰理論はこうした「社会復帰の復権（reaffirmation of rehabilitation）」とも言うべき状況（Andrews and Bonta 1998、Andrews et al. 1990、Cullen and Gilbert 1982、McGuire and Priestley 1985、McGuire 1995）に対する説明を提供していないのだが、その状況は、80 年代の終わりを通して多くの領域において明らかだった厳罰的な傾向性と並行して、存続してきたものなのである。「ホワット・ワークス」運動や「新たな社会復帰主義」は、「ナッシング・ワークス：有効な処遇など存在しない（nothing works）」というニヒリスティックな主張（Cullen 2005、Hudson 1987）を拒絶する。それどころか、治療プログラムは効果的な矯正戦略なのであり、もし適切に使用されるのであれば、再犯可能性を減少させ、それゆえに公共の安全に対するより広範な目標に資することができる、という主張を力強く展開しているのである。こうした新たな社会復帰主義はまた、統治のより広範な傾向と共振している。管理経営主義やリスク・ベイスドな傾向性に焦点化する刑罰理論家たちは、「ホワット・ワークス」的な言説の制度化がいかに現代の刑罰情勢を変容させてきたのかについて、適切な把握を試みてこなかったのである。

社会復帰思想の上昇や、(それとは逆の) おなじみの社会復帰思想の退潮といった点に注目する、刑罰の変容に対するメタ理論的な分析は、刑罰実践のレベルにおけるより繊細な変化を見過ごしてしまう傾向がある。現代においては、犯罪者やかれらの振舞いを変容させることは可能であり、そうすることで法遵守的個人になるチャンスが拡大するという、非常に強固に組織内・専門職内に埋め込まれた信念が存在する。そして、おそらく最も重要なのは、こうしたプロジェクトは——少なくともカナダにおいては——第一義的な処罰の正当化根拠であり続けている、ということなのである (Ekstedt and Griffiths 1988)。しかしながら同時に、振り子が逆の方向——つまり治療によって定義される国家、というオルタナティヴな誇大理論 (Nolan の議論のような) ——へ振れるのを押し留める十分な理由も存在している。国家は、他の多くの諸存在と同様に、治療的であると同時に処罰的なのだ。これは、統治のより一般的な理論化の企てに対して O'Malley, Valverde and Rose (forthcoming) によってなされた指摘なのだが、かれらは、統治をおおざっぱな時代区分を通して理論化すること拒絶している。こうした時代区分は——かれらによれば——行き過ぎた全体化であり、「『社会』が本質的に新しい何かに転換するかのように説明する誇大理論の倍音で満たされている」のである。

(2) "時代"から"プロジェクト"へ

それゆえに、刑罰のトレンドを理論化するためのより満足のいく方法は、何か画期的なプロジェクトというよりは、より繊細で細やかなアプローチであろう。本書にとってそれは、「社会復帰 (rehabilitation)」のような術語から距離をとることを意味する。こうした術語が特定の時期の刑罰性を指示するために用いられる場合、われわれがあたかもある時代と次の時代との間に明確な境界を引くことができるかのような、誤った線型的な時間感覚を前提にしてしまうことになる。伝統的な刑罰学のコースを教えたり、そこで学んだりしたことのある者であれば誰しも、処罰史をめぐる次のような話を知っていることだろう。処罰の歴史は、しばしば特定の時期に沿って区別されるいくつかの時代に区分できる。刑罰学の講座に属する学生たちは、典型的には以下のように教えられるのが通例だろう。応報の時代が改善の時代へと道を譲り、改善が社会復帰へと移り変わり、社会復帰が無力化へと転換し……、等々。処罰に関するこのような考え方は、あたかもひとつの特定の時代が終われば、その時代のすべてのテクノロジー、実践、合理性も凋落していくのだ、といった印象をもたらしてしまう。この論理に従えば、例えば、われわれは改善の時代の終わりにおいて処罰の世俗化と収容者に対する残忍な罰則の除去を経験したはずだ、ということになる。しかし、カナダの刑務所に足を踏み入れたことのある者ならば誰しも、残忍な処罰はいまだに（公的には行使されないにしても）残存しており、刑務所は世俗化とはほど遠い状態にあることを知っているはずだ。すべての刑務所では、教誨師が雇われ、チャペルを有し、信仰を基礎にするグループのボランティアによって運営される多くのプログラムが実施されているのである。

社会復帰が処罰の正当化根拠として非常に重視されている現在、われわれが「社会復帰の季節」や「社会復帰の時代」について語るべきではない、というのは一体なぜだろうか。その代わりに「変容のプロジェクト（project of change)」という言葉を用いようとするのはなぜだろうか。これは歴史的変化に対する過度の一般化ではないのか――。しかしながら実際のところ、「変容のプロジェクト」という概念は分析ツールとして非常に望ましいのである。なぜなら、この概念を用いることで、われわれは処罰の“実践”に関する相違性をおさえたうえで、処罰の“目的”における共通性を見ることが可能となるからである。処罰というものは元来、互いに異なるが共存しあう多くのプロジェクトを包含する――「変容のプロジェクト」、「安心（safety）のプロジェクト」、「復讐（vengence）のプロジェクト」……。これらのプロジェクト、またはこれらのプロジェクトの背後にある想定――「人間を『非犯罪的』にさせることは可能である」「われわれは犯罪者の処罰を通して社会を防衛できる」「処罰は、法を犯した者に向けられる社会の残虐性（bloodlust）を満足させることができる」――をまったく有さない処罰スキームなどいまだかつて存在したことはないだろう。こうした想定は極めて強固であるのだが、特定の処罰スキームにおけるその実施形態は、時を越えて、そして領域をまたいで変化し得るのである。福音主義的な改善運動と社会復帰運動はともに、犯罪者を変容させるための監獄の力に関する同様の想定を基礎に置いていたのだが、言うまでもなく、この2つにおける変容のプロジェクトの実施形態は著しく異なっていた。改善主義者たちは受刑者の魂に対して、祈り、隔離、過酷な労働、厳格な生活などを主唱することを通して働きかけた（Carrigan 1991）のだが、社会復帰主義者たちは、受刑者たちの精神（psyche）に対して、精神分析、薬理学、電撃療法等を通して働きかけたのであった（Caron 1978、Ekstedt and Griffith 1988）。さまざまな運動は、法を犯した者も変容し得る（変容させ得る）という想定を共有していた一方で、一連の異なった諸政策や諸実践を有してもいたのである。

“時代”ではなく、こうした広範な“プロジェクト”について考えることはまた、他の研究において前提視されている規範的論争から本書を引き離すことを可能にする。「厳罰化への旋回」仮説は政治的主張でもあり、保守主義の上昇、社会的非寛容性の沸騰、恐怖、他者を見つけ出しては働きかけようとする抑えがたい欲望、といった事柄を明るみに出すことにねらいがあった（Bauman 2000、Garland 2001、Wacquant 2005）。もし厳罰性（punitiveness）が処罰、冷酷さ、厳格さ、保守性といったものに関するものであるならば、そして、それが社会復帰とは明確に区別されるものであるならば、社会復帰をめざす戦術は、厳罰的でなく、冷酷でなく、厳格でなく、保守的でもないものである、ということになってしまうだろう。しかしながら、社会復帰に対する諸批判は、このような議論とは明白に対立する（Proctor and Rosen 1994、Kendall 2000）。われわれは、時代について語ることで、「社会復帰の時代」だけが治療的試みによって画される時代である、といったような諸実践に関する混乱した理解――その政策は、「無力化の時代」における処罰を目的とした政策よりも必ずやリベラルであり、寛容なものである、というような――を招いてしまうのである（Moore and Hannah-Moffat 2005）。“時代”ではなく“プロジェクト”に焦点を当てることで、こうした二項対立から分析を引き離し、治療的であると言われるものを含んだすべての処遇の厳罰的な性質を明らかにすることが可能になるだろう。

「社会復帰」ではなく「変容のプロジェクト」を採用することに対する分かりやすい批判としては、この術語自身が示すものが広すぎて、社会復帰的なプロジェクトの特殊性を把握することに失敗してしまう、というものだろう。私は何も、「社会復帰」「改善」や、これらの術語が位置づけられる（「ネオリベラリズム」「福祉国家主義」などといった）より広い術語を、刑罰分析の辞書から消去してしまえ、などと言っているわけではない。それどころか、私は、より一般的な統治に関する特定の思考ジャンルと同様に、特定の変容のプロジェクトがもたらされる際のテクノロジーを記述するための便利な方法を、これらの術語が提供してくれると考えている。私は、われわれが社会復帰的と名づけることができるかもしれない一連の実践が存在することや、あるやり方での知識の配置をネオリベラルと名指すことに利便性が存在することに疑義を呈するつもりはない。私が注意を促したいのは、それらの術語があたかもひとつの時代を全体化して表現できるマーカーであるかのように――あるマーカーの不在が別のマーカーの存在を意味するかのように――受け取られてしまうことについてである。諸実践や諸合理性は、時を越えて、そして領域を横断して明らかに変化するのだろうが、人々を変容させる際のあるジャンルを別のものと明確に区別する系統だったやり方など存在しないのだ。典型的には、ある特定の心性を特権化するかもしれないが他の場所や時代のものである想定や実務をも同時に動員していくような、一群の乱雑（messy）な諸実践や諸合理性が存在する、ということができよう（O'Malley, Valverde and Rose forthcoming）。それゆえに、現代の刑務所、心理学者、向精神薬、宗教的プログラム、そして認知行動療法といったものはすべて、受刑者を変容させようとする同様の総合的プロジェクトのもとに展開されるのである。

さらに、目標と実践とを区別する枠組みを用いることで、犯罪者／アディクトに対する治療のプロジェクト（project of curing）を理解することも可能となるだろう。広範な変容のプロジェクトと同様に、より特定化されたこのプロジェクトは――そのなかの諸実践が変容していった一方で――時を越えて存続していくことになった。私が序論において示唆したように、犯罪者／アディクトは刑事司法の領域において、いまだに多大な関心（そして資源）のターゲットであり続けている一方、ネオリベラルで、責任化され、そしてチョイス・メイキングを行う主体としての現代のアディクト（O'Malley and Valverde 2004）は、それと対をなす病理的で、社会的な困難を抱え、狂気に近いような1970年代のアディクトとは完全に異なっている。そして、このように以前とは異なる仕方で理解されているだけでなく、ここで重要なのは、今日の犯罪者／アディクトが以前とは異なる介入のターゲットとして設定されてもいるという点であろう。福祉国家期の犯罪者／アディクトは治療共同体、エンカウンター・グループ、教訓療法（didactic therapy）の対象であったのに対して、現代の犯罪者／アディクトはモティベーション・ベイスド・プログラム、標準化された認知行動療法といったものの対象となっているのである。

2. リアリティ・チェック

処罰におけるトレンドの変化を理解しようとする際の問題の一部は、方法論的なものである。系譜学的な分析は、広範な統治のトレンド、特定の諸実践、そして支配の認識論の間のつながりを理解しようとするためのものである（Gordon 1991、O'Malley, Valverde and Rose forthcoming）。すでに系譜学的なプロジェクトに関する詳細は述べたので、ここでは系譜学的探求における利点のひとつをおさらいしておきたいと思う。Foucault（1991a）は、彼自身の方法論を展開するにあたって、「振舞いの操導（conduct of conduct）」——最も日常的で平凡なレベルにおける特定の統治行為——の研究の重要性を力説していたのだった。なぜなら、権力が最も重要な意味で姿を現すのが、この「振舞いの操導」においてに他ならないのだから。方法論として系譜学を採用する処罰の誇大理論における問題点は、それらの理論が基礎を置く現在性（actualities）が、ある特定の水準——合理性の水準——のみのものである点なのだ。それゆえに、そこでは実践の問題に対してほとんど注目が払われないのである。

Rose（1999）は、支配のプロジェクトの細目（minutiae）に注意を払うことで、統治性研究に対する弁護を試みている。『自由の権力（Powers of Feedom）』のなかで、彼は「分子レベル」での支配の諸関係に対する関心を分節化（articulate）するとともに、研究関心を「他者の管理のためのプログラムが自己の管理のためのテクニックと交差する実践、場面、空間」（Rose 1999：5）の内に定める。彼は、ミクロとマクロを前提からして異なるものとして理解するのではなく、権力諸関係のなかで異なるテクノロジーを動員していくものとして理解すべきであることを論じることで、Latour 的な方法論をわれわれに思い出させる。彼が論ずるところによれば、われわれはいかなる種類の統治実践を分析する際であっても、以下のことに留意する必要があるという。

> 領土・人口に関する広範囲の諸特徴を管理するための政治的な実践と機構との間にさまざまな区別や関係がうちたてられていく際の実際のあり方に対して、そして、特定の空間や実践のなかにある特定の諸個人の振舞い（conduct）の管理のためのミクロなテクノロジーに対して、格別の注意を払うこと。
>
> （Rose 1999：5）

O'Malley（2001）の議論は、（直接には Garland の仕事に向けられたものであるのだが）上記の Rose の見解と共振しつつ、出来のよい系譜学的研究というのは日常生活の「乱雑な現在性（messy actualities）」に関心を向ける研究なのだ、ということをわれわれに思い起こさせてくれる。

刑罰理論家たちが誤っているのは、こうした乱雑な現在性への注目を欠いている点なのだろう。大きな物語の主要な問題点は、それらが処罰を心性のレベルでのみ見ようとし、現実の実践のレベルにおいて見ようとしない、ということなのだ。リアリティの本質に十分な注意が払われなければ、その結果は偏った分析として現れよう。つまりそこでは、処罰のトレンドに関する説明は、文字通り処罰の統治性（Garlandであれば刑罰性（penalities）と呼んだであろうもの）のトレンドのみに関する説明に留まり、実践のトレンドに関する説明とはならないのである。これは、「厳罰化への旋回」仮説に対するMatthews（2005）による慎重かつ説得力のある批判のポイントでもある。Matthewsは、厳罰化のトレンドについての諸研究を、狭い範囲の現象を重要なものであるかのように見せかけるために――彼の見立てでは――“低レベル”の社会科学を用いる一連の興味深いアイデアだとみなしている。それらの研究の結果は、Matthewsが理論化の「ゼロサム」ゲームとして言及しているものであり、そこにおいて実践は「厳罰的」「社会復帰的」の２つのカテゴリのいずれかに振り分けられてしまうのである。刑罰におけるアディクション処遇と変容のプロジェクトにおける乱雑な現在性は、両者が単に現代の処罰のなかで主要な特徴として生き残っているだけでなく、実践が変容するなかでも生き残り続けているということを示している。

３．医療モデルと刑罰福祉主義（Penal Welfarism）

典型的には、第二次世界大戦後の時期は福祉国家的実践の繁栄期であると考えられている。刑罰的介入の諸テクニックに関して言えば、個人の魂に対して働きかけ、個人に職業的スキルを付与しようとする改善の取り組み―― 20世紀への転換期に見られたような――から、個人の精神に対して働きかけ、かれらを正常（normal）かつ生産的（productive）な道徳的市民へと変容させようとする取り組みへと変化したとされる。幾人かの理論家や歴史家たち（Ekstedt and Griffiths 1988、Morris 1995、Sim 1990）の見解によれば、この時期における処罰の目的は、個人に対して“本当の（real）”、そして“継続する（lasting）”変容をもたらすことであり、犯罪者を病を抱えた者（sick）として捉えながら、適応的で規格化（normalized）された市民へと変容させることであった――それは社会的実験室としての刑務所のイメージでもある。実際には、第二次世界大戦後の時期における実証主義的な犯罪性（criminality）の概念の再活性化は、処罰における医療モデルの広範な採用を促していった。Enrico Ferri（1967＝2008）――初期の生物学的実証主義犯罪学における鍵を握る人物――は、医療モデルを次のように描写している。

> 医学は、病気のための治療薬を発見するためには、まず最初に病気の原因を探求し、それを突き止めなければならない、ということをわれわれに教えてくれる。今まさに現れんとしている新たな形態の犯罪科学（criminal science）においても、われわれが犯罪と呼ぶ社会病理学的現象の自然原因（natural causes）が探求されるのである。そうすることで、犯罪に対する効果的な治療薬が発見されることになろう。
>
> （Ferri 1967＝2008：30）

医療モデルを通して法律違反者に対する介入は進展し、刑事司法システムは、心理学／精神医学的アセスメント、刑務所収容者に対する（加えて、より控えめなものではあったが、保護観察／仮釈放対象者に対する）諸介入、薬物療法や電撃治療といったものに急速に興味を示すようになっていった（Kendall 2000、Sim 1990）。ただし――驚くほどのことではないが――、極めて初期における多くの心理学／精神分析学的介入は、後から振り返ってみれば冷酷で、侮辱的で、しばしば残虐なものでもあったことが明らかになっている。Ken Kesey の『カッコーの巣の上で（One Flew Over the Cuckoo's Nest）』（1969＝2014）や Anthony Burgess の『時計仕掛けのオレンジ（A Clockwork Orange）』（1967＝2008）といった作品は、第二次世界大戦後の時期に用いられた精神医学的実践に対する、批判的かつポピュラーな社会的注釈を提供してくれるが、両者の作品ともに現代精神医学に対する批評としてイコン的な作品となっている。精神医学的介入を通した受刑者の虐待に関する刑罰学的作品も、枚挙にいとまがない（Caron 1978、Culhane 1991、Hornblum 1998）。

(1) オンタリオ州における刑事司法の医療化

この時期のカナダにおける連邦および州の処罰のあり方に関する包括的な編年資料は極めて少ないとはいえ、既存の説明が示唆するところによれば、政治、行政双方のレベルにおいて医療モデルはレトリックとして求められ、採用されていたことが理解できる。1950 年代において、カナダ連邦刑務局長（the commissioner of Canadian Penitentiary Service[訳注11]）は、職業訓練、教育、治療的プログラムを増加させることを主張していた。1957年の年次報告書において、刑務局長は以下のように述べている。

> 裁判所によって刑罰システムへと送られてきた非社会的、反社会的なタイプの個人は、不幸な環境や過去の浮沈の激しい生活のなかで、平均的な人間と同様の精神的発達を遂げることに失敗してしまった人たちなのである。……改善とは——それは受刑者を収容するうえでの究極の目標であるが——、収容者の欠陥やニーズを把握できてはじめて、最も成功裏に達成することができるものなのである。
>
> （Ekstedt and Griffiths 1988：52から引用）

こうした議論は、1956年に出されたFauteaux調査委員会報告書のなかにもあらわれている。この委員会は連邦刑務所の収容者の刑期縮減について研究すべく1953年に立ち上げられたのだが、それは、連邦、州の両レベルにおいて、より明確に変容志向のアジェンダを掲げるよう刑罰システムに強く迫るものであった。Fauteauxは、保護観察と仮釈放のシステムの拡大、トリートメント専門刑務所の設立と通常の刑務所内での処遇プログラムの確立、最小警備刑務所のより一層の活用、職員の専門職化（professionalization）を求めていた（Fauteaux 1956）。医療モデルの採用は、Fauteaux自身の報告のなかにおいても非常に重要な位置づけを与えられていた（Hannah-Moffat 2001）。

より一般的に犯罪学全体において医療モデルが採用されたこと、そしてそれが連邦委員会においても支持されたことは、薬物と犯罪の疾病モデル（disease model）の確立を促した（Carstairs 2005）。Giffen et al.（1991）は、ある特定のタイプの思考のあり方——薬物使用（特にヘロイン使用）とは、高確率で犯罪行為を伴う病気であり、ひとりでに拡散していくものである——の出現をあとづけている。こうした薬物と犯罪との連関（drug/crime nexus）の集合から現れたのは、刑罰システムの多目的なビジョンを標榜するカナダで初めてのトリートメント専門刑務所であり、施設内処遇プログラムであった。刑罰システムはいまや、個人的病理（アディクション）を治療することができたし、それゆ

訳注11　カナダ連邦刑務局（Canadian Penitentiary Service）はカナダ連邦矯正局（Correctional Services Canada: CSC）の前身である。

えに、個人の犯罪性をも治療することができたのである。犯罪者／アディクトは、驚くべき速さで、このプロジェクトにおける中心的パーソナリティのひとつになっていったのだった。

(2) オンタリオ州におけるアディクト処遇

1951年に、オンタリオ州政府は、トリートメント志向のクリニックであるAlex G. Brown Memorial Clinic（AGB）をMinico矯正施設（reformatory）の一角に開設した。当初はアルコホリックの処遇を使命としていたが、1956年にはその範囲を薬物のアディクションへと広げ、1965年には小児性愛の処遇も担当するようになった。AGBの機能とデザインは、Garland（2001）によって記述された刑罰福祉主義の実践にほぼ完全に一致するものであったと言える。Garlandは福祉国家的なプロジェクトに対していくつもの原則を割り当てて説明しているが、そのプロジェクトにおいては、犯罪者を治療し、ケアする国家責任の重視を通した社会改良（social reform）が企図されたのだった。AGBのプロジェクトにおいては、ソーシャル・ワークと心理（psy）専門職が傑出した存在感を有していた。AGBの目的を記した初期の文書では、そこに収容された者にとってのゴールが設定されている。つまり、AGBは、受刑者たちに対して

1　かれらの犯罪行為を、順法的な生活態度へと置換するための機会
2　より善い心理的、社会的適応に向けた成長のための機会
3　コミュニティへの統合に向けた支援

(Archives of Ontario 1968)

といったものを提供することを目的としていたのである。また、こうした受刑者中心の目標と並んで、AGBは「性的逸脱、薬物乱用、アルコール乱用の発見と処遇に関する知識を蓄積し、普及すること」(Archives of Ontario 1968)もその使命としていた。AGBは、その後1970年代に至るまで、施設内処遇か社会内処遇かを問わず、第二次世界大戦後の刑罰システムにおいてオンタリオ州政府が展開した唯一の包括的でインテンシヴな処遇プログラムであったと言える[*5]。フルタイムの精神科医や心理学者が雇われることはなかったが、いくつかのプログラムにおいてはそうした専門家たちとの協働が見られた。

AGBは、最も明白に福祉国家期の刑罰主体としての犯罪者／アディクトを

想定した施設であったと言える（Garland 2001)。３～６か月の処遇プログラムの間、受刑者たちは治療的環境にどっぷりとつかることになったが、そこで受刑者たちが受けるすべてのプログラムは、かれらの回復を促進するためのものであった。処遇の文法は、単に個人の薬物使用を止めることを志向するのではなく、むしろかれらに善きシティズンシップを教えるためのはるかに大きなプロジェクトを志向していたのである（Miller 1993)。こうした処遇環境において出発点となっているのは、犯罪者／アディクトは病を抱えた個人（sick individual）であり、社会復帰させるためにはトータルな介入が必要である、との想定である。例えば、AGB の施設紹介パンフレットにおいては、新たな入所者たちは処遇プログラムのすべての側面（芸術療法、作業療法、さらには「産業療法（industrial therapy)」に至るまで）に参加するよう、動機づけられたという。すべての側面に参加するということは、厳しい刑務所のスケジュールに従うことを意味するし、服装やこぎれいさに気を遣っていること、「ピシッとした（uptight)」態度を獲得すべく助けを求めていることを意味する。受刑者はこうした呼びかけをかれらがコーヒーを飲んでいるとき、さらにはベッドのなかにいるときですら聞かされるし、「人々や、人々が有する諸感情」とうまくやっていくための映画を見るよう求められもしたのである(Archives of Ontario n.d.)。

AGB の処遇倫理は、医療モデルの適用を通した人間変容に関する刑罰福祉主義的理念を反映していた（Garland 2001、Hannah-Moffat 2001)。この施設のハンドブックにおいては、リアリティ志向のプログラムについて「職員と受刑者との間に、コミュニティを創り出すまでに近しい関係性を築いていくことによって、社会復帰と社会への再統合を促進すべくデザインされたものである」と論じられていた（Archives of Ontario 1968)。このハンドブックで職員に対して求められていたのは、受刑者たちが問題行動を起こしたときはいつでも、かれらと徹底して対峙することで個人責任の概念を教えていくということである。この刑務所の治療的な側面は広く多様であり、少なくともその初期においては、必ずしも専門性に依拠しているわけではなかった。それゆえに、個人・集団精神療法は、その他の多岐にわたる治療的実践――受刑者たちに性的衛生や医薬品の正しい使用法について教育することを目的とする教訓療法、受刑者たちに「非犯罪的」な余暇の過ごし方を伝えるリクリエーション療法や関係療法、「不適切」な反応に対する行動面での拒絶を誘うことをねらった対人コミュニケーションと嫌悪療法、等々を含む――と組みあわされて実施されていたのだった。

AGB は、1960 年代のオンタリオ州の刑罰スキームのなかでユニークな存在であった。AGBの他には、州内の刑務所（Jail）や矯正施設（reformatory）に収容されているアディクト、アルコホリックに対するいかなる施設内処遇も存在しなかった（McMahon 1992）。保護観察対象者および仮釈放者——この時点においてはかれらを管轄していたのは司法省（the Ministry of Attorney General）であった——は他の職業的、心理的介入と並んでアディクションのためのプログラムを受けていたが、それらは通常の保護観察処遇に加えて、NGO（例えばジョン・ハワード協会のような）や慈善的な宗教団体によって定期的に提供されるものであった。ナルコティクス・アノニマス（NA）のようなセルフヘルプ・グループも、ちょうどその頃カナダに導入され、アディクション問題を抱える者に対する介入を開始していたのだが、それでもAGBは1970年代に至るまでオンタリオ州における唯一の処遇施設であり続けたのだった。

「分類と処遇（classification and treatment）——矯正のための拘禁における新たな概念」と題され、AGBにおいて1970年に開催されたカンファレンスにおいて、当時女性施設のための大臣官房主任管理官（minister's chief administrator for female institutions）であり、後に州副大臣（provincial deputy minister）になったG. R. Thompsonは以下のように述べた。「刑務所拘禁における新たな概念の適応によって、われわれはコミュニティや犯罪者集団のニーズを最も適切に満たすことが可能となるだろう[*6]」。Thompsonは、Fauteaux報告や後にはOuimet報告によって論じられる、社会復帰のますますの強調を要求する声に対するひとつの反応として、こうした変化が必要とされていることを理解していた[*7]。けれども彼は、これらの報告に依拠しながら過去において動員された社会復帰の静態的かつ伝統的な形態を超えて思考することで、オンタリオ州の矯正事業にチャンレンジしていく。Thompsonは、関係性やコミュニティに依拠した刑罰のダイナミックなモデルの活用を主張したのだった。

Thompsonは決して孤立した存在ではなかった。1960年代に入ると、州議会（Legislative Assembly）のメンバーたちが刑罰に関する諸問題に関心を持つようになる。過去においてはほとんど関心をひかなかった大臣報告（ministerial reports）をめぐって、議会内部において激しい論争が繰り広げられるようになった。矯正に関する問題を政治的フィールドの中心に位置づけるうえで鍵となったのは、Alan Grossmanの矯正サービス大臣（the minister of Correctional Services）への登用（1963年）であった。Grossman——彼は「似つかわしくない保守主義者」と呼ばれていた（Oliver 1985）——は、オンタリオ州における処罰の「悪しき過去」から矯正サービス省を引き離そうと決意していた。彼は、心理（psy）科学の犯罪性治療への可能性に対する強固で近代主義的な信念を胸に、オンタリオ州における治療的アジェンダを一貫して支持したのだった。その結果、彼は矯正サービス省内部の日常的業務のなかに心理的（Psy）ディスコースや諸実践を持ちこみ、その結果として、厳罰的な無力化と抑止というオンタリオにおける処罰の目的を自己の変容へと再定義するにあたって、極めて重要な役割を担うことになったのである。

Grossmanは、1960年代の半ばにおいて、心理的基盤を持つ（psy-based）治療を州内の矯正センター（correctional center）に導入していった。しかしながら、これらの実践は首尾一貫したかたちで導入されていたブリティッシュ・コロンビア州の改善矯正計画と比較すると、断片的で首尾一貫性を欠いたものであったという（Oliver 1985）。1968年には、Grossman率いる矯正サービス省は、矯正サービス法（Correctional Service Act）を導入した。この法律は、部分的にはいくつかの法律をひとまとめにする業務的なものであったが、州内における矯正処遇の方法に重要な法制上の変化をもたらすことにもなった。つまり、この法律は、州内の刑務所（Jail）や矯正センターの日々の実践に、処遇への志向性と他の変容志向の取り組みを導入するのに必要な法的枠組みを作りだしたのである。ある矯正サービス省内の文書には、法制の重要性を再確認する文脈のなかで、この新法が「オンタリオ州の社会復帰的な犯罪者プログラムに、新たな側面を加え、それを再活性化した」との言及が見られる[*8]。

Grossmanによるオンタリオ州の刑罰性の軌道修正が、訓練と教育にかなりの強調を置きつつ一連の処遇様式と目標とを採用していた一方で、犯罪者／アディクトの処遇もまた、主要な政治的・実践的な関心であり続けていた[*9]。1960年代を通して、アディクションの問題が議会において言及されることはほとんどなかったが、1970年の通常会期において、Grossmanがトロントの Don刑務所（jail）へメタドン・メンテナンス[訳注12]を導入するよう求められた際に

訳注12　メタドンは合成オピオイドの一種であり、化学構造等は異なるもののヘロインやモルヒネとほぼ同様の薬理効果を得る。製品化されたメタドンは長時間作用型の経口薬であることが一般的であるが、メタドンは経口で投与しても注射の場合とほぼ同様の効果が得られ、離脱症状（禁断症状）も同量のモルヒネやヘロインに比べて穏やかであるため、投薬管理のしやすさからヘロイン依存者の置換物質として使用されることがある。つまり、ヘロイン依存者はメタドン・クリニック等に通院し、ヘロイン使用を止める代わりにそこで定期的に処方されるメタドンの使用を維持していくのである（メタドン・メンテナンス）。ヘロイン使用のための注射針の共用によってHIV／AIDSやC型肝炎への感染が深刻化すると、メタドン・メンテナンスはいわゆるハーム・リダクションのためのテクニックとしても活用されることになった。

大きな動きが起こる。[*10] この年の暮れに行われた彼の予算演説において、Grossman はドラッグ・アディクトのための新たなトリートメント専門刑務所を建設するプランを開陳したが、それは、州内のいくつかの悪条件の刑務所（prison）——最もひどいものとして、悪名高き Guelph 矯正施設（reformatory）があった——における騒擾を憂慮していた他の州議会メンバーの多くから好意的に迎えられたのだった。[*11]

これらの出来事を文脈化し、位置づけていくなかで、Giffen et al.（1991）は、薬物使用の害悪に関する公衆の気づきと関心が 1960 年代の終わりごろに上昇しはじめたことを示している。それらがこの時期に起こったのはとりたてて驚くべきことではない。Giffen et al. は、あらゆる種類の物質使用が有する致命的な効果に関する古くからある考えに光を当てることで、薬物に対するパニックの上昇を説明している。連邦政府が、薬物の非医療的使用に関する LeDain 調査委員会（the LeDain Inquiry Commission）——それは、違法な薬物の健康と社会に対する有害な影響をめぐる議論を調査することを使命としていた（Erickson and Smart 1988）——の招集をかけたことは、このような高まる恐怖に対するひとつの応答であった。この時期に恐怖が高まっていたことは、文書資料を見ても明らかである。薬物乱用に関するカンファレンス（1970 年）の記録は、こうした不安がいかに急速に刑罰の領域にまで押し寄せたかを示すと同時に、そこにおいて薬物使用を減少させることを目的とした刑務所における教育プログラムの提案がなされていたことを教えてくれる。そこでは、少なくとも 40% の受刑者がドラッグ・アディクトである、との主張によって、プログラムの必要性が正当化されていた（Archives of Ontario 1970a）。1972 年の保護観察・仮釈放ガイドラインにも、同様の関心がうかがえる。『オンタリオ州保護観察サービスの枠組みにおけるグループ・ワークのためのアウトライン（An Outline for Group Work within the Framework of the Ontario Probation Service）』においては、保護観察官は以下のように指導されていたのであった。「5 年前には、薬物使用はヒッピーによるマリファナ使用（smoking pod）に関するものであった。……今では、薬物に対する態度は完全に『乱用（abuse）』である」（Archives of Ontario 1972）。

システムを再建する一般的な必要性に加え、上述してきたような公衆の関心に応えるため、1970 年に、Grossman は AGB の閉鎖を検討するに至った。AGB の設備は、刑罰システム内の処遇スペースに対する高まるニーズに答えるには狭すぎると考えられたのである。1973 年にオンタリオ矯正インスティテュート（The Ontario Correctional Institute: OCI）がAGBに代わって開設されると、そこで州内で最初の心理的アセスメント・ユニットが提供されていく。[*12] アルコホリック、アディクト、小児性愛者を処遇するというAGBの使命を引き継ぎつつも、同時にOCIは矯正処遇における主要な調査センターになることも見込まれていた。さらに、OCIは当時アメリカにおいて注目を集めつつあったDaytop、Synanonといった治療共同体[*13]にその範をとっており、現存するAGBのトリートメント・モデルに立脚したうえで設立されたものであった。このことが意味するのは、――場所は変化したが――犯罪者／アディクトに関する福祉国家的な心性は生き延びた、ということである。集団・個人療法、芸術・音楽療法、職業的・教育的プログラムといったものはすべて、OCIにおいて積極的に行使された変容のテクノロジー（technology of change）の一部であったし、例えば「エンカウンター・セッション」において受刑者たちは、互いに自らのアディクションや犯罪行動に対する直面化を図りながら、かれらの行為に対する責任を引き受けようとしていた。OCIの十周年記念日に際して、元副施設長であったAlf Gregersonは、この時期において際立っていた明らかに福祉国家的な処遇哲学について次のように回顧している。

> 私の処遇理念は、1人の人間のなかにある何か善きものを探し当てるまで――仮にそれが見つからなかったとしても――とにかく掘り続ける、というものだ。われわれが探し求める善きものをほんのわずかしか持っていない、といった者も少数いることは確かである。しかしながら、これは勝負なのだ。Winston Churchillがかつて言ったことには、「すべての人間には善の縫い目（a seam of good）がある」。私はこれを本当だと信じているのである。[*14]

OCIと比べると小規模であったが、Vanier女性インスティテュート（the Vanier Institute for Women）――州内で唯一の女性受刑者のみを対象とした刑務所――においても、OCIの処遇理念が共有されていた（この刑務所はOCIに隣接しており、職員や諸資源を共有していた）。そこでは、女性受刑者をグループ化されたのコテージ群に「家族」として住まわせることで、処遇効果を促進することが期待されていた。

州内の他の刑務所においても、こうした治療的処遇環境はより非意図的なかたちで発展した。当時、アルコホリズムの処遇に力点を置いた――後にドラッグ・アディクションも含められたが——ある矯正センターが設置されたが、このセンターの鍵を握っていたある心理学者（同時にこの人物は、現代において伸長著しいとある処遇技法の鍵を握る人物の１人でもある）は、私の前で次のように語ったのである。彼がこの刑務所でプログラムをデザインしたとき、彼は、薬物のアディクトをアルコホリックと異なる者としてみなす必要はまったくない、と強く感じており、そして、特定の物質（アルコール、薬物、等）に焦点をあわせたプログラムは「馬鹿げている（stupid）」と思っていた、と[*15]。彼はまた、薬物使用者はその人が選択する薬物の種類によって特徴化されるわけではなく、つまりは特定の物質が問題なのではなくアディクションそのものが問題なのである、とも述べた。こうした考え方は、アルコホリズムとドラッグ・アディクションを別のものとして捉える見方が主流であった1960年代および70年代のものとしては、極めて異質なものであったと言えよう（AGBにおいて、そして後にはOCIにおいて、両者の間には明確な境界線が引かれていたことを想起せよ）。これと同様の区別は、アディクションと犯罪との間のより広範なレトリックとともに、カナダ中の他のトリートメント専門刑務所（後述）においても採用されていた(Simon 1993、White 1998 = 2007)。その意味で、この人物の発言は来るべきシステム上の変化を予告するものであったとも考えられよう。アルコホリズムとドラッグ・アディクションとの間に境界線を引くのではなく、アディクションを処遇上の一般的カテゴリとして考えていくような方向性は、現代において存在する変容のプロジェクトの実践と親近的なものである。とは言っても、この矯正センターで採用されたプログラムもまた、収容者の内在的な変容を志向するものであった。そこでは、行動学派的な介入に基づくものとはまったく異なる処遇へのアプローチが採用されていたのである（心理学に関するセクションにおいて後述する）。そのプログラムは、行動修正と電気ショック療法を組みあわせたものであった。1970年代の終わりごろまでに、このセンターでは「アンガー・マネジメント（anger management）」と「ライフスキル（lifeskills）」に関するプログラムが導入されていくことになる[*16]。今日でも用いられている標準化された保険数理的アセスメント・ツールの多くは、この矯正センターにおいてはじめて展開されていったのである。

4．暗い時代—— 1980年代

1980年代は刑罰理論家たちにとって刑罰上の心性の転換点を画す時期で

あった（Feeley and Simon 1992、Garland 2001、Wacquant 2005）。その主要な要因には、経済不況、保守政治の上昇などが含まれる。アメリカ合衆国においては（また、アメリカほどではないにせよ、カナダにおいても（詳細は本書第３章参照））、ドラッグ戦争（war on drugs）が宣言され、それが拘禁率に大きな影響を与え続けていくことになった（Mauer 1999）。オンタリオ州においては、経済の落ち込みは変容のプロジェクトの減速をもたらした。オンタリオ州の変容志向の実践の多くがこの時期においても維持されたことを示す証拠があるものの、所蔵された資料、議会での議論の双方において、治療的な問題に注目が払われた形跡はほとんどない（McMahon 1992 も参照）。こうした沈黙は、変容のプロジェクトが相対的に低調であったことを示唆する。刑罰システム内で当時仕事をしていた者たちにとってこの10年間は、困難ながらも「何とかやり過ごす（get through）」必要のあった時代であったと語られている。鍵を握るインフォーマントの１人―― 1980年代の終わりに矯正サービス省で働くようになる以前は、オンタリオ矯正局（the Department of Correction）の行政レベルで働いていた――は、治療的な潮流がこの時期を通して被った損失のリストを提供してくれたほどである。プログラムの削減によって、それまで矯正サービス省で働いていた心理学者の多くが連邦システムの仕事へと異動しなければならなかった。さらに、この時期に矯正サービス省が採用した契約モデルのせいで、アディクション処遇を含めた広範囲のサービスが民間のNPOとの契約へと外注されることになった。この種の外注の多くがコミュニティ矯正の領域でなされたが、それゆえに施設内処遇の側にはほんの少しのリソースしか残されなかったのである。

けれども、変容のプロジェクトが消え去ってしまったわけではない。それどころか、Redeauトリートメント・センター（Redeau treatment center）における展開を足掛かりとして、変容志向の実践は新たな文法と新たな戦略を採用していくことになった。1980年代を通して、犯罪誘発的な要因に注目する「新たな（new）」心理的諸介入（Hudson 1987、Kemshall 2003）が、変容のプロジェクトの成功を予感させるものとして称揚され、これこそが矯正サービス省にとっての望むべき方向性であるとの支持が広範にわたって見られるようになる。例えば、1987年に当時矯正サービス大臣であったKenneth Keyesによる熱のこもった議会演説が行われているが、そこでは、矯正サービス省の仕事とは「犯罪者個人の肯定的な変容に向けてかれらを動機づけるような矯正プログラムを発展させること」であるとの要約がなされている*17。その一年後、新たな矯正サービス大臣となったDavid Ramseyは、法律違反者たちの変容に関する矯正サービス省のパースペクティヴに関して、より特定的かつ直接的なプログラムへの転換にスポットを当てながら、次のように述べている。

> 矯正サービス省の組織プランは、以下のような認識を有している。すなわち、ポジティヴな社会復帰的介入とは、数多くの犯罪者にとって、そしてとりわけ精神医学・心理学的問題、物質アディクション、教育の欠落、未発達の社会的スキルやライフスキル、労働経験の欠落等を抱えた者にとって、実現可能かつ望ましいものである、と。[*18]

州議会議員のSam Cureatzによる以下のコメントは、矯正サービス省によるこの時期の変容のプロジェクトが受け入れられており、かつ望ましいものであるとみなされていたことを例証している。

> オンタリオ州政府は――これは称賛に値することだが――、他の領域においてそれが見捨てられようとしているさなかにおいても、社会復帰的なアプローチにおけるいくつかの信念を保持し続けてきた。社会復帰モデルは、確かに極めて慎重に注視されるべき危険性を多くはらんではいる。しかしながら、いまや、実際に再犯を減少させることのできる特定のタイプのプログラムを同定することができる、とする調査報告――それらのいくつかは州政府内部の職員によって実施されたものだが――も存在しているのである。[*19]

この新たな戦略は、犯罪者はホリスティックにケアを受けるべきであり、かれらの犯罪病理を通して理解されるべきである、とする考え方を拒絶している点において、1970年代に展開されていた変容のプロジェクトのテクノロジーとは異なるものであると言えよう。むしろ、そこで出現しつつあった方向性は、犯罪に直接的に結びついていると経験的に立証された犯罪性の断片（pieces）のみを志向するものであった（Hannah-Moffat 2001）。そのようなターゲット化は、刑事司法のプロジェクトを合理化するものであり、コストを最小化する一方で、その効果を最大化することを目論むものである。ただし、「経営管理主義（managerialism）の上昇」や、それに付随して生じるとされる「社会から犯罪を取り除こうとする試みの否定」、という主張（Garland 2001、Feeley and

Simon 1992）とは正反対に、このアプローチにおいては、犯罪は治療的方法によって根絶され得る、という考えが保持され続けてもいる。違いは、これらの方法は正確性を期すためによりよく調整されているという点であろう。もっとも、これらの志向性が1980年代を通して定着しはじめたとはいっても、システムのなかに確固たる地位を築くのは1990年代においてであった。

5．1990年代――回帰する変容のプロジェクト

1990年代のオンタリオ州政府は、２つの大きな変化を目撃することになった。まずは、1990年に新民主党（the New Democratic Party: NDP）がBub Raeの「第三の道」（Giddens 2000 = 2003）のもとで政権の座に就いた。この中道左派的政権は、オンタリオ州における社会システムを総点検し、その後10年間を特徴づけることになる社会的プログラムの削減の多くを提起することになる。続いて1995年には、Mike Harrisのもと、保守政権が権力を担うことになった。彼はドラスティックな変動の先触れを告げることになるのだが、例えば、周縁化された人口層にターゲット化する「ワークフェア」のような新保守主義的な社会政策や街頭安全法（the Safe Street Act）などと同様に[*20]、極めて多額の支出削減を試みたのだった。

４年間の任期中において、NDP政府は、オンタリオ州の処罰実践に対してほとんど変更を加えることはなかった。1990年から1995年までの期間、刑罰に関する問題は実質的にほとんど議会においてとりあげられることがなかった。この時期になされたさまざまな変革は、州内で処罰が実際に遂行されていくやり方に対して、影響を与えなかったように思われる。矯正サービス省はより大きな警察省（the Ministry of the Solicitor General）に吸収され、――少なくともある程度においては――政治的レトリックのなかで重視されがちなポリシングや薬物政策に比較しての刑罰関連問題の周縁化を象徴することになった。矯正サービス省内の地区ディレクターの１人は、「Raeの時代（the “Rae Days”）」を振り返りながら、この時期の唯一の主要な変化は労働に関連したものであったと述懐している。この人物は、看守たちの組合（オンタリオ公共セクター労働者組合（Ontario Public Sector Employees Union: OPSEU））が、広く労働界によって支えられたNDP政府において非常に大きな影響力を持ったと述べる。この人物によれば、OPSEUは矯正サービス省によるアファーマティヴ・アクション的な雇用政策の採用、職員教育の増加、他の労働関連問題などにお

いて欠かせない存在であったという。もう1人の鍵を握るインフォーマントも、Rae政権の刑罰システムに対するインパクトについて、この人物と見解を同じくしている。「かれらは政策を携えずにやってきて、政策を何ひとつ残さずに去っていった」。このインフォーマントの述べるところによれば、政府はOPSEUが「問題を引き起こした」際にのみ、矯正システムに対する関心を示したのである。

それに対してHarris政権は、1995年に政権につくやいなや矯正の再建のためのプランを発表した。この計画では、「厳格な効率性（get-though efficiency）」のマントラのもとに、システムの全側面における完全なる総点検が行われることになっていた（Moore and Hannah-Moffat 2002）。保守政権によって採用された志向性は、その当時の他の領域における刑罰の諸潮流を反映したものとなった。Harrisと彼のもとでのはじめての矯正サービス大臣であるBob Runcimanは、O'Malley（1999a）が正しくも「気まぐれで矛盾した（volatile and contradictory）」と記述したような、処罰の新時代の到来を告げたのだった。民間刑務所、仮釈放の撤廃、刑務所内の規律の強化、「巨大刑務所（mega jails）」の増加、拘置所（detention centres）におけるプログラムの廃止、拘禁（incarceration）・条件付判決（conditional sentences）・公衆への晒し（public shaming）・構外作業員（work crews）[訳注13]等の活用の増加が、オンタリオ州における新たな刑罰の諸相であった。[*21]

こうした動きは、オンタリオ州を極めて保守的な方向へと導いていったのだが、それらを変容のプロジェクトへのコミットメントの終焉の兆し、と受けとってはいけない。事態はその反対であり、矯正リニューアルに向けた政府の指示のなかには、経済的かつ経験的に実証された「効果のある」矯正治療プログラムの開発、というものが含まれていたからである（Moore and Hannah-Moffat 2002）。政府は、治療刑務所の閉鎖やハーフウェイ・ハウスその他のコミュニティに基盤をおくサービスの撤廃を計画する一方で、矯正プログラムの開発のための調査部門（Research branch）を開設しているし、Harris政権によって志向された「矯正リニューアル」に向けた計画のなかには、「効果のある」エビデンス・ベイスドの矯正プログラムを開発せよとの明確な指示が含まれていた。

144法案（Bill 144）をめぐる議会でのやりとりを見てみよう。この法案は、

訳注13　構外作業員たちは、通常ゴミ拾いや公園清掃などに従事する。囚人服を着せられ、しばしばあえて人目につきやすい街頭での作業を課されるため、公衆への晒しの典型例として理解されることが多い。

受刑者に対して薬物検査を義務づけることで「アカウンタビリティ」を担保しようとしたのだが、その当時のRob Sampson大臣は当初、法案の目的を次のように説明することで強硬路線をとろうと試みた。

（144法案の目的は）施設内／社会内の別を問わずわれわれを悩ませる薬物の害悪と闘うことなのです。この法案はランダムかつ継続的な犯罪者への薬物検査プログラムを設置しようとしています。もし犯罪者が自身をクリーン[訳注14]であると示すことができなければ、その結果は迅速かつ確実にあらわれます。その犯罪者の刑期短縮措置は取り消され、もし彼（he）が社会内刑罰に服していたのであれば、刑務所（jail）に連れ戻されることでしょう。[*22]

しかしながら後には、薬物使用と闘うためには治療プログラムが必要である旨に言及した質問への応答として以下のように述べることで、その主張を和らげたのだった。

質問者の先生。ここにいらっしゃるすべての方々と同様に、先生も、心理的な障害、経済的資源の不足、教育の欠如といった根本原因に迫らなければだめだということをお分かりでいらっしゃることでしょう。われわれは、こうした資源を施設内で提供するし、人々にもそれらの資源を利用してもらいたい、と申し上げたいのです。私は、144法案において最も重要なのは、人々は薬物を使用するべきではないという点であるということを繰り返しておきたいと思います。薬物を使用しているときに何かを学習することは難しいでしょう。先生も「クスリを使えば脳はフライに（your brain's fried on drugs）」というコマーシャルをご覧になったことがあるでしょう。私はあれに賛成なのです。[*23]

この法案は2000年に可決された。2006年には、もともとSampsonが想定していた強硬路線からは離れて、コミュニティ安心／矯正サービス省（the

訳注14　多義的な概念であるが、ここでは薬物を使用していない状態をさす。「クリーン○○年」、「クリーンタイム○○か月」というようにクリーンの期間を示すこともある。

Ministry of Community Safety and Correctional Services）[訳注15]――時代は自由党政権に移っていたが――は、受刑者が州内の刑務所において幅広い範囲の処遇プログラムに参加することができるよう保証するものとしてこの法案を打ち出していくことになる[*24]。コミュニティ安心／矯正サービス省は、ウェブサイト上において15の異なる施設内処遇プログラム（アンガー・マネジメント、親業スキル（parenting skills）、職業・教育訓練、そしてもちろん、物質乱用を含む）をリストアップしている。ところで、こうしたプログラムが実際の州内の施設において実際のところどの程度実施されているのか、といったことについては不明確である。この点には注意が必要だろう。例えば、私がこの調査を行っていた2002年当時、（物質乱用のための）矯正プログラムを実施していた刑務所はたった1か所であった。2005年にもう一度確かめようとしたのだが、それはかなわなかった。コミュニティ安心／矯正サービス省の職員はプログラムの実施数とその種類に関する正確な情報を私に提供することを許されていなかったため、その職員から個々の施設に直接問いあわせるようにとのアドヴァイスを受けた。個々の施設はと言えば、私にコミュニティ安心／矯正サービス省のウェブサイトを参照するようにと回答したのである。

2000年の9月に、矯正サービス省は保護観察と仮釈放に関して、新たなサービス提供モデルを導入することにした。このモデルもまた、矯正サービス省による変容重視のプログラムへの継続的な強調を反映したものであった。このモデルについて述べた文書のイントロダクションにおいて、次のような記述が見られる。

> このモデルは、社会復帰的なコア・プログラムを具体化したものである。これらのプログラムは、犯罪者人口のなかで最も共通する部分が大きいと経験的に認められた犯罪誘発的（criminogenic）な諸要因に焦点化するよう、デザインされている。例としては――もちろんそれだけに限らないが――、アンガー・マネジメント、物質乱用、犯罪的思考（criminal thinking）などが含まれよう。犯罪誘発的な領域とは言えない犯罪者の諸ニーズ――明らかな犯罪誘発的潜在性が認められない諸ニーズ――、例えば住居、お金、感情的諸問題などに関しては、一般的にはコミュニティにおいてかれらを

訳注15　矯正サービス省は、2002年に公共安心／安全省（the Ministry of Public Safety and Security）に、2003年にはコミュニティ安心／矯正サービス省（the Ministry of Community Safety and Correctional Services）に名称が変更されている。

担当するエージェンシーや臨床家たちに委ねられるべきである。[*25]

重ねて言うが、法律違反者が引き受けなければならない変容のあり方や、変容志向の政策群がその周りに組織化されるべき諸要因に関するここでの言葉遣いこそ過去と比較して変化してきたと考えられるものの、矯正サービス省はいまだに犯罪へのサンクションを受けている者が変容することをめざすプロジェクトへのコミットメントを明らかに維持しているのである。矯正サービス省によって提供されているコア・プログラムのなかで、物質乱用プログラムが最も容易に利用可能なプログラムとなっている。薬物使用のための介入プログラムは、矯正サービス省によって2000年に開発された（第5章参照）。

このプログラムのターゲットとして現れているアディクトは、AGBやOCIにおいてターゲットとされていた者とは著しく異なったアディクトである。このプログラム――それは「変容は選択だ（Change Is a Choice）」と名づけられているが――において、アディクトたちは理性的主体として想定されており、かれらの「物質誤使用（substance misuse）」は、深刻な病理からではなく、問題のある思考パターンから生み出されたものであると考えられている（Hannah-Moffat 2001、Kemshall 2003）。この犯罪者／アディクトたちは、変容することを「選択する」ことができるのだ。この犯罪者／アディクトたちはまた、ひとつの統一体としての人間（a whole person）とはみなされていない。かれらは保険数理的アセスメントによって、アディクションを含む一連の犯罪誘発的諸要因へと分解されていく。この犯罪者／アディクトは、かれらをより善い人間にしようとする介入ではなく、かれらのなかの犯罪誘発的とみなされた諸要因のみに焦点化する介入を必要とする、とみなされているのである。それゆえに、このタイプのプログラムは、諸個人における効果的な変容という目標だけでなく、効率と効果というマントラに見あうような矯正実践を形成するという目標をも満たすものとなるのだ。

Bauman（2000）、Feeley and Simon（1992）、Garland（2001）、Wacquant（2005）といった論者たちの主張とは正反対に、専門家たちは刑罰スキームにおいて中心的かつ生成的な役割を担い続けている。犯罪者／アディクトを治療するための特定のプロジェクトと並んで、一般的な変容のプロジェクトが政治的な変化のなかでも生き残り続けているのは、当該システムに認知行動療法（cognitive behavioural therapy: CBT）を導入したRideauセンターの中核的心理学者グループによるところが大きい。CBTの実践は現在出現しつつある政治的風土と摩擦なく混ざりあっている。犯罪者／アディクトの理性的主体としての新たなる特徴は、CBT の様式に容易にフィットするのであり、アディクトをこうした介入のひとつのお手頃なターゲットとして設定するのである。

6．CBT と治療の政治学

われわれがインタヴューを試みたアクターのほとんどは、1990 年代までのオンタリオ州の刑罰システムを、共通性がなく、雑多なものであると捉えていた。州内はいくつかの地区に地理的に分割され続けていたし、それぞれの地区は別々の地区長官（regional director）によって監督されていた。1996 年——Harris 政権が矯正リニューアルプランを導入した年であるが——までは、各地区長官は法律の解釈や行政命令（policy directives）の公布に関して、かなりの自由度を有していたとされる（McMahon 1992）。プログラムや治療的な政策群をどのように作りあげていくかについては、これら地区長官の自由裁量に委ねられており、当の地区長官たちはしばしばかれらの周の専門家たちの志向性に著しく左右されたのである。

それゆえ、南部オンタリオ地区（トロント周辺を含む）で実施された処遇プログラムは、古典的な精神医学的介入に焦点化したものとなったし、西部オンタリオや北部オンタリオでは——カナダの田園地帯や辺境地帯では恒常的な問題であるのだが、適当な資源へのアクセスを欠いていたため——プログラム自体がほとんど提供されることがない、という具合であった。

そんななかでオタワ地区は、プログラムの開発とその治療的志向性において、特に 1970 年代の終わりから 1980 年代の初頭にかけて特に活発な地区であった。ある女性のインタヴュー対象者は、矯正心理学者たちはその任期を通して「かなりの自由」を享受することができ、それゆえにかれらはオタワ地区独特のアイデンティティを育てることができたのだ、と述べている。この人物は、変容志向のプログラムモデルを採用するための自覚的決定を下した人物であり、刑罰システムのためのビジョンを開発するサポート職員のコア・チームに信頼を寄せていた。彼女は、オタワ地区において採用されたプログラムモデルの大々的な成功の理由を、ある特定の心理学者の仕事と「カリスマ性」に求めている。

ある人物——矯正サービス省によって雇用された初のフルタイムの心理学者の１人——によって、オタワ地区に非常に初期の形態の CBT が導入された。アンガー・マネジメント的な介入と同様に、アルコホリズム、（後には）ドラッグ・アディクションのための処遇プログラムを通して、彼女[*26]は後にカナダ全土において刑罰プログラムのコアとなるであろう試みを開始したのだった。さらに、それとは別の人物によるサポートが、心理学者のプログラムに対する直接の助成を可能にしただけでなく、彼女と同様の治療哲学を持つ他の実務家たち――かれらのすべてが、著名な矯正心理学者となった――を雇用することをも可能にした。かれらはともに、変容のプロジェクトにおけるCBTの役割を確かなものにするに際して、中心的な立場であったと言えよう。

もちろん、こうしたことのすべてが、CBTパラダイムの利用可能性(availability)の高さを抜きにしては起こり得なかったことであろう。CBTは、構造主義、認知ベースのアドラー主義、フロイト学派、スキナー的行動主義など、多様な心理学・精神医学的伝統に依拠している。それは、初期においてはうつ病の治療にはじめてCBTを用いたAaron Beck[*27]によって、1970年代に形をなしていった。CBTはまたたく間に、ボディ・イメージ不安から統合失調症の治療に至るまでのあらゆることに対処するための選り抜きの治療法となっていったのである(Dobson 2001など)。臨床的には、CBTは(1970年代のオンタリオ州で実施されていたような)よりホリスティックで、長期間にわたる介入を中心としたものではなく、ターゲット化したうえで同定される問題行動のような極めて特定のニーズを満たすべくデザインされている、という点に特徴がある。CBTは、認知に注目しつつ「問題行動(突発的暴力、鬱、薬物使用)は直接に思考エラーや思考の歪みに結びついている」という仮定から出発する。治療プロセスは、クライアントに対して、欠陥含みの思考プロセスを正すことができるような道具を与えるというかたちでデザインされる。クライアントが新たな思考スキルを自分で練習することができるように、心理学者との治療セッションはしばしば「宿題(homework)」を伴うかたちで実施される。Beckの言葉を借りれば、

> (CBTの)テクニックは、患者が歪んだ概念化や、そうした認知のもとに潜む逆機能的な信念を同定し、その現実性をチェックし、それを正していくことを手助けするようにデザインされている。今ここの心理的状況や問題という観点からより現実的・適応的に思考し、行動することで、患者は症状や行動面における改善をみることが期待されているのである。
>
> (Beck and Rush 1988:1541)

CBTは、あらゆる種類の治療的介入を指揮するひとつの手段であり、1950年代や60年代における精神分析の広くゆきわたった流行からの前進である、と主張されている。CBTが1970年代に上昇していった際に、それは初期のCBTの擁護者たちが身体的／精神的に予測困難とみなして退けていたようなものではなく、観察可能な行動に根ざした科学的に証明可能な介入を標榜していた（Hoffman 1984)。さらに、CBTは、来談者中心主義、来談者志向性、といった考え方を動揺させている点においても、精神分析からは遠く隔たっていると言えるだろう。精神分析のパラダイムが、議論を志向し、核心にある問題をとりあげようとするために、クライアントに大きな中心性を置くのに対して、CBTはセラピストに中心性を置く。そこにおいてセラピストは、治療的アジェンダを設定したり、クライアントの思考のどの部分が適切でどの部分が歪んだ思考を示す部分なのか、ということを決定するためのより大きなエージェンシーを有しているのである。

(1) CBTと政治的志向性

CBTそれ自体が第一義的に経済的・政治的志向性を有しながら生み出されてきた、ということを示唆する証拠はない。CBTの「父」たちの著作——Beck（1976＝1990)、Ellis（1994＝1999)、Frankl（1961＝1969）——のすべてにおいて、特定の心理的「障害（disorders)」に苦しんでいる諸個人に利用可能な治療的手段の範囲を拡大したい、という真摯な思いが開陳されている。こうした治療的精神は、現代におけるCBTにも引き継がれているものだろう。しかしながら他方で、CBTが政治的・経済的な真空状態のなかでその影響力を増してきたと想定するのは——とりわけ刑事司法システムの領域においては——ナイーヴに過ぎる。むしろ、CBTの出現は極めて重要な政治的・経済的諸変動と軌を一にするものなのである。そうした諸変動は、ほぼ間違いなく刑罰システムにおけるCBT的介入の活用に影響を与えたのであり、21世紀初頭において実践されたCBTの性質や諸テクノロジーの形成を手助けしたのである。

1980年代と1990年代を通して発展したCBTは、国家レベルの不況に直面するなかで、効率性と効果のふれこみのもとに登場した。CBTのモデルは、短期間ではあるが効果のあるケアを提供するものとして提示されていった。より伝統的な他の諸介入と比較した場合、CBTは何年も治療のプロセスにいる者に対してではなく、数か月間の者に対してよりよい治療成績をあげることができると言われている。CBTは、非常に強固な実証主義的・経験主義的伝統から生まれたが、それは、治療的な諸動向のなかでそれまで滅多に目にすることのなかった科学的蓋然性という考え方をもたらしたのである。

CBTは刑罰システムをも惹きつけた。刑罰システムのなかで治療的な志向性が支持され、予算も気前よく配分されていた1970年代初頭において、オンタリオ州で刑罰システムに関わる者たちは、特に政策とプログラムという観点から、支出削減がはじまるのを恐れていた。オンタリオ州ジョン・ハワード協会の元会長だった者の言葉を借りれば、支出削減は不可避的に治療的プログラムの削減を意味するものであった。

> 大文字のCと小文字のtの方程式（equation）が存在するのです。経済が好調のときは、治療に多くの額を費やすことができる一方で、経済が下り坂になると、プログラムが真っ先に削減対象となります。その代わりに手にするものは大文字のC——矯正（correction）であり、それはトリートメント（treatment）ではなく、法と秩序、セキュリティといったものを重視するのです。そんなわけで、1980年代に不況が襲ったとき、われわれは皆、何が起こるのかはっきりと分かっていたのでした。

1980年代の不況が、（10年後にやってくる）オンタリオ州の「厳格（get tough）」な刑罰によって代表されるような新たな心性を導くことはなかったものの、州内のすべてのサービスは深刻かつ甚大なコスト削減を経験することになった。この間、芸術療法やヨガといった「疑問符付き」の多くの介入と同様に、個別払いの契約（the fee-for-service contracts）[訳注16]も解除されていった。けれども——多くの部分は大臣とそのアドヴァイザーたちによる継続的コミットメントのおかげで——変容志向の諸政策は、オンタリオ州の刑罰実践における中心的役割を維持し続けたと言える。もっとも、矯正サービス省は、システムを説明責任（accountability）と効率性（efficiency）の要求を満たすものにするように、とのますます増え続けるプレッシャーを感じていたのではあるが。

ある人物は、経済情勢とCBTの上昇とをかなり明確に結びつけながら語っ

訳注16　施設内で提供されるサービス（必ずしも処遇サービスに限られず、医療サービスや通信サービスなども含まれ得る）の内、個々の被収容者が希望するものをその都度購入することで利用可能となるサービスをさす。

ていた。矯正サービス省のなかで1970年代後半において志向された政策を振り返りながら、この人物はCBTの上昇について触れ、「刑罰システムへのCBTの導入は、もともとRideauセンターに配属されていた2人の心理学者によるもの」だったと語った[*28]。そして、「なぜ矯正サービス省はCBTにかくも夢中になった」のかと尋ねた私の質問に対して、彼女は以下のように答えたのだった。「背後にあったのは不況、それがすべてでした。そんなわけでわれわれはボランティアによって運営できるようなプログラムを探していたというわけです。このプログラム（CBTプログラム）にはそれが可能のように思われました」。（政府によるより広範囲の政策群の一部として）1980年に矯正サービス省によって導入されたコスト削減キャンペーンが終わりに近づくなかで、介入の諸相は大きく変化しはじめていたのである。

政治的レトリックや政策文書を検討していくと、1970年代から1980年代において、言葉遣いのレベルで大きな変更があることに気づかされる。この時期、「処遇」は「教育」に、そして「治療」は「プログラム」へと変化していくのだ。刑罰業界用語におけるこうした変更は、変容のプロジェクト上のテクノロジーにおいて重大な修正があったことのシグナルである（Hannah-Moffat 2000、Moore and Hannah-Moffat 2005）。処遇や治療はイマージョン療法（immersion therapy）、エンカウンター・グループ、治療共同体といった「古い」術語の一部であり、教育やプログラムといった新しいジャーゴンは、「感情的なもの（the emotional）」の強調を離れて「理性的なもの（the rational）」を称揚するCBTベースの志向性に向けた動向を反映するものなのだ。個人に変容をもたらそうと企図する刑罰的介入は、もはや「あけっぴろげに愛情を示す（touchy-feely）」ものではなく、冷静で、臨床的で、超理性的なものなのである。国家やそのエージェントは、いまだに人々を改善しようとするケア・ギバーの役割を保持しているのだが、そこでのケアの性質や本質は著しく変化しているように見えた。

CBT的プログラムの経験的確からしさ、すなわち有効性は、変容のプロジェクトに向けた継続的志向性にとって中心的な正当化根拠であったと言えよう。例えばある論争において、1人の保守的な矯正評論家は、Keyesに対して、より「コストのかかる長期の」システムよりも「コストのかからない短期の」プログラムを用いることに関して疑問を呈したことがあった。それに対して、Keyesは、矯正サービス省は変容ベースの志向性への強調を維持し続けるが、同時に現在、心理学的な調査を通して有効と証明された新たな介入のモデルを採用している最中である、と返答したのである。[29] 1年後、新たな大臣となったRamseyも、変容のプロジェクトが続いていくために鍵となる正当化根拠のひとつとして「プログラムがもたらす社会復帰的な効果を支持する専門家の意見の増加」に言及しながら、Keyesの観点を反復していく。[30] 先にも引用したが、Ramseyによる次の説明を参照しよう。

> 矯正サービス省の組織プランは、以下のような認識を有している。すなわち、ポジティヴな社会復帰的介入とは、数多くの犯罪者にとって、そしてとりわけ精神医学・心理学的問題、物質アディクション、教育の欠落、未発達の社会的スキルやライフスキル、労働経験の欠落等を抱えた者にとって、実現可能かつ望ましいものである、と。

1980年代のコスト削減に直面して、著名な心理学者たちの多くが矯正サービス省を去ることになった。アカデミック・ポストに転出する者や、引き続き矯正サービス省でコンサルタントとして関わる者の他に、連邦レベルの矯正界に仕事を求めていく者もあった。こうした心理学者たちの脱出劇は、確かに矯正サービス省におけるCBT的プログラムの発展を遅らせることに帰結したとは言えるだろうが、その志向性それ自体をストップさせたとは決して言えないだろう。

(2) 『犯罪行動の心理学』

処罰のレトリックへのCBTの浸透を示す例として、Don AndrewsとJames Bonta ──両者ともに、オタワ矯正心理学者ネットワークの出身であった──によって書かれた『犯罪行動の心理学 (The Psychology of Criminal Conduct)』ほど適切なものはないだろう。1994年に出版されたこの本は、このネットワーク──オタワに本拠を置いた心理学者たちのネットワーク──によって蓄積されつつあった調査結果の代表例と言えるものであった。こうしたすべての心理学者たちは、「ホワット・ワークス」論争に挑戦しており、かれらはほぼ30年もの間、経験的な結果が示された矯正処遇の可能性について執筆を続けてきたのだった (Gendreau and Ross 1978・1980)。Andrews and Bonta (1998) は、犯罪行動の心理学 (PCC) を、「合理的経験主義 (rational empiricism)」に根差し、「法律違反者たちに対する介入として、効率的で、効果のある、それでいて倫理的なアプローチを戦略化する」ために、心理学、精神医学、そして社会学の伝統から多くを借り受ける、矯正心理学に向けたひとつの志向性であると定義している（Andrews and Bonta 1998：2）。さて、Andrews and Bonta 自身の主張によればそのアプローチは学際的なものだということになるのだが、かれらは意図的に限られた範囲の知識を偏重し、犯罪行為に関する批判的犯罪学・社会学の分析をあからさまに無視している。[*31] PCC は、社会経済的地位、ジェンダー、人種といった社会的要因を、それらが個人的病理に影響するか、個人間の差異を説明することに貢献する限りのみにおいて認識する。言い換えれば、社会的、政治的、経済的、文化的要因は、すでにして問題のある心理的な気質（makeup）を増幅するかもしれない補助的要因として、犯罪行為のなかにほのめかされる（implicate）だけなのである。貧困、人種主義、周縁化、その他諸々は、このモデルのもとでは犯罪行動と原因論的かつ直接的に結びつけられて理解されることはない。理解されようがないのだ。PCC の説明書きのなかでは、社会的要因は――犯罪行為のなかにほのめかされはするものの――犯罪者を変容させる、もしくは犯罪行為を減少させるための目標物として、ターゲット化されることも問題化されることもない。問題の根に横たわっているものは個人の認知と行動なのである。[*32]

ここでは、犯罪の原因論とその解決策の周りに、Latour（1987 = 1999）がブラックボックスと呼ぶものが作り出されていくことの影響を見てとることができる。ブラックボックス化は物事の製造過程を消去してしまうため、ある実践がアプリオリに存在しているかのように見えてしまい、週有性とは縁遠い自然的事実となる。ブラックボックスは、ある物事や実践を「発見者によってその中身が説明され、正当化されなければならないような、慎重かつ念入りに練り上げられた革新的なネットワーク」としての位置づけから、「その存在が当然視されたツール」の地位へと移動させてしまうのである（Valverde, Levi and Moore 2005）。PCC は、この意味において、それ自身の必然性を強化し、犯罪に対して唯一可能な革新的応答となり、私がここで述べたようなある種週有的に組み立てられた事物としてではなく、真理として存在するようになるのである。

オタワ矯正心理学者ネットワークのコア・メンバーによる業績は広く出版され、西洋世界全体において刑罰領域に影響を与え続けてきた。オンタリオ州は、カナダにおいてこの志向性を最も快く受け入れた州であった。1996 年に Harris 政権が権力の座に座ると、Bob Runciman のもとで「安全、保安、効率、効果（safety, security, efficiency and effectiveness）」のマントラが導入されたが、

Runcimanが真っ先に取り組んだのは、保守主義者たちによって主唱されていた「厳格（get tough）」なアプローチと、すでに刑罰システムのなかで確立されていた治療的で変容志向のアプローチとの間のバランス計算を行うことであった（Moore and Hannah-Moffat 2002）。オンタリオ州のシステム内で提供されているプログラムは、いかなる意味でも受刑者たちを甘やかしているようには見えてはならない――。このバランスを達成することの必要性は、保守系の州議会議員であったJohn O'Tooleによってなされた以下の議論に反映されている。矯正サービス省内で進行中の改革について述べるなかで、O'Tooleは次のようにコメントしたのだった。

> 収容者たちは、刑務所（jail）に入っている間、自らを律する（behave themselves）だけでなく、かれらの犯罪的態度や振舞いに対して差し向けられる種々のプログラム――いまやこの種のプログラムは出来のよいものになってきている――に積極的に参加しなければならないのである。行動の修正（corrective behaviour）、ポジティヴな態度（positive attitude）等々といったありとあらゆるプログラムすべてに収容者が参加しなければならない、というプラン――ここで心理学的戦争（the psychological warfare）の問題と呼ぶもの――に、私は全面的に賛成なのだ。[*33]

この「心理学的戦争」は、いまや施設内・社会内の別を問わず、一様に実施されるようになってきている。アンガー・マネジメント、物質乱用、抗犯罪的思考（anti-criminal thinking）、性犯罪者（sex offender）、配偶者虐待プログラム（spousal abuse program）――それらは連邦レベルのプログラムと似通っている――といったプログラムのすべてが、いまや州内において何らかのサンクションを受ける者に対して提供されているのである。しかしながら、システムの効率性を維持する必要と調和しなければならないという観点からも、これらのプログラムは刑を宣告された者すべてに一方的に提供されるわけではない。そうではなく、施設内処遇であれ、社会内処遇であれ、何らかの監督下に置かれた者は、適切なプログラムへの割り当てのために、かれらのニーズ・レベルを明らかにすることを目的とした保険数理的リスク・アセスメントを受けることになるのだ。そこでは、再犯への高いリスクを有している諸個人、より大きな介入ニーズを有している諸個人のみが、プログラム提供の対象となる。これらのプログラムは、かれらのターゲット化されたニーズを充足することを目的としていると言えよう（Hannah-Moffat 1999、Kemshall 2003）。それゆえ、リスク・アセスメントのプロセスにおいて、ある個人が高いレベルのリスクや、物質乱用やアンガー・マネジメントに関連した問題を抱えていると結論づけられた場合、彼または彼女は保護観察職員もしくは矯正職員によって、それらの問題のために特別にデザインされたプログラムに参加するよう命じられる、という事態が起こるのである。

矯正サービス省のプログラム・デザイナーの１人は、このモデルの魅力を経済的な観点から説明していた。

> このプログラムはエビデンス・ベイスドである、という点が重要なのです。それはGendreau、Andrews 、Montiukといった人々によってなされた調査に基づいて生み出されてきたものであり、心理畑からやってきたわれわれのような者たちを惹きつけたのです。それは、われわれのお金の使いみちを正当化するのに役立ちます。ここ矯正サービス省では、何かをやろうとするのであれば必ずそのための合理的根拠が必要とされます。もし科学的エビデンスがあるのであれば、それはこうしたプログラムにとってのよい正当化根拠を提供してくれるでしょう。

この人物にとって、CBT的プログラムの活用は「政治的アジェンダを引き受け、それを矯正的な意味あいで理解できるようにする」ための方法だったのである。彼女はさらに、次のように述べてその説明を続けた。まさに彼女のように矯正サービス省内でそのキャリアを積んできた多くの官僚たちは、変容の概念を手放したことは決してなかった。むしろ、かれらは、自分たちとしては一般的な次のような信念――「Martinsonの主張とは異なり、いくつかの介入は確かに意味があるのであり、変容し得る人間は確かに存在するのだ」――を強く抱きながら、その時代時代の政治的雰囲気に対して適応しようと試みるために絶えず努力をしてきたのである。この人物、そして他の人物によって介入にあたっての重要なターゲットとして一貫して引用されていた犯罪誘発的要素のひとつが、ほかならぬ物質乱用であったのは注目に値する。そして、物質使用に対する介入の重要性は、薬物と犯罪が緊密な連関を作り出している、という考えのうえに成り立っていたのである。

7．アディクトにターゲット化すること

アディクションは、CBT においてターゲット化される犯罪誘発的要因の核となるもののひとつである。治療的な政策群に関する（ますますその数を増しつつある）諸調査においては、物質乱用は常に核となる犯罪誘発的要因として、そして犯罪行為に対する代表的な説明のひとつとしてみなされている (Gendreau and Coggin 1996、McGuire 1995)。さらに、ドラッグ・アディクションに対する処遇は、変容志向の政策群を推し進めるにあたって、刑罰領域の専門家たちにとっては都合のよい出発点を提供してくれるものでもある。というのも、Andrews and Bonta によって同定されたすべての「ニーズ」領域の内で、薬物使用は介入の効率性と効果という観点からは最も測定しやすいものであるから――。例えば、怒りの度合いを正確に評価することは容易ではない。仮にある人物がプログラムを受ける前は週に 6 回の癇癪を起こしていたとして、受講後に 4 回になったとしたら、それは成功と言えるのだろうか。何が癇癪をもたらしているのだろうか。同様の疑問は教育と雇用 (education and employment) に関しても提起することができるだろう。その人物が卒業後に仕事を手に入れることができないとしてもなお、高校の卒業証書は成功の基準と言えるのだろうか。その人物をワーキング・プアとして固定してしまうとしてもなお、最低賃金の仕事は成功の基準と言えるのだろうか。他方で物質使用に関して言えば、はるかに科学的にアプローチしやすいのである。簡易薬物テストを使えば、ある人物が薬物を使っているのかいないのか、どのような薬物を使ってきたのか、について容易に判断を下すことができる。その人物が使っているのかいないのか、という疑問に答えるのは極めて簡単であるので、効果を論ずるのも極めて簡単だ、というわけだ。そして、使用の減少や中止はそのプログラムが機能していることの証左となる――。

物質使用はまた、犯罪誘発的諸要因とは別に独立して存在している行動だとみなされ得る点においても魅力的なものである。例えば、教育を受ける機会を欠いていたり、困難な、もしくはトラウマ的な家族生活を送っていたり、社会的スキルに乏しい個人がいるとする。こうした例において、当該個人に対して直接に犯罪誘発的諸要因を割り当てるのは困難であろう。そうではなく、こうした諸要因は、社会的・環境的・個人的背景の混合のなかから生起してくると捉えるのが最もよいはずである。しかしながら、物質使用に関しては、それ自体のコンテクストのみから生起する、完全に個人的な振舞いとして理解され得

る。犯罪行動を説明する試みのなかから社会的要因を抹消したいという Andrews and Bonta 的な欲望と同様に、こうしたロジックは、個人的責任を極めて重視し、社会的責任を従属的ないしは存在しないものと見るネオリベラルなアジェンダに力を貸すことになるのだ。刑罰システムは、そこで用いられる諸テクノロジーは変化しているものの、変容のプロジェクトに対するコミットメントを保っている。現代の変容志向の諸実践において重要な要素として現れているのは、CBT のようなターゲット化されたネオリベラルな治療と、核となる犯罪誘発的要因としての薬物使用への注目である。アディクトは、かれらが自ら薬物を使用することを選んだからアディクトなのであって、かれらが子どものころに性的虐待を受けたからでも、貧困環境のもとで育ったからでも、学習障害を有しているからでもない。アディクトになる、というかれらの選択はまた、——薬物と犯罪との連関（drug/crime nexus）という想定を基礎にしながら——犯罪者になる、という選択であるともみなされる。それゆえに、いかにして犯罪性に対応するのか、という問題は、この人物にいかにして異なる選択の仕方を教えるのか、ということをめぐる問題となるのである。

ここでは、術語上の転換が図られていることが重要である。1970 年代の隠語——「アディクション（addiction）」や「薬物（drug）」のような——は、言説空間から消え去っており、その代わりに用いられるのが「誤使用（misuse）」や「物質（substance）」といったよりあいまいで一般的な術語である。ここでの目的は、「アディクト」のような術語に埋め込まれた道徳的な雰囲気を取り除くとともに、アルコホリズムとドラッグ・アディクションとの区別を消去することにある。経営管理的犯罪学（managerial criminology）へのシフトは、より一般的には刑罰領域における治療的介入の脱道徳化を反映するためのものでもあろう。処遇プログラムはもはや 1970 年代のようには規格化（normalizing）を志向しておらず、これらの新たな政策群はむしろ中立性（non-judgment）のもとにデザインされている。ここでのアイデアは（第 5 章において詳細な検討を行うが）、犯罪者主体を責任化（responsibilize）し、自らのアディクトとしての地位に関する結論に自分の力で達することができるようにしてやる、ということなのである。こうした状況においては、OCI 等で見られた全体的な介入が忌避されながら、あいまいでオープンな術語が、犯罪者たちの自己発見のプロセスを促進すべく用いられようとしているのだ。

それと同時に、これは効率性を保証するひとつの点でもあるのだが、まったく同様の、標準化された戦略が可能な限り多くの人々に対して適応可能だという点が挙げられる。このような標準化は、経営管理的な刑罰戦略と親近的である（Hannah-Moffat 2001、Moore and Hannah-Moffat 2002)。「物質誤使用（substance misuse)」という術語は極めてあいまいであるため、すべての者をプログラムに導入する強制力は保持したままに判断中立性をアピールする、というネオリベラルな目標を達成することを可能にする。ドラッグ・アディクトが特定の何者かであったとすれば、物質誤使用者は何者でもあり得るのである。

変容のプロジェクトが長続きしていることの理由は、Paul Gendreau や Don Andrews のような進歩的な心理学者たちと同様に、中間レベルの官僚たちの仕事による部分が大きい。この意味では、犯罪者／アディクトの治療は、——鍵となるインフォーマントの言葉を思い起こせば——政治的アジェンダが矯正的な意味あいを帯びるよう CBT 実践を動員できた少数の集団のビジョンによるものである、ということができよう。こうした観点から見れば、現代におけるドラッグ・アディクトへの介入実践は、最良の実践（best practice）や効果的な処遇に向けた特定の進歩（particular innovations in effective treatment）に関するものであるのと同時に、変容する政治的感情に直面するなかで特定のビジョンや目標を維持するためにデザインされた政治的策術に関するものでもある、と言えるだろう。すなわち、CBT は広くゆきわたったネオリベラルな心性とぴったりとフィットするがゆえに、採用されるようになってきたのである。

8．現代のコンテクスト

オンタリオ州では、刑罰という観点からは過去数年ほとんど変化がなかったということができる。Harris が 2002 年に辞職し、Ernie Eves にその座を譲ると、彼はその州知事としての短い任期を通して Harris が作った方向性を維持することにつとめた。2003 年に保守政権が Dalton McGuinty 率いるリベラルへと政権交代した後も、—— the Ministry の名称が再び変更されたことを除けば（現在ではコミュニティ安心／矯正サービス省（the Ministry of Community Safety and Correctional Services）として知られている）—— McGuinty 政権は Harris 政権が展開した政策とほとんど同じプランを維持した。処遇プログラムは、新たに施行された少年刑事司法法の影響を受けて収容少年にまで拡大されたほか、成人向けの処遇プログラムに関しては the Ministry によって州全域にまで拡大されたのだった（保護観察と仮釈放におけるアディクションにターゲット化したプログラムに関しては、本書第5章において議論する）。

9．より広範なコンテクスト

これまで、刑罰福祉主義が生き残り続け、変化する政治的環境下でも栄え続けてきた空間としてのオンタリオ州に焦点化してきた。私が指摘したかったことは、人々を変容させるための実践——典型的には福祉国家的な実践である——が、そこで用いられる言語やテクノロジーは変化したものの、過去50年もの間存在し続けてきたという点である。この期間を通して、犯罪者／アディクトは介入上の主たるターゲットのひとつとして現れていた——最初は病理学的な福祉国家的主体として、そして後に理性的なチョイス・メイキングを行うネオリベラルな主体として。しかしながら、変容のプロジェクトが持続したのはなにもオンタリオ州に限ってのことではない。カナダの他の地域や、その他西洋世界における刑罰領域を急いで概観する限りでも、この現象が特異なものではないことが示唆されるのだ。

オンタリオ州の刑罰システムと連邦レベルのそれとの間に共通性が見られることは、これまでの分析からも明らかだろう。こうした共通性はまた、カナダ連邦矯正局（Correctional Services Canada: CSC）における処遇史を考慮する際にも明らかだと思われる。Fauteaux委員会の取り組みに対する独自の対応として、CSCはアディクトの処遇に特化した中程度警備のMatsqui刑務所をバンクーバーの郊外に開設した。Matsqui刑務所のプログラムは、LeDain委員会によって「よく教育され、よく適応した薬物中毒者（dope fiends）」の生産にのみ成功している、と批判されたことで有名になった。より近年では、CSCは行刑における物質乱用処遇プログラムの開発と実施に非常に積極的になってきている。暗黙のライバル関係にあるにもかかわらず[*34]、CSCとオンタリオ州のthe Ministryは変容のプロジェクトに対するほぼ同様の志向性を共有しており、受刑者たちの変容に影響を与えるためのさまざまな試みにおいて用いられるテクノロジーや言説においても、多くの点において同様のものを展開しているのである。1990年代初頭において、CSCは自己改革の途上にあったのだが、そこでは当時のOle Ingstrup新局長のビジョンに基づいて、処罰に関する治療的かつ変容志向の志向性が組織内で大々的に採用されたのだった。『われわれのストーリー（Our Story）』と題され、CSCの「再生」過程をCSC自身が振り返る書籍のなかで、Vantour はカナダにおける連邦レベルの処罰の目的を以下のように記述している。

> われわれは、われわれが住む社会にとって最も根本的な価値のひとつ――集合的セキュリティ（collective security）――に関わる責任の一端を担っている。しかしながら、われわれはそれよりもはるかに多くのことをなす必要がある。矯正とは、単なる収監――刑期を終えるまで人々を塀のなかに閉じ込めておくこと――ではないのだ。われわれは、われわれの管轄下にある犯罪者たちを含む、社会のメンバーの個人的自由、という問題に取り組まなければならない。われわれの組織名が示唆する通り、われわれは、法的にわれわれのケアに関わるようになった者たちに対して、最終的には遵法的市民としてコミュニティに戻っていけるようにかれらをより善い方向で変容させる、といった仕事に身をささげる機関なのである。
>
> （Vantour 1991：7）

実際には、こうした変化はカナダ国内で標準化されたのと同様の「コア」プログラムが採用されることを意味していた（Hannah-Moffat 2000）。生活スキル（living skills）、物質乱用（substance abuse）、反暴力（anti-violence）といったものはすべて、行刑における処遇プログラムの大黒柱であった。物質乱用プログラムは、収容者の 80% 近くがアディクション問題を抱えている、と CSC が示唆していたことからも分かるように、最も大規模なものであった。[*35] CSC による変容のプロジェクトへのコミットメントは、最も「効果があり」、経験的な裏づけのある刑罰プログラムを提供するための「最良の実践（best practices）」計画をより一層推し進めるための犯罪学的知識――第一義的にはそれは受刑者自身の「心理」に関する知識であった――を拡大することを目的とした非常に大きなリサーチ部門の存在にも表れていよう（Comack 2000、Hannah-Moffat 2000、Kendall 2000 を参照）。

オンタリオ州の処罰と連邦レベルの処罰との間の同質性は、ブリティッシュ・コロンビア州（BC 州）の刑罰システムにおいても見出すことができる。BC 州の歴史に関しては、その多くが Doherty and Ekstedt（1991）によって記されている。BC 州はオンタリオ州よりも早く行刑改革に関する包括的なプランを立ち上げており、ドラッグ・アディクションを標的とした処遇政策をはやくに設けていた。1950 年代の初頭において、BC 州は Burnaby 市にある Oakalla

農場刑務所（Burnaby's Oakalla Pison Farm）にヘロイン・アディクションのための処遇部門を設立した。この政策は、1960年代において拡大され、男女受刑者双方のための「麻薬リサーチユニット」の一連の設立をもたらした。これらのセンターにおける処遇は、AGBやOCIなどにおいて見られたような治療共同体における処遇と同種のものを踏襲しており、それらと同種の犯罪者／アディクトにターゲット化するものであった。2つの施設の間の主な違いは、それらが対象とする人口層の違いに由来するものであったと言える。

バンクーバーは、非常にユニークな歴史を持った都市である。ここでは、バンクーバーのダウンタウン・イーストサイドが、さまざまな影響によって、ほぼ一世紀の間カナダにおいて薬物使用が最も集中した地域であったということを記すに留めておこう（詳細は、第4章においてより慎重に見ていくことになる）。Hastings通りとMain通りの交差点は、カナダにおける薬物法発祥の地であり、国家レベルでもアディクションの荒廃を象徴する街区であり続けている。1907年に当時労働相（Labour Minister）であったWilliam Lyon MacKenzie Kingが、人種間、労使間暴動によるアヘン窟への被害実態を調査するよう命じた場所も、このHastings通りとMain通りの交差点であった（Carstairs 2005、Giffen et al. 1991）。その後のさらなる調査によって、Kingは地元の教会グループや非（もしくは反）中国系の店主たちやコミュニティの指導者層などの説得を受け、アヘン禁止の必要性——国会に提出された暴動についてのKingの報告にそうした議論があらわれている——を認識するようになる。Kingは1908年にも、「カナダにおけるアヘン不正取引抑圧の必要性について」と題された2番目の報告を提出しているが、この報告が国会に出された3週間後に、カナダ史上初めての反薬物法である「アヘン法（the Opium Act）」が制定されることになったのだった。[*36] もちろん、この法律やそれに続くいくつもの法律は、この地域における目に見えて増加する薬物使用問題を解決するにあたって、ほとんど効果を持たなかった。カナダにおけるはじめての薬物法と同様に、それに続く一世紀にわたる薬物法執行の歴史を開き、促進することになったこの出来事は、現在では一般的に極めて人種主義的なアジェンダに影響されたものであったと理解されている（それは薬物統制のグローバルな流れと調和するものでもあった）。はじめての薬物法は明らかに西海岸における中国系住民をターゲットにしたものであり、黒人層や先住民も、早晩反薬物法制の餌食（prey）となっていったのである。

Giffen, Endicott and Lambert（1991）は、1951年のバンクーバーにおけ

る「薬物恐怖（drug scare）」の出現の様子を記している。そこでは、カナダの薬物法が創設された際にそれを駆り立てた排外主義的な関心と若者を外敵から守ろうとする関心の双方が、バンクーバーが今まさにアディクション禍に直面している、とする広くゆきわたった不安のなかで再浮上してくる様子が描かれる。いまや薬物規制につきものの修辞となった「大衆」（Moore and Haggerty 2001を見よ）は、法を犯したアディクトたちに対する治療的オプションの拡充を求めたが、その背後には、白人中産階級の若者たちが過酷な法執行の餌食となるのではないか、という不安が存在していた。Oakalla農場刑務所において提供されたアディクション処遇プログラムは、最もはやい時期における刑事司法領域へのトリートメントの拡大の好例である。バンクーバーにおける薬物問題の明らかな苛烈さ、その結果としての政府に対するより治療的なアプローチを導入するようにとのプレッシャー、そしてOakallaがその時期すでに隔離されたアディクトを収容していたという事実、等々が、Oakallaを治療的な側面を刑罰システムに導入する際の理想的な場所としたのである。

オンタリオ州（そして他の諸州）と同様の社会・経済的問題に直面するなかで、BC州内全域で社会的なプログラムがドラスティックに削減されていく一方、1980年代を通して、刑務所内での行動療法的プログラムが継続したことは注目に値する。Doherty and Ekstedt（1991）は、その例としてライフスキル・プログラム（lifeskills programs）、心理的アセスメントと介入、被害者の権利に焦点化した若年犯罪者に対する特定のプログラム、コミュニティ奉仕命令（Community service orders）のような修復的な諸プログラムの実施、等を挙げている。オンタリオ州と同様に、BC州においても1980年代を通して変容のプロジェクトが継続されたのは明らかであり、BC州の刑事施設は、拘禁下にある人々の改善に尽力し続けたと言えるだろう。

BC州とオンタリオ州それぞれがたどった軌道上の大きな相違点のひとつは、BC州による強制治療制度導入の試みである。1978年に、BC州は（異論あるなかで、結局は短命に終わることになった）ヘロイン治療法を導入した。この法律は、州内に根強く残るアディクション問題への対処策として考案されたものであったが、それはヘロイン・アディクトに対する収容下での強制治療を認めるものであった。あるヘロイン使用者は、この新たな法律下における、警察によってなされた「インテーク」の方法を以下のように描写している。

警察のパトカーが私の前に止まったのは、私がKitsilanoにある家に帰ろうと、Granville 通り沿いのバス停でバスを待っていたときでした。警官たちが私に近づいてきて、私のことをじろじろと眺めはじめたのです。警官の１人が、今何をしているのかと尋ねるので、私は家に帰るのにバスを待っているのだ、と答えました。警官たちは、私がどこから来て、ダウンタウンで何をしていて、Kitsilano についたら何をするつもりなのか、そして、ドラッグを所持していないかどうかといったことを知りたがりました。

すべての質問に答え、警官たちによる取り調べが終わると、私は洋服の裾をまくるように言われました。そして、いくつかの比較的新しい注射痕を見つけると、警官たちは私に、新しい強制治療法（the Compulsory Treatment Act）のもとでは、私は強制治療プログラムに送られることになるだろう、と伝えたのです。

私は、特定の期日までに出頭し、BC 州政府の庇護下にあるアルコール・薬物カウンセラーと裁判官によって起訴されるだろう、ということが書かれた書類を渡されました。私は拘禁され、Brandon Lake に移送されて収容生活がスタートしました。Brandon Lake は、逮捕して州もしくは連邦刑務所（prison）に収容することのできない薬物使用者のための刑務所（jail）に他なりませんでした。まさにそれは、無実の人のための施設だったのです。[*37]

強制的な収容治療は「無実の人のための刑務所」を構成している、とするこの人物の見解は、それから数か月の内にしばしば政府の注目の及ぶところとなり、強制治療は暴力的だという認識を惹起せしめた。法律それ自体は１年も満たない間に BC 州最高裁判所によって公民権（civil rights）を蹂躙するものであると認定され、廃止されることになった。

BC 州における今日の処罰は、オンタリオ州におけるそれと極めて似通ったものとなっている。BC 州では、犯罪誘発的な要因にターゲット化したプログラムが採用されており、物質乱用（substance abuse）、暴力防止（violence prevention）、「好ましい関係性（respectful relationships）」プログラム[*38]が、刑務所収容者やコミュニティ刑に処されている人々に対して通常プログラムとして提供されているのである。

DTC もまた、変容のプロジェクトへの変わらぬコミットメント示す好例であると言える。DTC に関しては以下の章においてより詳細な議論を行うことになるが、現在業務を行っているDTCはいずれも、選抜された犯罪者／アディクトを治療するために、公共資源や労力を大規模に動員することができる立場にある。[*39]

トリートメント専門刑務所は、いまだにアメリカ合衆国における刑罰を特徴づけるもののひとつである（Coldren 2004）。アメリカ連邦刑務局（the US Federal Bureau of Prisons）は、物質乱用、親業・職業・教育訓練、精神衛生プログラム、身体教育（physical education）等の多くの変容志向のプログラムを収容者に対して提供しているし、[*40]多くの州における刑務所システムを見てみても、受刑者たちに対する変容プログラムが提供され続けている。例えば、カリフォルニア州での主管官庁の名は矯正及び社会復帰部門（the Department of Corrections and Rehabilitation）であり、同州は母子プログラム（mother-child program）や職業訓練などを含む極めて多くの試行プログラムと同様に、広範な物質乱用治療プログラムを有している。[*41]ニューヨーク州において刑務所に収監されている受刑者も、かれらによる犯罪行動の抑制をサポートするための心理プログラムと並んで、物質乱用介入プログラムの対象とされている。[*42]

10. 結論

系譜学は、歴史上の連続的な発展という想定——そこでは、ある事柄は別の事柄を引き継ぎ、また別の事柄へと引き継がれることが自然かつ不可避なことだと考えられている——を揺るがす破壊（disruption）のためのツールである。私の分析は、犯罪者／アディクトという形象が、特定の政治的、認識論的時点において現出してきたものであるということを示している。つまり、犯罪者／アディクトが現れたのは、刑務所システムを人間化せよとの強い要望が出され、「薬物問題」に対する強い関心に直面するなかで、福祉国家主義と医療モデルが手をとりあって出現したことにより、治療され得る犯罪者／アディクトと言うべきものを作り出すための完璧な条件が創出されたからなのである。しかしながら、これらの諸条件が変化した（ソーシャル・ワーカーがもはや矯正における中心的役割を果たさなくなり、そしてシステムがコスト削減によって大幅に縮小され、以前と比較してスリムかつ安価なバージョンとして生まれ変わった）後も、犯罪者／アディクトが消えてなくなることはなかった。その形象は、病理性（pathologies）が思考におけるエラー（errors of thought）へと置き換えられたうえで、物質誤使用者（a substance misuser）として単純に再出現したのである。それが出現できたのは、一部には薬物と犯罪との連関（drug/crime nexus）をめぐる関心（第3章を参照）が持続したためであり、また一部には認知行動主義に基づく実践がネオリベラリズムの期待に極めて親近的であったからである。その両者が、責任ある、ネオリベラルな主体に働きかけることに興味関心を有していたのである。

ヨガやエンカウンター・グループを治療的実践として用いる刑務所はもはやオンタリオ州には存在していない。ほんのわずかの施設だけが、昔のトリートメント専門刑務所において見られたような類の、厳しい規律重視の日課に基づいて運営されているのみである。しかしながら、このことが即ち、人々を変容させようとするプロジェクト自体が船とともに海に沈んでしまった、などということを意味するわけではない。そしてそれゆえに、「厳罰化への旋回」仮説は明らかに支持されないのである。人々を変容させようとする目標は残り続けている。今日のオンタリオ州の刑罰システムにおいて提供されるプログラムは、過去とまったく同様に変容志向のものである。過去と異なるのは、変容が期待される人々の種類（病理的なものではなく、理性的なもの）とそこで用いられる実践（ホリスティックなケアではなく、ターゲット化された介入）なのである。

いかなる背景によってこうした（変容のプロジェクトの）継続が可能となったのかを考えるのは、興味深いことであろう。「厳罰化への旋回」を理論化するなかで、理論家たちは刑罰実践に影響を与える数多くの異なる変数の存在を指摘している。ケインジアン的福祉国家の凋落、という説はそのなかでもポピュラーなもののひとつであり、Feeley and Simon（1992）、Garland（2001）、Wacquant（2001）などによってとりあげられている。同様に、Feeley and Simon は専門家によって動かされる刑事司法システムが、経営管理主義的ディスコースによって退潮させられている点を重視するし、Bauman（2000）は厳罰性（punitiveness）と広くゆきわたった社会的不安（social anxiety）とを結びつける。さらに Garland は、厳罰的心性の上昇と原因論的に結びついたものとして、ポピュリスティックな応報感情の上昇を指摘している。それに対して、Matthews（2005）は、これらの各テーゼを検証するためのひとつの手段として、処罰実践の現実に各テーゼをぶつけ、その説明力をテストしてみるという素晴らしい仕事をやってのけた。私の研究は、「厳罰化への旋回」仮説は現実のテストに耐え得るものではない、という Matthews の主張を支持するものである。

Garland、Wacquant、Feeley and Simon たちが指摘した政治的・経済的シフトは、オンタリオ州におけるアディクション処遇の上昇、という局面において明らかである。けれども、ケインジアン的心性の消退は、変容志向の心性を断絶させることなく、それを方向転換（redirect）させたのであった。こうした方向転換は、Feeley and Simon による「専門性の消退」という議論やBauman や Garland による「一般大衆の影響力の増大」といった議論の双方に、持続的な影響力を保持しながらチャレンジしていった心理学者や官僚たちの一連の仕事によって可能となったものである。犯罪者／アディクトは――かれらは容易に理性的主体として構成され得るがゆえに、もしくは、より特定化して言えば、かれらの犯罪誘発的（criminogenic）な要因は、社会的なものの領域の外部に容易に設定され得るがゆえに――ここでは突出した形象となっている。かれらの犯罪性は、完全に個人的なものであり、薬物を使用することを選択する、という個人化された行為へと切り縮められているのだ。かれらの回復に関してもこのことが色濃く反映されている。矯正プログラムは、犯罪者／アディクトたちが将来においてより善くなり、非犯罪的な意思決定ができるようになるための適切な思考法を教育する、という観点から組織化されているのである。

序論において示唆しておいたように、統治の諸実践と諸文法を理解することは、犯罪者／アディクトについて探求していくうえでの唯一の方法なのである。この形象およびかれらを変容させようとするシステムはすべて、薬物使用に関する特徴的かつ積年の思考法が埋め込まれた特定の文化的コンテクストのなかに見出されるものである。以下の章において私は、いかにして薬物が臨床的かつ文化的な構成物（artefacts）としてこうした舞台のうえに収まっていくのか、といった点の検討に足を踏み入れることにしたい。

第3章

薬物のパーソナリティ

薬物使用と刑事司法システムとの交わりは、薬物使用者とかれらを管理する官吏（the official agents）という、しばしば2つの異なるアクター間の緊張の場として理解されることがある。しかしながら、薬物と犯罪との連関（drug/crime nexus）は、使用者と官吏の二項関係の周りを旋回しているわけではない。この連関に寄与する3番目のアクターがいるのである。それこそが、薬物それ自体に他ならない。アメリカ合衆国におけるドラッグ戦争（War on drugs）は、薬物使用と犯罪性に対する実際的な反応を生起せしめるに際して薬物が果たす突出した中心性を示す好例を提供している。皮肉に満ちた「これがドラッグに犯されたあなたの脳だ（This is your brain on drugs.）」という広告は――それはアメリカ合衆国におけるドラッグ戦争の開始とともに打ち出されたのであるが――、必ずしも使用者をして自らの状態に抵抗させることをねらったものではない。この広告は、一個の卵と、「これがあなたの脳だ（This is your brain.）」と語りかけるナレーションから構成されている。卵が割られ、熱したフライパンの上に落とされる。ナレーションは言う。「これがドラッグに犯されたあなたの脳だ」と。さらに続けて、その卵がフライパンのなかで瞬時に焼きあがったところで、ナレーションが以下のように入るのである。「何かご質問は？」。この広告のメッセージ――「薬物は脳を焼きあげる」――は明らかだろう。注目すべきことに薬物使用者自身はこの広告において不在である。人間は登場せず、出てくるのは卵とフライパンのみなのである。

Aldous Huxley は、上の広告とは正反対に、薬物を肯定する立場からの言明ではあるが、薬物の行為（action）に関してほぼ同様の主張を行っている。『知覚の扉（The Dooor of Perception）』（1954 = 1995）のなかで、Huxley は薬物使用のことを、より高みにあるオルタナティヴな形態の気づきを模索するために利用可能なひとつの手段であると同定している。（Jay（1999：24）からの引用

であるが）Huxleyによれば、

たいがいの人々は、たいがいの場合、減量バルブを通ってくるものしか、そしてなじみの言語によって純粋にリアルなものとして神聖視されるものしか知ることはない。しかしながら、ある種の人々は減量バルブを迂回するバイパスのようなものを生まれつき持っているようなのである。そうでない人の場合は、一時的なバイパスが自然発生的もしくは意図的な「精神修行（spiritual exercises）」の結果として、あるいは催眠状態によって、あるいはまた薬物によって得られることがある。[訳注17]

Huxleyにとって薬物とは、知覚の扉を開くための鍵のひとつであり、より高度の気づきとスピリチュアルな目覚めを使用者にもたらすであろう存在のひとつだったと言えるだろう。

こうした薬物肯定論、薬物否定論双方のナラティヴにおいて観察可能な薬物の行為にもかかわらず、薬物と犯罪との連関（drug/crime nexus）における薬物それ自体の役割は、アカデミックな研究においてほとんど顧みられることがない。しかしながら薬物は、上記の連関の本質を決定づけるうえで、また、治療的諸政策のような社会からの反応をもたらすうえで、活動的かつ生成的な役割を担うのである。薬物は、特定の問題化を通して、公式のディスコース、一般的なディスコース、そして周縁化されたディスコースにおける犯罪誘発的な特性を割り当てられる。向精神物質は、常に特定の性格を背負わされてきたし、しばしば、いかにしてこれらの諸物質が犯罪行動に寄与するのかということに関する理解の形成を助けてきた。多様な薬物それぞれに特有なパーソナリティは、いかにして薬物が犯罪誘発的なものとなり、薬物と犯罪との連関（drug/crime nexus）を具現化するのかという点を読みとるうえで重要なのである。

本章では、カナダにおける薬物と犯罪との連関（drug/crime nexus）を見るに際して最も突出した４つの薬物――マリファナ、ヘロイン、コカイン、そしてクラック――のパーソナリティを描くことにする。そして、それ自体がひとつのアクター（actor）でもある諸薬物（drugs）の広範なカテゴリを批判的に探究してみたい。ポピュラー・カルチャーにおける表象、学術文献とりわけ社会

訳注17　Huxley（1954＝1995：27）の訳文を参考にしている。ただし、一部を改変したことを断っておきたい。

科学の文献、トロントとバンクーバーのDTCでの法廷観察、それら２つのDTCにおいて鍵を握る実務諸家に対するインタヴュー等を用いながら、こうしたパーソナリティの構成と、それらが薬物と犯罪との連関（drug/crime nexus）の内側／外側でいかなる役を演じるのかを示していく。こうした議論を通して私は、薬物に関する知識がいかにしてこれらの異なるパーソナリティを作り出し、またそれによって作り出されているかについても同様に示していくつもりである。そして、個々の薬物に関するこれらの諸修辞（tropes）が、薬物政策に影響を与えるにあたって、刑事司法システム内部での薬物使用の「問題」に対処するにあたって、そして、薬物使用に対する治療的反応を形成するにあたって、中心的かつ生成的な役割を担っている点を指摘してみたい。

１．薬物のパーソナリティ

(1) アクター・ネットワーク・セオリーと薬物のパーソナリティ

アクター・ネットワーク・セオリー（ANT）は、あるプロジェクトにおいて生起する科学的プロセスの地図製作（cartography）を試みるものだということができよう。とりわけ、ANTの研究者はネットワークの概念をとりあげる。ネットワーク分析を展開するなかでLatour（1987＝1999）は、研究者が特定のサイトに存在すると想定されるヒエラルキーを消去することができることを示唆している。当該サイトにおいて、誰が（何が）行為を起こす能力を有しているのか／そうでないのかということに関する想像上の区別を消し去ることで、Latourはすべてのアクターがいかにして生成的な能力を有するのかを理解することができることを示すのである。ここにおいて包含されているのは客体（objects）である。自らの研究対象であるSt. Brieuc（仏）のホタテ漁について語るなかで、Callon（1999）は、乱獲と環境悪化によって引き起こされた漁業危機に対処するために翻訳（translation）のプロセスが生起したことを論じている。St. Brieucの漁師、科学者、ホタテ貝それ自体によって構成されたネットワークを通して、ホタテ漁の実践は問題化され、同盟が作られ、異なるアクター間の役割が交渉され、実際に行為を起こす過程において諸アクターとその主張を代表する広報担当者が設置されたのだった。「繁殖しない」というホタテ貝の行為（もしくは不行為）が、ここでのサイトに対して効果を持ったのであり、行為の帰結に影響を与えたのであり、ネットワークに参与する他のアクターの行為を形作ったのである。

ここでCallonが、漁師や科学者とまったく同じレベルにホタテ貝を置き、このプロセスにおける生成的な力を認めたことは決定的に重要である。Callonが指摘するように、ここにおいてホタテ貝は、単なるモノではない。むしろ、それらはさまざまな性格、特質を有し、それ自身の諸行為を有するのである。漁師も、そして科学者たちも、ホタテ貝の量を増やそうと行われる対策を、ホタテ貝自身が受け入れるかどうかについて知り得ない。これらのモノ――ここではホタテ貝――に関して、われわれは人間の介入に従う無行為の客体、と通常は考えてしまうのだが、実際にはそれらは沈黙した存在ではないのだ。それら自身の諸行為は、そこにおけるすべての施策が成功するかどうかに関して生成的かつ中心的なものなのである。ホタテ貝は行為する――。

ホタテ貝に許された生成的な能力は、生物としてのモノに排他的なものではない。ちょうどCallonがホタテ貝の生成的な特質を観察し、記録したように、Latourはディーゼル・エンジンのような無生物としてのモノの生成的な特質を発見し、記録している。Latour（1987＝1999）は、ディーゼルの実用化にあたって何らかの役割を果たしたエンジニア・発明家・投資家の膨大なネットワークを記しながら、その発展をあとづけている。そして、このネットワークのなかにはエンジン自体も含まれる。Latourは、当初ディーゼルによってデザインされたエンジンの作動における「バグ」が、エンジンの誕生と生成にとっていかに重大な効果を有したかを論じている。発明家や他のエンジニアたちが予想したようなやり方で作動しないことによって、ディーゼル・エンジンそれ自体が自身の開発にとって不利となるような反応を惹起せしめてしまい、プロジェクトを脇に逸らせ、他のアクターがエンジンと協働するためにこのネットワークに入ってきてそれを機能的なマシーンとして実用化するまで、プロジェクトをほとんど停止させてしまったのである。

犯罪者／アディクトに照準した処遇プログラムを追うなかで、私は統治戦略を形作る生成的アクターとして薬物を位置づけることにしたい。個々の薬物は、特定の薬理学的性格（それらのすべてが依存的であるわけではない）を有しており、その性格が、刑事司法アクターがその使用に反応する際のやり方を形作っている。薬物のこうした液果的能力（bacciferous capabilities）――生成的カテゴリとしての能力と、ひとつの実在としての能力――に注意を払うことは、なぜ薬物使用が刑事司法的介入にとって格好の的であるのかについてのよりよい理解をもたらす助けになるだろう。

1980年に、Winner（1980）は「構成物（artefacts）は政治（politics）を有するか？」という問いを発している。ニューヨークのとある橋の研究を通して、彼は、政治的戦略は技術的デザインのなかに書き込まれると結論づけている。その橋は―― Winnerの研究によれば――バスが通れないように計画されていた。つまり、この計画では、橋の対岸にあるビーチにはマイカーを所有できる者（要するに、ミドルクラス、アッパークラスの白人）だけがアクセスを許されることになっていたのである。この「モーゼの橋」[訳注18]のケースは、科学技術研究の領域において論争を引き起こし、研究者たちはWinnerのこの議論を急ぎ検討することになった。しかしながらその結果は、バスは橋を渡ることが可能で、しかも実際に渡っており、さらに有色人種や貧困層もビーチにアクセスしていた、という事実を明らかにするものであった（Jorgess 1999）。Jorgessによる Winnerの研究への鋭い批判は、Woolgar and Cooper（1999）の応答によって引き継がれたのだが、かれらは、Winnerによる「われわれはいかにして構成物を理解するのか」という初発の議論の成否を「証明」しようとする試みは厄介な問題を不可避的に招聘してしまうということを示唆することになった。Woolgar and Cooperは、この橋をめぐる政治がモーゼのオリジナルのデザインのなかで描かれているのか（つまり、デザインに関する「伝説的」な理解のもとで描かれているのか）、それとも、あり得る技術的な適応（つまり、橋にあうようにバスのサイズが変更される、といったような）のなかで描かれているのか、と問いかける。かれらの論点は、橋の政治を理解することは単にそれに関する事実の収集として理解されてはならないということであり、むしろかれらは、ネットワークを重視し、われわれに対して「（ひとつの）エピソードに含まれる多様な構成物の関係的性質」（Woolgar and Cooper 1999：443）へと注意を向けるように促すのである。こうしたアプローチはリアリスト的な説明を控えるが、Winnerの議論に戻れば、それは「この橋に埋め込まれた排除の政治は、橋に関する都市伝説によって具体化されつつ、それと同時にバスの形状に関する技術が加わることによって対抗された（短くなったバスはいまや、それ自体の解放政治で満たされている）」ということに関する検討を可能にするような、広範な

訳注18 『旧約聖書』の『出エジプト記』の逸話からもよく知られているように、モーゼの奇跡によって紅海が真2つに割れたことで、ヘブライの民は無事エジプトから脱出することができた。しかし、ヘブライの民のアクセスを保障したこの「モーゼの橋」は、他方でかれらを追うためにファラオがさし向けたエジプトの軍勢のアクセスを拒むものでもあった。自らも海を割る海底の「橋」を渡ろうとモーゼ一行を追った軍勢は、次々と紅海に飲み込まれてしまったのである。

チェックに開かれたものとなろう。

私は、薬物はリアルなものであるのと同様に、その意味が関係的であるような政治的構成物（political artefacts）でもある、という理由から、上記のような議論に十分な注意を払っておきたいと思う。私の目的は、本質的なパーソナリティを確立することを通して諸物質の「真なる」政治を突き止めようとするのではなく、いかにしてこうしたパーソナリティが関係的に規定されるのか、ということを示すことにある。薬物の生産的な行為は、それらが何をなすことができるのか、ということに関する臨床的思考と文化的思考のコンビネーションとして理解される必要がある。統治戦略は統治されるものに関する真理によって形成されるのではなく、私が前章で論じた統治的諸合理性を含む諸要素と、そのモノをめぐる文化的理解の遺産とのコンビネーションによって形成されるのである。本章は、その意味で薬物の真理に関するものではなく、薬物の「真理」――薬物が行為を割り当てられる際の多様なやり方や、それらの行為が（それがリアルであろうが、そうでなかろうが）いかにしてさまざまな統治的応答を生起せしめるのか、ということ――に関するものだと言えるだろう。

(2) 文化的分析と薬物のパーソナリティ

薬物使用に対する刑事司法的応答に関する批判的分析において、薬物を中心に置くことの重要性を重視するのは、何も私が最初というわけではない。Thomas Szasz は、彼の驚くべき業績である『儀礼的化学（Ceremonial Chemistry）』（1985）において、アメリカ合衆国における20世紀を通しての薬物取締法の上昇に関する彼自身の研究の中心に薬物を置いている。Szasz は、精神科医としてのトレーニングを受けたにもかかわらず、その研究において、明らかに社会学的・文化人類学的なアプローチを試みた。彼はそこで、主に宗教研究からの引用を頼りに、薬物使用とその統制の双方に関する儀礼化（ritualization）の様子を明らかにしたのである。Szasz は、薬物使用に関するわれわれの考えとナラティヴに浸透している「科学的」な説明の中心性を嘆きながら、以下のように述べて、ひとつの分離（separation）を提案している。

> われわれは、薬物の研究と薬物使用／薬物忌避（drug avoidance）の研究との間で、従来よりもさらに明確に区別を行おうと思う。有機化学、生物化学、薬理学はすべて、薬物の化学的特性や生物学的効果に関係する。

それに対して、儀礼的化学は、薬物使用／薬物忌避の個人的／文化的環境に関係するのである。儀礼的化学の主題は、それゆえに医学的なもの（the medical）ではなく魔術的なもの（the magical）であり、薬物使用の技術的次元ではなく儀礼的次元であるということになろう。より特定化して言えば、それは、象徴的に重要な意味を持つ物質に対する賛成と反対、促進と禁止、使用と忌避であり、それらの物質の使用をめぐる帰結と統制のために用いられる説明と正当化、といった事柄なのである。

(Szasz 1985：xv)

薬物、薬物使用、そして「薬物忌避」（または薬物使用の統制）を区別することの重要性に気づいていた一方で、Szasz は、薬物使用に関する科学的側面を他の文化的・社会的現象から抽出しようとする彼の試みのなかで、社会的なもの／文化的なものが科学的なもの／自然的なものから区別されるという考えに基づく二分法を招き入れてしまっている。しかしながら、Latour（1993＝2008）が述べているように、こうした対立した２領域（社会的なものと科学的なもの）は、単なる偶然によって別々のものとなっていると理解した方がよい。確固たる区別は存在せず、一方が他方の外部に立つことはあり得ない。異なる薬物のパーソナリティを明らかにする際に、多くの薬物を「諸薬物（drugs）」として一枚岩のように性格づけて物象化（reification）することも、異なる薬物をそれぞれ互いに異なるものとして性格づけて物象化することも、科学と文化的実践のどちらか一方のみによってなされ得る作業ではないのだ。薬物のパーソナリティは、異なる種類の知識や実践の複雑な布置による結果なのであり、犯罪誘発的な実在物として構成されるうえで少しばかり異なる文法が用いられているというだけのことなのである。

Klein（1993＝1997）は、タバコに関する研究のなかで同様の点を指摘している。彼は過去一世紀におけるタバコの魅惑的性質に注目しながら、タバコがその「ワルさ（badness）」や禁止と抑圧の度合いに関する科学的知識と社会的知識のコンビネーションを通して、崇高なもの（sublime）になっていったことを論じている。Callon と同様に Klein は、タバコをその使用者（喫煙者）やかれらを統制しようとする者とは区別されるアクティヴで生成的な性質を有するものとみなしていた。Klein 自身、喫煙に関する以下のような Cocteau の語りを引用している。

> 一箱のタバコを開封し、その内の一本に火をつける儀式。身体に染みわたり、鼻孔から吐き出される不思議な煙。忘れるなかれ。それこそが世界を魅惑し、征服してきたということを。
>
> (Klein 1993 = 1997：24 から引用)

客体ではなく主体として、タバコは生成的な力、セクシャリティ、ナショナリティ、政治、といったものを有する。Klein の議論に従うのなら、喫煙に反対する道徳的キャンペーンや「健康主義 (healthism)」の上昇に直面してもなお、タバコが存在し続け、使用され続けたのは、こうしたさまざまな「魅惑的」性格ゆえのことだったと言える。タバコと同様に薬物も、文化的存在感やその特徴を発達させてきた。こうした特徴を観察し、検討することで、薬物が特定の行為を起こしていく際のあり方を理解することが可能となるだろう。

薬物が有する特定のパーソナリティは、いかに薬物が文化的に、そして使用者個人によって物象化されるのかという点とも関係している。『いかにして時を止めるのか――ヘロイン入門―― (How to Stop Time: Heroin from A to Z)』のなかで、Ann Marlow は、自分とヘロインとの関係性を特に重視することを通して、自らの経験を創造的に理解することの重要性について熟考している。

> ヘロインというレンズを通して自分の人生やわれわれの時代を眺めることに関しては、そこに何らかの恣意性が存在していると言える。というのも、私はヘロインではなく、テニスや、靴や、料理をとりあげることだってできたかもしれないからだ――これらは実のところ私にとってここ数年重要であり続けたものであり、それぞれに文化的な響きを帯びている――。こうしたアングルから見れば、ヘロインは単に自分ができることをするために選ばれたレバーのひとつに過ぎなくなってしまうだろう。しかし、そうではないのだ。すべての脈絡が平等、というわけではないだろう。われわれの文化は薬物使用そのものよりもむしろ、薬物使用のナラティヴの方に暗黒の力 (dark power) を与え続けてきたのであり、私はオーロラの荘厳さを利用する画家のようにその力を利用しているのである。
>
> (Marlow 1999：280)

Marlow のケースにおいては、ヘロインは彼女の人生を理解し、それについて書き記すために欠かせない決定的なレンズなのである。その理由は、ヘロインが彼女の存在において生成的な役割を帯びるからでも、他なる感情を呼び覚ますからでもない。そうではなく、Marlowが言うように、ある種のナラティヴの力とでも言うべきものをヘロインに対して与えるような、そんな文化的存在感をヘロインが帯びているからなのである。こうしたナラティヴの力は何もヘロインに限られるものではなく、その他の物質（例えばマリファナやコカイン）にもあてはまるものだろう。

Latour、Callon、Winner、Woolgar and Cooper等のアクター・ネットワークの概念や、Szasz、Marlow、Klein等の文化的分析によって提供されるいくつかの分析概念は、モノとしての薬物、という観点から薬物統制の問題を探求しようとする際に役立つものとなる。薬物の問題領域は、歴史的・文化的・薬理学的・社会的・政治的・生物学的・心理的な諸特性によって構成された、バラバラ（messy）でデコボコ（rugged）の領域である。そうだからこそ、薬物を主題とする研究は、これらの複雑性に目を向けた調査を行っていかねばならないのだ。私が今ここで薬物のパーソナリティに関して考えているのは、そうした理由によるのである。パーソナリティというものは、われわれが単に生物学的存在として機能するあり方によって構成されるものではなく、他者がわれわれをまなざし、われわれに反作用（react）するあり方によっても構成されるものである。例えば、ある個人が精神病であるというときに、その結論はその人に関する生医学的な観察（例えば、低いセロトニン分泌量やシナプスの過活動）と、その人の行動に関する文化的理解（例えば、動物に危害を加えている）とのコンビネーションからもたらされる。パーソナリティの構成は、それゆえ、科学的なものと社会的なものの双方を考慮に入れることのできる諸アプローチを通して、最もよく理解されると言えよう。薬物に関してもまったく同様である。薬物が単なる物理的存在であったためしはない。薬物への反作用（reaction）は、その薬理効果に関する理解（もしくは、「理解」とされているもの）と同様に、社会的存在感に関する理解（もしくは、「理解」とされているもの）によってもたらされるのである。

2．リスクと薬物のパーソナリティ

薬物統制を合理化するための公的な試みにおいて採用される主たる言語のひとつは、リスクの言語である。いくつかの鍵となる研究（Beck 1992、Ericson and Haggerty 1997、Ericson and Doyle 2003、Leiss and Hrudey 2005、O'Malley and

Valverde 2004、Valverde, Levi and Moore 2005）は、現代の統治的諸合理性におけるリスクのディスコースに光を当てており、いかにして諸ディスコースがリスク管理のための特定の実践へと翻訳されていくのかを明らかにしている。さらに、Castel（1991）は、危険性の言語からリスクの言語への精神医学における転換のインパクトを記している。Castelによれば、危険な個人について語ることは、精神病患者の本質的な予見不可能性を強調するあいまいなプロフィールを招き入れてしまう。この予見不可能性というモデルは、予防ということについて語ることを不可能とする（予見できないものをどうやって予防できるというのか）。それに対してリスクの場合は、その中心的な目標として予防を規定しており、統治システムの主要かつ持続可能な特質としての計算可能性を重視している。それゆえに、リスクは強いアピール力を持ち、危険性が保持できなかった統治に対して、生産性を付与することができたのである。それと同じ展開——危険性からリスクへ——は、薬物の場合においても観察可能であろう。薬物に関する古典的ナラティヴが、薬物を危険なものとして想起させるのに対して、現代における薬物のナラティヴは、それをリスキーなものとして想像する傾向がある[*1]。薬物のナラティヴへのこうしたリスクの言語の導入は、一般的な用語としての「諸薬物（drugs）」と個々の薬物のパーソナリティの双方に影響を与えることになった。ここでのリスクは、ほとんどの場合、薬物を薬物と犯罪との連関（drug/crime nexus）のなかに埋め込むために用いられるのだが、それ故に刑事司法的介入を正当化することにつながる。しかし、他方でリスクの言語は薬物統制へ抵抗しようとする志向性を有する取り組みにおいても採用されている。リスクは、特にオピエイトに対するハーム・リダクション運動（harm-reduction movement）においても動員されているし（Erickson et al. 1997、O'Malley 1999a、O'Malley and Valverde 2004）、マリファナに注目してその低リスク性を主張しようとする法改正運動では、マリファナが有する薬物性（drugality）からリスクの概念を引き離すことが試みられている。薬物に関連したこのリスクのディスコースのなかでは、危害（harm）の言語が最も頻繁に用いられるものであろう。よく目にするのは、薬物が喚起したりしなかったりする危害について論じることによって、それがリスキーであるか（もしくはその反対にリスキーでないか）を判断しようとする言説である。ここには、犯罪、健康ケアのコスト、社会統合の棄損、といったものに関連した“社会”に対する危害と同様に、“使用者個人”に対する身体的・心理的・社会的危害が含まれている。

⑴　諸薬物（drugs）

「諸薬物（drugs）」という言葉は、それが固有のパーソナリティを有しているがゆえに、特別な考察を必要とする。この言葉は、個々の特定の薬物・物質とは区別されなければならない。「薬物問題（drug problem）」というのは最近の現象である。それがはじめて問題化され、法的規制や処罰の対象、客体となったとき、薬物は個別の存在として概念化されていた。要するに、カナダ初の物質取締法ができたとき、それは「諸薬物」の問題としてではなく、あくまでアヘン（opium）の問題として理解されていたのである（Carstairs 2005）。重要なことだが、カナダ初の物質取締法はアヘン法（the Opium Act）であったのであり、予想されるようにこの法律ではアヘンの取締りのみが規定されたのであった。アヘンは同様に、他の地域においても問題化された。例えば、1910年代前半を通して開催されたアヘンに関する国際会議は、そのすべてがアヘン貿易に関して特化されたものであった。20世紀における転換について述べる歴史家たちは、北半球を席巻したグローバル化されたアヘン・パニックについて記述している（Berridge and Edwards 1981、Goldsmith 1939、Morgan 1981）。パニックの中身は個々の領域において異なっていたが[*2]、そこでのターゲットはほぼ常にアヘンであった。

麻薬規制の範囲はカナダ内外において拡大していったが[*3]、違法薬物をめぐるレトリックは変化し、より同質的で一般化（generalize）されたものとなっていった。カナダとアメリカ合衆国はともに麻薬統制局を組織し、1911年にアヘン法はアヘン及び薬物法（the Opium and Drug Act）へと発展した。けれども、包括的用語としての「諸薬物」が採用される方向へのシフトが起こったにもかかわらず、多くの薬物はいまだ個々の名において問題化されていたと言える。Giffen, Endicott and Lambert（1991）は、個々の薬物の直接の犯罪化へと結びつくような、一連のモラル・パニックの存在を指摘している。20世紀初頭のバンクーバーを恐怖に陥れたアヘンがカナダ初の薬物取締法を導いたように、1911年には、主に若年層をターゲットにしたコカイン・パニックがモントリオールで発生し、ドラッグ・スケジュールのなかにコカインを含めるにあたっての触媒として機能した。Giffen, Endicott and Lambertは、ドラッグ・スケジュールへのマリファナの包含については説明を行っていない。しかし、かれらは、アメリカ合衆国からパニックが輸入された結果としてマリファナの禁止が実現したのではないか、という仮説を立てている。

20世紀の前半において、コカインやマリファナが薬物取締法下の規制に組み込まれていったにもかかわらず、介入や問題化の主要なターゲットはアヘンであり続けた。「諸麻薬（narcotics）」や「諸薬物（drugs）」といった語は、おしなべてアヘンのことを意味したのである。他の薬物もドラッグ・スケジュールのなかに入ってきたのは確かだが、カナダにおける薬物取締法の歴史は、アヘンとその派生物こそが物質使用の問題化において中心を占め続けたことを示している（Carstairs 1999・2005、Giffen, Endiccot and Lambert 1991、Mosher 1998）。法執行の資源はアヘン取引に振り向けられ、治療的取り組みはアヘン使用者に対するものとして組織化された（Carstairs 2005、Giffen, Endiccot and Lambert 1991）。1927年に、当時カナダ麻薬局（Canadian Narcotics Service）の局長（appointed chief）であったC.H.L. Sharmanは、法執行プロセスにおける警察力の配分をめぐる論争に応答するかたちで[*4]、「アヘン窟のオーナー」に打撃を与えるべく、州警察と市警察の双方に対して「より些細な麻薬事犯」の取り締まりに力を注ぐよう、指令を出している（Giffen, Endiccot and Lambert 1991:131）。同様に、アディクトの治療に関する初期の資料においては、オピエイトに関する直接的な言及が見られる。医師たちによる治療方法についての議論においては、「当該薬物（the drug）」を使用する諸個人に対して医学的注意を払うように、との言及が頻繁になされたのだが、しばしばこうした医師たちはアヘンからの離脱を促進するためのオピエイトの投薬維持[*5]を主唱していたのだった。Carstairs（1999）は、1920年代を通した薬物取締法の拡大は、主としてバンクーバーにおけるアヘン使用への関心に起因していることを明らかにしている。カナダにおけるはじめての反薬物的な文書である「黒いキャンドル（The Black Candle）」において、Emily Murphy（1922）は、（マリファナとコカインに対しては小論をひとつずつ割り当てる一方で）彼女の関心とパニックのほとんどすべてをオピエイトに振り向けていた。

⑵ 「転落」の象徴としての諸薬物

けれども、1960年代において、こうしたディスコースに転換が生じる。すべての種類の薬物がこのときまでに麻薬統制法（the Narcotic Control Act）に加えられたのであり、「薬物（drug）」という言葉がそうしたすべての薬物を示す語となったのである。「諸薬物（drugs）」という言葉はそれが有していた多様性を失い、結果として、固有のパーソナリティ——諸物質の雑多な集合から、ひとつの「超物質」へ——を持つようになった。例えば、「ビート」[訳注19]族やカウンター・カルチャーの詩人たち、そしてミュージシャンたちとともに、Timothy Leary[訳注20]のような人物がひとつの大きな薬物サブカルチャーの存在を神聖化するのに尽力したと言える。彼はほとんど常にLSDを用いていたにもかかわらず、Leary (1968) において語られたのは「薬物セッション (drug sessions)」についてであった。カウンター・カルチャーにおける薬物は現代において「薬物」とみなされるものすべてを含んでいたのではなく、ビート世代や「フラワー・チルドレン」たちにとっての薬物とはもっぱら、LSDのようなサイケデリックもしくは幻覚剤 (psychedelics or hallucinogenics)、マジック・マッシュルーム、マリファナ、ハッシュシュなどを示していた。Learyの著作は、精神的・快楽的な目的によるサイケデリックの使用にのみ注目するものであり、彼は1960年代、70年代を通して、LSD、マジック・マッシュルーム、幻覚特性を持つ他の諸物質に言及しながら、彼自身が「サイケデリック」と呼ぶ薬物に関する布教活動を組織化していった (Leary 1983 → 1990 = 1995)。この時期のフォーク/サイケデリック音楽シーンは、サイケデリック薬物に深くコミットするものだった。例えば、ビートルズの『Lucy in the Sky with Diamonds[*6]』、ジェファーソン・エアプレインの『White Rabbit[*7]』などは、サイケデリックの使用体験を記し、それを言祝ぐものであった。『Lucy in the Sky with Diamonds』はアシッド・トリップに関するユートピア的な表象を描きだし、そこでは使用者は薬物によって「オレンジ色の木々とマーマレードの空に囲まれながら川に浮かぶボートの上」へと誘われたのであり、Lewis Carolの『不思議の国のアリス (Alice in Wonderland)』に依拠する『White Rabbit』では、ヤマネが「ヤクを頭にぶち込む (feed your head)」ように言ってくるCarolの神秘世界に使用者たちを置きつつ、アシッドやマジック・マッシュルームに関する同様の経験が綴られるのである。他方で、他の物質がカウ

訳注19　広義には、1950年代から60年代にかけて、William BurroughsやAllen Ginsbergをはじめとする「ビート・ジェネレーション」に属する作家たちに影響を受け、かれらを熱烈に支持した“非遵法的”な若者たちをさす。ヒッピー・ムーブメントやカウンター・カルチャーにも大きな影響を与えた。

訳注20　ハーバード大学在職中より薬物による幻覚作用に興味を持ち、退職後はアメリカ合衆国内外で積極的にLSDによるセッションを行った「サイケデリック革命の父」。“Tune In. Turn On. Drop Out.”の標語に基づいて、幻覚剤の使用による意識革命を展望した。既存の体制に服従する生き方を否定し、意識、思想、個人の自由を重視し、多くの芸術家やミュージシャン、若者たちに支持された。カウンター・カルチャーや平和・反戦運動、後のニュー・エイジ運動にも大きな影響を与えた。

ンター・カルチャーのなかに持ち込まれると、それらは受容されるのではなく、批判されるべき対象としてとりあげられることになった。ローリング・ストーンズの1972年のアルバム『Hot Rocks』[*8]からのナンバーである『Mother's Little Helper』は、主婦によるバリウム使用に対して批判的な歌詞を含んでいるし、そこでのバリウムは、郊外生活の退屈から逃れようともがく暇を持て余した女性たちの前に差し出された薬物として描かれている。

ベルベット・アンダーグラウンドの『Heroin』[*9]は、同様にヘロイン使用に対する批判的な言及を含むものである。この曲は、ヘロインの効果に触れながら、明らかに悲嘆的な結論を導いている。サイケデリックに関する楽曲が持つ祝賀的で畏敬の念の漂う雰囲気とはまったく異なり、この時期を通してオピエイトに関する楽曲は、極めて陰湿で不穏な性格づけをなされることになったのである。

けれども、薬物のこうした多様性は、「メインストリーム」の文化、特に政治的で取締り志向のレトリックに対して戦略的に重要である意味づけ、上記とはまったく異なる意味づけを獲得してもいた。特に警察のナラティヴにおいて、諸薬物は、それがマリファナからヘロインに至るあらゆるものを意味する、転落を象徴するひとつの名詞となっていったのである。アメリカ合衆国における諸薬物の悪と危険についての長ったらしい説明のなかでHarry Anslinger——「ドラッグ戦争の父」として知られている——は、オピエイトの恐怖についての議論から、薬物取締法の寛容化に対する広範囲の抵抗の必要性についての議論へと、簡単に飛躍することができたのだった。Anslinger（1961）は以下のように書いている。「諸麻薬（narcotics）統制の寛容化やクリニックの開設を求めるキャンペーンの多くは、実際のところ、組織化されたシンジケートから広がってきている。マリファナ（reefers）とプロパガンダもまた、手と手を取りあって進行しているのである」(Anslinger 1961:294)。「諸麻薬(narcotics)」という言葉を用いることで、Anslingerは容易にマリファナ取引をヘロイン取引と同義のものとして示唆することに成功している（「シンジケート」という表現を見よ）。マリファナ使用者もまた、ヘロイン使用者に対して用いられているのと同じ処遇プログラムに結びつけられるようになる（ここでは「クリニック」）。その効果は、マリファナとヘロインが同じ物質としてブレンドされる——互いが互いの特徴を支えあう——ということなのである。ヘロインに関する恐怖——特に、取引や、薬物に関連した他の犯罪との結びつき——はマリファナに関する恐怖ともなる。それらは同じものになったのであり、単一の物質、「諸麻薬（narcotics）」、もしくは単に「諸薬物（drugs）」となったのである。

こうした転落の物語は、なにもアメリカ特有の現象というわけではない。カナダもまた、力強いカウンター・カルチャーを有しており、ほとんどの主要都市にはそれぞれに活発なカウンター・カルチャー・シーンが存在した。Giffen, Endicott and Lambert（1991）が描き出したように、トロントのヨークヴィルはカナダのカウンター・カルチャーの発祥地であり、アメリカでのトレンドを反映していた。かれらは、1960年代のヨークヴィルを「社会的抑制からの自由のメッカであり、そこでは若者たちが思いのままに生と愛を謳歌し、薬物によって『スイッチを入れ』、広く『自分たち自身の事柄』を遂行するための自由を有していた」（Giffen, Endicott and Lambert 1991：496）と描写している。かれらの記述にあるように、ヨークヴィルのシーンは主にマリファナに、そしてそれよりは少ないが、他のサイケデリック（LSDなど）に依拠するものであった。

予想できることだが、アメリカと同様にカナダの法執行官僚も、古典的なオピエイトの恐怖、という資源をサイケデリック使用にも拡大適用することで、Anslingerと同じ転落の象徴を素早く活用していった。特に、ヨークヴィルにおけるマリファナ使用は、若い女性たちとかれらのセクシャリティ、そして性的安全への脅威としてまなざされることになった。この時期の『Globe and Mail』誌のとある記事には、以下のような言明が存在したという。

> 「ヨークヴィルにおける真の悪は、多くの1人っ子の少女たちの身に起こっている事柄です。かれらは良家出身のよい子どもとして、そしておそらくはやや混乱した状態でこの街にやってきました。それが、ビート族につかまってから数日もたたぬ内に、あっという間に堕落していってしまったのです」。これは地下鉄内での犯罪捜査を担当するBernard Simmons本部長補佐の言葉である。ある1人の警察官は、ヨークヴィルにおいてセックスは「不特定多数との行為（communal affair）となっており、一部の少女たちが少量のマリファナを手にすると、数日後にはすぐに全員にそれがゆきわたってしまうことになるのです」と述べている。
>
> （Giffen, Endicott and Lambert 1991：497における抜粋）

こうした女性のセクシャリティと性的安全に対するマリファナの恐怖は、40年前にオピエイトに対して向けられた恐怖と極めて似た性質のものであろう。Emily Murphy（1922）は、女性に対するアヘンの影響を次のように述べていた。

> アディクトになる男女は、薬物を使用する仲間を探そうとする。そして、かれらと同じ程度の社会的地位の者を避けるようになるのである。このことは、洗練された環境で育てられた教養ある淑女が、最下級の黒人や黄色人種の男性と交際する、という驚くべき現象を説明する。そしてこのことは、なぜしばしば白人女性が混血の赤ん坊を置き去りにしたり、「里子に出し」たりする（もしくはより稀な例では、その養子縁組のために赤ん坊を少年裁判所へと連れて行く）のか、といった疑問にも説明を与えるのである。
>
> 薬物の影響下で、女性はコントロールを失ってしまうのだ。彼女の道徳意識は麻痺し、あらゆる意味での「犠牲者」になってしまう。彼女が薬物使用を習慣化させたとき、彼女は自分の前にある物質が何なのか知らない。そして後に、彼女はそれを気にかけなくなっていく。彼女は若い女性なのだが、急激に老けこんでいくのである。
>
> (Murphy 1922：17)

1960年代のヨークヴィルにおいてマリファナを使用する若い女性たちは、1920年代におおいてアヘンを使用していた若い女性たちと同様の危険に直面しているのである。つまり、薬物はかれらの性的高潔さを脅かし、かれらの安全を脅威にさらす犯罪誘発的空間へと誘う、というわけだ。

(3) ドラッグ戦争と諸薬物

「諸薬物（drugs）」という言葉の使用によって喚起される転落のイメージはまた、すべての精神活性物質（psychoactive substance）を、特定のリスクをもたらすものとしてではなく、固有の危険性として理解する見方を強化していった。20世紀前半から半ばにかけての反薬物ディスコースにおいて、悪（evil）や迷惑（menace）といった言葉を引きあいに出すことは、諸薬物（drugs）の薬物性（drugality）に対して完全なる脅威（threat）という性格を与える効果を持つ営みであった。諸薬物によってもたらされる危害の連続性や計算可能性は存在しない。そうではなく、この言葉は「諸薬物とは悪なのだ」という絶対的で道徳的なメッセージに依存しているのである。Sarah Graham-Mulhall（1926）の『アヘン――悪魔の花』は、大学生の男女の道徳と純潔に与える薬物使用の悲惨な効果について繰り返し記述している。第二次世界大戦前の北アメリカでよく見られた、白人のなかでの奴隷化恐怖（White slavery fears）も、諸薬物は固有の危険であるという見方を強固なものとした。こうした物語のなかの若い女性たちは、――諸薬物が人種化されるなかでこの特徴はより明瞭となるのだが――麻薬の奴隷と成り果て、アヘン窟で惨めに暮らすか、黒人男性にレイプされることになるのである（Campbell 2000、Valverde 1991 を見よ）。

けれども、それ自身の犯罪性を有するものとしての諸薬物を真に具現化したのは、1980 年代前半のアメリカにおいて宣言されたもうひとつの戦争――ドラッグ戦争（war on drugs）――においてであった。[*10] レーガンは 1986 年にこの戦争を宣言し、彼の妻であるナンシーを、最初の「ジャスト・セイ・ノー（just-say-no）」キャンペーンのスポークス・パーソンに指名した。このキャンペーンでは、需要側にターゲット化することで薬物使用と戦うことが志向されていたが、ホワイトハウスの庭で、ナンシー・レーガンの周りを学童たちが取り巻き、皆がそろって「ジャスト・セイ・ノー」バッジを掲げる、というイメージがそのアイコンとなった（他方で、こうしたドラッグ戦争の「ソフト路線」に対して、供給側にターゲット化したそれよりもずっと厳格な法執行が現実として存在していたのだが）。ドラッグ戦争は、アメリカ史上最も包括的で最も高くつく反「諸薬物（drugs）」キャンペーンの到来を告げたと言える。1980 年代のアメリカにおける諸薬物は、公衆の脅威と政府の資源の主要なターゲットの座を共産主義者から奪い、新たな敵として登場した。1995 年までに、国境の内外で数十億ドルもの費用が法執行のために費やされたほか（Marez 2004）、ニカラグアとコロンビアにおけるアメリカ軍の関与に関連して、ドラッグ戦争は、FBI に対して地球を股にかけた警察力の国際的展開のための口実を与えていくことになった（Nadelmann 1993）。

アメリカ合衆国に引き続き、当時カナダ首相であったブライアン・マルルーニーもまた、レーガンによる宣言の 2 日後の 1986 年 9 月 29 日に、彼自身のドラッグ戦争を宣言した（Jensen and Gerber 1993）。カナダにおけるドラッグ戦争は、アメリカにおけるそれと比べてはるかに地味なものであったが、本質的には同様の結末を導くことになった。特に、周縁化されたコミュニティの成員を標的とした収容率のドラスティックな上昇、法執行予算の拡大、厳罰化を求める法改正の動きなどが挙げられよう。諸物質をめぐるナラティヴに関しても、カナダはアメリカにおけるそれと同様の目的に向かう一般化された「諸薬物（drugs）」という言葉を保持し（続け）た。王立カナダ騎馬警察（the Royal

Caadian Mounted Police: RCMP）は、州や地域警察と同様に、薬物向けの執行機関を有していたし、諸物質を禁止する法制度は「規制薬物・物質法（the Controlled Drugs and Substances Act）」と呼ばれた。そして、おそらく最も示唆的なのは、今日のカナダにおける物質使用に対する応答が、「カナダ薬物戦略（Canada's Drug Strategy）」と題された健康省発出の文書によって続べられているということであろう。

⑷ ドラッグ戦争へのオルタナティヴ

1987年に、ドラッグ戦争に対するカナダ側からのオルタナティヴのひとつとして、連邦政府はひとつの薬物戦略―― 1980年代において直面していた（もしくは発生していた）諸物質に対するパニックへのより穏やかな反応――を発出した（Hathaway and Erickson 2003）。この薬物戦略は、薬物問題に対する協働的な対応を志向し、薬物使用と薬物取引をめぐる刑事司法的対応と医療的対応を結びつけようとするものであった。この戦略のなかでターゲット化された諸物質は、「アルコール、医薬品（処方薬と市販薬の双方を含む）、非合法薬物、インヘイラント（吸入薬）、禁止ドーピング薬（国際オリンピック委員会（IOC）によって定められたもの）」（Canada 2000：2）を含んでいた。この薬物戦略は、非合法薬物だけでなく、諸薬物一般にターゲット化するものとして提出されているのであるが、同時にそこには、核となる次のような想定が存在している。それらは依存的（addictive）であり、犯罪誘発的であり、医療費の上昇、法執行予算の拡大、生産性の低下など、多くのコストを伴うものである――。同戦略は、諸薬物と、例えばドメスティック・バイオレンス、財産犯罪といったものを結びつける。それはまた、実際に複数の治療オプションを提示しつつ（とはいっても、その内のひとつ（メタドン・メンテナンス）しか特定の薬物に関わる治療はないのだが）、薬物使用者のための治療の必要性を強調する。同戦略が諸薬物のなかで特別視するその他唯一のものはアルコール、特に飲酒運転である。だがしかし、同戦略は少年・成人の薬物使用に関する統計を紐解きながら、すべての人口層における薬物使用の顕著な増加を示そうともしている。いくつかの薬物への特別の注目はあるのだが、それでも異なる諸薬物間での明確な線引きは存在していないのである。

最近では、「諸薬物の非医療的使用に関する議会内特別委員会（the Parliamentary Special Committee on the Non-Medical Use of Drugs）」（SCNMUD 2002）が、一般的カテゴリとしての諸薬物の非医療的使用を考えるために設けられたが、そこでは薬物戦略の改定が要求されている。LeDain委員会（1972）のように、同委員会によって提出されたレポートでは、カンナビスだけが特別視され、その他の諸物質に関しては同質なものとして取り扱われている。[*11] 諸薬物が犯罪誘発的であるという点については、同委員会は一貫したスタンスを示している。そのイントロダクションにおいて、同委員会は精神活性物質の有害な効果について概説し、HIV/AIDSやC型肝炎の拡大といった健康上の懸念と並んで、「家庭内暴力、堕胎、性的搾取、非行、犯罪、児童虐待、ネグレクト」（SCNMUD 2002: 5）といった社会的な懸念を表明している。精神活性薬物に固有な犯罪性に関する同様の主張は、その他の政府機関からも提出されている。王立カナダ騎馬警察（RCMP）は、カナダの社会的・経済的結合を弱体化させる力として、薬物使用に伴われる暴力や金銭欲を挙げている。9・11以降のアメリカにおけるテロリズムとの結びつきを利用した反薬物キャンペーン再活性化への取り組みに範を得ながら[*12]、RCMPと上記委員会の双方は、薬物使用をテロリストの活動として示唆している。カナダ会計検査院（auditor general for Canada）副院長のMichael McLaughlinは、同委員会報告書のイントロダクションにも引用された冒頭陳述のなかで、「非合法薬物の売り上げは、組織犯罪とテロリズムの主要資金源となっている」（SCNMUD 2002: 5）と述べているし、RCMPは、薬物の売り上げが、テロリストにとっての「主要資金源である」ことを同様に示唆しているのである。[*13]

⑸ ドラッグ・トリートメント・コート（DTC）と諸薬物

こうした諸薬物の物象化は、犯罪者／アディクトを治療する企てにおいて、端的に明らかである。これについての典型例のひとつは、ドラッグ・トリートメント・コート（DTC）の出現であろう。DTCは、それらがクラック、コカイン、オピエイト、そして覚せい剤（バンクーバーDTC（VDTC）のみ）だけに特化したものであるにもかかわらず、公式に「ドラッグ（drug）」・トリートメント・コートと呼ばれている。トロントDTC（TDTC）の編成と実践を描き出すなかで、裁判長であったBentley裁判官は、諸薬物と犯罪の問題に応答するものとしてDTCを打ち出している（Bentley 2000）。彼は、刑事司法システムのこれまでの薬物問題への適切かつ効果的な取り組みの失敗を強調しつつ、人々が薬物使用を止める方法を見出すことを通して、DTCは同時にその「クライアント」たちの生活を向上させ、公共の安全を守っているのであると論じた。彼のこの論文において、DTCによってターゲット化される特定の薬物についての言及は4ページ目以降になるまで一切登場しない。そして、Bentleyがクラック、コカイン、そしてヘロインに言及するとき、彼はなぜDTCがこれらの物質を特別にピックアップしたのかについての説明は一切せず、たった2つの段落中において、各々の物質の違いについて言及するのみであったのだ。実際には、その2つの段落とは、異なるタイプの薬物使用について異なるカウンセリングサービスが提供されることを論じた個所であった。こうした異なるタイプのサービスに関する言及はそれが存在することを告げるのみであり、異なる物質のパーソナリティ——例えば薬物性（drugalities）——についてのコメントは一切与えないのである。

VDTCも、「諸薬物（drugs）」というタームをまったく同様のやり方で展開している。今までに3巻が出されているレポートの25ページにわたる要旨において、特定の物質が名指される個所はたった3箇所しかない。それらの箇所においてすら、一般化のにおいが漂う。3箇所すべてが「ヘロインないしコカイン」に関する言及なのである。報告書それ自体も、記述的・人口動態学的データを除いては特定の物質への言及はほとんどなく、同様の一般化がなされている。加えて、TDTCと異なり、VDTCは特定の物質に対応したプログラムを提供していない。私がこのことをVDTCのプログラム・デザイナーに尋ねたところ、彼女は、VDTCの志向性は物質依存という「病気」（the disease）に取り組もうとすることにあるのだ、と説明してくれた。彼女によれば、その病気は物質の違いによって差別されるべきではなく、それゆえに特別なプログラムは必要ないのである——ヘロイン使用者にとってのメタドン、という唯一の薬理学的な例外を除いて。これは、第2章においてインフォーマントの1人から表明された思いと同様のものであろう。諸薬物は、薬理効果という観点からのみ特異なのものであり、一般化可能である。たとえ異なる物質であったとしても、その病理（依存、犯罪性）は同じなのだ——。

TDTCでは、2000年に、薬物使用者と裁判所サイド双方の観点からDTCプログラムを概観するプロモーション・ビデオが作られた。このビデオのなかでDTCのスタッフが諸物質について語るとき、かれらは決して特定の薬物に言及することはない。それどころか、むしろかれらは諸薬物とそれらの相互にまったく異なる薬理効果について、同じ一般性の枠内で語るのである。このビデオに登場するある裁判官のコメントは示唆的である。

かれら（薬物使用者）は、社会とつながっていないと感じているのです。

今まで虐待されてきたか、虐待されたと感じてきたために、かれらは社会からも虐待されていると感じてしまう。多くの者はメンタルヘルスの問題を抱えています。諸薬物はその場合、解放のツールであり、ブラックな職場、ワンルームの安アパート、ストリート暮らしからの逃避手段なのです。こうした人々にとって、諸薬物から救い出す唯一の手段は、こうした環境・ライフスタイル・人づきあいからかれらを救い出すことなのです。[*14]

この裁判官は、諸薬物が人々の生活に与える影響について、極めて明確な記述を与えている。諸薬物は、それよりももっと深刻な不幸しか導かないような不幸から逃避するための方法、言うなればいつの日か救われるための逃げ道を約束してくれる。他のスタッフの語りにもあるように、諸薬物はここでは、いかなる固定的な意味も持たない、つかみどころのないアイデンティティを帯びることとなる。現実逃避、という意味あいは個々の物質に対して付与されるのではなく、未定義なる混沌、すなわち「諸薬物」に対して付与されるのである。これと好対照なのが、このビデオのなかでの薬物使用者の語りである。かれらは、自分自身に特徴的な薬物との関わりについて述べているのだが、登場するすべての使用者たちが、かれらのクラック／コカイン使用について、直接的に語っている（ヘロイン使用者はビデオのなかに登場しない）。かれらは、薬物使用の方法（典型的には喫煙）や、クラック／コカインへのアディクションについて直接に語ることで、クラックとコカインに関する特定の言及を行うのである。要するに、裁判官が人々の生活に対する諸薬物の影響に関する一般的な言明を行うのに比較して、薬物使用者たちは、例えばクラックがかれらにどのような具体的影響を与えるのかについての特定化されたナラティヴを提供する、ということである。

トロント、バンクーバー双方のDTCの法廷におけるやりとりには、「諸薬物」というタームが同様のやり方で現れる。TDTCにおいては、クライアントたちが裁判官の前に呼び出されるとき、いつもきまって最初になされる質問のひとつが「薬物を使用したかどうか」である。最後に法廷に出席してから一度でも薬物を使用したクライアントは、しばしば裁判官に対して、（説明のつもりで）自分が使用した薬物の種類を答えようとする。以下のようなやりとりが典型的なものであろう。

裁判官：今日は何か報告しないといけないことはありますか？

クライアント：ええ。この間の夜、友だちと出かけたときにジョイント[訳注21]を吸いました。

裁判官：ジョイントを吸ったのですか…。なぜ吸ってしまったのかに関して、何か言うことはありますか？

クライアント：一緒に出かけた友達が吸っていたんです。大したことじゃありません。クラックや何かを使ったわけじゃないんです。ちょっとジョイントを吸っただけで…。

裁判官：何であろうと薬物は薬物。私がこの法廷で繰り返し言ってきたのを聞いていましたよね。確かにあなたのお気に入りの薬物はクラックですし、今回クラックを使ったのではない、ということを聞けたのはよかった。でもね、薬物は薬物なんです。この法廷では、われわれはすべての薬物使用が問題であると考えています。ジョイントを吸うことも立派なリラプス（relapse：再使用）[訳注22]ですし、知っての通り、そうなるとクラックの再使用まであと一歩、ということになってしまうんですよ。

（フィールドノーツからの引用）

クライアントが、彼女にとってマリファナ使用に込められた意味とクラック使用に込められた意味とを区別しようと試みているのに対して、裁判官はこうした区別を明確に拒絶している。「薬物は薬物」。こう述べて、この裁判官は異なる種類の薬物使用の間に存在する違いをほとんど認めないのである。この裁判官のロジックに従えば、すべての種類の薬物使用は、結局のところ同じ結末を導くことになる。リラプスと犯罪的で依存的な振舞いへの逆戻り、という結末を――。

私がVDTCの法廷観察を行っていたとき、検察官は、DTCのスタッフは特定の物質の名前を法廷内で口にしないように気をつけていること、クライアントも同様に特定薬物の名を口にしないように申し渡されていること、を教えてくれた。検察官によれば、裁判長は、具体的物質を名指してしまうことがクラ

訳注21　多くの場合は乾燥大麻をタバコの巻紙に巻いて、ちょうどタバコを吸うように点火して吸引する。「ジョイント（joint）」はそうした大麻吸引の方法をさすこともあるが、上記のようにマリファナ・タバコそのものをさすこともある。

訳注22　何らかのかたちで「回復」をめざすプログラムにつながった後で、問題となっている薬物を再使用することをスリップ（slip）と言う。また、行為としての当該薬物使用を招きかねない問題状況の再燃まで含めてリラプス（relapse）と言うこともある。本書では、便宜的にスリップは「再使用」、リラプスを「リラプス」と訳し分けていく。

イアントにとっての引き金として機能し得ると考えているとのことである。そんなわけで、VDTCにおいて、すべての薬物は「諸物質（substances）」として言及されたのだった。例えば、法廷内での薬物スクリーニングに関する言及では、「ある個人が好みの薬物（drug of choice）を用いた」とか「睡眠薬（sleeping pill）を服用した」などの表現で語られたのである。法廷において、異なる種類の物質使用を区別しようとする努力は何ら払われなかった。その代わりに、クライアントたちは、すべての物質使用は忌避されるべきものであり、施設内解毒プログラムを受けさせる十分な理由になる、ということを申し渡されたのである。[*15]

⑹ 処遇プログラムと諸薬物

諸薬物をめぐる同様の一般性は、すでに有罪宣告を受けた者を対象とする処遇プログラムにおいても確認できる。カナダ連邦矯正局（Correctional Services Canada: CSC）とオンタリオ公共安心／安全省（the Ontario Ministry of Public Safety and Security: the Ministry）は、物質使用問題を有するとされた個人に対するコア・プログラムを提供している（第2章及び第5章参照）。これらの諸プログラムは、哲学と実践の両面において類似のものであり、分野を超えて標準化されており、（何であれ）薬物の影響下ないし薬物探索下での犯罪行為に手を染めたあらゆる者に対して、しばしば課せられるものである。[*16] これらの諸プログラムは、諸薬物をひとつの一般的カテゴリで捉えており、法律違反者に対して「かれらの物質使用癖を変える」ための方法を提供するものであるとされる。プログラムのなかの「教育」的な部分においては、しばしば各種の異なる薬物の薬理学的解説が講じられるが、薬物使用に対する応答のあり方は画一化されている。これらの諸プログラムの焦点は、渇望を管理し、引き金（triggers）を避けるための諸ツールを用いることで、個々人が自らの薬物使用を抑制できるよう援助することなのである。

CSCは、同様の物質使用に対するコア・プログラムをすべての連邦刑務所において実施している。犯罪者向け物質乱用釈放前プログラム（the Offender Substance Abuse Pre-Release Program: OSAPP）は、CSCによれば、個別の薬物に対応したプログラムを提供するものではなく、受刑者の80%にものぼると推定される「物質使用もしくはアルコール」に関連した問題を抱える受刑者に対するプログラムであるとされる。特定の諸物質の使用に関しては、すべての連邦受刑者に対してなされる事前のリスク／ニーズ・アセスメントの際に調べられ（Hannah-Moffat 2001)、それによって個々人のリスク／ニーズ・プロフィールが一段階引き上げられるかもしれないが、プログラム上の言語はと言えば、DTC と同様に、あくまで「薬物（drug)」という一般化されたタームに強く依存しているのである。CSC のプログラムはまた、薬物問題とアルコール問題との関係性を重視している。プログラムは、「アルコールと薬物使用は、犯罪と深く関わっています」（Lightfoot 2000：1）という一般的な言明ではじまる。Lightfoot によれば、アルコールと諸薬物が犯罪行為と関わる際のあり方には極めて大きな幅が存在するが、彼女によれば、こうした幅が出てくるのは使用する物質の違いゆえにではなく、個々人の違いゆえにである。CSC の研究員であり、このプログラムのデザイナーでもある Lightfoot は、こうした個人間の相違の存在は、個々のニーズに最も適合する処遇プログラムに各人を「マッチ」させる必要があることを示している、と示唆する。こうした個人的なニーズというものは、各人が身につけたライフスタイルによって——使用してきた薬物によってではなく——形成される、とのことだ。何とも不思議なことに、Lightfoot はその後、CSC の標準化された物質乱用処遇レジーム——そこでは個々の物質の違いはおろか、個々人の違いすらも考慮に入れられていない——を紹介するのである。ここにおいて、あらゆる薬物の犯罪誘発性は実務家のディスコースのなかに固く刻み込まれていく。自身のプログラム記述のなかで、Lightfoot は、「アルコールと……薬物使用は、犯罪行動に対して影響を与えるファクターである」（Lightfoot 2000：1）とはっきり述べている。彼女は、物質使用が犯罪行動に影響するあり方には、「犯罪行動が望ましい規範となっているような社会的集団との交流」「抑制の弱化」「中毒状況下の個人の側における、ストレスに対する過剰反応」などを含む「広範なパターン」がある、と説明している。

The Ministry によって新たに考案され実施された州のプログラムにおいても同様に、一般化された物質使用プログラムが用いられている。CSC と同じく、the Ministry のプログラムも個々の薬物間で何ら区別を設けることをしない。むしろ、そこでは広く定義づけられた「物質使用」のみがプログラムの視野に入っているのである。示唆的なことであるが、このプログラムは「物質誤使用に関するオリエンテーション・プログラム（the Substance Misuse Orientation Program)」と名づけられている。プログラム・デザイナーである Cox（2001）の以下の言明にも明らかなように、プログラム・マニュアルのなかでも、異なる物質間での区別を設けないことが明確に論じられている。

乱用する物質のタイプは、プログラム参加者を選抜する際の因子にはなり得ない。ある犯罪者がいかなる深刻なアルコール問題、コカイン問題、ヘロイン問題…を抱えていようと、強調は「深刻な」という点に置かれるのであり、使用された物質にではないのである。グループのメンバーたちは、個々の物質によってではなく、物質使用によってもたらされた生活上の帰結によって互いに関連づけられるのでる。

(Cox 2001：10)

私がインタヴューをしたプログラム修了者（男性）たちの物質使用パターンは、極めて幅広いものであった。インタヴュー時点において、DTC のメンバーたちと同様にこれらの男性の大多数は、かれらが使用する物質ごとに区別を設けることを望んでおり、かなり明確に「コカイン使用者になることとマリファナ使用者（pot smoker）になることは違うことなのだ」と主張していた（より詳細な議論については、第５章を参照）。しかしながら、かれらの行為は「薬物使用」として the Ministry には理解され、そのように対処されたのである。

⑺　一般性（generalities）を理論化する

「諸薬物」という術語は、問題化されるべき諸物質の長いリストに対して、そのお手頃な代役として機能している。けれども、この術語が採用される理由は、単に言語的に省コストなバージョンを提供するため、というわけではない。そうではなく、そのあいまいさにもかかわらず、この「諸薬物」という語が一般化の戦略的テクニックとして機能するからなのである。この一般化は、諸薬物という語に魔法をかけ、多大な行為を動員し、特定の帰結をもたらすような非常に広大で包括的なフレーズへと変えてしまう。私は、本章の最初に、ANT のなかで展開された分析ツールのいくつかが薬物のパーソナリティにかけられたこの魔法を理解するうえで大変都合がよい、という想定を示しておいた。ここでは、この一般化のテクニックを解きほぐすためにも、しばしそこでの想定へと立ち戻ってみよう。

『科学が作られているとき（Science in Action）』のなかで、Latour（1987＝1999）は、関心（interests）がネットワーク内での異なる諸アクターにとっての包括的な動機づけとなることを喝破している。Latour は、関心を、諸アクターとかれらの目的（goals）との間にあるものとしてアクター・ネットワーク内に位置づける。彼は、アクターの目的が関心の編成と再編成を通して達成されていくいくつかのシナリオを描き出している。これらが、彼の言うところの翻訳(translation)[訳注23]の瞬間なのである。あからさまな(explicit)関心からそうではない関心へと焦点をシフトさせるために関心と目的を再配置する(reshuffle)というのもこうした翻訳の瞬間のひとつであるが[*17]、Latourがあからさまな関心の除去を可能とするために用いた戦術テクニックのひとつが、ネットワークのなかに新しい集団を考案するというものであった。19世紀における感染病の例をひきながら、Latourは、社会経済的諸階級から感染性の微生物の保菌者や感染者といったグループへと再集団化が行われたことにより、関心の再編成が実現したと論じている。そこでは、都市の発展と公衆衛生という観点から当初は正反対の意見を有していた異なる階級に属する人々が、マラリア、コレラ、結核といった病気への罹患への懸念といった観点から同種の関心を共有するようになったのである。

薬物統制における公的なディスコースにおいても、特定の目的を保持するために、包括的な「諸薬物」という術語のもとに個々の物質が再集団化される。こうした再集団化のいくつかは他のものよりも見えやすいのだが、VDTCのケースがなかでも最も分かりやすいだろう。VDTCの裁判官は特定の物質の名を口にすることを拒んでいたが、その理由は、彼が個別物質の名前は薬物使用者たちにとってネガティヴな影響と特定の作用を有すると信じていたからだった。この文脈下では、「諸薬物」という語を用いることは、「ヘロイン」や「コカイン」といった個別物質名に付随した魅惑を拡散させる効果を持つことを意味する。VDTCにおいては、一般性が善きことなのであり、個別性は危険だったわけだ。

VDTC以外の研究対象に関して言えば、この一般化が採用される理由はそ

訳注23 「翻訳」は、Latourのアクター・ネットワーク・セオリーにおける鍵概念のひとつである。通常の近代的思考においては異種として厳密に区別され、互いに混交することはないと想定されている種々の知識や事物(例えば「法」と「治療」)がネットワーク内で協働したり、多様なアクターが相互に対立し得る関心をすりあわせたりする様子を把握する際に論及されることが多い。Latour自身は、翻訳について、「科学論は、言葉と世界を対立させる代わりに、実践を強調することによって、科学にとって典型的な諸々の交換に焦点をあわせた中間項を示す用語を増やしてきた。『銘刻』や『分節化』と同様に、『翻訳』はモダニストの決着法を自由に横断する用語である。翻訳は、その言語学的および物質的含意によって、ある行為が生じるために必要不可欠な媒介項としての役割を果たす他のファクターを経由するあらゆる配置を指示している。文脈と内容が正反対に位置するなかで、翻訳の連鎖は、アクターが多様で相矛盾する諸々の利害関心を修正し、配置を換え、翻訳する作業を指示している」(Latour 1999 = 2007: 404)と述べている。

れほど明確ではない。ただし、公的なディスコースは——ことそれが薬物に関する場合——個別性よりも一般性のほうを好む、ということは示唆できるだろう。なぜなら、恐怖の最大化（maximizing fears）という目的に関して、後者は前者に比べて圧倒的に有効だからである。恐怖は、薬物と犯罪との連関（drug/crime nexus）と同様に、行為と介入を正当化するように機能するがゆえにあらゆるキャンペーンにとって非常に重要なものである。最近では、恐怖と一般化を結びつけるこの戦略は、西洋世界のテロリズムに対する応答が展開されるに従い、世界レベルへと拡がりつつある。ニューヨークへの攻撃[訳注24]を受け、ジョージ・W・ブッシュは市民的自由を侵害し、イラクを侵略し、軍事施設への幾千もの人々の理由なき拘禁を正当化するために、一般化のキャンペーンを開始した（Singh 2002）。まったく同じテクニックは2005年に起こったロンドンへの攻撃[訳注25]においても採用された。この攻撃の後数週間は、カナダにおいても、イギリスにおける爆弾攻撃は「われわれの生活（our way of life）」への攻撃に他ならないのだ、との警告がなされた。ニュース・キャスターやテロリズムの専門家たちは、この国にいまや暗雲をもたらしているテロ攻撃について、その最もありそうな標的はどこなのかということに関する推測をおおっぴろげにはじめたのだった。こうした一般化された恐怖は、市民を対テロ戦争に駆り立て、国内の人権侵害への妥協の「必要性」に関する同意を作りあげるのと同様に、中東へのアメリカ主導の攻撃に対する国際的支持を補強するねらい通りの効果を持ったのである。

過去40年余りにわたる特定の個別物質（特にマリファナ）をめぐる諸言説の変遷は、ほとんどではないにせよ、公衆がもともと有していた恐怖の多くを縮減するように作用してきた。より詳細に関しては後述するが、ここではいくつかのキー・ポイントに関して光を当てておきたい。LeDain委員会（the LeDain Commission）は、マリファナはドラッグ・スケジュール内で示唆されているよりもはるかに害が少ないと述べたうえで、その非犯罪化を要求している。同様の要求は、2003年に上院および議会内委員会においても再びなされている。科学界はマリファナの害（例えば、運転時の危害や中毒性など）についての態度を

訳注24　2001年9月11日に発生したアメリカ国内での同時多発テロ事件の内、世界貿易センタービル・ツインタワー北棟／南棟へのアメリカン航空11便およびユナイテッド航空175便の突入・爆発炎上事件をさす。

訳注25　2005年7月7日にイギリスの首都ロンドンにおいて発生した、ロンドン地下鉄3か所およびバス3台が標的として爆破された自爆テロ事件をさす。

決めきれていないが、もし世論調査が何らかの指標になるとすれば、マリファナはほとんどのカナダ人にとって著しい恐怖の対象ではない、ということがその回答結果からもうかがえる。事実、マリファナの脱神秘化は、政府と（白人、ミドルクラスの）市民、法執行、ヘルスケアの４者の同盟関係を侵食するがゆえに、ドラッグ戦争に対する支持低下をもたらすことになった（Moore and Haggerty 2001）。

特定の個別物質の「諸薬物」という包括的カテゴリへの再集団化は、上記の同盟関係を再活性化する効果を有している。子どもたちの“マリファナ”との出会いにはさほど気を揉まない親たちも、学校内での“薬物”の売人のことは非常に気にかかる。「諸薬物」という術語の使用は、すべての諸物質を同等に危険で、害があり、著しく犯罪誘発的なものにしてしまう。TDTC においては、“すべて”の薬物使用は使用者を再使用のリスクにさらすため、薬物使用“すべて”が問題だとみなされていた。同様に、連邦および州政府によって提供される治療介入プログラムは、一般化された薬物使用総体を犯罪誘発的なものとみなしていた。こうした再集団化は、それが諸物質をひとつのものとしてカテゴリ化し、マリファナもクラックもヘロインも一緒くたにしてしまうために、「マリファナのような物質は有害ではない（少なくとも他の物質に比べて有害ではない）」といった主張を消去してしまうのである。

アルコールはこうしたナラティヴにおいて厄介な位置を占めている。確かにアルコールは法的には他の非合法物質と異なるとはいえ、上述してきた諸戦略の内いくつかには、いまだにひとつの犯罪誘発的物質として登録されているのだ。これは、文字面レベルでの包摂（例えば「アルコールと諸薬物（alcohol and drugs）」など）や、「物質」（substance）という術語への遠回しの言及によって達成される。「物質乱用（substance abuse）」という言葉は、しばしば（必ずしも常にではないが）アルコールを含む。こうしたディスコースへのアルコールの包摂は、その他の「諸物質」と同様の一般化されたパーソナリティを有するものとしてアルコールを描きだしつつ、ひとつの薬物（a drug）へとそれを変えていくのである。

幾人かの理論家たちは、ネオリベラル・レジームの上昇によって、新たにターゲット化された統治が生起していることを重視している。アルコホリズムにターゲット化した治療薬についての研究である Valverde（2003b）や、あるタイプの脳内化学物質の作用にターゲット化した治療薬についての研究である Rose（2003）においては、「特効薬（magic bullet）」の出現について論じられている。古典的な二項対立である正常と病理に依拠するのではなく、特効薬を求める志向性は、生体というレベルのさらに下にある個別の場（site）へとターゲット化していく。Valverde によれば、ターゲット化された統治の登場は、アルコホリズム、特定のコミュニティに対するポリシング、移民プロファイリング、脳科学……、と対象は何であろうと、より「控えめに、そして特定的に（modestly and specifically）」統治することを重視する、とされている。

確かに、こうした諸テクノロジーは、カナダの刑事司法システムにおいても容易に観察可能なものとなってきている。私が第２章で示したリスク・アセスメントや認知行動療法の上昇は、個人の治療やその全体的な病理化ではなく、個人の特定の思考に焦点をあわせることを矯正職員に対して可能にさせるものだったし、そこでは、物質乱用が介入上のメイン・ターゲットとして浮上していたのだった。しかしながら、こと薬物に関する限りで言えば、実はこうしたターゲット化の内部において、一般化の実践が作動しているのである。例えば Valverde（2003b）は、アルコホリズムを治療するための「スマート・ドラッグ（smart drugs）[訳注26]」を巻き込んで生じた一般化を見てとっている。もともとこの種の薬物はアヘン・アディクションの治療向けに用いられたものであったのだが、こうした特定のものにターゲット化されたテクノロジーが万能薬（pnacea）の性質をも帯び得る、というのだ。特定のものを治療するのと同じように一般的なものを治療する、といったことが可能なのである。

Valverde と Rose は、それと同時に、特定のもの／一般的なものへとターゲット化する必要性と、より一層の効率性と資源最大化の必要性との結びつきについても明らかにしている。一般化のテクニックは、欠乏の時代における資源の最大化を図るために、市場の諸実践をまとめあげていく。Rose（2003）は、もともとはセロトニンに個別にターゲット化するうつ症状向けの治療薬であったプロザックが、いまや摂食障害、パニック障害、強迫神経症等々の治療に用いられていることをとりあげ、これをターゲット化された介入の市場化（marketization）として概念化している。

　　生物価（biovalue）はここでは、間断なき進歩を必要とするように思わ

訳注 26　スマート・ドラッグは集中力・記憶力・認知能力といった人間の諸能力を高めることを目的とした薬物を総称するカテゴリである。いかなる薬物をスマート・ドラッグに含めるかについての厳密な定義は必ずしも存在せず、処方薬、市販薬からサプリメント、健康食品までを包含する幅広い概念＝諸薬物（drugs）となっている。

れる。そして、特定のターゲット化された治療薬――特効薬――から、すべてをいやす魔法の薬のようなものに至るこの循環は、市場に特有のものであると同時に、おそらくは商業化された心理薬理学のプロジェクトそれ自体に固有のものでもあるのだろう。けれども、この循環にもかかわらず、こうした位相のすべてにおいて、ターゲット化されるのは病理的な個人ではなく、分子レベルでの異常性なのである。

(Rose 2003：204)

第２章において私は、薬物使用者に対する介入は、より一層の効率性を求める――より少ない対価でより多くの結果を得ようとする――ネオリベラルな努力によって形作られるようになっていることを論じた。こうした効率性への欲望の一部には、一塗りでできるだけ多くを塗ってしまおうとする欲求――まさに「諸薬物」という術語によって一般化をするような――が含まれていると思われる。より大きな問題へと向かうことを可能とする特効薬が存在するためには、それ以前に（向かうべき）より大きな問題――ごちゃまぜの集合物――それ自体が存在していなければならない。ちょうどRoseがひとつのターゲット化された介入によって治療可能な一連の気分障害一式の上昇を見てとったように、われわれも小規模で画一的なテクノロジーのセットによって対処可能な一連の諸物質一式の上昇を見てとることができるのである。もし仮に、問題なのは（少なくとも統治側の観点からすると）異なる物質の乱立ではなくひとつの「諸物質」なのだとすれば、必要な対処法は包括的なものとなるであろう。別々の（それゆえにコストのかかる）プログラムを提供する必要もなければ、原因として犯罪に結びつく個別物質の種類に応じた差異を設ける必要性もない。すべての薬物が危険なのだ、ということを知ればそれで十分なのだから、ますます増加し、しばしば互いに葛藤しさえする別々の薬物の危害、常習性、行動的影響に関する科学的エビデンスなどにかかずりあう必要などないのである。

３．個別薬物のパーソナリティ

一般化された諸物質と同様に、個別の物質も犯罪／アディクションの語彙に対して影響を与えている。これらは、個々の物質のユニークなパーソナリティを示すものである。それらは、特定の性質、犯罪性、病理性等を個々の物質に与えている。以下で私は、最も目につく４つの物質、すなわち、マリファナ、クラック、コカイン、そしてヘロインに注目することにしたい。これら４つの物質が有する個々のパーソナリティは、立法過程に関する情報だけでなく、刑事司法システムがいかに個々の物質の使用者にアプローチするのか、といった点に関する情報をも示唆するがゆえに、刑事司法システム自体にとって極めて重要なものとなる。

(1) マリファナ

古典的ナラティヴにおいてマリファナは、狂気と犯罪性をばらまく「悪魔」の薬として表象されている。Castel による（リスクと危険性の）区別に立ち返れば、マリファナは「危険」な薬であった。1937年の古典的カルト映画である『リーファー・マッドネス（Reefer Madness）』では、リビング・ルームに腰掛ける白人カップルの様子が描かれる。女性の方は、ジョイントを吸いながらピアノを弾き、一方の男性はやはりジョイントを吸いながら彼女にもっと速くピアノを弾くよう促す。彼女がマリファナを吸えば吸うほど、彼女は早くピアノを弾き、彼が吸えば吸うほど、彼はしつこく彼女に迫るのである。その後すぐに、２人はいわゆる古典的な「狂人」の様相を帯び、おかしな言葉を吐きちらし、眼球をせり出しながら奇妙な顔面の引きつりを見せる。結局、かれらは気が狂ってしまうのだが、後から部屋に入ってきた別の男性は、ジョイントを吸っていた男性によって暖炉の火かき棒で殴られて殺害されてしまう。そばにいる女性は、歓喜とも恐怖ともつかない表情でそれを見ており、その後、飛び降り自殺をしてしまう（Carstairs 2005、Jay 1999、Sloman 1979 も参照）。

現代におけるマリファナのイメージは、上記と比較すればはるかに穏やかなものだ。もちろん、われわれは個々の信教の自由に基づいて異なるように信ずることもできるが、メインストリームの、もしくはポピュラーなレベルでのマリファナ（pot）に対する一般的イメージは、理性的で無害な物質、というものだろう。マリファナの喫煙は、ポピュラー・メディアにおいてめったに問題化されることはなく、しばしば（悪魔の薬というよりはむしろ）笑いのネタとして使われている。（『アメリカン・ビューティー（American Beauty）』や『初体験／リッジモンド・ハイ（Fast times at Ridgemont High）』、『バッド・チューニング（Dazed and Confused）』といった）有名なハリウッド映画や、チーチ・アンド・チョン

(Cheech and Chong)[訳注27]の数々の映画では、マリファナ使用はすべて害のない行為、ネガティヴな社会現象ではなくて笑いのネタとして扱われている。こうした映画のなかで、“マリファナ密売組織”のようなものはめったに登場しないし、マリファナ使用者たちは治療を受けることもなく、逮捕されるシーンが出てきたとしても（初期のチーチ・アンド・チョンの映画では定期的に登場していたが）、それは言わばマリファナ法の無益さを象徴するものとして示されるのである。例えば、『アメリカン・ビューティー』のなかで、主要登場人物の1人であるLesterは、中年になってからマリファナに対する嗜好が強まっていくのだが、そこでのマリファナ使用は彼自身の自己の再生と連動するかたちで描出される。Lesterのマリファナ使用は、中産階級アメリカ社会の空虚な物質主義に対する忌避のあらわれなのである。彼は仕事をやめ、ウェイト・リフティングをはじめ、ティーン・エイジャーの少女に惹かれる自分を見出し、より偏見から自由になっていく。そして、その間ずっと、こうした変化に出会う以前において彼はいかに死んだようであったか、というナラティヴが示される続けるのだ。

カナダにおいては、こうしたマリファナに対する問題化のレベルの低さという傾向は、法領域にも見出される。マリファナに対する罰則は、「規制薬物・物質法（the Controlled Drugs and Substances Act）」のもとで最も軽いもののひとつである。３つの公式の政府報告書（LeDain委員会、上院委員会、議会内特別委員会）が、マリファナの非犯罪化を支持している。特にLeDain委員会による他の報告書では、明確に法改正を求めており、マリファナの非犯罪化が支持されている。そしてそこでは、（特に単純所持犯に関して）マリファナを禁止することはコストがかかりすぎ、社会に対して甚大な悪影響を与えると論じられている。

議会によって2001年に設けられた「諸薬物の非医療的使用に関する議会内特別委員会（the Parliamentary Special Committee on the Non-Medical Use of Drugs：SCNMUD）」は、その使命と方法においてLeDain委員会と同様のものを有しており、マリファナに関して特別の考慮を寄せていた。もともと、この議会内特別委員会は、30年前にLeDain委員会によって提起されたのとまったく同じ問題について再考するよう議会によって命じられたわけなのだが、2002年

訳注27　チーチ・マリン（Richard "Cheech" Marin）とトミー・チョン（Tommy Chong）によるコンビのコメディアン／ミュージシャン。1970年代から80年代にかけて、主にハリウッドを舞台にマリファナとヒッピーを題材にした映画や音楽で人気を博した。代表作は『チーチ・アンド・チョン――スモーキング作戦（Up in Smoke）』（1978）など。

にその使命はC344法案[*18]の成立にまで拡大されることになった（この法案は、マリファナの非犯罪化を主張するブリティッシュ・コロンビア州Esquimalt選出の国会議員であるKeith Martin博士によって導入された議員立法法案であった）。LeDain委員会と同様に議会内特別委員会は、不均一な法執行実践やマリファナ所持で有罪とされた者の処罰の悪影響は、マリファナそれ自体の悪影響よりもはるかに甚大であるという事実を見出した。当委員会は、言わばマリファナを薬物と犯罪との連関（drug/crime nexus）から解き放ち、犯罪ではなく健康の文脈へとそれを移しかえていったのである。マリファナについての記述の最終部分において、当委員会報告は以下のように述べている。「いかに少量であろうと、高濃度のタールとベンゾピレンゆえに、マリファナの喫煙は非健康的である」(SCNMUD 2002：131)。当委員会は、マリファナを脱リスク化することはせず、マリファナに関連する危害（harms）を移し替える。マリファナが犯罪行動と結びついているという主張は、そこでは物質的、身体的な危害というものが前景化しているために相対的に後退することになるのだ。当委員会は（特に若者に対する）短期記憶の喪失や依存形成といったマリファナの有害な薬理効果という観点から、公衆教育の重要性を変わることなく明記し続けている。とはいえ、かつてのマリファナに関連した恐怖――「ゲートウェイ・ドラッグ」としてよりハードな薬物使用を導く、とか、犯罪行動の原因となる、等の恐怖――は、ここにおいては不在なのである。

上院議員であるClaude Nolinによって率いられた非合法薬物に関する上院特別委員会（the Senate Special Committee on Illegal Drugs：SSCID）は、マリファナ立法に特化した使命を引き受けていたが、その結論は、上記２委員会と同様のものに落ち着くことになった。具体的には、上院委員会は法改正とマリファナの非犯罪化を要求したが、（議会内特別委員会とは異なり）マリファナの甚大な影響に関する恐怖をあまり真剣にはとりあげなかった。結論としては、マリファナが長期にわたる顕著な危害を使用者に対してもたらすという主張を支持する科学的根拠は（社会科学、臨床科学双方において）十分ではないとして、LeDain委員会報告の結論部分でも見られたリスクと危害に関する現代版の決まり文句を踏襲しつつ[*19]、以下のように述べたのだった。「穏当な使い方であれば、カンナビスそれ自体は社会全体、そして使用者に対してもほとんど危険を及ぼさない。しかしながら、特定のタイプの使用は、使用者にとってのリスクとなるだろう」(SSCID 2002：42)。委員会の目からすれば、危害やリスクをもたらすのはマリファナという物質それ自体ではないのだ。マリファナ消費に関連したリスクは、使用者（例：肺気腫を発症している人）、そして使用方法（例：喫煙は、飲んだり食べたりするよりも発がん性が高いと考えられている）などと結びついているのである。

これら政府側からの公式の応答は、前述した一般化された諸薬物のイメージとは異なり、公共の安全にとっての脅威としてのマリファナを脱リスク化し、公衆衛生にとっての脅威も控えめに見積もるものであると言える。むしろカナダにおいては、マリファナは社会ののけ者（pariah）から、社会にとっての特効薬（panacea）へと変化したとすら言えるかもしれない。医療用マリファナに関する運動は、連邦政府を販売者とすること自体には失敗したが、それでもマリファナに対して新たな信頼を付与した。オンタリオ控訴裁判所は、R 対 Parker 裁判（*R v. Parker*）のなかで、マリファナによる医療的利益はそれがもたらす危害よりもはるかに大きいとしたのだった（Young 2003）[*20]。これのさらに先を行くかたちで、同控訴裁判所は、マリファナの無害性についてのより強い主張を行っている。Rosenberg 判事は、裁判所の全員一致の結論として、マリファナに関する裁判所の見解を以下のように述べる。

> マリファナ消費に関しては、いわゆるハード・ドラッグと比較しても、また、タバコやアルコールと比べても、相対的に危害は少なく、長期間にわたる使用に関してすら、回復不可能な身体的・精神的ダメージをもたらすという「確固たるエビデンス」があるわけではない。マリファナ使用は犯罪誘発的ではなく（マリファナ使用と犯罪性の間に何ら原因論的関係は存在しない）、それは人々をより攻撃的・暴力的にすることもない。今のところマリファナ消費に由来する死亡事例はまったく報告されていない[*21]。

Rosenberg によるマリファナについての警告は、運転中の使用をすべきではないという点と、マリファナが気管支系の病気に影響するかもしれないという点のみである。この裁判がきっかけとなり、連邦政府はマリファナ使用によって健康状況が改善した人のためのマリファナ法内の除外事項に関する試行プロジェクトを立ち上げることになった。2001 年に導入された「医療用マリファナに関するアクセス規則（the Marijuana Medical Access Regulations）」に基づき、除外事項にあてはまるカナダ人は、かれら自身の治療のためのマリファナを所持し、栽培することができるようになり、政府の側もそうした人々に対するマリファナ供給に乗り出していったのである。

けれども、マリファナの所持はカナダにおいていまだに非合法であり続けている。[*22] かたや有益で、善意に満ち、治療的だとされながら、他方では有害で、恐ろしく、厳格な統制が必要な物質だというわけだ。この非合法性に注目すると、DTCの職員たちがマリファナを特徴づけるやり方は大変興味深いものに映る。マリファナはTDTCにおける問題児であり、マリファナの非犯罪化をめぐる論争のどちら側に与するかによって、支持されたり批判されたりしている。TDTCは、コカイン、クラック、オピエイトへのアディクションがある者に対する処遇のみを任とするのだが、他方で（マリファナを含む）すべての薬物使用者をモニターし、再使用があった場合に罰則を与えてもいる。クライアントたちは、薬物テストにおいてマリファナの陽性結果が出ている間は、DTCを卒業できないのである。

マリファナに関する事柄が直接法廷に持ち込まれる場合には、それは薬物と犯罪との連関（drug/crime nexus）のなかに特定の諸特徴をもって位置づけられる。これらの諸特徴はマリファナを直接的に犯罪誘発的なものとするわけではない。むしろ、TDTCの諸アクターは、マリファナ使用は人々をよりハードな薬物へと導いていくということを想定しながら「ゲートウェイ」仮説に沿ったナラティヴを採用するのである。以下の語りは私のフィールドノーツから得られたものだ。

> Kerenが次に呼ばれる。彼女はその週末、一杯の酒を飲み、マリファナを喫煙したことを認める。裁判官が入ってきて、禁酒の重要性について述べる。Karenはマリファナ喫煙と飲酒でこれまでトラブルになったことはないと述べ、なぜ禁酒をしなければならないのかが理解できない。Bentley裁判官は、「飲酒はあなたの防衛を弱め、よりリラプスしやすくしてしまうのです」と応答する。彼はその後、彼女に対して禁酒が保釈の条件であることを繰り返す。
>
> （フィールドノーツからの引用）

> Mike が Karen の後に呼ばれる。彼もまた、マリファナの喫煙を認めている。裁判官はMikeに、誰と一緒に使用したのかを尋ねる（MikeとKarenがカップルであることは明白なのに）。Mikeは、友達と一緒に映画を見に行ったと答える。裁判官が告げる。「Karenに対して私が言ったことはあなたにもあてはまります。同じ理由で、あなたもマリファナを吸わない

ように。すなわち、私が思うに、マリファナは人々の抑制を低め、それゆえ引き金に対しての抵抗力を弱めるのです」。

(フィールドノーツからの引用)

興味深いことに、ここでの裁判官は、マリファナとアルコールをひとまとめにして、両者を非犯罪誘発的で大したことではないものと位置づけている*23。しかしながら、マリファナに対するここでの特定のリスク化は――これはTDTCにとっておなじみのものであるが――、マリファナを"何かの代わりに"犯罪化し、マリファナ使用を"何かとの関連で"罪悪視するということに帰結する。問題なのはマリファナそれ自体ではなく、マリファナがもたらすかもしれないものの方なのである。マリファナがもたらし得る最悪のこととは、TDTCのプログラムによれば、「他の薬物を使用しないという決意を弱めること」であろう。

「マリファナが悪影響を及ぼす」というこの特定の観点は、TDTCにおける幾人かの鍵となるアクターによっても共有されている。ある検察官は、マリファナに関する類似の見解を以下のように述べていた。

治療的な観点から何が起こっているのかを観察してみると――もちろんそれがある人にだけあてはまるのか、大部分の人にあてはまることなのか、それは分かりませんよ――、少なくともある部分の人に関しては確実に、マリファナ使用は最終的にはコカインやヘロインの使用を導くのです。以前に何らかのかたちでコカインやヘロインへのアディクションを有していた人に関して、このことは特にあてはまるようです。問題なのはかれらのアディクションであり、過去にどんな薬を使っていたかは問いません。サイクルのようなものが起こるということなのです。ですから、おそらく治療的な観点から言えば、必ずしもマリファナは善いか悪いかといった哲学的な側面に足を踏み入れずとも、われわれはマリファナに対してもう少し厳格になるべきだと言えるのではないでしょうか。

(フィールドノーツからの引用)

こうしたゲートウェイ仮説は、TDTCの合理性の内部に据えられ、マリファナを禁止しようとする際の主要な正当化根拠となっているのだが、アカデミックな論争においてはいまだ決着がついていない。そして、ゲートウェイ仮説のメリットに関しては、多くの研究者が疑問を唱えているのだ。ある研究者が「マリファナは他の形態の薬物使用にとってゲートウェイとなる」と主張するのに対して、別の研究者は「物質使用に影響を与える多様な要因のなかからマリファナ使用の影響だけを独立で取り出すのは不可能である」と主張する[*24]。マリファナに関するゲートウェイ仮説の「真理」をめぐる断続的な論争にもかかわらず、それは、マリファナを犯罪化する際の正当化根拠として容易に採用される、いまだに古くてなじみのある説明図式なのである。Giffen, Endicott, and Lambert（1991）によっても、1960年代から1970年代にかけて生起したカナダのマリファナ非犯罪化論争において、犯罪化論者たちのロジックとしてゲートウェイ仮説が使用されていたことが指摘されている。

TDTCにおけるその他のアクターたちは、マリファナのパーソナリティに関して、異なる見解を有している。多くの場合、かれらは薬物一般に関するハーム・リダクション・アプローチを採用していて、法廷のなかで取り扱われる諸薬物間に有害性のヒエラルキーを作りあげている。ハーム・リダクションの定義に関しては、異なる専門分野、組織間で意見が分かれているが（Erickson et al. 1997を参照）、その哲学——それはここ20年間で発達してきたものであるが——に関して言えば、このアプローチを採用する者たちの間で多かれ少なかれ共有されている基本諸原理というべきものに対応して述べることができよう。ハーム・リダクションに関するWhiteの定義が、この基本諸原理をよく示すものとなっている。彼によれば、ハーム・リダクションとは、

> アルコホリックやアディクトのなかには、人生のある期間、持続的なしらふの状態を続けることができない者もおり、この条件を一意的に変化させることのできる介入テクノロジーは存在しないという信念に基づいたアプローチである。それゆえ、アディクションによる個人的・社会的コストを減らしつつ、アディクトの生活の質（quality of life）を向上させる、といった介入戦略が推奨されるのである。
>
> （White 1998 = 2007：305）

TDTCは明白にハーム・リダクション的なプログラムを志向している。しかし、こうしたハーム・リダクション的実践のあからさまな採用や存在にもかかわらず、TDTCの治療プログラムに密接に関わって仕事をしている諸アクターたちがハーム・リダクションの言語を用いる際には、マリファナが念頭に置かれているのである。TDTCにおけるマリファナの役割をどう性格づけ、どう理

解するか、という質問に対して、ほとんどのセラピストたちは、マリファナに関する現在の法規定は維持されるべきであり、その使用はDTCにおいては大目に見られるべきではないだろう、と答える。それと同時に、かれらにとってのマリファナは、例えばコカインのような他の物質とは質的に異なるものであるとみなされている。例えばコカインを止めることはできたが、マリファナは引き続き使用しているクライアントに対して、かれらの大部分はそれが当人の物質使用習慣にとってよい変化であったとの意見を寄せるであろう。あるセラピストは以下のように述べている*25。

> コカインへの渇望を抱えて治療につながってきたクライアントが、マリファナ使用を申告したとすれば、つまり、薬を使いたいという渇望を抱えていたからこそジョイントを使ったとすれば……。いいですか、そこではハーム・リダクション（危害の低減）が起こっていますよね。コカインを求めて出かけもしなかった、クラック・コカインも使わなかった。ただジョイントを吸っただけ。それはハーム・リダクションのスケールから言えばより危害の少ないこと、ですよね。
>
> （フィールドノーツからの引用）

もう1人は、DTCのクライアントによるマリファナ使用に対して、さらにリベラルなアプローチをとっている*26。

> 私たちは、とっても良好な経過をたどる人たちの存在に気づいていました。かれらは、クラックも、ヘロインも、過去にやっていたあらゆることから距離をとります。プログラムにもきちんと参加します。最初にわれわれがかれらがなすべきであると考えたすべてのことをかれらはやってのけてしまう。そして、それゆえに私たちは期待をかけるのです。けれども、かれらはまだマリファナを吸っていた──。TDTCのシステムは、マリファナに対して好意的（positive）ですから、大きな観点から見てクライアントが明らかに良好な経過をたどっていることが分かる場合は、マリファナ使用が悪いなんてことを言う必要はないでしょう。もちろん、もしマリファナを使っていなければもっともっと良好な経過となっただろう、と言う人もいるでしょうね。でも、誰がそんなこと分かるでしょう。そうなっていたかもしれないし、あるいは、クラックや何かほかの薬物に走ってもっと

ひどいこと（crash and burn）になっていたかもしれませんよ。

（フィールドノーツからの引用）

とはいえ、セラピストの大部分が、マリファナの喫煙はクラックやヘロイン使用からの回復過程におけるひとつの前進だということを認めつつ、マリファナをハーム・リダクションの連続体のなかに位置づけるとしても、かれらはすぐさまマリファナ使用に関連した危害の存在を指摘する。もう1人のセラピスト[*27]は——彼女自身は、自らをハーム・リダクションよりも禁断モデル（abstinence-based model）派であると任じているのだが——、DTCのクライアントたちによるマリファナ使用について、以下のように意見を述べている。

> ええと、私が思うに、多くのクライアントたちから聞くことのできるメッセージとは、1杯のお酒や1服のマリファナはオーケーだ、ということ、それはコカインが引き起こすようなトラブルはもたらさない、といったことでしょう。もしメッセージがはなっから「マリファナを使うな」というものであり、コカインと同様のペナルティが課せられるのだとすれば、マリファナに対する人々の見方は変わっていたかもしれません。ですが、このことはクライアントにとっては、ほんのはじまりにすぎないのです。例えば、（セラピストのなかには以下のことをさほどは悪いものではない、と考える人もいるのですが）私の目の前にいるのが妊娠した女性だったらどうでしょう。私の最初の見立ては、彼女が何を使用していようが、それがマリファナだろうが何だろうが、彼女を解毒施設に入れなくては、というものでしょう。マリファナの薬理効果については多くのことが知られています。でも、私だったら妊娠している人に対してマリファナ使用を続けさせるのには大きなためらいを持つでしょう。
>
> （フィールドノーツからの引用）

こうした「依然としてマリファナの薬理効果をめぐってはよく分かってない部分が多いのだ」「セラピストたちがマリファナ使用に対する寛容化に関して、慎重になりすぎるほど慎重になるのはそのせいなのだ」といった考え方に同調するセラピストたちは他にもいる。その内の1人[*28]の（マリファナをめぐる）ハーム・リダクションについての意見を参照しよう。

それ（ハーム・リダクション・アプローチを採用すること）は、危害なんてものは一切存在しないのだ、という考え方をとることではないのです。だから、マリファナ使用をめぐる問題がここで厄介になるのですね。あなたがあるグループのなかにいて、そのグループでクラック・コカインについての話をはじめる、という事例を思い浮かべると興味深いと思います。あなたにとって、クラック・コカインの使用に伴うネガティヴな帰結は自明のものでしょうし、そのグループ全員にとってもそうでしょう。けれど、あなたがもし「マリファナ使用のネガティヴな帰結は何だろう」と問いかけたらどうでしょうか。手はまったく上がりません。人々は危害を理解していないのです。帰結はすぐに判明するわけではありませんよね。慢性的な使用者にとっては、それは遠い将来のことでしょう。マリファナが何をもたらし得るのか、決定的なことは誰にも分からないのです。

（フィールドノーツからの引用）

TDTCの諸アクターたちがマリファナに対してリベラルなスタンスをとる背景には、それに対する科学的見地からの解明が十分ではないという思いがあると言えよう。

対照的に、VDTCは、マリファナに対する対処を一切行っていない。VDTCは、ヘロイン、クラック・コカイン、そして覚せい剤（TDTCも取り扱うことを検討している）に対処することを任としているが、VDTCでは法廷内で薬物に関して言及することが禁じられており、上で詳述したTDTCのようなやりとりはVDTCには存在していない。TDTCと同様に、VDTCでもプログラムのなかに薬物テストが含まれているが、通常のテストにおいてはマリファナ使用の検査は行われていない。THC（マリファナに含有される有効成分）のみが、DTC卒業前の最終テストで検査されるのみである。けれども、テストで仮に陽性だったとしても、マリファナ使用は卒業を阻む一切の障害にはならない（「優等（honours）」の称号がもらえない、というだけである）[*29]。私がVDTCにおいて言葉を交わした人々のなかで、マリファナを問題だと指摘したり、クライアントたちのマリファナ使用をめぐる論争について言及したりする者は一切いなかった。

マリファナは、パーティで出会う人すべてに違った反応を返される“変わり者”のような存在だと言えるかもしれない。彼女に対しておびえたり、気分を害する者もいよう。彼女のことを無害な人だと感じたり、彼女と仲よくしたい者もいるだろう。論争含みのパーソナリティと同様の、論争含みの薬物性、それこそが葛藤と論争を引き起こすのである。

⑵ オピエイト（ヘロイン）

マリファナが、さまざまな場における異なる人々から多様な反応を受けていたのに対して、オピエイト、特にヘロインは、首尾一貫した、ほとんど画一的な反応を受けていると言える。アヘンは元祖「悪魔の薬（demon drug）」であり、カナダにおける薬物法が生まれるきっかけとなった物質であり、20世紀を通して継続した道徳的・人種的パニックの中心に位置するものであった[*30]。過去60年間のなかで、アヘンは最も問題のある薬物とされ、後にアヘンと類似の化学組成を持つヘロインにその座を譲ることになる[*31]。オピエイトは20世紀において非常に大きな問題であり続けたが、そのパーソナリティは常に同じというわけではなかった。オピエイトは、もともとは道徳的退廃をもたらす極めて人種化された物質として把握されていたが、現代における理解はそれよりもはるかに医療化されたものとなっており、使用者に対する危害、リスクをはらむものと考えられている（ただし、もちろんオピエイトは一貫して犯罪誘発的危害を持つと考えられ、直接的原因として犯罪行動に結びついていることが示唆されてきたのではあるが）。

オピエイトは、カナダの薬物史において、最も頻繁に記述の対象となった薬物ではないだろうか。しかし、カナダの薬物法についてのより広範な研究と同様に、さほど量はないが重要な貢献を行ったと思われるオピエイトについての諸研究においても、オピエイトという物質それ自体に関する言及はほとんど見られないのである。オピエイト研究者はオピエイトに関連する法や、使用者についての説明に焦点化する傾向がある（Boyd 2004、Crastairs 1999・2005、Comack 1991、Giffen, Endicott, and Lambert 1991）。もちろんこうした議論は限定されたものであるが、それらをつなぎあわせて、20世紀の初頭においてオピエイトがどのように性格づけられていたのかについての素描を試みることは可能であろう。例えば、Emily Murphy（1992）は、1920年代におけるオピエイトについての手ごろな要約を提供してくれる。

> けれど、これらの薬物がどんなものであろうと、それらは道徳を破壊し、意志を衰弱させるのです。地位身分にかかわらず、常習者は堕落します。皆嘘つきになり、ほとんど全員が不誠実になり、オピエイトを得るために

はどんなことでもするようになります。盗みや売春でさえも――。

(Murphy 1922 : 42)

オピエイトは、ここで道徳的堕落と犯罪行動を示唆するものとしてとりあげられている。Murphy は、オピエイトによっていかに白人女性が純潔を失ってしまうかということを、アヘン・パイプをシェアしながら黒人男性とベッドを共にする白人女性の描写を通して外国人嫌悪の感情を全面化させつつ論じる。Murphy によってのオピエイトとは、特に女性を乗せて犯罪行動、道徳的堕落、親業の放棄、といった坂道を転げ落ちる乗り物のように映っていたのである。

オピエイト、特にヘロインの危険性は、やがてはそれらのリスクという考え方と場を共有するようになった。HIV / AIDS と注射による薬物使用との結びつきの「発見」から 1980 年代に生まれたハーム・リダクション運動は、ヘロインに対してリスクの言語を貸し与えることとなった (Erickson et al. 1997)。ヘロインによるリスクは、通常は健康に対するリスクとして表現される。現代のヘロインに関するディスコースは、HIV / AIDS、C 型肝炎[*32]、オーバードーズに対する恐怖によって満たされている。けれども、ヘロインそのものはこうしたナラティヴのなかに直接には登場しない。そうではなく、「注射による薬物使用 (injection drug use)」が言及されるのである。

けれども、ヘロインはしばしば医療的術語によって記述されるにもかかわらず、それは、使用への強迫という引き金を引く限りにおいて、個人を犯罪行動へと引きずり込んでしまうほどに強力な犯罪誘発的アイデンティティを依然として保持している。2000 年に公開された映画『レクイエム・フォー・ア・ドリーム (Requiem for a Dream)』はこのことを説明するうえでの好例となろう。この映画には、ヘロイン依存者で友人同士の 3 人が登場し、ヘロイン購入の資金獲得のための盗み、売春、詐欺などにはまっていく様子が描かれる。スコットランドのカルトムービーの古典である『トレインスポッティング (trainspotting)』においても、ヘロイン使用に関して類似の描写が行われている[*33]。ここでも、ヘロイン・アディクションによって放蕩にふける仲間集団が描かれる。『トレインスポッティング』のなかでは、暴力、盗み、薬物のブラック・マーケット、銃、ネグレクトといった問題はすべてヘロイン使用と結びついているのである。

ヘロイン使用についての公的な説明も、上述してきた一般的な描写と同様に、犯罪誘発的な性質を強化するものである。しかし、そこでは、ヘロインの犯罪誘発的な本質は、しばしば道徳的というよりは経済的な言語でもって表現されている。LeDain 委員会（1972）は、オピエイトに関して以下のような結論を提出していた。

> 薬物の非合法市場において十分な薬物を入手するための正統な手段はほとんど存在していない。その結果として、薬物使用に伴うコストが正統な稼ぎよりも高くなってしまうと、使用者は薬物を止めて禁断症状に苦しむか、必要な金を手に入れるために犯罪に手を染めるかの選択を迫られるのだ。……多くは軽犯罪、少額の強盗、万引き、売春などに手を出すことになる。
>
> （the LeDain Comission 1972：321）

それから 30 年後、最新の議会内特別委員会（SCNMUD 2002）による議論でも、ヘロインの犯罪的性質に関する一瞥が行われている。議会内特別委員会は、使用者に対して薬物が持つ悪影響のリストを提供するなかで、ヘロインの犯罪誘発的特徴を記述しようとしたのである。このリストには、ヘロイン使用者の内、収監される者の割合、検挙される者の割合、犯罪に関わる者の割合、などが示されている。

『カナダ薬物戦略』においては、オピエイト使用は第一義的には健康問題であり、犯罪を通してではなく、HIV ／ AIDS や C 型肝炎を導くルートの役割を通してのみ、公共の安全にとっての脅威となるようなものとして描かれている。『カナダ薬物戦略』内の「方向性と優先事項」のセクションにおいては、薬物使用に対する政府からのアプローチとして、ハーム・リダクションが重視され、教育と研究がその主要目標とされている。ヘロイン使用に対する警察の公式見解ですら、その犯罪誘発的な性質よりも、健康問題としての側面に現在では焦点化するようになっている。例えば、バンクーバー警察局によってつくられた映画『ブルー・レンズを通して（Through a Blue Lens）』は、バンクーバーの Hastings 通りと Main 通りの交差点近隣の取り締まりを担当する、Odd Squad と呼ばれる警官たちによる特別ユニットの活動を記録したものであるが、そこでの Odd Squad の役割は複合化されている。法執行の役割と健康問題への関わりがそこでは結びつけられており、近隣住民がシェルターや医療サービスを探すのをサポートしたり、究極的にはかれらのヘロイン使用への対処がなされる。このドキュメンタリー映画において、逮捕されるダウンタウン・イーストサイドの住民は 1 人として登場しない。むしろ、この映画においては、オーバードーズに介入する警官の姿や、ヘロイン使用の社会的・健康的インプリケーション（家族の離散や虫歯）について高校生たちと話しあう住民の姿などが収められているのだ。

こうしたヘロインのパーソナリティの再構築過程には、いくつもの複合的な要因が関わっている。HIV／AIDSやC型肝炎とヘロインの間に直接的かつ原因論的なつながりを見出すことの方が、犯罪とヘロインとの間につながりを見出すよりもはるかに容易である。そして、80年代半ば以降の公衆衛生ワーカーの努力のおかげで、カナダ国内にはHIV／AIDSの拡がりを食い止めることに関する大きな公共的関心が存在している（Erickson et al. 1997、Fisher 1997）。ただ、それに加えて、ヘロインと犯罪とのつながりも20世紀を通してずっと言われ続けてきたことである（Allen 2005、Carstairs 2005、Giffen, Endicott, and Lambert 1991）。「ヘロイン使用は犯罪誘発的なものである」との想定は、単純ではあるがほとんど直観的なものであろう。ポピュラー・メディアがヘロインを本質的に犯罪的なものだと繰り返し表象するのはこのことのよい証拠である。要するに、ヘロインのパーソナリティは、特に危害（ハーム）の言語を通して、犯罪的かつ医原的なものとして構成されていると言うことができるのだ。オピエイトは、「規制薬物・物質法（Controlled Drugs and Substances Act）」下における唯一のスケジュールＩに設定された物質であり、所持とトラフィッキング[訳注28]に関する最も重い課罰対象となっている。

こうしたヘロインに関する多層的な性質は、DTCにおいても容易に確認され得るものである。まず、DTCは、ヘロイン（そしてコカイン）の本質的な犯罪性、という想定の周りに組織されており、薬物に関連した犯罪に対して取り組むように求められている。これは、言うまでもなくもうひとつの一般化の好例である。DTCがターゲット化する物質を厳密に限定していることを考慮すれば、薬物に関連した犯罪とは、他ならぬヘロイン、クラック／コカイン、そして（特に最近ではバンクーバーにおいて）覚せい剤と結びついた犯罪のことを意味しているのである。

それに対して、TDTCにおいてヘロインに関する直接的な議論がなされることはそれほど多くない。それが言及されることがあるとすれば、典型的にはクライアントが裁判官に対してヘロインの使用を報告する場面であろう。こうし

訳注28　トラフィッキング（trafficking）は規制薬物・物質法において定められた薬物犯罪の類型のひとつで、主としてスケジュールＩからⅣの薬物／物質の販売、施用、譲渡、移転、輸送、送付または配達の各行為をさしている。

た報告に対する裁判官からの反応は個々のクライアントの状況によって大きく異なっているが、共通しているのは、裁判官はクライアントたちがなぜ使用したのかという個別事情を尋ねる、という点であり、クライアントたちの具合がよくなさそうに見えるということ、そして昔に引き戻されてしまっているのではないかということを指摘する、という点である。けれども、こうしたコメントはヘロインに直接関係するものではないのだ。裁判官は、クラック使用が報告される際にも同種のコメントを返す傾向がある（そして、この場合もやはりそれはクラックに直接関係するものではない）。裁判官たちは、薬物の働きよりも、個々人の振舞いにより多くの注目を払っているように思われる。実際に、日常業務内においても、インタヴュー内においても、TDTC のいかなる法律家のなかにも、ヘロインに直接関連した本質的コメントを多く述べる者はいなかった。検察官も、裁判官も、そして国選弁護人も、特定の薬物ではなく、個々人の振舞いについて述べる傾向があったのである。VDTC における調査でも同様の結果が見られた。

法廷においてヘロインをめぐるディスコースが存在しないにもかかわらず、TDTC は、ヘロイン使用者とコカイン使用者に対する別々のプログラムを提供している（これらは VDTC では提供されていない）。このことについて尋ねられると、TDTC の法律家たちは、「治療上の問題だから」という言葉でこの質問をはぐらかす傾向があった[*34]。それに対して、TDTC チームの治療担当者たちは、ヘロインに特徴的なパーソナリティを理解することの重要性を指摘していた。しばしば、この区別はヘロインをクラック／コカインと引き離そうとする試みでもあったのだが、大まかに言って、この区別はこれら２つの異なる薬物の効果持続性に関連して（そして、さほどではないが、薬理学に関連しても）なされるものであった。

ヘロインは、クラックやコカインと比較して TDTC のケースとして挙がってくることがごく稀であったため、多くのセラピストたちはヘロイン使用者のカウンセリングについて限られた経験しか持たなかった。けれども、かれらがすぐさま指摘するのは、ヘロインが相対的に安定した暮らしをすることを使用者に可能にさせ、ある意味でより管理しやすい薬物である、という点である。あるセラピストは、オピエイト使用者に接するときの印象を、以下のように語っている[*35]。

われわれが抱えているヘロインのクライアントたちは…、そうね、その日、24時間、自分を持たせるためにヘロインを使うのよ。つまり、基本的には、オピエイト使用者としてここのプログラムに入ってくるクライアントたちは、アディクションを抱えていて、自分自身を機能させるためにオピエイトを求めてるのよ。そうでしょう。かれらはその日をうまく生き抜くために薬物を必要としているのであって、もしオピエイトを使わなかったら、何らかの深刻な禁断症状を経験することになるわけですからね。

（フィールドノーツからの引用）

このセラピストは、ヘロイン使用を1人での活動（solitaly activity）として記述している。「その日1日のために、出かけていって、薬物を手に入れて、そして家に戻ってくる」。ヘロインの薬理効果が長続きすることは、このセラピストにとっては、ヘロインを理解するうえで特別の重要性を有している。[*36]

オピエイトを使いながら、物事が手に負えなくなることなく何年も働き続けることは可能よ。だって1回か2回使えばいいのだもの。住居だって確保できるし、ある種の人間関係ですら維持できるわ。オピエイト使用者は、すべてを薬物に明け渡しているわけじゃないから、たいていは何かしらの拠り所を持っているわね。

（フィールドノーツからの引用）

DTCのプログラムにおいて、ヘロイン使用者について常に問題視される唯一の事柄は、初期の禁断やメタドン・メンテナンスへの導入に関するものである。あるセラピストは、自身の仕事を以下のように描写している。[*37]

昔、メタドン・メンテナンスにかかっている人たちのためのグループを担当していたんだけど、かれらはそこでしょっちゅうぼうっとしている（on the nod[*38]）わけね。オピエイトとコカインは違うから、そういうグループを担当するのはしんどいわけよ。メタドンはオピエイトの代わりだから、みんな頭のなかでゆったり気分に浸っちゃってるわけ。メタドン・メンテナンスに入っているとき、服薬管理の最中だったり、ベンゼドリンを加えて服薬している場合はときに、間違いなくトロンとした気分になっちゃうわよね。

（フィールドノーツからの引用）

DTCのトリートメント・ワーカーたちは、われわれを信じさせているポピュラー・メディアによるヘロインの描写よりもはるかに明確なイメージを語る傾向があると言えよう。

小括すれば、近年ではヘロインとオピエイトに関するイメージは変動しつつある。20世紀の初頭においては、オピエイトは悪魔の薬として捉えられていた（Carstairs 2005、Giffen, Endicott, and Lambert 1991、Murphy 1922)。そうしたイメージはいまや、より穏やかなものへと変化してきている。犯罪行動を引き起こすオピエイトのイメージは——特にそれが刑事司法システムに直接に関わる人々によって描出される際には——いまだ健在だが、犯罪という扉を通した薬物の議論に加わらない人々にとっては、それはまったく異なる薬物として現れるのである。法改正支持者と同様に、使用者やセラピストたちにとっては、オピエイトはマリファナのように、公共の安全への脅威としてではなく、個人的健康への脅威として理解されているのだ。

(3) クラック／コカイン

クラックは、すべての非合法薬物のなかでも、最も犯罪誘発的な薬物であり続けている。Reeves and Campbell（1994）における、1980年代半ばのクラック・パニックの上昇に関する研究では、いかにクラックが、それまでのコカインやコカインの派生物に対するのとは異なる犯罪化の過程をたどったのかが示されている。[*39] Reeves and Campbell（1994）によれば、

> かつては富裕層の特権であった愉しみのための物質が、ついにアメリカの社会経済的人種秩序における下層レベルにまで降りるに至った。こうした嗜好上の境界が崩されるなかで、コカインはそのステータス・シンボルとしての地位のいくつかを失っただけでなく、愉しみではなく自暴自棄の問題とされる薬物乱用のモードへと関連づけられるようになった。
>
> (Reeves and Campbell 1994：129-130)

コカインというアッパー・ミドルクラスの自由のステータスを示す薬物からクラックへ、というこの変化は、薬物のパーソナリティがいかに生成的であるかということを示す好例となっている。コカインは、（一部のサークル内では今もそうであるが）自由な富裕層に対して認められた娯楽と特権の薬物であった

(Jenkins 1999)。1970年代より続く説明図式では、コカインは究極的なパーティ・ドラッグとして描かれる（Jenkins 1999、Reeves and Campbell 1994、Reinarman and Levine 1997)。そこでは、まったく問題がない、とまではいかないが[*40]、少なくともストリート犯罪のような意味で犯罪誘発的なものとして想定されるわけではない。犯罪がコカイン使用に結びつけられるとき（例えば暴力など）ですら、刑事司法的対応はそうした想定に依拠して行われるわけではない。コカインの犯罪化は、概して大量の取引に対して用意されている手段なのである（例えば、映画『ブロウ（Blow)』を見よ)。

クラックは、それとは正反対に強く犯罪化されている。イコン的存在であるクラック・ハウスは、おそらくこの場合の最も際立った例であろう。Reeves and Campbell (1994) は、失敗したレーガノミクスの影のイメージとしてのクラック・ハウスに注目しているが、クラック・ハウスは（それがクラックとの関係を通してのみ定義づけられているように)、特にアメリカ合衆国においてクラックの流行によってもたらされた公共の安全に対する増大する脅威を代表するものとなった、ということもまた明らかなのである（Bourgeois 2003、Williams 1993)。

クラックの犯罪誘発的性格は、クラック・ハウスとばかり結びつけられるわけではない。例えば「ギャングスタ（gangsta)」ラップ[訳注29]——それは1980年代にLAで生まれたのだが——は、今日でも多くのフォロワーを有している。この種の音楽の多くは、クラック・パニックに端を発する、ブラック・コミュニティを標的としてなされた犯罪誘発的というラベル化への抵抗の一形態を構成しているといえよう。Public Enemyの『Night of the Living Basehead』は、1990年代を通してLAで生起していたクラック使用と逮捕の増大に対する説得力のある返答を提出しており、この種の抵抗の好例となっている。コカイン使用への司法的対応に対する批判的コメントを伴いながらも、この曲は同時にクラックの犯罪誘発的性格を認める。そして、クラック使用者と売人が、司法システムによって「体よく使われ（be run)」ている一方で、より大きな問題は、薬物と結びついた犯罪だとするのである[*41]。あるヴァースにおいては、押し込み

訳注29　1980年代末から2000年代初頭にかけてアメリカを中心に商業的な成功をおさめたラップ・ミュージックのひとつ。暴力、ドラッグ、セックスといった当時の黒人の若者たちが置かれていた生活状況や、権力（警察）批判や反社会的活動などをストレートに表現したために各方面から批判を受ける反面、黒人貧困層やギャング・グループ等に所属する非行少年など、当事者である若者を中心として絶大な支持を得た。

強盗について言及され、別のヴァースにおいては、黒人間の暴力の問題が提起される。

Pillippe Bourgeois (2003) によるイースト・ハーレムのクラック・ディーラーに関するエスノグラフィックな研究においては、クラック、暴力、その他の犯罪の連関に関する執拗なまでの言及が見られる。Bourgeois は、ストリート・コーナーのビジネスとは別のところで営業されているとあるクラック・ディーラーの組織に注目する。このネットワークのメンバー間の諸関係に関する彼の記述は、暴力と脅威に抗する強固な社会的紐帯を示すものとなっている。Bourgeois は、クラックが近隣トラブルの元凶である、といったごく単純な結論を避け、クラック経済が理性的なサバイバル・ストラテジーとして成立してきたことに目を向けながら、その地域に長く続く貧困とレイシズムの歴史を指摘している。とはいえそれでもなお、彼の研究を通してクラックと犯罪との結びつきを見てとることは容易である。Bourgeois は殺傷事件、殺人、女性への暴力、窃盗、武装強盗、警察による暴力、押し込み強盗などを、クラックがはびこるストリート・カルチャーにとっての日常茶飯事として描いているのである。ただし、彼は同時に、こうしたナラティヴとは異なる、人々が互いに助けあい、訪問者を歓待し、状況を改善するための方法を見出したり計画したりするような、緊密な結びつきを持ち、洞察に満ちた配慮あるコミュニティの姿をも描き出す。まったくの解体的地域としてではなく、クラック使用が行われる「コミュニティ」としてこの地域を理解しようとする考え方は、現在ゆきわたっている多くのディスコースのなかには見られないものであろう。

このように、クラック使用に対して極めて高い犯罪誘発的性質を認める見方は、TDTC の諸アクターによっても支持されている。インタヴューの間、TDTC の検察官は、規制薬物・物質法におけるクラック／コカインとヘロインの間に引かれた区別は誤ったものであり、両者は同様に危害のある (harmful) ものであると強く主張していた。この人物によれば、

> クラック／コカインのアディクトたちは、たいてい我を失っています。そして、長年刑事司法システムに携わって刑事事件を処理してきたキャリアのなかで、私自身、クラックが実際にはいかに危険なものとなり得るかということをまったく分かっていない、という事実に驚きを禁じ得ませんでした。つまり、ヘロインを使えば簡単に刑務所に行けますが、クラックだったら1か月がいいところでしょう。クラックで長く刑務所に入るため

には、本当にたくさんのクラックを所持していなければならない、というわけです。言うなればこの非対称性——人々に与えるインパクトという意味での——が私にとっては大変な驚きでした。

（フィールドノーツからの引用）

クラックが持つ「我を失わせる」ような性質は、DTC内のその他の実務家たちによっても同意されている。何人ものセラピストたちが、調査のなかでクラックのライフスタイルが「カオス」的なものであることを述べていた。その内の1人は次のように発言している[*42]。

クラック使用に関連したカオスは、私が思うにクラック使用の習慣を支えるための犯罪に手を染めることと結びついています。そうすればもっと頻繁に、規則的にクラックを使うことになるでしょう。大金か大量のクラックでも持っていない限り、数時間に1回は外に出る。より多くのクラックを得るために、その行動はどんどんエスカレートしていく。その繰り返しなわけです。

（フィールドノーツからの引用）

DTC内にいる法律家、セラピストの両者によれば、クラックはすぐさま犯罪行動に結びつくような不安定性を育むのである。短時間のハイしかもたらさないクラックは、男性であれば不法侵入、女性であれば売春を導くような、自暴自棄によって加速される薬物使用と薬物探索行動とのサイクルを構成する。ドラッグの取引もまた、金を得るためのひとつの手段であるとみなされるが、あるセラピストによれば、取引には、売るためのドラッグを自分が使ってしまわないようする意志と同時にある一定の組織や計画が必要であるため、必ずしもカオス的なクラックのライフスタイルには向いていないという。

クラック・ベイビーは、こうしたクラックの破壊的な性格のもうひとつのイコン的象徴である。栄養失調で、薬物漬けになったとされる幼児（そのほとんどが常に黒人）の姿は、1980年代から90年代を通して北アメリカのテレビ・スクリーンを席巻した。クラック・ベイビーに対する恐怖は、おそらく20世紀後半における最もよく知られた薬物に対する恐怖だろう。妊娠中にクラックを使用した母親が自動的にその胎児をリスクにさらす、というよく聞く主張を支持するエビデンスはほとんどないにもかかわらず（Boyd 2004、Logan 2000、

Murphy and Rosenbaum 1999)、母親たちが（出生前だろうと後だろうと）子どもたちにとっての脅威として描かれるがゆえに、母親に対する犯罪化は特に激しいものとなった。しばしば、こうした母親たちは児童虐待やネグレクトの疑いで逮捕され、子どもから引き離されることになったのである（そしてそれは現在でも同様である）（Boyd 2004）。

90年代初頭に成人した者として、私自身クラック・パニックの絶頂を経験し、コカイン的な愉しみの最後のしずくを享受することになった。ティーン・エイジャー、そしてヤング・アダルトとして、コカインは常に周りにある薬物のひとつだったが、そのなかでも隅っこに置かれるものだった。要するには、コカインは繰り返し目にする薬物ではあるものの、めったに試しはしないだろう薬物であったのだ。それに対して、クラックは言うなればつまはじき者（leper）であり、触れてはならないものであった。われわれのような気晴らしとして薬物を使用する者たちにとって、クラックは最も手を出しにくい薬物だったと言える。われわれはクラックが登場する頃に、パーティを後にした。その場に居あわせること自体が、郊外に住むミドルクラスの白人の子どもに固有のささやかな社会資本を損なわせるかもしれない、ということを知っていたからだ。クラックはこの不可触のステータスを保ち続けているし、今でも破壊と自暴自棄の薬物であり続けている。

(4) 覚せい剤に関するノート

本書が印刷に回される頃、私はこの本が覚せい剤（もしくは結晶覚せい剤）にも言及すべきであるということを強く意識するに至った（それは私の研究のなかでとりあげられたことはないのだが）。2007年当時、結晶覚せい剤は政府と大衆の双方にとって、気になりはじめたばかりの薬物であった。VDTCはこの物質に対応していたが、ほとんど語られることはないままであった。結晶覚せい剤使用の増大に関する大衆の認識が高まるなかで、連邦政府は結晶覚せい剤をドラッグ・スケジュールⅡの薬物へと格上げし、クラック／コカインと同様の扱いとした。2006年の10月にエドモントンで行われたカナダDTC会議の第1回大会では、迫りくる社会的危機として位置づけられながら、覚せい剤の問題が大きくとりあげられた。会議の全体会では、出現しつつあるとされる覚せい剤禍に着目する幾人かの報告者による発表が行われた。かれら——実のところ、私自身もその会議の場に居あわせたのだが——はこの薬物の害悪について完全に熟知しており、そこでは、覚せい剤が製造されている地域に住む子どもたちの切迫した環境が強調された。アルバータ州政府は、こうした警告を真剣に受け取り、覚せい剤を使用している少年に対して治療を強制する新たな行政措置を導入した。こうした結晶覚せい剤をめぐる関心の高まりは、われわれに覚せい剤への注視を求めるものではある。しかし、覚せい剤がカナダに登場してきたのは極めて最近のことであり、この場で適切な注目を振り向けることはできない。さしあたって、公共的関心をひきよせる薬物としての覚せい剤の登場をあとづけるとともに、より詳細な探求の必要性を明記しておきたい。

4．結論

Woolgar and Cooper（1999）に従って薬物を（おそらくは政治的な）構成物として理解することは、それに対して両義的なアプローチを試みることを意味している。薬物のパーソナリティは、多くの認識論や表象を通して構成されるのであり、それぞれが個別の作用を有していると言えよう。薬物の文化的・科学的性質が――それが個別のものであれ一般的なものであれ――薬物に対してパーソナリティを割り当てていく。それらのパーソナリティは、個々の薬物がどう作用するのか、どう作用すると考えられているのか、ということに関する反省の諸相なのである。Latour（1987 = 1999）が注意を促しているように、社会的なものと科学的なものの境界は必ずしも明確ではない。その結果、ある物質に関する「真理」は、それが真理だと考えられているほどには重要とはならない。当該物質の「真理」に関する社会的理解が変化するがゆえに、そのパーソナリティも変化するのである。一般的な／公的な／臨床上のディスコースから薬物のパーソナリティを研究することで、それらのパーソナリティにつきものの「伝説」を示すことができる。そして、そこでのパーソナリティが、薬物使用に対する刑事司法的対応を形作るのに一役買っているのである。

加えて、薬物それ自体も、刑事司法システムを形作るのに一役買っていると言える。薬物と犯罪との密接な結びつきは、薬物使用に対する刑事司法的対応の必要性を喚起する。一般化された術語である「諸薬物（drugs）」の普及は、すべての薬物使用者をいっしょくたにするように機能し、本質的に犯罪誘発的であるような単一の統治可能な対象を構成することになる。同時に、薬物はその作用に関する文化的かつ臨床的な理解によって決定される固有の性質を有してもいる。これら個別の諸パーソナリティもまた、生成的なものであると言えよう。無害な物質としてマリファナが急速に受け入れられるようになっていることは、法改正運動に力を与え、非犯罪化へと徐々に歩を進めることにつながる。DTCにおいてマリファナは、いまだに犯罪誘発的なものとみなされてはいるものの、他の物質と比較してはるかに問題性の低いものであった。マリファナとはあいまいな薬物である。それは有害とも無害とも言えない。それは、マリファナに関するいかなる知に依拠するかにかかっているのである。ヘロインも無害かつ有害な薬物である。人々をアディクトにするその薬理作用は、その迷惑で評判の悪い歴史とあいまって、すべての物質のなかでヘロインをもっとも犯罪化されたものにしている。けれども、そうした犯罪化にもかかわらず、ヘロインに関してはその薬力学（pharmacodynamics）が可能とするある種の安定性があり、それこそがヘロイン使用者を管理可能なものとしているのである。コカインは（クラックよりも）憎悪を喚起しない一方で、クラックは刑事司法システムにおける関心や不安を集める最も悪名高い標的である。クラック使用者は移り気で予想がつかない振舞いをするのであり、クラック的なライフスタイルは極めて犯罪誘発的なものであるとされてもいる。

こうした生成的な側面をよりうまく捉えるために、Latourのアクター・ネットワークの概念が手助けとなる。客体の行為可能性を認識することにより、私は、薬物のアディクションの管理や治療が、社会的ないし政治的要素によって形成されるだけでなく、諸物質が社会的ないし政治的意味を植えつけられる際のあり方によっても形成され得ること、そして、諸物質が生成的能力を宿したパーソナリティを帯びるのをそれらが可能にすることを示した。こうしたパーソナリティは、政治的だったり社会的だったりするだけではない。もしヘロインやコカインがアディクション――ほとんどの人が治療可能だと理解している病気――を引き起こさないとすれば、そもそもこれらの物質を使用する人々に対して働き掛ける必要などなくなってしまうだろう。むしろ、ヘロインとコカインのアディクションを引き起こす作用は、それらの使用に対して犯罪性を付与し、司法的、治療的対応を準備していく。支配の心性を理解しようとする試みは、そのサイトに存するすべてのアクターの生成的側面をうまく捉えることによって成功するだろう。犯罪者／アディクトは、一連の統治的合理性から生み出されるだけでなく、薬物それ自体が導きの手となるような文化的ないし科学的な文脈からも生み出される。このことは、薬物と犯罪との連関（drug/crime nexus）が「リアル」なものであることを意味するのではなく、むしろ、薬物の行為やパーソナリティの解釈がリアルな効果を持ち得る、ということを意味するはずだ。そして、こうしたことが、薬物使用者に対するわれわれの反応のあり方を形作っているのである。

＊本章の一部は、Dawn Moore, 2004, " Drugalities: the Generative Capabilities of Criminalized 'Drugs'," *International Journal of Drug Policy,* 15: 419-426. において発表された。出版社であるElsevierの許可を得てここに掲載している。

第4章

司法とセラピーの翻訳

―― DTCのネットワーク

トロントDTC（TDTC）での調査期間中、1人の裁判官が法廷において呼びかけを行った。彼はそのとき、ある特定のクライアントに相対していたのだが、法廷全体にも耳を傾けてほしいと告げ、DTCの目的を何度も確認しながら以下のように結論づけたのだった。「この法廷の目的は、アディクションを治療する（cure）ことなのです。クライアント、もしくは誰であれ、治療へと近づけば近づくほど、それは善いことなのです」。1999年に出されたTDTCのプロモーション・ビデオにおいても、同様の目的が述べられている。そこでは、裁判官と検察官の双方が、DTCの使命とはアディクトたちにターゲット化することで「犯罪への回転ドアを閉ざすこと」であると説明していたのである。

心理関連の諸学問（psy disciplines）、アクター、知識、実践、そして治療的目的（curative goals）は、西洋圏の刑罰システムが有する特徴である（Arrigo 2002、Kendall 2005、Pasquino 1991、Rafter 2004）。第2章において、私はオンタリオ州の刑罰システムにおける心理的なものの上昇をあとづけたが、現代的文脈においては、受刑者や保護観察対象者たちは心理学的なリスク予測ツールを通して保険数理的に評価され、犯罪誘発的要因（criminogenic factors）にターゲット化された認知行動的プログラムの対象とされるようになっている。そこにおいて犯罪者は、例えば物質乱用プログラムに参加して「向社会的」な関係性を発達させることによって自らの犯罪誘発的ニーズに対処することができれば、自分たちのリスク・レベルを（そして、それゆえにかれらが従う統制のレベルも）下げることができると考えられている。私は本書のこれまでのセクションにおいて、こうした取り組みが極めて政治的かつ文化的であり、戦略的な統治や犯罪原因とその治療に関する一般的な考え方のなかから生まれてきたものであることを示してきた。刑罰領域における物質乱用処遇の政治や文化は、法と心理関連の諸学問との間の結びつきに依存しているのである（Kendall 2000、Simon

1993)。

本章では、より広範な系譜学的探求に寄り添いつつも、心理的知識と法的知識が「犯罪者を治療する」ためにしつらえられた変容のプロジェクトに影響を与えるべく、いかにして司法システムのなかで組み立てられているのかを探求することによって、この結びつきに対するより詳細な考察を行うことにしたい。私は、DTC をこうした知識の組み立てを研究するための対象として設定する。Rose (1998) による心理的知識 (psy knowledges) に関する研究や、Latour (1987 = 1999) によるアクター・ネットワークの研究からヒントを得つつ、いかにして専門的知識がこのセッティングのなかで専門家アクター自身から自由になるのか、ということを示してみたい。専門知と専門家の切離 (uncoupling)、というこの事態は、DTC の法的・セラピー的アクターが有する目的や関心の翻訳——それは、司法とセラピー双方のイメージに影響を与える翻訳なのだが——を可能にする。実践レベルにおいては、こうした諸々の翻訳は、適正手続 (due process) への疑問や DTC のクライアントの倫理的処遇といったことに関するいくつかのインプリケーションを導くはずである。

1. ディシプリン化されない知識

フーコーに従って知／権力の結合モデルを受け入れるのであれば、知識は研究上の重要な対象となり得る。なぜなら、「もし知識が権力であり、権力が知識であるならば、権力諸関係はまた、知識諸関係でもある」(Valverde 2003a:1) からだ。知／権力のレンズは、DTC に対する批判的理解を得るうえでは、特に有用なツールである。というのも、DTC の規律的諸効果を形作るのは、そこでの知識のアレンジメントに他ならないからだ。DTC が「犯罪者を治療すること」を統治のマントラとして引き受けることができるのは、DTC という装置の内部での心理的なものと法的なものの例外的な協働ゆえのことなのである。

知識社会学の「父」である Mannheim (1970) は、知識の社会的研究に関する明確な理論的・方法論的アプローチを打ち立てている。多分に植民地主義的人類学の道具立てやアイデアに依拠しながらも、Mannheim は社会学者が“社会的なもの (the social) ”と“知るための方法 (ways of knowing) ”との関連について考えたり研究したりするうえでのさまざまに異なるやり方を概述している。Mannheim による知識社会学の説明は、「研究者は異なる知識間に認識可能な境界線を引くことができる」という想定や、「異なる知識はその『純度（purity）』のレベルに応じて区別することができる」という理解を前提とするものであった。彼は知識を芸術になぞらえながら、この区別について以下のように論じている。

> 芸術において、われわれが歴史上の特定の時期との明確な関連づけをもって特定の様式（forms）を同定できるのと同様に、知識の場合にも、非常な正確さをもって特定の歴史的セッティングに特有のパースペクティヴを見抜くことができるのである
>
> (Mannheim 1970：115)

知識は、Mannheim によればきれいに分類され、カテゴリ化されるべきものである。そしてそれは、ある特定のジャンルや分野のなかに位置づけることができる。もちろん、ここにおいて彼は正しい。というのも、これはわれわれが異なる知識について考える際に確かに用いるやり方だからである。学生として、われわれは「近代思想」「ギリシャ哲学」「啓蒙」について教授を受けるのだし、こうした個々の知識カテゴリは（学校における個々の科目と同じように）別個のものとして区別されているはずだ。

しかし、法（law）はひとつの学問分野としても認識論としても、決して純粋（pure）なものではなかった。これは、法と社会、そしてリアリズム法学（legal realism）運動のそれぞれが、ほぼ一世紀にわたってわれわれに教えてきたところである（Tomlins 2000）。社会的なものが法領域へと浸透するさまを記しながら、Pound（1921 = 1925）のような法哲学者は、法が法的知識や司法プロセスによって作動させられるばかりでなく、（知識を含む）社会的要因によっても駆動されることを速やかに指摘したのだった。初期のリアリズム法学の伝統においては、このように法をまなざすことは、司法のプロジェクトというものを社会学的なものとして再想像することを企図しながら規範的研究と実証主義へと向かう傾向につながっていった。より最近においては、社会における法の役割と法における社会の役割に注目しつつ、記述的研究と系譜学を志向するようになってきている。本章では、こうした知識とアクターの循環に特に着目しながら、法的知識の不純さについて論じてみたいと思う。

法的セッティングは、知識諸関係を探求するに際して、極めて多くの異なる機会を提供してくれる。Valverde（2003a）が示したように、専門知と非専門

知（専門家と非専門家）のつながりについて調べることもできるだろう。彼女による法学上の「常識」（common knowledge）に関する研究において、Valverdeは諸認識論間の相違を理解するために「高位の知識」（high-status knowledge）と「低位の知識」（low-status knowledge）という術語を用いている。

特に法と専門性（科学的知識）との関係性に着目して、Jasanoff（1995）は法と科学との長い同盟——真実の探求に向けた互いの努力から生じた同盟——の歴史をあとづけている。彼女は法廷における科学の中心性が増していることを理解したうえで、いかにして法的実践が、司法手続きへの科学的知識の組み込みを促進すべく発展してきたのかを説明している。Kendall（2005）による、触法行為をした女性に対する心理的諸介入（psy interventions）についての学究では、刑事司法実践のなかに注入された女性の精神疾患に関する認識論が、女性犯罪者を悪人か狂人とみなす古くからのステレオタイプを支え、異なる諸合理性の存在可能性よりもむしろ女性固有の病理という見方を強化してしまうさまが描き出されている。

Rose（1998）は、知識に関して異なる視座を提供している。彼は知／権力のポジティヴな性質に注目しているが、統治プロジェクトにおける心理的知識（psy knowledge）に関する研究のなかで、保護観察官のようなメゾレベルの実務家やそれ以外の諸個人によってなされる「分子」（molecular）レベルの統治の促進を目的とした「上から」の専門性の譲渡が行われることをあとづけている。Mannheimの主張とは異なり、専門知は専門家に由来するものではない、とRoseは考えるのである。彼はむしろ、知識の戦略的かつ下に向かう動きを見てとっており、それはますます個人化される責任化と「遠隔統治」に伴われたネオリベラリズムの上昇というより広いレベルでのトレンドに堅く結びついているのである。

Roseと同様に私は、知識がその領域の専門家たちや犯罪者／アディクトを治療しようとするDTCの企てから解き放たれたときに何が起きるのか、という点に興味を抱いている。私は、司法領域のなかで、DTCがこの手の解き放ちが最初に起こった場であるとも、唯一起こった場であるとも考えていない。DTCを際立たせているのは、その学際性ではなく、その学際性があからさまに開示されている点であり、法的知識と非-法的知識が水平的に配置されている点なのである[*1]。DTCには、法がその他の認識論の外側に位置づけられるそぶりも見えない。法がその他のものによって汚染されていることはむしろ明示され、開陳されている。しかしながら、DTCにおける知の動力学（kinetics）は、従来のヒエラルキカルな知識モデルによっては説明されない。法とセラピーは、どちらかがどちらかに対して高位に位置づくことなく、法廷のなかで空間を分けあうべきものなのである。同様に、DTC における知の循環も自由度の高いものとして（latitudinally）生起すると考えられる。ゆえに、Latour（1987 = 1999）によるアクター・ネットワークの概念が有益となるのだ。

第３章において、私は Latour のアクター・ネットワーク概念を、薬物の生成的な能力を理解するための手段として用いた。本章では、このアプローチを再度用いるとともに、それを拡張させたいと思う。Latour が示唆するには、専門家、知識、客体の複雑な集合を客体や科学的発明の周りに展開されるネットワークとみなすことで、われわれはそれらを理解することが可能である。私は、このことから彼の方法論を直接に DTC のような統治の場に適用できる／すべきだ、とは考えていない。しかしながら、アクター・ネットワークに依拠した分析は、一見するとしっかりとハンダづけされているように見える専門家と知識の結びつきを、それらの運動を Y 軸（垂直軸）上にマッピングすることなしに――むしろ、これらの知識やアクターは X 軸（水平軸）上に位置づくものであろう――引きはがすことを可能にする便利な視座となり得るのである（Valverde, Levi, and Moore 2005）。知識は、ネットワークそのもののなかで人間とモノ（things）を含む諸アクターとともに（Rose のモデルが述べるとおり、それらから発生したり秩序づけられたりするのではなく）作動すると理解される。そして、こうしたレベルから知識やアクターをまなざすことは、それらが「地位（status）」を高めることも失うこともなく循環するだろう、ということを意味する。さらに、このアクター・ネットワークのなかで、これらの循環は（Latour が知識、アクター、客体、目的、関心が一緒くたにもたらされる方法として意味づけていた）「翻訳（translation）」のプロセスを通して可能となるのである。Latour は、ひとつのネットワークの内部においても、極めて多様かつ異なる翻訳の瞬間が存在する、と述べる。翻訳が発生するひとつのあり方としては、目的や関心の再定義や「再配置（reshuffling）」が挙げられよう。ネットワークの諸アクターは、例えば発明家は自身の発明を製品化してほしいと望むことはめったにないのに対して、投資家は金儲けをねらっており、消費者は特定の機能を持った製品を希望する、といった具合に、しばしばまったく異なる目的や関心を抱えている。Latour によれば、こうした異なる目的や関心がネットワーク上に配置された場合、「余白を増加させるべく、あからさまな関心（explicit interests）を**取り除く**」（Latour 1987 = 1999：114、強調部分は原文による）ような動きが生じるという。Latourにとっては、この「取り除き（doing away with）」は、（集合的目的を形成することを含む）集合的行為に向けた動きを促進するために、ネットワークの諸アクターが個人的目的や関心をそぎ落とすことを意味しているのである。

翻訳自体もまた、汚染されている。ネットワークは、認識論ごとに打ち立てられた分野間の垣根の重要性を縮減する。それゆえに、研究者は一見したところ区別される諸カテゴリの混交を理解するために、（例えば科学と政治のような）おなじみの区別を問いに付すことができる。差異が（むろん識別可能であるとはいえ）微細なものであるとき、純粋な区別（pure distinction）は相対的に信頼のおけない分析ツールでしかないのである。

DTCにおける知識やアクターのダイナミクスは、ネットワークのレンズを通してよりよく理解される。Roseの研究を想起させるがごとく、DTCは心理的知識を統治のプロジェクトのなかに配置している。実際には、法廷と心理的知識との地位の同等性は、DTCの最も大きな長所として喧伝されている。一度法廷に招き入れられたら、心理的知識はもはや特定の学問領域のアクターに独占されるものではなくなる。そうではなく、専門的知識は、（法的／セラピー的双方を含む）法廷内のアクター間で共有されることになる。DTCにおいては、セラピー的知識は法的知識と共在するのである。むろん、混交を経るなかでも、これらの知識は専門性の領域の内に留まっている。というのも、DTCはドラッグ・アディクションという特定の問題にターゲット化するために専門家と専門的知識を纏め上げることを目標にデザインされているのだから。DTCに参加しようとするアクターたちは、自分自身の個人的・学問的・制度的目的や理想をより広範囲のDTCの目的や理想へと協調させるための翻訳を、必ずや経由しなければならないのである。

2．セラピー的法学（therapeutic jurisprudence）とDTC

心理的な知識、実践、アクターは法廷において新しいものではない。法廷を支えるワーカーたちは、1970年代に法システムのなかに導入され、しばしば（特に、子どもや女性の事件目撃者に対するサポートや現場でのカウンセリングを提供する、といったケースにおいて）セラピー的役割を引き受けている（Mugford 1987）。さらに、DTCのような、法にとってより革新的に見えるアプローチですら、特に真新しいものではない。1970年代においては、オンタリオ州Hamiltonにアルコホリズム裁判所（alcoholism treatment court）が開廷されていたのである。存続期間は短いものであったが、この裁判所は、現在においてDTCが従っているアプローチと類似のアプローチを採用していた。この裁判所に関して残されている貴重なデータは極めてわずかであるが、私はそれに関する6ヶ月後評価報告書を見つけることができた（Archives of Ontario 1975）。その活動に関する詳細な分析を提供するには十分ではないが、この報告書からは、アルコホリズム裁判所が確かに存在したことを確認でき、その実践の概要を手に入れることができる。この裁判所は、D.M. Steinberg判事の指揮のもとで――実際には彼のイニシアティヴの結果として――登場した。彼は、「通常の収容やほとんど意味のない罰金に代えて、介入への明らかなニーズを有している諸個人のための処遇と／ないしはカウンセリング」（Archives of Ontario 1975）を提供したいと考えていた。アルコホリズム裁判所は、裁判所と保護観察の管理下で、コミュニティ・ベースのアルコール治療を提供したのだが、開廷から最初の数か月後に提出されたこの報告書の熱狂的なトーンにもかかわらず、司法システムの採算と「傷ついた生の修復（mend broken lives）」という2つの観点から判定された結果、どういうわけかこの裁判所は1975年に閉鎖されてしまった。

社会工学と人間の再生、という観点からデザインされた専門裁判所は、司法領域においてさらに古い歴史を持つものである。カナダで最初の女性判事となったEmily Murphyは、女性と少女たちのための専門裁判所を開廷した（Mander 1985）。また、Roscoe Poound は、社会学的法学、という彼独特の概念を掘り下げるなかで、20世紀初頭の（少年非行や路上生活者のための）いくつかの専門裁判所に注目していった（McLean 1992）。こうした初期の「問題解決型裁判所（proobmen-solving courts）」は、心理的知識に依拠することこそなかったものの、個人の変容を達成するために法とセラピー的知識を混合したといえよう。

DTCはと言えば、それはセラピー的法学（therapeutic jurisprudence：TJ）として知られる理論的運動のなかから生まれてきた、広範囲にわたる現代的現象の一部である。David Wexler and Bruce Winnick（1996）によって作り出された「セラピー的法学」という術語は、以下のように説明されている。

> セラピー的エージェントとしての法の役割に関する研究のこと。特に法改革にとって有益な学究をうみだすためにデザインされた学際的取り組みである。セラピー的法学は、メンタルヘルスや関連分野の知識・理論・そ

して洞察が、司法の原理と矛盾することなく法の発展に寄与するあり方を探求するものである。

(Wexler and Winnick 1996：xvii)

TJ の考え方は、罪を犯し、かつメンタルヘルスの問題を抱えている諸個人のさらなるサポートが必要であるとの経験的認識への応答という現実主義的伝統からあらわれてきたものである。この運動は、薬物使用、DV、労働争議、少年犯罪、性犯罪といったあらゆる問題を包含するように急速に拡大していった。TJ の拡大は非常に大規模なものであり、いかなる大学の検索エンジンでも、TJ をキー・ワードに検索すれば何百もの記事がヒットするほどであった。[*2]

TJ は、上記の定義にあるような意味で、セラピー的問題に取り組むために組織された専門裁判所設立のためだけに称揚されているのではない。そうではなく、TJ は、法とセラピーの越境が可能となるような司法実践であれば、いかなるタイプのものにも応用され得るのだ。TJ に関する最も決定的なテクストである『セラピーの鍵としての法（Law in a Therapeutic Key）』（Wexler and Winnick 1996）では、古くからの歴史を持つ法原理に関する諸論争（精神障害犯罪をめぐる社会防衛（Perlin 1996）、標準的治療の不法行為論[*3]（Shuman 1996）、（関係者、被害者、犯罪当事者を含む）若年対象者に対する裁判所の親代わりの責任（Shiff and Wexler 1996））が重視されている。しかし、こうした TJ が法廷において果たす中心的諸側面は、法廷のダイナミクスの説明や、法的知識と心理的知識の相互作用を任とする司法プロセスへの改革を後押しもする。メンタルヘルス、家庭内暴力、薬物などの問題に焦点化する裁判所はすべて、法廷を癒しの場（place of healing）として再発明しようとしているのである。

TJ の下部組織としての DTC は、アメリカ合衆国において——西洋世界においても急速に——、目のくらむようなポピュラリティを勝ち得るようになってきている。はじめての DTC は 1989 年にマイアミで開廷されたが（Goldkamp, White, and Robinson 2001）、2007 年現在ではアメリカ合衆国内に 600 を超える DTC があり、その他にもオーストラリア、イギリス、グアム、イギリス領ケイマン諸島、プエルトリコなどにおいて、さらなる DTC が開廷中か、開廷予定となっている（Belenko 1999）。[訳注30]

訳注 30　DTC については本書第 3 章においても言及がなされている。また、本章次項では現代カナダにおける 2 つの DTC についてその制度的諸特徴を概述している。

3．カナダにおけるDTC

カナダではじめてのDTCは1997年にトロントで、２番目のDTCは2001年にバンクーバーで、それぞれ開設された。２つのDTCはともに、DTCにおいて処遇を受けない場合は拘禁されるという条件下の非暴力犯を対象とするものであった。告訴された者の内、DTCのプログラムへの参加を希望する者は、ヘロイン、結晶覚せい剤（バンクーバーDTC（VDTC）のみ）、クラック／コカインのいずれかの薬物に対する最低３か月のアディクションがあることを示すためのアセスメントを受けなければならない。潜在的「クライアント」たちは、それに加えて、暴力歴、メンタルヘルスの問題歴、動機づけレベル（例えば積極的にアディクション処遇プログラムに取り組んでいたかどうか、など）といった関連からも評価される。ひとたびDTCプログラムへの参加が認められると、出廷状況やプログラム参加頻度に応じた段階別の指導を受けることとなる。プログラム受講中を通して、クライアントたちは——これはDTCに特徴的なものであるが——特別保釈に付される[*4]。かれらはまた、判決が先送りされ、多くの権利や保護が剥奪される旨の権利放棄誓約書にサインしなければならない（この点は後述する）。ハイリスクとみなされたクライアントは、DTCプログラムに入るために有罪答弁を行うことが求められる。無事にプログラムを修了したクライアントは、非拘禁的処遇を保証されることになる。DTCには賞罰システムが存在している。TDTCとVDTCでの懲罰のあり方は異なっており、それぞれ後段において別個に詳述するが、両DTCで共通しているのは、プログラムへの継続的参加と処遇における上達・向上（クリーン期間の長さや薬物使用の減少などによって測られる）によって褒賞が与えられる、という点である。褒賞には、保釈条件の緩和、出廷頻度の軽減、裁判官個人や法廷からの賞賛などが含まれる。

TDTCとVDTCとの相違点は、類似点と同じくらい多く存在する。最も基本的な相違点は、法廷が位置する場所とそれに伴う薬物使用文化の違いに関連したものである。バンクーバーは、世界でも最も大きく、最も可視的な薬物使用人口を抱えた都市のひとつである。こうしたバンクーバーにおけるドラッグ・シーンの激しさは、この都市における薬物使用に対する応答のあり方が極めて独特のかたちで進化してきたことを頷かせるものでもある。バンクーバーは、カナダで最初に安全注射施設（safe injection site: SIS）、注射針交換プログラム、ハーム・リダクション・ホテルが導入された都市であり、バンクーバーのドラッグ・シーンは、少量の薬物所持や売春に関する事実上の非犯罪化等、ダウンタウン中心部におけるポリシングのあり方に多大な影響を有してきた。ダウンタウンのイーストサイドでは、知られる限りでは警察からのさほどの介入を受けることなく、少なくともひとつのマリファナ・カフェが営業を続けている。

VDTCも、そうした周辺環境の輪郭に対応するかたちで設置されている。VDTCそれ自体がダウンタウン・イーストサイドの中心部に位置しており、それゆえにそのクライアントたちは、薬物取引の真っ只中に放り込まれ続けることになるのだが、VDTCのプログラムは、こうした状況を少しでも和らげるために、Hastings通りとMain通りの交差点の近隣から離れた場所に注意深く設置された、クライアント向けの「ワンストップ」通所センターでのサービスを提供している。クライアントに対しては、(特にプログラムの初期においては) このセンターに毎日通所することが勧奨される (DTCにおけるクライアントたちの地位によっては、通所が義務づけられる場合もある)。センターでは、アディクションに関連したプログラム、社会的プログラム、個別セラピー、メタドン・クリニック、朝/昼食プログラムなどが提供される。クライアントたちはこれに加えて、センターを通して、医師、看護師、住居サービス、子どもサービス (親業サポートや、子どもの監護/交流に関連した情報を提供する) にアクセスすることもできる。

第3章で説明したように、バンクーバーでは、トロントにおいてよりも薬物使用自体が「沈黙」のなかに置かれていると言える。その結果、法廷におけるやりとりのすべては、何かオブラートにくるまれた、あいまいな響きを帯びることになる。VDTCの裁判官は、クライアントに対して、薬物使用の有無をダイレクトにたずねたり、使用薬物を直截的に名指したりすることを決してしない。その代わりに裁判官が好むのは、クライアントに対して「調子はどう? (How are things going?)」などとたずねることである。クライアントの方はと言えば、DTC側のそうした使用薬物を直接名指すことへの忌避に気づいているため、次のように答えるかもしれない。「苦労してるよ (I'm having a rough time.)」、と (この文脈の用語法においては、「再びヘロイン (もしくはコカインや覚せい剤) を使い出してしまったよ」といったことを意味している)。これに対する返答として、裁判官はしばしば尿検査の結果に関する話題を差し向ける。「やっちまった (dirty screen =陽性反応)」といった言葉遣いを認めつつ、クライアントに秘密裏に特定の薬物を使用したことを自白させるための補強証拠として尿検査を用いるのである。

バンクーバーでは、DTCやいくつかの処遇センターのプログラムはジェンダーごとに隔離されている。それは、しばしば薬物やストリートと関係を持った女性が直面するジェンダー化された搾取や犠牲化（victimization）を軽減しようとする企てである。バンクーバーのダウンタウンでは事実上の非犯罪化が実現しているため、DTCはほとんどのケースにおいて、薬物の単純所持事犯に対応することはない。ほとんどのクライアントたちは財産犯や薬物のトラフィッキングを目的とした所持の事犯者たちである。先に留保したVDTCにおける懲罰のあり方であるが、典型的には、法廷もしくは処遇センターに姿を現さなくなったクライアントに対して課せられることになる。最もよくある例としては、処遇センターへの参加を義務づけたり、クライアントの拘禁を命じたりするVDTC特有の命令書を発行すること、が挙げられよう。VDTCにとって、主要な労力はHastings通りとMain通りの交差点の近隣からクライアントを引き離すことに注がれるため、地理環境は重大な関心事項のひとつである。とはいえ同時に、VDTCは薬物コミュニティをそれでもなお（親密な関係性や社会的サポート、家族の絆などに満たされた）コミュニティとみなしているように見える。VDTCは、こうしたつながりからクライアントを即座に引き離そうとはせず、むしろそのつながりが健康的なもの（例えば薬物を使用していない／止めつつある人々との関係性）である場合は、そこにつながり続けるよう勧奨する。最終的にVDTCは、クライアントがプログラムを修了するにあたって、すべての諸物質の完全なる禁断を求めない。クライアントは、３つの指定された物質（ヘロイン、覚せい剤、コカイン／クラック）に関して、6か月間（尿検査の）陰性反応を示し続けさえすれば、修了することができる。

広大な中心都市として、トロントでは莫大な量の薬物のトラフィッキングや使用が行われているとはいえ、この都市のドラッグ・シーンはバンクーバーのそれが持つ好戦性を欠いている。トロントにおいては、クラック、コカイン、結晶覚せい剤、（比較的少量とはいえ）オピエイトといったすべての薬物がありふれたものとして存在している。けれども、トロントのドラッグ・シーンは地理的に分散しており、バンクーバーに見られたようなドラマチックで明白なホット・スポットを欠いているのである。トロントには注射針交換プログラム、メタドン・クリニックがあり、現在稼働中のヘロイン処方実験のひとつの試行エリアでもある。トロントDTC（TDTC）は、ジェンダーに特化したプログラムや包括的なトリートメント・センターを持っていない（とはいえ、the Centre for Addiction and Mental Health（CAMH）はひとつのハブとしてトリートメント・プログラムの提供に役立っている)。TDTC では卒業の要件は禁断であり、VDTC よりも薬物使用に対してより厳格な基準を置く傾向がある。TDTC では、「コミュニティ奉仕命令（CSO：これによって個人は定められた時間コミュニティ・ワーク（ホームレス・シェルターにおける食事の用意から電柱のポスター剥がしまでさまざまである）に従事しなければならない)」「保釈取り消し（「治療的再勾留（therapeutic remand)」と総称される)」という２種類のサンクションが用意されている。コミュニティ奉仕命令は保釈取り消しよりもはるかに多用される傾向がある。これらのサンクションは、トリートメントのためのグループに参加しなかったり尿検査を受けなかった者、そしてリラプスに対して適切な「対処（process)」をしなかった者などに課される。

４．実践における知識交換

DTC における諸アクターの物理的レイアウトや位置づけは示唆的である。法廷は裁判官の前に召喚されるのを待つ「クライアント」（被告人ではない）であふれている。VDTC では、トリートメントの連絡調整担当が絶えず証言台に付き添い、その他のトリートメント・チームのメンバーたちが法廷内を出たり入ったりしつつ動き回っている。TDTC では、保護観察官と連絡調整担当である２人のセラピストが国選弁護人の脇に着席する。トリートメント関係者が法廷内にいることは特におかしなことではない。セラピスト、心理学者、精神科医などは、証拠の提出のために、また、アセスメント結果の報告、そして被害者の支援のために法廷に定期的に召喚されるのである。とはいえ、DTC のトリートメント関係者は、法廷に証人や支援者として招かれるわけではない。そうではなく――これがこの一風変わった裁判所の特徴なのだが――トリートメント関係者は司法過程に直接参与するのである。この地点において、法的知識や法的アクターは他の種類の専門知にとってのフィルターとして機能しているわけではない。法的知識は臨床的（主として心理的）知識や専門性と空間を共有しているのである。

(1) セラピー的臨床家としての裁判官

トロントとバンクーバー双方の DTC において、個々のクライアントは報告(report in)のために裁判官の前に進み出なければならない。数週間のメタドン・

メンテナンスを受けていたひとりの男性が召喚された際のTDTCでの1例を挙げよう。裁判官が彼に報告すべき薬物使用がないかどうか尋ねた際、彼はその前の週にほぼ継続してヘロインを使用していたことを認めた。裁判官は彼の正直な告白にいつものように謝意を表した後で、なぜ使用してしまったのかをたずねた。その男性は、彼がヘロインに対する渇望（craving）を抱えており、その渇望を克服することができなかったと述べた。それに対して、裁判官は自身の立場を正当化するために臨床的知識を用いながらこの返答を受け入れることを拒絶したのである。裁判官は以下のように述べた。「いいですか。メタドンの役割のすべては、あなたが渇望を抱えることを抑えることなのですよ。だからこそあなたはメタドン・メンテナンスを受けているのであり、もうヘロインを使用する必要性を感じることはないのです。そういうふうにメタドンは作用するのですよ」。続けて、裁判官はDTCがヘロイン使用者にメタドン・メンテナンスを受けるように励ましており、それによってクライアントは生活を安定させ、対処メカニズム（coping mechanism）について学び、練習することができることを説明した。「さらに言えば」と述べて裁判官は以下のように結論づけた。「メタドンとヘロインを併用することは危険です」。この裁判官は、ドラッグ・アディクションの治療をねらいとした（渇望や対処メカニズムに関する発話のなかで言及された）心理学的テクニックと同様に、メタドンの薬理学的性質や臨床的目的についても考慮していたのである（White 1998 = 2007）。

TDTCにおけるもうひとつの事例はこの点をさらに補強するものである。Janeという名のある女性が約6か月の間DTCプログラムに参加していたのだが、彼女の様子からは、DTCの実務家（主に裁判官）たちがクライアントとの関係性を構築する様子が理解できる。法廷でのさまざまなやりとりから、Janeがヘロインのアディクションだけでなく長期にわたる健康問題を抱えていることがうかがえた。Janeは長い間クリーンを続けていたが、その後リラプスしてしまった。リラプス後に法廷に姿を見せたJaneに対して、裁判官はなぜ彼女がヘロインを使用すべきでないかに関する長時間の訓示を与えた。裁判官は典型的な話をした後、薬物使用とJaneの「状態」の相互作用に関する臨床的分析を行ったのである。彼は以下のように述べた。「ヘロインを使用することは、あなたが抱える他の健康問題を改善することにはつながらないでしょう。むしろそれは事態を悪化させるはずです。私の前にいる今日のJane、あなたは数週間前にこの法廷にいた人物とは別人です。あなたは具合が悪くなり、疲れているように見えます。眼はくぼみ、やつれたようです。あなたに変化があったことが分かります」。重ねて、この裁判官は、慢性の健康問題を持つ個人（Jane）における継続的ヘロイン使用の効果に関する彼自身の知識に基づいた臨床的アセスメントを行っているのである。彼は、アセスメントを行うために、彼のなかで累積されたJaneについての知識を用いることができた。上のやりとりにおいて、裁判官は司法的権力を行使するのではなく、面倒見のよいセラピストとして自分を位置づけるために利用可能な臨床的知識を活用し、クライアントに対して穏やかな叱責と同様にケアやアドヴァイスを提供したのである。

似たような知識交換はVDTCにおいても行われている。私のVDTCにおける調査フィールドノーツからの以下の抜粋は、これらの事柄の本質を描き出すものである。

> 次にTimが呼ばれた。Timは入寮式の解毒センターに行くよりも自分自身で解毒を行うことを選択した。裁判官は、セラピストに（トリートメント・センターに）電話をしてTimの尿検査結果が陰性で返ってきているかどうかを確認するように伝えた。Tim（そして法廷にいるその他全員）は、電話が終わるのを待った。電話を終えたセラピストが、法廷に戻ってきて裁判官にTimの尿検査結果がヘロインとメタドン双方に対して陽性だったことを伝えた。裁判官はヘロインの陽性反応が出ていることを彼が薬物使用へ舞い戻った兆しだと捉えた。彼女はTimに対して翌週の間は厳しく監視することを伝え、もし彼が尿検査で陽性反応を出し続けるのであれば強制的に解毒センターに送ると警告したのだった。
>
> （フィールドノーツからの引用）

このやりとりは特にクライアントの側においてTDTCほどあからさまなものではないけれど、それでも裁判官はクライアントのアディクションの状態に関する同種の臨床的アセスメントに従事していると言える。（拘置所か解毒センターへの）再収容の恐怖は、Timにとってリラプスのリスクだと裁判官が判断するものを管理するためのひとつの手段なのである。重要なことは、裁判官はTimの治療過程を前に進めるための手段として、法／主権的権力と臨床的アセスメントを同時に用いることができる、という点だろう。

２つのDTCにおける裁判官は、臨床的アセスメントに従事するだけでなく、クライアントに向きあううえで心理学に基づくトリートメント知識を用いていた。例えば、Paulo が VDTC への参加を希望する理由を説明するのを聞いた後、裁判官は以下のように述べて彼が実際に薬物使用行動を変えようと望む動機づけのレベルのアセスメントを行った。

> 私が思うに、あなたはとても誠実にプログラムへの参加を望み、クリーンになりたいと望んでいます。しかし、私はまだ現時点ではあなたの計画に納得していません。リカバリー・ハウス[*5]に入所し、きちんとした計画を立ててほしいと思います。ハウスを修了してからここに戻ってきてください。それがあなたのコミットメントを示すことになります。
>
> (フィールドノーツからの引用)

別の例では、TDTC のある裁判官は、プログラムのなかでたびたび問題を抱える Courtney に対して以下のように呼びかけていた。

> あなたがプログラムでトラブルを起こしていない姿など見たことがありません。あなたが心から変わりたいと望んではいないこと、最初それは恥ずかしいことでした。しかし、あなたの内側のある部分は確かに変わりたいと思っているはずなのです。あなたは法廷にやってきて、プログラムに参加しています。もしあなたがプログラムに参加しなければ、厳しい結果を招くことになるでしょう。外的なプレッシャーも必要です。しかしながら、ある面では内的なプレッシャーこそが自ら変わりたいと思わせるようにするのです。トリートメント計画を策定するために、あなたはカウンセラーたちと協働する決意を固めなければならないでしょう。もしその計画に従わないのであれば、悪い結果に直面することになるはずです。
>
> (フィールドノーツからの引用)

DTC の裁判官たちは、プログラムが依拠している回復についての知識を参照している。動機づけ心理学の知見によれば、ある人物が一連の振舞いを変容させることを期待するのであれば、それ以前にその人物は変容に向けて動機づけられていなければならない (Prochaska et al. 1988)。プログラムは、DTC によって提供される褒賞 - 罰則システムのような外的な力を用いることでこうした動機づけを育てることができる。理論が示すところによれば、個人が動機づけを内面化しはじめると、プログラムはもはやその個人に変容したと思わせるための外的インセンティヴに頼ることを必要としなくなる。

⑵ 法的措置をセラピー的に正当化する

裁判官が自身の心理的知識を法廷に持ち込む能力は、単にクライアントへの訓示を提供するという目的に資するばかりではない。それはクライアントに対する裁判官の法的振舞いを正当化することにも資するのである。TDTC では、一連の標準的な保釈条件がそれぞれのクライアントに課せられているが、その内のひとつは常に「アルコールを控えること」である。DTC がアルコホリズムに対処することを義務づけられているわけではないこと、そして DTC につながるクライアントの内、飲酒問題を抱えていない者がその大半であることを考慮すると、この条件は興味深い。とはいえ、アルコールは薬物テストにおいて検査される薬物のひとつであり、飲酒（特に酩酊）はサンクションが課されるべき振舞いなのである。

1例を挙げよう。Mark が裁判官の前に召喚されたとき、彼はその前の週の間ずっとクラックとマリファナを吸っていたことを申告した。裁判官は何があったのかを尋ね、Mark は次のように答えた。「俺は長い間ずっとクリーンだったんだけど、何だろう、クリーンに耐えきれなくなっちまったんだ。ダチと一緒に飲みに行ったらこんなことになっちまって……」。これに対して、裁判官は以下のように返答した。「だからこそ、われわれは保釈条件のなかに禁酒を入れているのです。何も酒造会社を痛めつけようというのではなく、飲酒はしばしばリラプスを引き起こすからなのです」。結局その裁判官は、Mark の保釈を取り消し、夜間の収容を課した。彼は、そのことを以下のよう述べて正当化した。「あなたは単に薬物を使用したからではなく、トリートメントに参加せずに尿検査も受けなかったからサンクションを受けているのです。プログラムに参加することがどれほど重要か、あなたに分かってほしいのです」。

それから2日後、Mark は再び DTC に現れた――ただし今度は勾留の身として。彼が召喚されると、裁判官は彼が勾留中に何か少しでも考えたのかどうかをたずねた。それに対して、Mark は「私は過ちを犯しました」と答えた。裁判官は、「なぜ自分が再使用してしまったのかについて理解しましたか？」「以前のやり方に一歩でも後退してしまうことがいかにリスキーか、分かりましたか？」といったことを重ねてたずねた。Mark がその質問に「はい」と答え、謝罪したのを受け、裁判官は Mark の保釈を許可した。当初、裁判官が Mark にサンクションを与えたときには、「彼にお灸をすえる」という目的で行われていた。ただし同時に、裁判官はサンクションにはセラピー的な目的もあることを信じていたことに注意が必要である。実のところTDTCでは、この種のサンクションは「治療的再勾留（therapeutic remand）」として知られている。Markはサンクションを課された。それは薬物を使用して法を破ったからでも保釈条件に背いたからでもなく、彼の行為が動機づけの低下を示唆するものであったからである。ここでのサンクションは、セラピー的な目的のもとで合理化されたひとつの外的インセンティヴとして機能した、というわけだ。

TDTCと同様にVDTCにおいても、法的措置を合理化するためのセラピー的正当化と言うべき手段が用いられている。VDTCでは、動機づけの低いDTC対象者に対処するために用いられる実にたくさんのテクノロジーが用意されている。TDTCのプログラムと異なり、VDTCのプログラムは、日中、週５日、クライアントに対して包括的プログラムを提供するような自前のトリートメント・センターを有している――これらはトリートメント提供者たちが「ワンストップ・ショッピング（one-stop shopping）」と呼ぶアプローチである。トリートメント・センターでは、クライアントたちは向社会的集団に所属し、朝食と昼食をとり、社会扶助に登録して給付金を受けとり、ランダムな薬物スクリーニングを受け、ヘルスケアやメタドン処方のサービス対象となり、個人療法と集団療法に参加する。トリートメント・プログラムは３つの段階からなる。それぞれの段階においてクライアントは週の内決められた時間だけセンターに顔を出さなければならない。規定に反してセンターに来なかった場合は裁判官に報告され、裁判官は欠席の理由をクライアントに尋ねることになる。正当な理由を伴う欠席や寝過ごしなどの些細なミスであればサンクションを課せられることはない。しかし、クライアントが頻繁にプログラムへの欠席・遅刻を繰り返したりすれば、裁判官は典型的にはこうした振舞いを「プログラム参加への動機づけの低下」の兆しと理解する。こうした診断に至ると、裁判官はほぼ例外なくそのクライアントの名前を逮捕待機リストに記載する。つまり、プログラムへの出席はある意味で保釈条件のひとつとなっているのであり、より精確にはトリートメント・センターへの欠席は逮捕の一事由となるのである。

クライアントをリストに記載する際の裁判官側の合理的根拠は、セラピー原理に基づいている。例えば、Share-Lynnの「トリートメント・センターに来るのが難しい」という告白に答えるなかで裁判官は、おそらく逮捕待機リストに記載することがこの問題に取り組むうえで彼女の助けになるだろう、と示唆したのだった。Share-Lynnがそれに賛成の意を示すと、裁判官は以下のように述べてこの決定を確認した。「私が動機づけのためのきっかけをあなたに与えてあげましょう」。逮捕待機リストはここで単にトリートメント・センターに欠席することではなく、DTCに参加することへの拒絶に対する対処手段として用いられている。立入禁止区域で発見され保釈条件違反となったクライアント[*6]、そしてトリートメント施設のプログラムに欠席したクライアントなども、同じく逮捕待機リストに記載されるだろう。こうしたすべての振舞いは、プログラムに参加する動機づけの低下を示す指標として同じように解釈されるのである。

(3) 「動機づけ」としての処罰

動機づけの問題はDTCのセラピー的志向性にとって決定的に重要なものである。DTCのプログラムは、個人の動機づけがその者のあらゆる変化をもたらすうえで本質的であると考える行動心理学の一派に依拠している。動機づけは外的要因と内的要因の双方によって引き起こされるが、DTCでは、薬物使用を止めるためには個人における外的動機づけと内的動機づけのバランスが必要であるとの前提に立っている。外的動機づけ（例えば、DTCへの出席頻度を下げてやることや、コミュニティ奉仕命令を課すこと）が用いられることもあるが、クライアント自身の方でも内的動機づけを示さなければならない。DTCのクライアントは、DTCへの出席やプログラムへの参加に真摯に取り組んでいること、DTC参加中にポジティヴかつ楽観的な態度を示していること、薬物テストに陰性結果を出し続けること、といったありとあらゆるやり方を用いて内的動機づけを表明することができるとされる。

内的動機づけを適切なかたちで表明することに失敗したクライアントは、しばしば裁判官によってネガティヴな外的動機づけを与えられることになる。以下は私のフィールドノーツからの抜粋である。

> Deanが遅れて法廷に入ってきて、後ろの方の席に座った（こんなことは今までなかったことだ）。彼はすぐに裁判官の前に召喚され、検察官によって1週間にわたるDTCの欠席、保釈条件の違反、明らかなリラプスなどが報告された。裁判官はDeanに何があったのかと尋ねた。Deanは泣きだして、自身のベンゼドリン（bennies）、コカイン、モルヒネのリラプスについて話しはじめた。彼は、昔のガールフレンドに拒絶されたためにリ

ラプスしてしまったと述べ、自殺予防のために入院したことについても説明したうえで、リラプスは「1回限り」のことだったと主張した。裁判官は彼の話をさえぎり、セラピストからの報告や薬物テストの結果を見返しはじめた。そして、前回DTCに出席して以来、毎日の様子を系統的に振り返るようDeanに求めた。Deanは結局当初の「1回限り」という言明をとり下げ、DTCやトリートメント・セッション、薬物テストなどを丸々1週間にわたって欠席した理由は、その週を通して薬物を使い続けていたからだということを認めさせられてしまった。彼の話を聞いた後、裁判官は検察官に向けて発言を促した。検察官は保釈の取り消しを提案し、Deanは明らかにDTCプログラムへの参加を考え直すための時間を必要としていると述べた。被告側弁護人はこれに対して、Deanは過去においてプログラムにおいていかに彼がうまくやれるかを示してきたのであり、彼のこれまでの歩みは「彼には希望があり、セカンド・チャンスを与えるに値する」ことを示していると主張した。裁判官はDeanに何か他につけ加えることはあるかと尋ねた。Deanが「僕はなぜ自分がリラプスしてしまったのかを分かっていますし、助けが得られることも分かっています。僕は助けを得て、このリラプスを乗り越えたい」と述べたのに対して、裁判官は次のように返答した。「あなたが洞察を得ているというのはひとつのポジティヴなステップ、ファースト・ステップです。洞察を得たときにこそ、あなたは前に進めるのですから。けれども、私はあなたに勾留という次のステップを求めたいと思います。それはあなたが薬物を使用したからではありません。私にはあなたがプログラムへの集中力を失っているように思われるからです。わたしは、あなたがいかにDTCへの再度の取り組みをしていくのかについて考えるための時間を、勾留が与えてくれると期待しています。次の木曜日にDTCに戻ってきたとき、あなたには私への手紙を書いてきてほしいと思います。自分自身のリラプスについて、なぜリラプスをしてしまったのか、いかにしてそれに対処するつもりなのか、そういったことを手紙にしてきてほしいのです」。

（フィールドノーツからの引用）

VDTCにおける他の例では、勾留というサンクションが「子どもの保護」という文脈で示されることもあった。

次に呼ばれたのはSkyだった。裁判官は、Skyの薬物テストの結果が陽性であり、彼女がコカインを使用していること見出していた。裁判官は、「あなたは妊娠しているのですよ。これはとても悪いことです」と述べた(調査者による注:「悪いこと」とは妊娠のことなのか、それとも薬物使用のことなのか、この文脈からははっきりしない)。裁判官は次のように述べ、再使用を防ぐために彼女を再勾留すると脅した。「私はかなりがっかりしています。これはあなただけの問題じゃない。子どもの問題でもあるのです。次回私をがっかりさせるようなことがあれば、そのときはあなたを再勾留します」。裁判官は前回Skyが現れた際に再勾留しておかなかったことについて、自分自身を非難した。Skyは入所型トリートメント・センターに行くことが決定し、裁判官は最後に次のように結論づけた。「私はこの決定があなたのためになることを望んでいます。あなたと、子どものために」。

(フィールドノーツからの引用)

上記のトラブル含みの例を見ても、サンクションが薬物使用に歯止めをかけるための、それゆえに使用者と胎児の双方を守るためのひとつの方法として用いられていることが分かる。よく知られている「クラック・ベイビー」現象の問題や、カナダにおける妊娠した薬物使用女性に対するあからさまな強制的収監などを鑑みても(Boyd 2004、Logan 2000)[*7]、ここでの裁判官は臨床的知識というよりは常識に基づいた知識を活用していると論ずることができよう。しかしながら、裁判官による発言が有するインプリケーションは、母親による薬物使用は胎児に対して悪影響をもたらすがゆえに歯止めをかけられなければならないという点にある。施設への収容は薬物使用を止めること、そしてお腹にいる子どもへの危害を防ぐことへの動機づけに欠ける母親に対する治療として理解されているのである。もちろん、非合法薬物から身を引き離すための一手段として拘置所や州刑務所に収容することへの批判的議論は存在しているのだが――。

DTCでは、法的行為としての処罰が、動機づけというセラピー的目標へと翻訳されている。ますます厳しくなる監視や逮捕・勾留可能性の上昇は、保護観察の遵守事項の厳格化と同様に文字通り厳罰的なものである。翻訳を通して、DTCにおけるサンクションは、上で論じたような外的動機づけを提供するためのひとつの手段となる。行為それ自体は変わっていない。しかし、その目的は法的知識ならぬセラピー的知識を通して合理化されることで修正されているのである。これと類似の翻訳は、トリートメント・プログラムへの参加を義務づけるためのひとつの手段として条件付判決（conditional setences）の使用が増加しているという事態においても観察可能である（Fisher et al. 2002）。

(4) 諸アクターによる知識交換

検察官や国選弁護人が臨床的知識を活用することもある。このことは、クライアントがプログラムから除名される際に最も鮮明となる。裁判官に対して虚偽を述べること、保釈条件に違反すること、他のプログラム参加者に薬物を売ること、新たな罪を犯すこと、これらはすべてプログラムからの除名の理由となる。また、クライアントは自身の薬物使用行為を変えていこうとする動機づけを欠いた状態であり続けているとみなされた場合に、プログラムから除名され得る。プログラムからの除名はそれほど頻繁に起こることではないが、起こるとすれば典型的にはその理由は動機づけの欠如なのである。例えば、TDTCのクライアントであったKarenは、ヘロインを使用し続けたために除名処分を受けた。検察官はKarenの度重なる薬物使用を彼女の低い動機づけの証左として捉え、Karenは「自身の回復に向けて質・量ともに貧しい努力しか示してこなかったし、明らかにこの場にいることを望んでいない」と結論づけた。それに対して国選弁護人は、Karenは回復を遂げることができるし、プログラムに留まり続けることが許されるべきだと主張し、Karen自身も自分の気持ちを落ち着けるために解毒の時間を純粋に必要としていると述べた。繰り返しになるが、翻訳を行うなかで検察官は公共の安全に対するKarenの脅威や犯罪に対する有責性といった法的問題に関心を抱いているわけではない。法廷が示した方向性に従うことへのKarenの失敗は、彼女の危険性や彼女が非難に値するかどうかの証拠となるものではなく、彼女の行為がアディクション・トリートメントのきちんとした受け手としての地位に抵触することを示すものなのである。Kerenをプログラムから除名することは、厳罰的な措置としてなされたわけではない。それはむしろ、セラピー的に見て応答性の低い患者に対する臨床的見地からの最良の措置としてなされたのである。

VDTCにおけるBruceの例を見てみよう。彼は薬物テストにおいてコカインとマリファナの陽性反応を示したのだが、自身の薬物使用を認めなかったために再勾留と除名措置を受けることになった。Bruceは薬物使用を強く否定し、マリファナを使用していた他の人たちと一緒にはいたものの、自分自身は使用しなかったと主張した。検察官（は彼の説明がBruceの身体に薬物が残っていることの説明に失敗していると述べた。検察官によれば、Bruce による DTC への虚偽の発言は彼の低い動機づけを示すものであり、プログラムに参加するにあたっての彼の動機づけを高めるインセンティヴとして少なくとも数日間の収容措置が科されるべきだろう、ということになった。

ちなみに、ここでの知識交換は一方向的なものではない。最初に論じたように、DTC のなかではトリートメント・チームが重要な役割を担っているが、ほとんどの場合においてその役割は支援的（supportive）なものである。例えば、チームはクライアントの回復状況の進展について裁判官へのコメントを行ったり、DTC において危機的状況にあるクライアントへの即席のカウンセリングを実施したり、クライアントのための他の資源を見出したりする。しかしながら、トリートメント・チームは法的知識も活用していく。しばしばチームは、クライアントに助言を与えたり、（あるケースでは）クライアントに関する法的決定を行ったりする立場に立つ。典型的な例では、トリートメント・チームのメンバーがクライアントに科すべきサンクションについて DTC に助言を行う様子を目にすることもできるだろう。

TDTC では、利用可能なサンクションは２種類ある。コミュニティ奉仕命令（Community service orders: CSOs）と保釈取り消し（これは治療的再勾留とも言い換えられる）である。CSOs では定められた時間コミュニティ・サービスに従事することが義務づけられるが、その内容はホームレス・シェルターでの労働から電柱に貼られたポスターを剥がす作業まで多岐にわたる。CSOs は保釈取り消しよりもはるかに多用されるが、トリートメント・グループや薬物テストに欠席したクライアントや、リラプスに適切に「対処（process）」しなかったクライアントに対して割り当てられる。こうした問題が起こると、しばしば裁判官は DTC の連絡調整担当にサンクションに関するトリートメント・チームの見解を尋ねる。それに対して、トリートメント・チームは一定期間のコミュニティ・サービスを提案するのだが、この提案はセラピー的な心性というより厳罰的な心性によって正当化されるのが通例である。トリートメント・グループを欠席したある１人のクライアントの例が、典型的なシナリオを提供してくれる。再度フィールドノーツを見てみよう。

> Jess が次に呼ばれた。裁判官が薬物使用の有無を尋ねたのに対して彼女は「いいえ」と答えた。裁判官は彼女のファイルにしばし目を落とした後、次のように述べた。「あなたは先週グループを欠席しましたね」。「はい。

その通りです」。「ちょっとごちゃごちゃして、混乱していたんです」。Jessは答えた。トリートメント・チームのメンバーの1人が立ち上がり、裁判官に向かって次のように言った。「裁判官、私もJessが確かにアポイントメントを破ったことを確認しております。われわれはこれに対するサンクションとして、2時間のコミュニティ・サービスを科すことを求めます。さらに、われわれはグループに参加することの重要性と、アポイントメントの時間を把握しておくことは彼女の責任なのだということをJessに思い起こさせたいのです」。

(フィールドノーツからの引用)

このセラピストは、Jessへのサンクションを抑止という見地から正当化している。Jessは、彼女にグループに参加するよう「思い起こさせる」ための手段としてサンクションを受けたのである。

もう1人のクライアントをめぐる知識交換の例は、いかにトリートメントが法的知識を活用するかということだけでなく、いかにセラピー的知識が法的アクターによってとりあげられるかを示す事例である。

続いてSamが裁判官の前に召喚された。私はSamが自分の薬物使用を法廷で報告しなかったのを見たことがないし、今回も例外ではなかった。Samは新しくプログラムに入ってきたクライアントだったので、止まらない自分の薬物使用についていつも言い訳をしていたし、多くの場合は使ってしまったことを正直に報告したことを称賛されていた。ただし今日は、Samはそれに加えてトリートメント・グループと薬物テストに欠席したことを認めた。すると、トリートメント・チームのメンバーの女性がすぐさま立ち上がり、チームはSamがグループを欠席したことを重視しており、彼のケース・マネジメントをしている職員によればグループへの埋めあわせのために4時間のコミュニティ・サービスに従事することが提案されている、と述べた。彼女はさらに、トリートメント・チームはSamにとってグループに参加することがいかに大事かを学ぶことがとても重要であると考えている、と付け加えた。続いて、検察官が、グループへの欠席と結びついたSamの薬物使用は、実際には彼のプログラムに対する動機づけに疑問を抱かせるものであると述べ、自分自身の動機づけについて考えてもらうためにSamの保釈を取り消すことを求めた。被告側弁護人は、Sam は自分の薬物使用とグループの欠席どちらについても DTC に対して正直であったし、結論を出すのは早すぎると反論した。裁判官は、Sam はより一層の動機づけを示す必要があり、おそらくは収容措置のような強い外的動機づけがグループへの参加を後押しするだろう、という検察官の立場を支持して彼の保釈を取り消すことを決定した。Sam は連行され、再勾留されることになった。

（フィールドノーツからの引用）

ここでは、セラピー側のアクターがサンクションを科すという法的実践を行っている。そしてそれは、セラピー的目的を果たすためではなく、Sam や他の DTC のクライアントがグループを欠席しないように促すために行われているのである。他方で、検察官は Sam の動機づけレベルに関連したものとしてセラピー言説を受けとっている。つまり、Sam の法律違反者としての地位よりも、物質使用行為の止めることへの彼のコミットメントのレベルに関心を示しているのである。セラピー的行為や知識が法的アクターによって使用されるうえで何らかの変更を加えられる必要がないのと同様に、DTC においての厳罰的対応は、まさに文字通り処罰のための場所である刑事施設からその身を引きはがすことなくセラピー的実践へと翻訳され得るのである。

VDTC においては、勾留、逮捕待機リストへの記載（前述）、DTC への参加頻度の引き上げ、といったものがサンクションとして活用されている。それに加えて、VDTC において頻繁に活用されるもうひとつの「ソフト」なサンクションが入所型トリートメントである。プログラムのなかで明らかに苦しんでいるクライアント——トリートメント・センターにきちんと参加していなかったり、リラプスをして薬物を再使用してしまうなどしたクライアント——は、トリートメント・チームによってバンクーバー地域にある多数の入所型トリートメント・センターのどこかに一定期間入所するように「推薦（recommend）」される。クライアントが何らかのトリートメントを探している場合、それをセラピストに「推薦」してもらうことは特段驚くべきことではないものの、普通であればこれらの「推薦」はクライアント個人を入所型トリートメントに実質的に送致する法廷命令を伴うものではない。すなわち、事実上、VDTC の場合における入所型トリートメント・センターは、処罰システムの延長形態となっているのだ。たとえ「推薦」がセラピストによってなされたものだったとしても、クライアントは裁判官によって——少なくとも一部分はセラピストの「推薦」に基づいてだが――入所を命令されている。もしクライアントが許可なく、もしくはトリートメント期間を修了する前に、トリートメント・センターを欠席したりそこから去ったりすれば、かれらは逮捕され、保釈取り消しに向けたさらなるサンクションに直面し得るのである。

5. チーム

翻訳は、DTC のユニークな構造のなかにフォーマルなかたちで組み込まれている。裁判官や法律家たちはアディクションの専門家と主張されているわけではないし、トリートメントの担当者たちも自分たちのことを法律の専門家だとみなしているわけではない。私がインタヴューした DTC のアクターたちは、法廷におけるチーム構造こそが、DTC にいるすべての人々に一定の知識を持たせているのだと説明していた。[*8] DTC のアクターたちにほとんど変化はなく、同じ裁判官、法律家、トリートメント担当者がほぼ毎日そこにいる。かれらはチームとして「成長に向けた修養」を共に経験するのであり、アディクションや DTC に特化したワークショップや授業を受講する。かれらはまた、すべての DTC のセッションの前にプレ法廷（pre-court）と呼ばれるミーティングの機会を持つ。プレ法廷の目的は、その日に審理されるそれぞれのケースについて、法廷が開かれる前に議論を行っておくことであり、特筆すべきはそこには実際のクライアント自身は出席もしなければ案内も受けないことである。私は VDTC と TDTC のいずれについてもプレ法廷のミーティングに参加することを許されなかったが、私がインタヴューした人たちの説明に従えば、本番の DTC における展開は、チームによってこのプレ法廷のなかで決定されることが示唆されている。「チーム」という用語の使用は意図的かつ重要である。なぜならそれは法廷における相異なる諸アクター間のディシプリン上の区別を混乱させるからである。それは法的な用語でもなければ、トリートメントの用語でもなく、ただの用語である。だがしかし、それゆえにこの用語は知識が DTC においていかに共有されるかについての説明を手助けしてくれる。

チームのドラマツルギーを理解しようとするにあたって、Goffman（1961＝1984）はチームのダイナミクスとチーム・メンバーの多様性の重要性を強調している。チームを前面に押し出すことはチーム・メンバー間の区別をあいまいにするものの、Goffman はチームのメンバーシップがチームの内的な画一性を示唆するわけではないことを観察している。それどころか、チームのメンバーそれぞれは、チームを作りあげるうえで、そして期待される集合的目標を達成しやすくするうえで必要な特定の役割や一連の特徴を有しているのである。チームは個々のメンバーの個別性に依拠しているとはいえ、それと同時にチームはひとつのまとまりあるユニットとしても機能しなければならない。それは、Goffman が「脚本（script）」と呼んだもの――私の言葉で言えば、Latour 由来の一連の知識や目的として解釈され得るもの――を共有している。重要なのは、チームのメンバーシップが個人を吸収したり消去してしまうことを意味するのではなく、それぞれの個人が個人でありながらひとつのチームのメンバーとしても存在しなければならないという二重性である。このことを DTC に即して言えば、すべての DTC の専門家たちがそれぞれの個別の専門性をテーブルの上に持ち寄るがゆえに、DTC チームの一員として集まることができるのだ、ということを意味している。私がインタヴューした人々によって述べられたように、チームであることが知識の交換や翻訳を可能にするのである。

チームが DTC における最も際立った特徴であることはかなりはっきりしている。DTC の際立った領域横断性にかたちを与えているのはこのチーム構造なのであり、Nolan（2001＝2006）もまた、アメリカの DTC についての研究のなかで、このことをドラマツルギーとして読み解きながら重要視している。Nolan の記述では、私がここで論じているようなある種の脱ヒエラルキー的な知識交換は示唆されていない。むしろ彼は、アメリカの DTC を裁判官中心的で、法律家たちに対してかれらの権威を裁判官とクライアントのより重要な関係性へと譲り渡すように求めるものとして描いている。これは私が TDTC と VDTC において見たダイナミクスとは異なるものだ。正確にはこれら 2 つの DTC は、司法の治療的ドラマ（a curative drama of justice）と言うべきものを中継していたのである。しかしながら、裁判官はその明らかにヒエラルキー的な地位にもかかわらず、特に高貴な地位を享受しているわけではない。むしろ強調点はチームというところに置かれていると言える。

法的なものと心理的なものの区別は――依然として明らかである一方で――、司法的／心理的アクターとその知識がネットワーク化されたチームの一部となるにつれ、重要なものではなくなっていく。法律家たちは依然として自分たちを法律家として同定し、法的知識に基づいて専門性を主張する（そして同じことは心理的アクターにおいても言える）。チームのメンバーシップは両者の区別を消し去るわけではなく、その重要性を減殺するのである。個人的な関心をチーム、もしくはネットワークの関心へと翻訳することは、Latour（1987 = 1999）も論ずるように専門分野の区別への固執を緩めることを意味する。ただしこのことは同時に――これはLatourが述べるのとは反対に――、個別的関心が翻訳やネットワークへの参加を通して「排除される（done away with）」のではないことも意味する。これまで見てきたように、DTCの実務家たちは、DTCの目標・目的と連携しつつ、自分たちの元々の目標や目的を維持することを可能とするような翻訳の数々を報告していたのである。

6．諸アクターを翻訳する

個々のアクターたちが有する個人的目的は、チームを構成し、ネットワークの一部になるために翻訳される必要がある。こうした再編成は、Latour（1987 = 1999）が記述したのと同じやり方で展開されるわけではない。Latour流のネットワークは、アクターと知識の変化し得る布置をマッピングし、説明するための価値あるテクニックを提供するレンズとなる一方で、彼のアプローチは現在主義的（presentist）でもある。Latourの方法が有する即時性は、ネットワークに参加する諸アクターの歴史的ナラティヴという重要な検討課題を消去してしまう。こうした歴史的パースペクティヴは翻訳のメカニクスに関する十全な理解をもたらすがゆえに有益なものである。ネットワークのなかの諸アクターの関心は、ネットワークの発達に先立って存在している。ネットワークに参入してくるアクターは、単に新たな関心を発達させる、という目的のみを有しているのではなく、すでに有している関心をよりよいかたちで充足させるという目的も有している。こう言ってはLatourに失礼だが、こうした関心は決して取り除かれ（done away with）はしないのだ。ネットワークのなかの諸アクターは、個々のアクターたちがこれまでと異なるやり方でそれぞれの目的を達成するためのひとつの方法としてDTCへの参加を合理化する。そしてそのとき、諸アクターは自らの元々の関心を維持してもいるのである。

伝統的には、物質乱用のトリートメント・プログラムに携わる者にとっての目的とは、使用者の物質使用行為を変化させ、かれらの生活を向上させるために可能な限りの支援を行うことだと理解されている（cf. Webster 1990）。しばしば、このことは人々をして触法行為に至らしめないように手助けをすることを意味する。それに対して、刑事法廷の伝統のなかで想定された目的は、公衆の安全を守り、真理を打ち立て、正義を行使することである（Roach 2000）。

伝統的な司法のセッティングにおいては、対象者に対していかに対応すべきかについての見解を著しく異にしながらトリートメントの専門家と司法の専門家が互いに葛藤関係に入るのは珍しいことではなかった。私がインタヴューしたトリートメント担当の実務家たちの多くは、DTC で働くようになる前は、法廷の取り組みや司法プロセスに強く抵抗していたと述べていた。同様に、私がインタヴューした司法側の諸アクターも（特に検察官において）、通常の刑事法廷のセッティングではトリートメントの専門家はしばしばより短い刑期や非拘禁的処罰を求めて検察官とは正反対の行動を示す者として理解されていると指摘していた。もちろん、DTC はこうした区別が崩れた最初の事例というわけではないし、こうした区別が事実として「本当」に存在したのかどうかという点については議論の余地があろう。しかしながら、DTC を際立たせているのは異なる知識が混ざりあっていることではなく、法的なものとセラピー的なもののこの区別が正式に、かつ明白に崩れているという事実においてなのである。DTC の諸アクターは、集合的に合意された特定の目的――「犯罪者を治療すること」――に向かって慎重に協働するよう組織化されているのだ。

VDTC の検察官は、私に対して、DTC のユニークな構成がある意義深いやり方でアディクション問題に取り組む機会を提供してくれること、そうした機会は通常の刑事法廷には存在しないこと、を説明してくれた。このことはこの検察官にとって個人的な重要性を持った出来事だったようだ。彼と親しいとあるアディクトと関わるなかで、彼は「サイクルを止めるのを手助けする」ために、アディクションへの取り組みにおいて「効果のある何かをして」あげたいと強く願ったことがあったという[*9]。VDTC で働くことは、「アディクションに正面から取り組むことに向けた個人的ニーズを満たす」という彼自身の目的を再設定し、「法律を犯した人たちのアディクションを断ち切る」という DTC の目的と合致させるのを可能にする機会でもあったわけだ。

TDTC のコーディネーターも、自分が DTC に関わるようになって生じた彼自身の目的再設定の経験を語ってくれた。彼はトロントのダウンタウン中心部でホームレスの物質使用男性のコミュニティ・ワークを通して DTC に関わるようになった。1997 年に、彼はトロント市に DTC が導入されるという計画を耳にし、彼が自身の仕事において直面していた問題のいくつかに取り組む機会を DTC が提供してくれるかもしれないという「予感」を覚えて DTC の運営委員会に参加したという。そのコーディネーターは自分自身の関心を DTC の実際の活動に反映させる一方で、DTC への参加を――彼の考えでは――、周縁化された人々の住居や社会サービスへのアクセスを向上させるという彼自身の目的達成にDTCが役立つという事実を理由にして合理化していたのだった。[*10] DTCのネットワークに参加するなかで、このコーディネーターは翻訳に参与していることが分かる。彼は自分自身の関心（インナーシティの周縁化された人口層によりよいサービスを提供すること）を維持する一方で、チームの関心（究極的には人々が薬物使用を止めるのを手助けすること）を反映するために自分自身の関心を拡張していたのである。

このコーディネーターがよりよいサービスの継続性を提供してくれる機会としてDTCを見ていたのに対して、TDTCの検察官は、コミュニティの安心・安全を保障するという彼自身の目的をよりよく追及できると感じたからDTCのネットワークに参加することを選択したと考えられる。彼は私に、DTCで働く前は13年間刑事訴追にかかわる検察官（criminal prosecutor）として働いてきたと説明した。その間、彼が「回転ドア」として見たもの——同じ人を、再犯のたびに繰り返し起訴しなければならない——へのフラストレーションがどんどん溜まっていったのだという。彼によればDTCは、人々が薬物使用（そして自分自身の犯罪性）を抑えるのを手助けするであろう包括的なトリートメント・プログラム提供することで、回転ドアの「サイクルを断ち切る」ためのひとつのチャンスであった。[*11] この検察官は、自分自身の関心をDTCのそれと連携させるなかで、翻訳の作業に参加していると言える。薬物使用と犯罪のサイクルを断ち切ると同時に公共の安全を守るという彼の目的は、DTCのネットワークの目的のなかに吸収されることになったのである。DTCとは、この検察官にとって、もし仮に方法が伝統的な起訴アプローチからDTCの治療的アプローチへと変わったとしても、自分の目的を達成することができるような空間だったのである。

DTCのネットワークを通したこうした関心の再編成は、セラピストにまで広がっている動きである。例えば、ある1人のセラピストは、TDTCのプログラムにおける彼女の役割を、社会サービスを提供するうえでのより批判的でラディカルなシステムのビジョンを彫琢していくこととして捉えていた。すなわち、クライアントのエンパワメントや、周縁化された人々の周りに張り巡らされた障壁を除去することに力点を置いたシステムである。[*12] 彼女はDTCのプログラムの一翼を担うと決断したときのことを以下のように振り返っている。

> DTCは私にとっての最後の職場なのかもしれないな、って思ったの。

私はこれまでずっとシステムの外側にいて、エンパワリングでないことや抑圧的なことに対してシステムを批判してきたわ。でも、本当に私に決断をさせたもうひとつの理由は、私はそれでもシステムの内部にいる人たちと一緒に働いているんだということね。この場所に居続けたのでは（つまり、伝統的な社会サービスシステムの外側で働いていたのでは)、そのシステムにインパクトを与えようにもコミュニティの施設で働くセラピストに比べてほんのわずかの力しか持ち得ないでしょう。私のクライアントたちの生活はそのシステムに覆われているんだもの。かれらと一緒にシステムのなかに留まって、何らかの変化をもたらすべく努力するのか、それともシステムの外側にいてかれらのそばで力を欠いた状態であり続けるのか。そう、私は考えたの。「よし、行こう。やってやろう」ってね。私はこの仕事に応募して、そしてそれを手に入れたのよ。

（フィールドノーツからの引用）

このセラピストにとってDTCは、彼女が重要だと考える社会的・個人的変容をもたらすために支配的システムの内部で働くにあたってのひとつの機会を提供したと言える。彼女の目的であるよりラディカルな改革や個々人のエンパワメントのために働くことは、内部からそうしたラディカリズムを導入するためにDTCのチームにおいて働くことへと翻訳されたのである

DTCを通して構成されるネットワークは、制度的な目的の再編成のための機会も提供してくれる。カナダの連邦機関である法務省（the Department of Justice: DOJ）は、公共の安全や犯罪予防に関わる問題に取り組むことをその任務としているが、DTCの主たる資金提供者でもある。DOJはカナダの2つのDTCを、過去10年で最も革新的発展を遂げた事例としてフィーチャーしている。DTCを「根本的要因を攻撃することで犯罪を予防する」ためのひとつの方法として打ち出しているのである[*13]。以下に見るように、薬物と犯罪との連関（drug/crime nexus）というロジックに依拠しつつも、犯罪予防という目的はDTC構想を支持することでよりよく達成されるとDOJは主張している。

非暴力的な犯罪者がアディクションを克服し、社会的安定性を向上させるのを手助けすることによって、DTCのプログラムは物質乱用に関連した犯罪行為を減らしているのです。犯罪行為の根本原因——アディクション——に取り組むことで、われわれは犯罪行為を求めるニーズを根絶して

いるのです。[*14]

重ねて、関心は翻訳されるのである。DOJが有する犯罪予防という目的は、伝統的には法執行や処罰を通して達成されてきた目的だと考えられよう。しかしそれはいまや、DOJのDTCネットワークへの参加を通して、アディクトを治療するという企てのなかで達成されるものとなっているのである。

7．汚染される法

こうしたネットワーク分析は、過去15年の間に上昇してきたセラピー的法学（Therapeutic Jurisprudence: TJ）を前にして法を再理論化していくためのひとつの機会を提供してくれる。TJは、真理、正義、改善、といったものを約束することのできる（そしてそうした約束を実現することのできる）制度として法を想定するような規範的ないしイデオロギー的な思想学派と密接に結びついている。DTCを研究するなかで得られたこの結論は、法の効果（effectiveness）について何らかの学ばれるべきものが存在する、という前提から出発している。しかし、ナラティヴの活用を通して歴史的視点と結びついたアクター・ネットワーク・セオリーは、DTCやTJの考え方を問いに付すためのもうひとつの前提を与えてくれる。すなわちわれわれは、このネットワークがどのように作動するのかを問うことができるし、それゆえに種々の関心がいかにその実践を通して達成され、定義／再定義されるのか、ということに関する問いを差し出すことができるのである。より広い意味では、法や司法がいかにして治療的領野へと旅立つのか、と問うことが可能になるだろう。ちなみに、この旅を可能にする認識論的、制度的条件とは何だろうか。こうした問いに答えるに際して明白なのは、DTCはアディクションを治療するという目標にのみ特化した場所ではなく、知識の交換や目的の再編成を通して社会正義が創り出され、胎児が保護され、公共の安全が守られ、社会サービスへのアクセスが向上し、処罰が効果的に実施されるような場所でもある、ということだろう。

ネットワークは、こうした法の汚濁を公式化するものであると言る。法的アクターと法的制度が自分たちの目的を再定義し、その関心が異なるやり方で表象される様子を理解するのを手助けするなかで、DTCのネットワークは純粋な領域として想像されたその地位を法から奪い、可変的な関係性を通して多様なアクター、関心、そして目的と結びつくような、明らかに不純かつ偶有的な何かへと変えていく。とはいえ、法の純潔さはこのネットワークを通して汚された唯一のものではない。繰り返しになるが、DTCは目的や関心を再定義し、その「専門分野」の諸実践を変化させるようはたらきかけることで、セラピーやセラピーのプロセスの純潔さをも汚染するものでもあった。まさしく、こうしたネットワークは「私たちがかつて近代的であったことは一度もない」ことを例証するものなのである。[*15]

しかしながら、こうした近代性の欠如、すなわち法やセラピーの純潔さに対する際限のない汚染は、それぞれの実践にとっていかなる意味を持つのだろうか。われわれは一方で適正手続の約束をしつつ、他方で有効なセラピーを施すような、そうした社会を生きている。私は上で、それぞれのパラダイムのもとで活動するアクターたちの目的が、アディクションを治療するという目的とフィットするように――ただし当初からの個人的・組織的目的は維持したままで――いかにネットワークを通して再編成されるかを示した。こうした変容のなかで明らかだったのは、専門分野の純潔さという神話はまったく成り立たないということである。だとすればこうした状況において、ネットワークのなかの諸アクターは、もはや自分たちの目的や関心がそれぞれの専門分野の輪郭に一致しないことを認めつつ、そうした目的や関心が再編成されていく様子をいかにして理解しているのだろうか。

8．手続的公正

Boldt（2002）は、西洋の刑事手続きのなかで好まれている意思決定の対審構造（adversarial mode）は、セラピー的実践とは直観的に相容れないものであると論じている。対審システムは、「公正は、クライアントの利害のためないしそれのみを代表して振舞う者を配することによって、そして、公判において相対立する『２者』が存在することによって保証される」という前提に依拠している。このタイプの構造の目的のひとつは、法の前に立たされる者にとっての公正を手続的に保護・保証することである。カナダの刑法においては、対審システムはこの手続的公正――法の包括的な権力から最も傷つきやすい人たちを保護するためのルール――の理念を奉ずることを意味する。それゆえ、例えばクライアントの機密保持権は守られなければならないし、弁護人はクライアントの最善の利益のために、それのみを代表して働くことを求められる。弁護人は、クライアントからの指示のみに基づいて動くよう期待されているのである。こうした保護の重要性は、ほとんどの法曹協会で定められている専門家のための指針のなかでも説明されている（cf. Law Society of Upper Canada 2000)。ところでBoldtは、セラピー的な目標が対審システムの内に注がれるとき、公正の原理が新たにセラピー的目的に沿おうとするがゆえに危機にさらされてしまうことを示唆している。Boldtが見るところ、法とセラピーは正反対のものなのである。DTCの法的アクターは、DTCにおける同盟は場合によると“クライアントが公正に代表され、保護されること”への専門的期待を掘り崩しかねないことを認めている。しかしながら、そうしたアクター自身による自らの行為の解釈は、DTCにおいて手続的公正概念のひとつの特筆すべき読み替えが生起していることをほのめかすものである。

DTCのネットワークは、法廷において公正に取り扱われていることを被告人に対して保証するために法によって被告人へともたらされた多くの約束を危機にさらしてしまう。DTCに参加したクライアントは、権利放棄書にサインすることを求められる。そうすることで、かれらは自らの罪状認否権、迅速な確定宣告を受ける権利（ほとんどのケースにおいては、DTCのプログラム参加期間よりも収監期間の方が短くなるかもしれない)、（法律家とセラピスト双方からの）機密保持の権利、等を手放すことになる。さらに、これらの喪失に加えて、クライアントは薬物テストへの参加に同意することを通して、不合理な捜査押収から保護される権利を放棄する。クライアントたちはランダムな薬物テスト・プログラムに参加しなければならず、最低でも週に1回は薬物テストのための尿サンプルを提出しなければならない。しかも薬物テストの結果は公開法廷に開示されるのである。

DTCの諸アクターは、手続的公正の約束を危機にさらすようなプログラムの側面に気がついている。被告人の利害を擁護することを意図したクライアントに対する手続的保護の重要性が、アディクションの治療というより広範なDTCの目的によって覆い隠されているのである。TDTCの国選弁護人はこの問題について以下のように述べている。[*16]

そうね。今出てきている一番大きな問題は、クライアントの最善の利益を本当に満たしているのか、この問題ね。プログラムのなかで動いているときは、確かにクライアントを代表しているわけだけれど、同時に自分自身はこの大きな全体領域の一部でもあるわけで、さあじゃあどうやってバランスをとればいいの？っていうことよね。……ただ、私は実際にはこれを問題だとは思ってないの。基本的には、私は自分の役割はまったく変わっていない、って周りに言ってるのよ。確かに私はこの領域の一部には違いないし、言わなきゃいけないこともあるでしょう。でもね、いざとなれば私はチームが私に求めることをすることはないわ。私は自分のクライアントと話をするでしょうし、クライアントが私にしてほしいと思っていることをするはずよ。チームが私に何を求めていようが、クライアントに何かを教える、何かアドヴァイスを出す、そして私がクライアントから教えられる、そうしたことが私にとっての利益になるの。

（フィールドノーツからの引用）

上で、この国選弁護人はDTCの利益よりもクライアントの利益を優先するという考え方を表明している。ところで、これと同じインタヴューの冒頭で、彼女はクライアントの最善の利益をどう考えるかについて、自分自身の定義を述べている。実は、そこで述べられる定義はそれぞれのクライアント個々人のケースバイケースの利害よりも、DTCの利害（例えば「薬物の使用をやめさせること」など）と密接に関連したものとなっている[*17]のである。

もし私がかれら（クライアント）の最善の利益に適った動きをひとつするのであれば、かれらをプログラムに引き入れるためにできる限りのことをするでしょうね。もしうまくプログラムに引き入れられたなら、そしてもし私がクライアントの最善の利益に適う動きを続けられたのなら、プログラムにかれらを留め、無事修了できるよう手助けするためにできる限りのことをするでしょう[*18]ね。

（フィールドノーツからの引用）

ここで、クライアントの最善の利益に適うように動く、という弁護人の義務はネットワークの作動を通して再定義されている。「クライアントの最善の利益」とは、無罪になったり、より軽い刑が言い渡されたりすることによって満たされるものではなく、アディクションの克服を支援されることによって満たされるものとされているのだ。そこには、クライアントをプログラムに留め続けることがかれらにとっての最善の利益である、という前提が存在している。そして、そうした最善の利益は、法を通して約束されているはずのクライアントの権利や保護の消去を正当化してしまうのである。

同様に、VDTCの国選弁護人は、DTCで保護されるクライアントの権利についてどのように考えているのかについて興味深い説明をしている。[*19]

> 弁護人の仕事は、クライアントの望む結果を得ることですよ。私のクライアントのほとんどにとっての目的は犯罪行動を止めることです。要は、ここ（DTC）は2つの目的を達成するためのチャンスというわけです。もしクライアントが薬物を止めることができれば、彼は犯罪を止めることもできるでしょう。
>
> （フィールドノーツからの引用）

彼は上の発言に続けて、DTCでの法的実践は通常の刑事法廷における実践とそれほど大きくは変わらないと述べていた。ただし、ひとつの大きな違いはプレ法廷のミーティングにおいて、クライアントが不在にもかかわらず弁護人はクライアントのアドヴォカシーを行わなければならないということである。彼は自分の行動を正当化しつつ、「自分自身はクライアントが薬物を止めたいと思っていることを知っており、（クライアントの不在とは無関係に）自分のアドヴォカシーは常にこの願いを促進し支援するものである」と力強く述べていたのだった。彼は、プレ法廷での決定は実際の法廷において変更することが可能であり、それゆえに最終決定においてはクライアントの意向が尊重されるはずだとも付言していた。

Bentley判事（2000）は、初期のDTCプログラムについて記述するなかで、DTCが被告側弁護人の役割をほとんど意味のないものとするように構造化されていることを論じている。彼は次のように書いている。「裁判官が保釈取り消しやプログラムからの除名を考えているような場合を除いては、被告側弁護人が法廷に参加することはなく、国選弁護人は単にチームの1メンバーとしての貢献を行う」（Bentley 2000：268）。ここでの「単にチームの1メンバー」としての国選弁護人の存在は、刑事訴訟において検察官と国選弁護人によって構成される伝統的な対審役割が瓦解していることを示唆するものであろう。カナダの刑事訴訟プロセスの困難性は、被告人を純粋に代表する当事者を設けることで手続的公正を保証しようとする点に存している。ここでの当事者——被告側弁護人——はチームに吸収されてしまっており、（対審システムのように）独立した被疑者の代理人としてではなく、ネットワーク内部のより広範にわたる全体の一部として機能しているのである。

DTCの法的アクターは、クライアントに対して負うはずの倫理的責務をヒエラルキーに対して負うことによって、かれらの手続的保護を行わないことを正当化していると言える。機密保持権はクライアントの薬物使用を止めるという「究極的」な最善の利益によって侵害されているのだ。さらに、ここには薬物と犯罪との連関（drug/crime nexus）に対する執着が最も先鋭的なかたちで現れてもいる。薬物を止めることは犯罪を止めることを意味するのであり、それが唯一すべての関係者——対審システムにおいては伝統的に敵対関係にあった——に共通する最善の利益に適う行動である。そして、回復したアディクトはもはや自分自身や公共の安全に対する脅威とはなり得ないであろう——。こうした「ウィン・ウィン」の目的の周りに組織化されることで、手続的保護がますます掘り崩されていくのである（Boldt 2002）。

9．ケアの倫理

DTCのネットワークがさまざまな目的や関心に対してもたらしていく変容は、なにも法領域に限られたものではない。DTCのチームにトリートメント関係者として関与する者もまた、再編成のプロセスに従事している。伝統的にセラピー的志向性とは、直接的に対象者個人とともに／のために働き、対象者自身の手続的保護や倫理上最善の利益をもたらすことを目的とするものだった。最も重要なことはクライアントの機密保持権の保障であり、「セラピストとは、クライアントの最善の利益のために、クライアントの指示のもとで働く者である」という考え方だったと言える。

新たに設立されたオンタリオ・ソーシャル・ワーカー大学では、州内で雇用されているすべてのソーシャル・ワーカーとソーシャル・サーヴィス・ワーカーのための倫理綱領を定めている。そこでは、極めて多くの異なる場面におけるソーシャル・ワーカーの振舞い方について定められているが、なかでも最も重要な点としてソーシャル・ワーカーとそのクライアントとの間の倫理的関係性が挙げられている。倫理綱領の第一原理には、「ソーシャル・ワーカーまたはソーシャル・サーヴィス・ワーカーは、最重要の専門的責務としてクライアントの最善の利益を保持するべきである」（Ontario College of Social Workers and Social Service Workers 2000）と記されている。綱領ではこうした前提がより一層掘り下げられるかたちで、「クライアントの最善の利益のために働くこととは、クライアントを意思決定過程のなかに含めること、クライアントの自己決定能力を促進すること、組織的セッティングのなかでクライアントに接する際はその他すべての利益よりもクライアント自身の利益を優先することである」(Ontario College of Social Workers and Social Service Workers 2000) といった説明が見られる。同様の倫理綱領・ガイドラインとして、オンタリオ州内で雇用されている心理学者向けのもの (College of Psychologists of Ontario 2004) や、ブリティッシュ・コロンビア州の心理学者、ソーシャル・ワーカー向けのものも存在している。[*20]

DTC で働いているセラピストの大多数は心理学者かソーシャル・ワーカーのいずれかであり、かれらのすべてが上記のような倫理綱領に拘束されている。そして、かれらの DTC のネットワーク内における位置づけが再編成のあり方に影響を与えていくのである。私は先に、DTC におけるセラピストたちはしばしばクライアントに関する法的決定に参与する立場に置かれ、ときにはセラピストの側からサンクションを提案することもある、ということを示しておいた。DTC の法律家たちと同様にセラピストたちも、自分たちが DTC のチームに加わることが専門職としての実践に何らかの変容をもたらしていることを鋭く察知している。あるセラピストは、彼女が DTC に参加して以来、自分の役割が著しく変わってしまったと述べていた。彼女は、チーム・メンバーとともにクライアントに対して共同戦線を張ることが DTC で仕事をうまくやるための能力として不可欠だと理解していたが、それは DTC に来る前には取り組む必要のない実践であった。彼女は、たとえ DTC のなかでのクライアントの取り扱われ方に反対だとしても、自分としてはこのセッティングのなかで直接的にクライアントを擁護することはないだろうと説明した。[*21] そうではなく、自分の反対感情を DTC のチーム内における議論へと持ち帰るというのである。「われわれはチームとして決定をするのであって、決定するのはチームとしてのみ」だというわけだ。[*22] 同様に別のセラピストは、自分の提案ゆえにクライアントが勾留されていった初期の数回を思い出しながら、当初は「ひどいことをしてしまった」と感じたものの、やがてセラピーにおけるこうした部分(クライアントを拘置所に5日間勾留すること) を受け入れるようになったと述べた。今では彼女にはほとんどためらいはないという。[*23] VDTC のトリートメント・チームのリーダーは、「サンクションを科すべき唯一の場合とは、トリートメントに取り組ませる場合だ」と主張した。[*24] 彼女は犯罪者/アディクトに対処するためのこのアプローチを、「DTC 外部のアディクション処遇プログラムにおいても強制的措置が用いられているのだから」と述べて正当化していた。脅迫的に別れを言い寄るパートナーからのものであれ、子どもをとりあげると脅す児童保護のワーカーからのものであれ、自首して助けを求めないのであればこちらから逮捕すると薬物使用者に迫る警察官からのものであれ、彼女によれば人間は常にさまざまなレベルで強制的措置を受けているのである。

(1) 女性クライアントとDTCのネットワーク

DTCに参加するクライアントへの保護が欠けていることは、特に女性クライアントに関して重要な意味を持つ。あるセラピストによれば、機密保持権が保障されないことがDTCに参加する多くの女性を苦しめているという。というのも、子どもの親権を失うのではないか、もしくはすでに手元から奪われた子どもの親権を回復するのが難しくなるのではないか、といった恐怖をもたらすからである。他のセラピストは、女性クライアントたちはセラピストのことを自分たちと子どもとの間にある障壁だとみなしているため、しばしばDTCプログラムのセラピー的側面に積極的に取り組もうとしないことを報告している。*25

> 究極的には、私はDTCに報告をする立場なわけですからね。仮に私のクライアントが自分の子どもを一年で取り戻そうとしているなら、私の言葉は大きな影響を持ち得るでしょう。私には権力があるのです。私にはやろうと思えば彼女をプログラムから除名する権力がある。それは確かにチームの決定ではありますが、私が提案をすることもできます。そのことが女性たちに恐怖をもたらしているのです。
>
> (フィールドノーツからの引用)

もし女性クライアントがDTCプログラムのトリートメント的側面に積極的に取り組もうとしなかったら、そのことが彼女をプログラムから除名するための理由になる。もし女性クライアントがトリートメントの期間中慎重な様子だったら、彼女は積極的にプログラムに取り組んでいないとみなされるかもしれない。目的の再編成が、DTCに関わる女性に対するジェンダー特有の障壁を構成してしまう。DTCを成功裏に修了することは、その女性クライアントがいつ子どもの親権を回復できるか(もしくはそもそも親権回復を認めるかどうか)を決定するに際して、しばしばとても大きな要素となる。子どもとのつながりを回復するためには、DTCプログラムを途中で除名されることは決してよい兆候とは言えないのである。

本章の前半で、私はDTCの裁判官からお腹の子どものために再勾留を命じられたある妊婦の事例を紹介した。私の調査期間を通して、同じことはVDTCにおける2人の女性クライアントに対して3回ほど起こった。これらのケースそれぞれにおいて、裁判官と検察官は、子どもの保護という捉えどころのない目的を包摂できるようにDTCの目的を明らかに翻訳していた。Gigi（尿検査で陽性となっていた女性クライアント）が関わったケースでは、検察官は彼女の薬物使用が止まらない中核的問題が妊娠にあると名指すことを注意深く避けつつ、その代わりにGigiの「健康問題」に言及した。これは妊娠をより一般的なかたちで病理化するありがちな言説を示唆する用語法である（Petchesky 1990）。検察官の健康に関する言及が彼の普段の法廷での言葉遣いとは著しく異なっていること、そしてGigiが妊娠しているのは明らかであることを考えると、ここで「健康」という言葉が婉曲的に使用されているのは明白であろう。また、Gigiのケースは対審構造からの逸脱に拍車をかけるものでもある。Gigiを拘置所に戻すように検察官が求めたのに対して、彼女サイドからは、被告側弁護人によって「クライアントは薬物使用を理由として罰せられるべきではないはずだから、これはアンフェアだ」という意見が出された。それに対して、裁判官は結局Gigiを「保釈」することを決定したうえで、逮捕待機リストに載せて彼女をそのまま入所型トリートメント・センターに送ってしまった。実際には、Gigiは解放されたのではなく、収容されてしまったのである。刑務所への収容ではないとはいえ、逮捕待機リストへの記載が彼女のトリートメント・センターへの収容をもたらし、彼女の保釈は空手形となったということになる。

「Winnipeg Child and Family Service (Northwest Area) 対G. (D. F.)」裁判[*26]の最高裁判決において、「裁判所は胎児に対して国親思想的司法の立場をとらない」という決定が下された。この裁判で一方の当事者となったのはボンドに依存した1人の妊婦であったが、一審判決においては「裁判所は胎児を保護する義務を有しているがゆえに薬物に依存した妊婦に対してトリートメントを受けるよう命令することができる」という立場がとられていた。それが、高裁および最高裁においては（中絶法に依拠しながら）「胎児は人間とは認められないがゆえに法的保護の対象とはならない」と主張されたのである。この決定に従い、胎児を保護する目的で妊婦にトリートメントを強制することは――カナダの法律においては――権利侵害とみなされるようになった。この文脈において、法律上は女性の自由に制限をかけるいかなる正当化可能な理由も存在しない、ということになったのである。しかしながら、罪を犯した女性に関してはこれと同じ法的原則が適用されないようだ。自らが犯した罪に対する処罰を受けようとしている（もしくはすでに受けている）女性の場合は、それ自体犯罪ではないようなあらゆる行為を理由として簡単に収容されてしまう。カナダの拘置所においては、保釈条件違反に対して非常に高い確率で収容措置がとられる。最高裁決定がなされたにもかかわらず、刑事法廷は胎児に対する国親役割を引き受けるべく機能している。それは、逮捕待機システムや保釈システムを通して、刑事法廷は妊婦たちに対して適用可能なコントロールの「グレー・ゾーン」を明らかに有しているためだろう。これは特に DTC においてあてはまる。私が示してきたように、DTC における法的サンクションは、セラピー的目的を満たすものであるべきなのである。

アディクションと犯罪のサイクルを食い止めるという DTC の目的は、（まだ生まれていない）子どもの保護という目的へと容易に翻訳される。強制的なトリートメントは DTC の倫理の一部なのであり、DTC における法的／セラピー的知識のネットワークが存在する理由でもある。DTC のネットワークにおいて強制的収容が通常化することは、胎児保護の実践を組み込みやすくするよう「戸口の滑りをよくする（grease the doorway）」ことでもあるのだ。

(2) 手続的保護への警句

DTC のネットワークのなかに巻き込まれることは、巻き込まれた当事者にとって顕著かつ悩ましい手続上の影響を及ぼす。DTC に関わる実務家たち（法的実務家とセラピー的実務家の双方）の語りのなかで一貫して述べられていたことは、かれらが自らの元々の目的を保持しつつも、DTC への参加を合理化するなかでその実践を変化させていたことだった。諸実践は、誤って定義された「何が『最善』なのか？」というあいまいな性質の問いからスタートするために、極めて広範な実践へと容易に翻訳されてしまう。そこで何が起こったのかと言えば、DTC を通してもたらされたこうした実践の変化が法とセラピー双方の領域に組み込まれていた手続的保護の仕組みを変えていってしまった、ということである。こうした保護の仕組みは、もともとセラピー的／法的実践の対象者を保護するためのものであり、特に処遇事故のような間違った実践のネガティヴなインパクトに対して最もヴァルネラブルな対象者のためのものであった。実践的な観点から言えば、諸アクターが以前と同じ目的を保持しつつもその実践を変化させるさまをわれわれが目撃するときはいつでも、警戒の目をもって臨む価値があるということだろう。こうした実践の変化はしばしば、DTC に参加する前はそうすべきだと感じていた実践やもしくは実際に行っていた実践から大きく逸脱した状況へとチーム・メンバーを置くことになる。もし諸アクターが割り当てられた役割の内に留まっているのであれば、正義が何らかのかたちであれ実現されていることだろう、などと期待しないよう気をつけたほうがよい。これは現実主義的かつ実証主義的な立場からの警句である。法的実践は、社会的（そして認識論的）影響から切り離された、真空の内に存在するものではない。そうだとすれば、「純粋な」法的意思決定がなされるプロセスを見つけ出すことなど極めて困難だと言わざるを得ない。もし法が具象化（crystallize）され得ないものだとするならば、適正手続を日々の汚染から隔離・防御することなど不可能なのである。純潔さの目的が明らかにはぐらかされている状況や、諸アクターがそうした純潔さの約束を踏み倒していることを正当化するために自分たちの実践や自分たち自身を翻訳する様子――、DTC においてわれわれが見出したのはそうしたことを探求したり発見したりするためのひとつのチャンスであったと言えよう。

10. 結論

DTC は、刑事司法実践のなかで、特に目新しいものでも驚くべき革新と言うべきものでもない。法とセラピーの結婚は、長い歴史を持っているのである。しかし、かりにそれが新奇なものではないにせよ、非常に興味深いものであることに疑いはない。私が思うに、DTC のアピール力は、法と心理的なものの関係性が非常に見えやすいというところから来ている。ひとたび DTC の法廷に足を踏み入れた者は、チームのパフォーマンスを通して司法が実際に犯罪者を治療している姿を目にすることであろう。同様に可視的なのは、このパフォーマンスを作りあげている権力と知の交渉である。しかし、DTC において知識交換のネットワークが明らかになるなかで、DTC の相互作用のもうひとつの層を見ることが可能になる。DTC におけるこの知識交換と翻訳は、ある特定の形式の統治に影響を与えており、それがクライアントたちに強い影響を与えるのである。このことが DTC を、人々が介入を受ける他のセラピー的セッティングと類似のものにしていく。Goffman が描いた『アサイラム』におけるチームと、DTC は異なるものではない。それは、人々に介入するという目的の周りに集合的に組織化されるものである。しかし、人々それ自身は介入プロジェクトの実施やデザインに関与させてもらえない。人々は、自身にとっての最善の利害に関するあらかじめ介入サイドによって決定された考え方を体現するエージェントである限りにおいて、介入プロジェクトへの参加を要請されるのである。

DTCは、役割、知識、目的が再定義され、知識をとりまく境界線が透き通っていくような場である。DTCは、セラピー的知識と法的知識が異なる職員間で交換されていくネットワークを代表しており、それと同時に、そのネットワークを司法とセラピー双方のための場所とするのである。ネットワークのメンバーたちは、自分たちの目的や関心が変容するいくつもの翻訳のプロセスを経験する。これらの諸々の翻訳は、各々がDTCに関与する以前から有していた個人的目的や関心の消去を意味するわけではない。そうではなく、ネットワークへの参加は、諸アクターたちに、かれらの古くからの関心を維持することを許容しつつも、DTCのテクノロジーや実践に沿うようにそれを再定義することを求めるのである。

こうした動態は、理論・実践の双方のレベルにおいて大きな影響を及ぼす。DTCにおいては、さまざまな知識が異なる実践へと統合されていき、個別ディシプリンの純潔性を汚染することになる。実践のレベルでは、こうした汚染は重要な意味を持つ。法律が約束する適正手続きや手続的公正と、セラピーが誓うクライアントの最上の利益と秘密保持の優先性は、どちらもこれまで決して達成されなかったものかもしれない。しかし、DTCの実践は、約束と実践の間の裂け目を公式化していく。DTCは適性手続き上の多くの権利を実際の実践過程において停止し、さらには間違って定義され、あいまい化された「クライアントの最上の利益」概念——そこでの最上の利益には、クライアントの秘密保持を無視することが含まれている——を活用するのである。

カナダの刑罰領域におけるアディクション処遇の上昇という系譜学的背景のなかで、また、DTCにおいてターゲット化された物質の本質的に犯罪誘発的な性格、という文化的背景のなかで、こうしたDTCのネットワークについての分析は、ドラッグ・アディクションへの刑事司法的介入に関するひとつの説明を提供するものである。DTCは、“薬物は犯罪行動の中心部に位置しており、それゆえにその処遇は必要であり、正しく、そして正義の応答なのである”という確信的知識に基づいている。DTCのセラピーは、増加しつつあるアディクトたちに対して批判的に応答することの無益さを理解しつつ、同時に犯罪性という疑問に対する完全な解答を構成してもいる。犯罪への回転ドアは閉じることができる、なぜなら、アディクトは治療され得るのだから、と――。ネットワーク分析はDTCを、知識がアクターから切り離され、法廷内において法的専門性とセラピー的専門性の流れが解放されるような場としても描き出していく。チームによるアプローチは、法廷での監督とアディクション治療との、あり得るなかでのベスト・ミックスと考えられているが、その結果として現れたのは、法的アクターとセラピー的アクターの双方における一連の目的の翻訳であったのだ。

Michel Callon (1999) は、権力諸関係と翻訳との関係性に関して、以下のような観察を行っている。

> 翻訳とは、社会的世界と自然的世界が徐々にかたちをなしていくメカニズムのことである。その結果としての状態が、ある存在が他の存在を統制する、という状態なのである。社会学者たちが通常権力諸関係と呼んでいるものを理解することは、諸アクターたちが定義され、関連しあい、同時に相互の同盟関係に忠実であり続けなければならない、そうしたあり方を記述することである。翻訳の範囲は、さまざまな社会的・自然的存在を絶え間なく相互に混合させる複雑なプロセスに関する、懐深く均整のとれた記述を与えることのみに限定されるわけではない。それはまた、少数の者が、いかにしてかれらによって動員されるその他多数の社会的・自然的世界の声なきアクターたちを表象したり代弁したりする権利を手に入れるのか、ということに関するひとつの説明を可能にするのである。
>
> (Callon 1999：82)

Callonの記述に従えば、翻訳とは紛れもなく権力の交渉に関するものである。DTCの文脈においては、さまざまな翻訳は、クライアントたちの関心、欲望、そして諸権利を沈黙させるように作動している。はじめてDTCの様子を目にする多くの者は、DTCの激烈なパターナリズムを指摘し、法廷内にゆきわたっている「父母こそが最良を知っている (father/mother-knows-best)」という態度によって、クライアントがいかに幼児化させられているかに驚くのである[*27]。これは適切な描写であろう。ケア実践の統制実践への注入は、子育てに見る以下の2つの認識論のコンビネーションに極めて似た響きを帯びはじめる。「親として、われわれは子どもをケアし、かつ、かれらをしつけなければならない」。このコンビネーションがわれわれに子ども――われわれが子どもにいかに多くの選択肢を与えようとも、かれらは子どもであるという地位を通して、強く従属化されている――に対する強大な権力を与えるのである（それに対して、大人たちはこの種の権力行使から守られている）。法的専門性とセラピー的専門性の両者の統治構造が抑制／均衡（チェック・アンド・バランス）関係にあるため、法律家／セラピストと法を犯した者との関係性に固有のこの従属化の可能性は極めて高くなる。こうしたセッティングにおいて、法的知識とセラピー的知識の公式化された切離（uncoupling）は、権力諸関係に関する抑制／均衡の公式化された切離へと翻訳されてしまう。知識諸関係は権力諸関係でもある、という Valverde の観察を思い出せば、DTC における専門知の解放は DTC における専門性の権力の解放でもあることが分かるだろう。このことの帰結が、従属化の加速化に加担する可能性を帯びた諸アクターによるネットワークの編成だったと言える。そして、そうしたことのすべてが、議論の余地のない目的――犯罪者を治療すること――によって許容されてしまったのである。

第5章

アディクトによる自己への配慮

前章までにおいて私は、刑事司法におけるアディクション処遇の上昇と現代的実践に関するナラティヴの両者を編みあげるべく努力してきた。そこでの議論からは、犯罪化されたアディクトたちを治療しようとする試みが極めて政治的なものであることが明らかに見てとれたはずだ。さらに私は、薬物とその危険性に関するわれわれの考えが科学的なものであると同時に文化的な構成物であり、それは危害（harm）やそのアセスメント、帰結に関するいかなる客観的現実をも導くものではない、ということを指摘した。最後に、薬物使用者たちを犯罪化することによってかれらを「改善しよう」とする国家的企図は、セラピーの装いのもとで刑罰実践や諸アクターたちの存在を許容する認識論的翻訳を通して生起していたこと（そしてその逆）もまた、明らかとなったはずである。諸々の翻訳は権力装置の内部で作動しており、犯罪者／アディクトを治療するためにデザインされた法的なものと心理的なもの（the psy）の結合に影響を与えている。こうした事柄は、「薬物は危険であり、その使用は犯罪誘発的であり、アディクション処遇は本質的に進歩的なものである」といった広くゆきわたった想定を揺るがせようとする私の企てのなかでも、キー・ポイントとなるものである。とはいえ、前章までにおいて私は、これらの諸介入を通して従属化され犯罪化される「使用者」の側面について、ほぼ沈黙を保ってきた。

本章は、そうした「使用者」の側面に関するものである。私が興味を持っているのは以下の４点だ。①諸介入のなかで、使用者たちはどのように同定され、統治可能なものとされるのか、②使用者たちは、かれらを変容させようとする国家的努力の内部で、自らをどう適応させ、自らをどう配慮（care）するのか、③使用者たちは、かれらに介入しようとする国家的企図に対してどのような抵抗を試みるのか、④その抵抗を、介入者側はどのように認識し、対応するのか。使用者たちのナラティヴに寄り添うなかで私は使用者たちは犯罪者／アディクトのアイデンティティの発見と割り当てを通して統治可能なものとされることを論じていきたい。このアイデンティティを通して、使用者たちは、自らを自己管理（Cruikshank 1996）へと従事させるようにデザインされた、さまざまなタイプの自己への配慮（Foucault 1978, 1994）へと誘われるのである。けれども、こうしたやり方で統治可能なものにされるということは、かれらを巻き込み、従属化する強大な権力にもかかわらず、使用者たちを従順なものとしてしまうわけではない（Bosworth 1999）。むしろ、かれらはこの統治プロジェクトのなかで積極的な役割を担うのであり、統治レジームに対する受容と抵抗の両方を通して自己への配慮を遂行するのである。そして、こうした活動はセラピー的なディスコースにおける（不満であれ抵抗であれ）ほとんどすべての活動それ自体を枠づけていく統治側の反応を惹起せしめることになる。最終的に描かれるのは、自己への配慮が従属化（subjugation）としてのみならず、転覆（subversion）の試みとしても現出していく、権力・抵抗・統治の複雑な布置なのである。

議論に際しては、２つのリサーチ・サイト（ドラッグ・トリートメント・コート（DTC）とオンタリオ公共安心／安全省（the Ministry）のプログラム）での調査に依拠することにしたい。それには２つの理由がある。第一の理由としては、この２つの環境下に置かれる法律違反者たちが、薬物のアディクトとして同定され、働きかけられるという経験を共有している一方で、かれらの間には非常に重要な差異も存在しているからである。DTC のクライアントたちは、概して刑事司法に長年関わってきた人々であり、相対的に、アディクション問題に関してもさほどの違和感を持っていない。それに対して、私が the Ministry を通じてインタヴューした男性たちは、刑を受けたのが１回目か２回目の人々であり、アディクトのアイデンティティに対してより大きな違和感を持つ傾向があった。[*1] この両者に対する調査を行うことは、薬物使用と犯罪の間の絡みあいのなかの異なる各時点におけるアイデンティティ、セルフケア、抵抗の問題を掘り下げるうえで、格好の機会となるはずであり、[*2] 刑事司法システム上の諸過程の異なる地点にいる人々によって、これらの問題がいかにして（異なるかたちで）反復されるのかという点を明らかにするはずである。

第二の理由は、この２つのサイトからデータを調達することが、私の調査における限界を埋めあわせるものとなると考えられるからである。私は、DTC のクライアントに対するインタヴューを行うことができなかった。また、the Ministry のプログラムの参与観察を実行することもできなかった。しかしながら、DTCでの観察とthe Ministryでのインタヴューとをつなぎあわせることで、(DTCを通して描かれる）アディクションからの回復過程での振舞いと（保護観察対象者に対するインタヴューによって収集される）個人的ナラティヴの両方に関するデータを分析することが可能となるだろう。多様な経験と調査技法を用いて自己統治の問題を探求することは、それが、諸介入が介入のターゲットである使用者たちによってマネージされていく様子に関する豊かで変化に富む説明を可能とする点において、実り多いものとなるはずだ。さらに、このアプローチは、２つのサイトが異なるものであるという事実に注意を払う必要性を喚起する。使用者たちの行為とナラティヴという２つのデータを手にすることが有益であるのは確かであるが、片方がもう片方に切れ目なく接合する、と考えるならばそれは間違いである。私が分析したのは、介入の異なる地点において収集された、異なる種類の情報なのであるから。私の目的は、法律違反者たちがいかにしてアディクトのアイデンティティを通して自分たちを統治しようとする企てをマネージしていくのか、ということに関する切れ目のない説明を付すことではない。そうではなく、私のここでの目的は、こうした取り組みの複雑な本質と、そこにおける多様で入り組んだ権力の諸交渉の有様を把捉するために、２つのサイトの差異を積極的に利用しようということなのである(Gubrium and Holstein 1999、Valverde 2005)。

ここで、私がthe Ministryにて行った調査について、簡単に記しておきたい。2002年の９月から2003年の５月にかけて、オンタリオ州内で保護観察を受けている10名の男性にインタヴューを行った。この10名全員が、the Ministryにおける「物質誤使用に関するオリエンテーション・プログラム（the Substance Misuse Orientation Program)」を修了しており、インタヴュー時には全員が保護観察期間中であった。年齢は24歳から68歳まで、罪名は暴行、武器の不法所持、飲酒運転、性的暴行などであり、10名の内６名は過去に犯罪歴があった（内３名は刑務所収容歴あり）が、４名は初犯者であった。10名のうち内７名が、過去１年の間に３つ以上の（アルコールを含む）異なる薬物使用があるとして、物質使用をめぐる広範囲の経験があることを報告している。10名の内５名は後期中等教育以上の学歴を有し、自身をミドルクラスと同定している。この集団は法律違反者集団全体から見ればマイノリティであり、刑事司法システム内における人種分布を反映しているわけでもない（10名は皆白人であった)。

1．統治可能な諸主体を創り出す

『性の歴史（第一巻、知への意志）』のなかで、Foucault（1978）は、いかにして特定のアイデンティティが特定の歴史的地点において、統治実践を促進するために「発見」されるのかという点に着目している。例えば、ホモセクシュアルは、ビクトリア時代の末期において、恐怖、脅威、そして介入の客体としてその姿を現すことになった。同性愛のこの発見は、必ずしもそれ以前は存在しなかった形象の事実としての発掘、といったことを意味するわけではない。[*3] そうではなく、この形象は、社会的、科学的、歴史的、そして文化的な諸要素のひとつのアレンジメントのなかに見出されたのである。19世紀の終わりまでに、ある一連の行為（主にソドミー行為）が、ひとつの主題（subject）――ホモセクシュアル――となった。Foucault（1965）は、科学的に認識可能（そして治療可能）なひとつの病気として医療化された狂気の発見について、同様の照準を定めている。狂気とホモセクシュアルに関する彼の分析に共通するのは、それら（「ホモセクシュアル」や「狂人」）が、特定の歴史的・政治的条件のもとで現れたものであり、特定の知／権力の諸アレンジメントを通して客観的事実として具体化されたものなのだということを示すことによって、これらのアイデンティティの自明視された自然性を揺るがせることなのである。これらのアイデンティティは客観的というよりも主観的なものであり、より重要なのは、それらが諸個人への介入の際に用いられるべき主体化のテクノロジーとなることである（Lupton 1997）。「ホモセクシュアル」というアイデンティティが真に実在する（materialy true）アイデンティティかと言えば、そうではない。「ホモセクシュアル」は自然に存在するものではなく、特定の秩序のもとでアレンジされた場合に「ホモセクシュアル」というものを表すようになるような、ある一連の行為群（ここでは男性同士でセックスすること）の戦略的なアレンジメントを通して構成されたものにすぎないのだ（Foucalt 1977）。

薬物のアディクト、ひいては犯罪者／アディクトもまた、その意味で発見されたものである。アディクションは自然的真理ではなく、近代になって発見されたものである。薬物の社会史は、ホモセクシュアルのケースと同様の時代、同様の環境下でそれが発見されたことを示唆している（Berridge and Edwards 1981、Carstairs 2005、Courtwright 2001 = 2003、Morgan 1981、Musto 1973）。薬物注射、アヘンの禁断によって生ずる奇妙な症状を鎮めるためのコカイン使用（それは、アーサー・コナン・ドイルによるシャーロック・ホームズ・シリーズにおいて、適切に、まったく問題性のないかたちで描かれていた）といった一連の諸行為は、外国人嫌い、白人女性の純潔に対する不安、労働力不足、階級葛藤、といった事柄の周りで、新たなアイデンティティ——アディクション、アディクト——を形成するために再アレンジされたのである。いったんそのように同定されると、かれらは、社会経済的地位、人種、ジェンダーといった要素と同様にかれらの「問題」の本質によって導かれる、広範かつ多様な諸介入に従属することになるだろう（Berridge and Edwards 1981、Carstairs 2005）。上流階級の白人女性は（それよりは少ないが男性も）、医者にかかったり、施設に収容されたり、神への祈りをささげたり、田舎での静養、といった選択をした（Carstairs 2005）。それに対して「その他の者／他者（Others）」——貧者、有色人種、移民——は、犯罪化され、強制的に施設収容され、収監され、公民権をはく奪されることになった（White 1998 = 2007）。

第２章で論じたように、アディクトのアイデンティティは、望ましくない非合法の振舞いに対する説明として人気を獲得し、同時に犯罪に対する主要な説明のひとつとなっている。本章では、変容志向の諸介入が法律違反者に対してどのように行われているのかを記述してみたい。犯罪性というのものは、たとえそれが法律違反者たちが諸介入の対象となる際の理由を構成するものだとしても、これらの諸介入のターゲットではない。介入のターゲットはアディクションなのだ。そして、治療的介入が犯罪性ではなくアディクションに向かうのは、政治的な戦略に基づいてのことである。私は、すでに現代の刑事司法的取り組みにおけるアディクトの形象の反復は、特に時宜にかなったものであることを論じておいた。アディクトのアイデンティティは、社会病理に関するネオリベラルなナラティヴを具体化したものなのである——要するに、（例えば社会的不平等ではなく）アディクションこそが犯罪性の根っこにある、と考えるわけだ。アディクションは個人の選択の産物でもある。個々人はある物質を使用するかしないかの意図的決定を行うのであり、それゆえに、薬物使用に伴うあらゆるネガティヴな帰結（もちろん、犯罪を含む）に対して個人的にかつ——ここが最も重要だが——たった１人だけで責任を負う。そこにおいて、犯罪はもはや社会病理ではなく個人的選択の産物であるがゆえに、社会的説明や犯罪の対処へと向かう余地はない。アディクトは、自らの腕に注射針を刺すかどうかを自ら選択するのであり、それゆえに、自ら進んで（その定義からして）薬物使用を伴わずにはいない犯罪的ライフスタイルを志向している連中だ、ということになるのである。

犯罪の原因論に関わるこうしたストーリーは、統治にとって都合のよいものである。なぜなら、アディクトを犯罪性の核に据えることで、犯罪は容易に解決され得るものとなるからである。犯罪問題をなくすために必要なのは、広範囲の社会改革ではなく、人々から薬物をとりあげることなのだ。もし人々が自分自身の選択に従って薬物使用を開始するのであれば、われわれはかれらに対していかにしてそれとは異なる選択をするのか、ということを教える必要がある。新たに治療され、チョイス・メーカーであり、かつ——ここが最も重要だが——自己管理的でもある主体は、そこにおいてアディクションから解放され、非犯罪的で善良な選択をするように自身の人生を自由に導くことができる(Hannah-Moffat 2000、O'Malley and Valverde 2004、Rose 1999、Velverde 1998b)。こうしたことは、犯罪性をさまざまな意味で上記の統治的取り組みにとって非適合的なものとするだろう。犯罪は介入の客体ではなく、犯罪をなくすことはここでの統治プロジェクトにとって第二義的目標でしかないのだ。

しかしながら、言うまでもなくわれわれは、セラピーという産湯とともに、犯罪という赤子まで流してしまうことはできない。犯罪性は、こうした環境の重要な背景となっているばかりでなく、それ自体が統制上の決定的機能を担っているからである(Hannah-Moffat 2000、Kendall 2000)。ある個人が犯罪者として発見されることは、他の諸介入に途を開く鍵となる。換言すれば、収監に先立ってある者の犯罪者としての異常性が露わになることがないのと同様に、人は犯罪者/アディクトとなる以前に犯罪者として認識されなければならない、ということである(Castel 1991、Foucault 1977、Pasquino 1991)。治療と刑事司法とをブレンドすること、これこそが、犯罪者/アディクトを治療することが最善の途だ、という関心を作り出していくわけだが、この関心の背後であいまい化されているのは、これらすべての人々は有罪の宣告を受けた(もしくはまさに受けようとしている)者たちだという現実である。有罪宣告を受けた者の地位は、その定義からして、従属化されたものである(Bosworth 1999、Foucault 1977)。法律違反者は統制のもとに置かれるのであり、その統制は、たとえそれがかれらをより善い人間に作り変えることを目的としているにせよ、最終的には抑圧的で処罰的なものなのだ。

しかしながら、統制のこの考え方は、アディクションを治療するという疑問の余地のない目標を追い求めるなかで、うまくベールに覆われてしまっているように思われる(Moore and Hannah-Moffat 2002)。犯罪のない社会、というハッピー・エンドに到達するためにわれわれがやらなければならないのは、悪の化身であるアディクションを取り除くことである。このナラティヴにおいて、悪役を演じるために採用されているのが犯罪性ではなく、アディクションであるという事実が重要であろう。犯罪性は、はっきりしない定義しかなされず、それを見ることも、測定することも、そして——より重要なことだが——なくすことも難しい。それに対してアディクションは都合のよい「悪の化身」である。それは（薬物テストを通して）容易に見ることができ、（保険数理的アセスメントを通して）容易に測定することができ、そしてなくすことも可能なのだ。薬物テストのようなテクノロジーは、問題の現況が完全に消え去ったかどうかを確認することを可能にする（Moore and Haggerty 2001）。それゆえに、まずはアディクトを発見することがこのハッピー・エンドのスタート地点となるのである。アディクションは「解決されねばならない」と明確に定義された問題となる（Foucault 2001 = 2002）。アディクションを治療することによって犯罪性をも治療しようとする取り組みを動員するうえで、人をアディクトと名指すことは決定的に重要であろう。ひとたびかれらが見出されるならば、アディクトは自らについての真理を知らなければならないし、さもなくば示されなければならない。私は以下で、刑事司法システムのなかにアディクトたちがいかにして現れるのか、ということに関する探究を行うことにしたい。

(1) 犯罪者／アディクトとDTC

DTCにおいてアディクトを見つけることは比較的簡単なことである。第4章で記述したように、ある者がDTCに受け入れられるためには、ターゲット化された物質のひとつに対するアディクションを有しているという個人史を示す必要がある（とはいえ、この個人史の操作的定義は不明確なのだが）。インテークのプロセスに関する書かれた資料やインタヴュー・データからは、ある者がアディクトであるという証明は特に面倒なものでも、時間のかかるものでも、厳格なものでもないという印象を強く受ける。トロントとバンクーバー双方のDTCにおいて、インテークはおおむね検察官によって行われており、候補リスト（potential files）から候補者が選び出され、そこから暴力犯罪や武器犯罪、大量の薬物のトラフィッキングなどといった前歴がある者が除かれる。私が検察官に対して、潜在的なDTCのクライアントがアディクトであるかどうかをどのようにして知るのか、という質問をした際にも、上と類似の回答が得られた。ある者がアディクトであるかどうかはアディクトとしての「典型的」な振舞い――ながく財産犯や薬物所持、（女性においては）売春に従事していること。（おもに警察から得られた）ストリートについての情報を有していること。検察官自身がその者についてよく知っていること。アディクションであるとのその者自身からの自白があること――を通して知ることができる。この意味でその決定は、臨床的、専門的な観察から導かれたものというより常識から導かれたものと言えよう（Moore 2000、Valverde 2003b）。アディクトであると同定され、検察官によって無事に選抜された潜在的なDTCのクライアントは、アセスメントを受けるためにDTCのセラピストに照会される。バンクーバーDTC（VDTC）は、この第一段階の選抜の目的を、アディクションの存在を証明したり確認するためではなく「プログラムへの適合性（suitability）を決定する」ためのものであるとしている。

この段階において、薬物乱用問題の度合い、参加者の動機づけ、既存のグループに適応する能力、処遇環境への一般的な適合性などの諸問題が考慮される。公式化されたプロセスではないものの、この選抜の過程において、DTCへの新たな参加者に対するプログラム・ディレクターからの最初の接触が許されている。そこでは早期のプログラムからの脱落に帰結し得る、もしくはDTCの機能に対するリスクとなり得るような何らかの潜在的障害がないかどうかが確認される。

注目すべきは、この選抜のプロセスが、ほとんどの刑罰処遇政策において中心的である保険数理主義を欠いていることである（Hannah-Moffat 1999を見よ）。この選抜はむしろ、これまで示されたように、DTCにおいて成功しそうな人物を参加者として選ぶ、という点に関連しているように見える。私がこの第一段階の選抜の目的についてプログラム・コーディネーターたちに尋ねたとき、かれらは皆、DTCにおいて「うまくやっていけ」そうなクライアントが選ばれているかを確認することが目的である、と認めていた。当人たちのアディクションは、多かれ少なかれ問題ではない、と捉えられていたのだ。[*4] バンクーバーとトロントのDTCでの私の調査期間を通して、私は個々人のアディクションの状況に関する法廷での開かれた議論を一度も目撃したことがない。[*5] また、アディクトのアイデンティティに対して異議申し立てをしているクライアントの姿も見たことがない。それどころか、アディクトのアイデンティティを証明することにはインタヴューのなかでもまったく関心が払われなかったのである。

潜在的なDTCのクライアントが最初の選抜とアセスメントを終えると、かれらはフォーマルなインテークのためにDTCに送られる。DTCにおける他のほとんどの側面と同様に、ここでのインテークは法的かつセラピー的な目的に基づいている。クライアントは裁判官の前に召喚され、伝統的な刑事裁判所の手続きに従って罪状と裁判で用いられる証拠（police disclosure）が読みあげられる。ほとんどのクライアントがこの時点で有罪を認める答弁を行うのだが、なかには有罪答弁を行わないクライアントもおり、その場合には審判が順延されて保釈中にDTCへの参加が許される。次に裁判官は、将来のクライアント候補たちに対してDTCに参加する動機づけについての質問を行う。典型的にはそれらの質問には、アディクトになってからどのくらいか、なぜ薬物使用をやめたいのか、なぜDTCは自分にとっての助けになる（と思う）のか、といった事柄が含まれる。こうした相互作用の典型的な説明は以下のようなものである。

> 続いてDonovanがインテークのために召喚された。検察官が彼をDTCのメンバーに紹介した。Donovanは38歳であり、クラックを12年間使用してきたとのこと。彼はマリファナ使用者（pot smoker）でもある。裁判官が彼になぜDTCに参加したのかを尋ねると、Donovanは「俺は自分がアディクトであることにうんざりしているんです」と答えた。裁判官の、過去にトリートメントを受けた経験があるかどうかという質問に対する彼の答えはノーだった。次に裁判官はプログラムに参加する動機づけについて彼に尋ねた。Donovanは、「DTCにたくさんの人が参加しているのを知っていますし、その人たちはずいぶん調子がいいように見えます。俺もかれらみたいになりたい」と答えた。裁判官は満足したようだ。Donovanはプログラムへの参加を許された。
>
> （フィールドノーツからの引用）

この相互作用において、この男性に関する真理（長期間にわたる薬物のアディクトであること）が開陳され、議論に付されることはない。潜在的なDTCのクライアントが、彼のアディクションについて他者に明らかにしてもらうのではなく、自分自身の真理を自ら開陳することがインテークのプロセスにおいて不可欠なのである。AAを思い起こさせるが（Valverde 1998bを見よ）、こうした自己の真理を語ることはハイヤーパワーに対する祈りと降伏のひとつのあり方でもある。ただし、このケースがAAと異なるのは、ハイヤーパワーは裁判官であり、神ではないことだ。とはいえ、効果は同じである。AA（もしくはNA

（Narcotics Anonymous）や CA（Cocaine Anonymous））のミーティングにおいては、参加者は自分自身のアディクションを認めるところから出発しなければならない。なぜなら、こうした真理の開示なくしては、変化することは不可能だからである。Valverde が指摘しているように、AA はアルコホリックのアイデンティティ（alcoholic identity）を通して作動する。だからこそミーティングにおいて、メンバーは毎回「アルコホリックの Dawn です」といったぐあいに自己紹介を行うのだ。DTC においてもやはり、こうしたアディクトのアイデンティティの真理が開陳されなければならない。アディクションは DTC のクライアントにとって本質的なものなのである。

統治のテクノロジーとしてのアイデンティティの中心性を把握するうえで、Foucault は「その人自身が経験してきたことや培ってきた知識は、(統治) スキームに従っていかに組織化されるのだろうか。そのスキームはいかにして定義され、価値づけられ、推奨され、押しつけられるのだろうか」（Foucault 1994：87）と問いかけることが有益であると示唆している。こうした問いを探求することは、自己を中枢におく統治レジームの本質に対する特別な洞察を導くだろう。DTC に特有の文脈を考えることで Foucault の最初の問いに答えようとするならば、DTC のスキームのすべては、自らのアディクションに関するアディクト自身の個人的知識を基礎に置いている、と言える。自己に関するこの知識がなければ、その者は否認をしている、ということになるだろう。後述するように、否認の状態は介入可能性を否定するものではないが、それは DTC によって提供されるものとは異なる種類の干渉を必要としていく。

単にアディクションであることを開陳することは、DTC の統治スキームを促進するために十分なものではない。私だったら、DTC において自分がアディクションであることを告白しつつ、それに対して何らかの取り組みをすることにまったく興味を示さないかもしれない。しかし私は、「自分自身を変えたい」「自分の習慣を止めたい」という希望を欠いている時点でプログラムに参加することはできないだろう。ここに、Foucault の２番目の問いに対する（部分的な）答えがある。DTC におけるアディクトのアイデンティティを通した統治は、対象者がその統治を受け入れ、降伏するときにのみ生起し得る。このことは、DTC をこれまで長く続いてきたアディクトの治療実践の流れのなかにしっかりと位置づけるものである（Valverde 1998b、White 1998 = 2007）。トロント DTC（TDTC）の広報映像では、刑務所のなかにいる将来のクライアント候補とセラピストとの面接シーンが映されている。そこでは、セラピストは最初のアセスメントをクライアントに対して大量の質問を浴びせることからはじめている。続いて、セラピストはDTCに登録されることで生じる嫌になるほどたくさんの義務について説明する。そして最後に、プログラムに参加したらいかに忙しくなるかを強調し、本当にプログラムに参加したいと思っているのかどうかをたずねるのだ。クライアントが何度も「クラックを絶対にやめたいと思っているので、ぜひプログラムに参加したい」という「誓い」を立てたところで、セラピストはクライアントがDTCに登録されることに同意するのである。

加えて、DTCのクライアント候補は、第4章で述べた心理的な伝統（the psy tradition）から直接に由来する概念である個人的な動機づけを、高い度合いで示さなければならない（Prochaska 1999、Prochaska et al. 1988）。個人的動機づけのアセスメントは、DTCのプロセスのなかでも基底的なものである。犯罪者が変化に向けた個人的動機づけを有していないのであれば、DTCがその者に対してできることは少ないとされる。トロント、バンクーバー双方のDTCの裁判官は、動機づけが低下していくように見える犯罪者に対処するなかで、しばしばこのことを強調していた。こうしたケースでは、裁判官は「私たちがあなたのためにできることはありません」とか「あなたが自分自身のために変わりたいと思わなければなりません」といった言葉をかけていた。上記の例が示すより重要な点は、個人の動機づけはインテークにおいて常に疑問に付されるということである。先に挙げたDonovanの例では、彼は自分自身の物質使用癖を変えたいという一定程度の動機づけを示さなければならなかった。DTCにおいて動機づけを表明することに加えて、DTCのクライアント候補はなぜ自分がDTCのプログラムに参加したいと思うのかを説明した手紙をDTCに送るよう、裁判官に依頼されるかもしれない。裁判官はその手紙を読みあげたりはしないものの、「子どもを取り戻すというのはいい目標になりますね」とか「いい感じですね。目の前の大変な仕事に取り掛かる準備ができたようですね」といった具合に、DTCのなかで手紙についてしばしばコメントを付す。TDTCの広報映像の例では、動機づけのアセスメントはセラピストにとっての目標ともなっていた。映像のなかでセラピストは、例えばわれわれ大学教員が定員超過のクラスから学生を選抜する際に用いるのと似ていなくもない戦術を展開している。セラピストは、将来のクライアント候補が変わりたいと「真剣」に思っているかどうかを確かめるために、DTCでやらなければならないことの量とその困難性を強調するのである。

⑵ アディクトである保護観察対象者を見つけ出す

保護観察官（probation officer: PO）は、DTC において見られたような、自己への気づきに向けたある種の意欲を示した対象者に安心して向きあうことができるわけではない。保護観察対象者は、対象者同士はもちろん、たいていは保護観察官とも初対面の状態で保護観察所にやってくる[*6]。保護観察官がいかなる働きかけが必要なのかを見極めることができてはじめて対象者への処遇が可能になるため、保護観察にとって対象者を知るということは極めて大切であり、保護観察対象者の異常性が（あるとすればその場で）明らかにされなければらない。よって、アディクションを含むさまざまな犯罪的要素を解明するプロセスの一部として、保険数理的かつ臨床的なアセスメントが展開されることになる。

1995 年から 2003 年までオンタリオ州において続いた保守党政権下において、州の刑罰実践の変革が行われた（第 2 章を参照。また、Moore and Hannah-Moffat 2002 を見よ）。その改革プロジェクトの一部が、2000 年 9 月に導入された保護観察処遇実践モデル（the Probation and Parole Service Delivery Model: PPSDM）であった。このモデルは、「再犯に最も強く関連することが知られる犯罪誘発的要因により一層フォーカスし」、「再犯率に対してポジティヴなインパクトを示してきた経験的データに基づくアプローチ（empirically based approach）」を通した「犯罪者マネジメントの仕事」を標準化するための基礎を築くものだったと言える（OMCS 2001：1）。PPSDM は、保護観察官がそれぞれの対象者のケースを最も効率的にマネージできるように標準化されたアセスメントと介入のプロセスを定式化している[*7]。このモデルにおいて、ケース・マネジメントは犯罪者個々の「ニーズ」を同定するという形態をとる。PPSDM によれば、核となる犯罪誘発的問題に対処するためにデザインされた 5 種類のプログラムが存在する。「アンガー・マネジメント」「物質乱用」「抗犯罪的思考」「性犯罪者」「配偶者虐待」である[*8]。私が調査をしていた期間中においては、オンタリオ州内どこにおいても実施されていたプログラムは、物質乱用と怒りにターゲット化するもののみであった。そのなかでも物質乱用プログラムは最も古く、登録者の数も最も多かった。トレーニング・マニュアルには、プログラムに参加する保護観察対象者が選抜される詳細なプロセスが描かれている。プロセスは 2 つの段階からなる。第一段階においては、その対象者が物質乱用にターゲット化したプログラムへのニーズを有しているか、介入に値する十分な再犯リスクを示しているか、ということを決定するために、保護観察官は保険数理的・臨床的アセスメントのテクニック（物質乱用のレベルを評価するための一連の保険数理的アセスメント・ツールを含む）を用いる。これが第一段階の選抜である――同時に、対象者の保護観察期間がプログラムを修了するに足る十分な長さであるかどうかもチェックされる。そして、第二段階として、このリストに残った者を対象に、ファシリテーターが面接を実施し、プログラムに参加する動機づけを評価していく。DTC と同じように、ここでも有望なのは、自身の物質乱用行為を変えたいという関心を開示し、プログラムをやり遂げるコミットメントを表明する者である。

しかしながら―― PPSDM が自己認識（self-knowledge）こそがプログラムに登録されるうえで大切なことだと示唆しているのに対して――実際には、参加者を選抜するうえでそれはまったく重視されていないように思える。私の調査では、PPSDM において実施された選抜は**ほとんどなかった**のだ。PPSDM が、犯罪病理は保険数理的アセスメントや自己開示によって了解されると示唆するにもかかわらず、物質乱用プログラムに参加することになった保護観察対象者は、詳細かつ系統的な選抜プロセスを経て選ばれたのではなく、もっとずっと恣意的な（randam）方法で選ばれていた。私のインタヴューにおいて、保護観察対象者たちは、自分たちがプログラムに参加することになったのは、裁判官に勧められたから、もしくは、担当の保護観察官が「それがいいかもしれないと考えた（thought it would be a good idea）」からだと述べている。私のインタヴュー対象者の内、担当の保護観察官に対して自分のアディクションについての開示を行ったり、物質乱用問題への対処を手助けしてくれるよう依頼したと答えた者は誰もいなかった。かれらは、保護観察官と物質乱用に関する簡単な会話を交わしただけで、結果としてプログラムに参加するようにとの裁判からの指示に基づいて保護観察官から令状を交付されたのだと答えていた。

このプログラムのエートスは、保護観察対象者が実際の行為選択に直面するなかでかれらをいかに支援するか、ではなく、対象者が自分自身についての真理を理解することができるよう後押しするためにプログラムの全体がデザインされる、という考え方を支持している。プログラムは、「変容は選択だ（Change Is a Choice）」と名づけられ、Prochaska と DiClemente（DiClemente and Prochaska 1998）によって開発された「変容段階（Stage of Change: SOC）」治療モデルに基づいている。SOC モデルは禁煙の動機づけのために考案されたものであるが、それ以来あらゆる種類の「ライフスタイル修正（lifestyle modification）」のための施策（摂食障害、肥満、買い物強迫、アディクションの治療）に採用されてきた。認知行動療法と密接な関係を有し、DTCと同様の倫理に基づくこのモデルは、動機づけの問題から出発する。個人が特定の習慣や振舞いを変えるためには、まず最初にそれを変えたいと思わなければならない（Prochaska et al. 1988）。続いて、「変容に向けたレディネス」の４つの段階（前思索（precontemplation）、思索（contemplation）、行動（action）、維持（maintenance））の内、どこに位置しているかが評価される。SOCパラダイムに属する実務家の役割は、対象者がどの段階にあっても対応し、段階移行を促進する治療的テクニックを活用することである。対象者は、問題となっている振舞いが止まるまで、それぞれの異なる段階を線型的に移動していくよう期待される。そして、新たなライフスタイルを不断に維持するべく取り組むのである。

「変容は選択だ」プログラムは、前思索段階か思索段階のどちらかにいる保護観察対象者にターゲット化する。要するにそれは、まだ自分の物質使用行為を変えようとは考えていない人々や、変えようと考えつつある人々に対応するためにデザインされたわけである（Cox 2001）。実際には、このことは自分が物質使用問題を抱えていることを頑なに認めない人たちはプログラムからほぼ排除されているということを意味している。保護観察官がひとたび対象者の真理に到達したとして、それでもなお対象者がアディクトの自己アイデンティティを持たないのだとすればそれはおかしい。保護観察対象者がアディクトであることを認めないとすれば、その者は前思索段階にあると理解される（もしくは否認していると捉えられるかもしれない）。プログラムのゴールは、上で述べたような前思索段階にある者に対処していくなかで、かれらが自身についての真理を理解するよう手助けすること、そしてそのためにも物質使用習慣を変えようとする動機づけを促進することである。

ある参加者[*9]は、自分がプログラムに参加するようになった経験を以下のように説明している。

> 担当の保護観察官と話したとき、俺が以前に司法システムにつながった経験がなかったものだから、彼は観察前調査（pre-probation report）をやったんだ。俺が質問に正直に答える前にね。そんでもって、俺は今あんたに話してるのとまったく同じことを彼に話したのさ。アルコールを飲んでいて、ときどきは他のレクリエーショナル・ドラッグもやってたってね。次にもう１人の女性保護観察官の方を見たら、彼女もまったく同じ質問をしてきた。で、俺も同じ答えを返したわけ。俺の観察前調査報告には「彼は

上手に自分の（物質使用に関する）問題を隠している」って書かれていた。だから俺は担当保護観察官に会ったときにこう言ってやったのさ。「あんたにひとつ質問しなくちゃならない。あの男性保護観察官は一滴も飲まないのかい？」。彼女は「飲みません」と答えやがった。で、「じゃああんたは？」と聞いたら「飲みません」だってさ。俺は言ったね。「なるほど。なんで俺がアルコールや薬物問題の観点から調べられてるのか、率直に言って理解できたような気がするよ」。

（フィールドノーツからの引用）

彼が感じたのは、担当の保護観察官の目には、薬物使用を認めることはすなわちアディクトであることを認めることにほかならない、ということである。裁判官も保護観察官も、犯行時には彼はいかなる物質の影響下にもなかったことを認めていた、と彼は述べている[*10]。にもかかわらず、彼の薬物使用と犯罪行為との結びつきは認定されているのである。

別の保護観察対象者が、これと似たような話を語っている。彼は、裁判官と保護観察官の両者が、彼が薬物の影響下で運転を行ったという前科に関連した問題を抱えていると結論づけていると感じていた。彼の現在の罪状は家庭内暴力であり、彼は今回の犯行時の状況にいかなる薬物も影響していないと主張している。しかしながら、彼自身の言葉によれば「俺がドアを開けて入っていった瞬間に、やつらは俺が問題を抱えてるって決めつけやがった。あいつらがしなくちゃなならなかったのは俺の過去（前科）を見ることだけ。それで十分だったってわけさ」。例として挙げたこの２人の男性は、かれら自身の真理から逃れることは許されなかった――たとえかれらはそれを正しくないと感じていたとしても。アディクトの自己は、いったん刑事司法システムのもとで発見されると、かれらにとって真実のアイデンティティとなってしまうのである。

Foucault は、人間の変容を志向するすべてのリベラルなレジームにおいて自己の真理の実現がいかに重要かを指摘している。Foucault（1994）にとって、リベラルな自己変容は、個人的倫理の発達や自己への配慮の諸実践を通して達成されるものである[*11]。Foucault は、個人的倫理の発達に際して、そこには欲望や衝動といった自己の「暗黒」面に関する告解（個々人の自己をめぐる十分な開示）の要素がなければならないことを示唆している。SOC モデルの使用は、犯罪者／アディクト（criminal addict）にとって望ましい倫理が発達するためのひとつの枠組みをもたらす。保護観察対象者の物質使用問題に対する否認は、単に想定内というだけでなく、プログラムの鍵となる土台のひとつを構成するのだ。重要なのは、このプログラムのゴールは、DTCとは異なり、アディクトを治療することではなく、諸個人に変容段階を上昇移動させることにあるという点である。このことは、プログラムのゴールが、保護観察官にとってはすでに自明の自己に関する真理――かれらは物質乱用問題を抱えているのだ、という真理――を保護観察対象者に受け入れさせる（ないしは受け入れることを熟考させる）点に置かれていることを意味する。この真理は、上で見たように、その対象者自身によって、そして（少なくとも見た限りにおいては）保護観察官によってもたらされる必要がある。トレーニング・マニュアルのなかに記載されている保護観察官のための記述からは、プログラムのなかで語られる自己の真理の重要性が見てとれる。そこでの記述――プログラムの最初のセッションの間に読むこととされている――には、「一連のセッションは、アルコールや薬物が対象者にとっても問題であるということをかれらが決意するのを手助けするための情報を提供することを目的にデザインされている。多くの犯罪者はいくつかの点でアルコールや薬物の問題を抱えていたのであり、これらの問題はかれらの犯罪行為に関わっていたものかもしれない」という保護観察官の言葉が記載されている（Cox 2001：34）。保護観察官が対象者に対して、かれらには物質使用の問題があることを伝えなければならないわけではない。そうではなく、これは対象者自身が自らの力でたどり着くべき（だと期待される）真理なのだ――保護観察官はその旅路のガイド役を務めるのだが。アディクトとしての保護観察対象者のアイデンティティに対する見かけ上の価値中立的装いにもかかわらず、保護観察官は物質使用について対象者に教育を行い、自分自身の真理を発見するための手段（このケースでは自己評価票（self-assessment form））を提供するというかたちでこのプロセスに参与する。自身の物質乱用問題について告解する準備がすでにできている対象者は、変容段階を上昇し、行動を起こし、ついには自分自身の振舞いを変える用意があると判断されることになる。

最初の「変容は選択だ」プログラムのセッションにおいて保護観察対象者に与えられる自己評価票からは教えられることが多い。自己スクリーニングに関するすべての質問は個人化され、対象者がそれまでの人生における自身の物質使用について考えることを求めるものになっている。スクリーニングの解答集によれば、たった1問でも「yes」と答えることは、当該個人が初期段階のアディクションにあることを示唆する。自己評価票の質問群は、特定の犯罪者／アディクトの自己像を描き出すものとなっているのだ。例えば、質問8は罪の意識について対象者に尋ねるものとなっているのに対して、質問11は言い逃れや言い訳に関するものである。保護観察対象者がスクリーニングを進むにつれて、物質使用のインパクト（そして同様にそこで示唆されるアディクションの深刻さ）は高まると考えられている。質問の後半部分は被収容歴、健康状態、薬物使用の衝動、慢性使用、怒り、コントロールの喪失、といった事柄に関わるものだ。スクリーニングの解答集では、もし対象者が最後の12個の質問のいずれかに「yes」と答えた場合には、その者は後期段階のアディクションにある、と理解されることとされている。

このスクリーニングを通して構成される個人は、ネオリベラルなチョイス・メイキングの主体（Rose 1998）とはかけ離れたものである。その個人は窮地に追い詰められ、困難な状況に陥っており、絶望ゆえに神に救済を求めようとしているのだ（実際、質問34は神に救済を求めるかどうかを尋ねる質問である）。彼もしくは彼女は自己決定や感情の自己コントロールができず、一貫性のない人生を送っており、何かに対して怒り、独創性や野心は欠如している。この者は、自身の自由を失ってしまっているのである（Valverde 1998b）。薬物使用に関する古典的な物語によれば、アディクションは人間を薬物の奴隷にしてしまい、その者の犯罪性によって示されている個人的衰え（decay）や健康被害、信仰への目覚めをもたらす、ということになっている（Berridge and Edwards 1981、White 1998 = 2007）。この物語において召喚されている自己とは奴隷であり、物質使用ゆえに自由から遠ざけられており、真なる自己を発見したり、倫理的となったり、そして究極的には自由になることもできない（Valverde and O'Malley 2004）。この自己はわずかの（もしくはそれほどわずかとは言えない）沈黙の内に道徳化されている。同時に、犯罪者／アディクトは自分たちが変化したいと思っているのかどうかを実際に選べるわけではない（Hannah-Moffat 2000）。ひとたび自己評価票を記入し終えたならば、その対象者が自分の薬物使用に問題を見出さなかったり、その問題に取り組む必要を感じなかったりすることは不可能である。なぜなら、自己評価票におけるスクリーニングはアディクトを解放（liberation）への途上に位置づけるためにデザインされているにもかかわらず、同時にかれらを端的に一種の選択不可能な人間として強固に固定するからである。例えば、自己スクリーニングにおける質問24は、「何かが起こるまで待つ」ことを支持しつつ、保護観察対象者が自身の自己決定不可能性を認識するよう助言を行っている。アディクションの問題に取り組まない、という「選択」を行うことは、単にその者がアディクトであることを示すもうひとつの指標とみなされるに過ぎない。すべての道は同じ地点へとつながっているのだ。こうしたことに加えて、犯罪者／アディクトのこの形象は、保護観察官によって実施されるアセスメントではなく、自己スクリーニングを通して立ち現れるという点が決定的に重要である——たとえ対象者が最初にプログラムに組み入れられたのがアセスメントを通してであったとしても。自らの手でアセスメントを終えることで、保護観察対象者は自身による真理の語りに責任を負わされ、自己の本質に関する自分自身の結論に到達させられるのである。この責任化された（responsibilized）主体は、ネオリベラリズムの試金石である（O'Malley 1996）。責任化された主体は、自己統治（self-government）や自己配慮（self-care）の一手段として、自己支配（self-subjection）を入け容れることが可能になる（Cruikshank 1996）。

見てきたようなセッティングのなかで展開されているアディクションのディスコースに気づかずにいるのはまず不可能なことであろう。毎年、私は自分の「薬物」のクラスにおいて、学生たちに保護観察対象者が課されているのと同じ自己診断をやってもらっている。毎年、クラスのかなりの数（たいていは半分以上）の学生が深刻なアディクション問題を抱えているという結果が出る。学生たちは結果を笑い飛ばすわけだが、私がかれらに対して「あなたたちは否認の状態にある」と伝えると、かれらは仕掛けられた罠に気づきはじめる。人間を統治可能なものとするためにアイデンティティの罠にはめることは、想像された規範からの（たいていは道徳的）逸脱ゆえに規格化（normalization）する必要のある者に対処するときは特に、ありふれた戦略となるのだ。Goffman（1961 = 1984）は、人間を精神病患者に仕立てあげるためにその者の個人史を探求しようとするやり方に結びつけてこのことを論じている。「ほとんどどんな人のライフコースにしろ、診療記録に記載された病院収容を正当化する根拠を裏づけるに十分なほどの不面目な事実を露呈するだろうことも、同様に真実と思われるのだ」（Goffman 1961 = 1984：166）。Goffman にとって、アセスメントや試験が、特定個人の歴史に関する一連の非 - 真理（untruths）をつなぎあわせることによって構成された嘘（lies）を作りあげているわけではない。このプロジェクトはそれよりはるかに微妙で繊細なものである。アセスメントは、選択された真理（truth）をまとめあわせることを通して作動するのであり、それは Goffman が「社会的再加工（social reworking）」と名づけた実践と重なる。その目標は、特定の統治可能なアイデンティティに到達できるよう諸個人の歴史を組織化することである。[*12] DTC での検察官によるケース・ファイル・レヴューや、保護観察プログラムにおけるより個人化された自己アセスメント（そこでは対象者に自分の人生全体について熟考するように求める）の使用を思い起こさせるようなやり方で、Goffmanは精神病患者の個人史のなかから「重要」な要素を慎重に選び出すことを通して行われる社会的再加工が、精神病院へのコミットメントに際して個人に課される権力を第一義的に正当化するものとして機能する、と述べている。

> 患者の過去の生活に基づいた病歴の構成（the case history construction）には、患者は入院前からずっと発病への道をたどっており、ついに彼の病は重篤となり、もし入院させられなかったら病状はいっそう重篤となったはずである、ということを立証する効果がある。
>
> （Goffman 1961 = 1984：153）

精神病患者を精神病患者として仕立てあげることは、（その者が精神的に病んでいるという主張の真偽のほどには関係なく）彼または彼女に対してなされる諸介入を開始し、促進するうえで重要な目的を構成する。それゆえに、アディクションに対する治療という文脈においても、個人史が特定の統治可能なアイデンティティを打ち立てるために検討に付され、再加工されるのである。

同様のことは、アディクションのアセスメント過程に関してもあてはまる。私のクラスの学生とて、複数回にわたって我を忘れるほどに泥酔したり、パーティで大量のコカインを吸引したり、悪質なアシッドを試してみたり、アルコールにエクスタシーを混ぜて飲んだことがあるかもしれない。そのいずれであれ、結果として入院ということになったり、友人からの厳しい叱責を受けたり、スピリチュアルな支援に救いを求めることになったり、あるいは拘置所の単独室のなかでちょっとした回復を経験する、といった帰結を迎える可能性がある。しかしながらそこでは同時に、どのくらい真剣に勉学に励んでいたかとか、高等教育修了のための単位取得がもうすぐであるとか、通常のクラスの出席率はどのくらいだとか、そうしたその他の個人的真理がアセスメントを通して明らかにされるなどといったことはないはずだ。こうした要素が確認されれば、もしかすると私のクラスの大多数の学生が死に瀕した深刻な物質乱用者ではなく、勤勉な大学生であることが明らかとなるかもしれないのに、である。さて、上のケースと同様に、the Ministryのクライアントたちも、そこで実施されるアセスメントを通しては明らかとならない自己の真理を有している。実際に私がインタヴューした3名の男性は専門職に就き、5名は安定した家庭と中等後教育の学歴を有しており、4名はそれ以前は一度も法に触れる行為をしたことがなかった。しかしながら、the Ministryのアセスメントを通して要請される個人的ナラティヴにおいて、こうした真理が存在する余地はない。自己評価票のようなツールは、アディクション問題を“同定する（identify）”のに役立つ個人史の特定の諸側面を明らかにするように意図されたものなのである。

2．自己への配慮

ひとたびアディクトのアイデンティティが確立されると、それはあらゆるかたちの介入や権力の行使を正当化することになる。そこで行使される権力は、特定の倫理の発達を通した自己統治の実践を促進することを念頭に置いている。もしある者が自分に割り当てられたアイデンティティを受け入れるのであれば、かれらは自分をいかに配慮するかを学ぶことを通して自身の変容のプロジェクトのなかに位置づけられるのである。GoffmanとFoucaultは揃って、統治の諸戦略における自己への配慮の実践の重要性を指摘している。

Rabinow（2003）によれば、Foucaultによる「自己への配慮」の概念は以下のように定義される。

> それゆえ、自己への配慮は単に何らかの意識状態をさすのではない。それは活動なのだ。さらに言えば、それはあれやこれやの状況にただ単に適合する活動というわけでもなく、生活の全側面におけるひとつの本質的次元なのだ。それは生活形態の構成的要素であり、それゆえある意味でより広範な教授学（pedagogy）の一部なのである。……とはいえ、自己への配慮はそれ以上のものである。それは人間が通過するひとつのステージ（もしくは複数のステージ）以上のものなのだ。自己への配慮はまた、批判（critique）の一形態でもある。つまり、悪い行いを改め、善い行いを習得する、といったことを通した不断の自己点検に伴われた自己への批判である。……自己への配慮は、道徳的実在がいかにして生きられねばならないかということに関する不可欠の側面となる。この心構えや実践は確かに自己への配慮に特化したものではあるが、それはなにも孤独な振舞いというわけではない。実際には、自己への配慮の実践は他者との関係性の複雑なネットワークを通り抜けることになる。自己への配慮は極めて社会的なも

のであり、自己から他者・モノ・出来事へと向かい、そして再び自己に戻ってくるような志向性を帯びているのである。

(Rabinow 2003：9)

Foucault（1994）は、自己への配慮を率直に統治の一技法として位置づけている。自己への配慮は、古代ギリシャにルーツを持ち、西洋世界の統治性の一部をなす支配の一戦略である。自己の倫理を発達させることは人口を築きあげ、特定の社会関係を通した権力構造を維持することに密接に結びついた政治的プロジェクトなのである。このプロジェクトの実施に際しては、自己は慎重な精査と熟考を通して知られなければならないし、ひとたび知られたならば配慮されなければならない。自己への配慮は「単なる関心事 (preoccupation) ではなく、一式の生業 (occupation) なのだ。それは……一家の主が自らの活動について語る際に用いられるものであり、臣下の面倒を見る支配者の仕事であり、病人や怪我人に対して与えられなければならない配慮でもある」(Foucault 1994：50)。それゆえ、自己への配慮はアクティヴかつ生涯にわたる統治のプロセスであり、それは個人に焦点化するものの、統治的権威によって直接的／間接的に導かれるものでもあると言えよう。

自己への配慮の実践は、特定のアイデンティティによって形作られる。精神科医による自己への配慮は、患者による自己への配慮とは異なっている。これらの諸アイデンティティは、実践上のアスピレーションを構成する。「こうした自己の諸実践の共通の目的は――それらのなかに差異をはらみつつも――完全に一般的な原理である自己への転換（conversion to self）によって特徴づけられ得る」(Foucault 1994：64)。自己への配慮は自己変容に関連するものであり、自分自身の自己に到達し、特定のアイデンティティに目覚め、当該アイデンティティを通して導かれる指示に従って自身を統治すべく行動することなのである。この変容を遂げた自己は、明確な役割を引き受け、義務を遂行する能力を持ち、その能力を用いて不断の自己点検と自己管理に従事するに違いない。それゆえ、必要な限りずっと、自分自身を順応（adjust）させ続けるということになるのである（Cruikshank 1996)。

Foucault の自己への配慮の概念は、すぐさま Rose（1998）による心理学の系譜学に関する研究に引き継がれた。Rose の研究は、Foucault の考えを手堅い経験的研究のなかに位置づけた点、自己への配慮の実践が統治の実践といかに結びつくかを示した点、そして――私の関心にとっては最も有益な点だが

——心理学がいかにして自身を他の実践や制度に接合しようとし、支配の現代的戦略のなかに固く結びつけようとしたのかを明らかにした点において、信じがたいほど価値のあるものであったと言える。Rose（1998）の最終章において、Rose はわれわれに知識のヒエラルキー的モデル——専門性が下向きにのみ流れるようなモデル——を提示している。私の考えでは、ネットワークのアプローチを用いることによって、知識が専門的な諸アクターの間の扁平面上を循環すると想定することができるように思う。自己への配慮に関してもまったく同じ議論を引き受けてみよう。Rose にとっては、自己への配慮はトップダウンであり、自己の諸実践はより広範な統治戦略の反復として理解される。私が以下で記述することも、そのいくつかに関しては Rose のモデルを支持していると言えよう。公的なディスコースや統治実践のレンズを通してまなざすとき、自己への配慮は確かにトップダウンである。しかしながら同時に、諸個人はそんな統治戦略を転覆しようとするような（少なくともそれに対抗しようとするような）自己への配慮の諸実践に従事することがある。以下の２つの節において——まずはトップダウンの統治形態をとる自己への配慮を考察することからはじめ、続いて「ローレベル（low-level）」の諸実践に目を向けるという順番で——この議論を展開させてみたい。

Rose（1998）が示しているように、統治の諸実践は自己への配慮の諸実践を促進する。このことは、O'Malley（1996）が現代のリスク管理スキームにおける自己責任の役割について論じるなかで明らかにしている点や、Cruikshank（1996）がセルフ・エスティームを自己への配慮を通した統治テクニックのひとつとして位置づけている点と同様である。かれらのような研究者が論じるには、自己は従順な身体を作り出すための統治プロジェクト——たとえそれが従順な身体を自由にする、という装いをとっているとしても——に動員される。Cruikshank にとってのセルフ・エスティームは広くゆきわたった自己管理に影響を及ぼそうとする広範な政治的プロジェクトの一部であり、O'Malley の論点もそれと似たものである。彼は規律権力の中心に個人を位置づけたうえで、こうした規律権力の拡大としての自己活動や自己管理を称揚する統治スキームの実例として「リスクを通した統治」の上昇を指摘しているのである。

Goffman（1961 = 1984）もまた、自己への配慮の技法を統治戦略の拡大事例のひとつとして考察していると言える。彼は、自己と統治構造との間の根本的に重要な関係性として彼自身が理解したものを描き出すために、慎重に言葉を選びながら精神病患者の「精神的経歴（moral career)」をあとづけている。精神病患者は、効果的な自己の諸実践を通して、病院のなかで「うまくやる」（その結果として上首尾に退院する）ことを期待されている。新たな権力諸関係や病院で行われる自己に関する示唆を受け入れること、病院のルーティンに染まること、過去の振舞いに対する後悔の念を表明すること、これらすべては患者が「落ち着いてきた」ことの兆しである。精神病院のゴールとは、こうした振舞いを人々に押しつけることではなく、精神病患者が自己認識を深めて自らこれらの振舞いを採用するようになることなのである。ただし、精神病院における自己のレジームが規律のテクニックを欠いているというわけではない。Goffman は、より居心地のよい環境のなかで一層の快適生活が提供されることを通して、いかに特定の自己のあり方が見返りを受けるかを示すひとつの例として、精神病院の病棟システムを理解している。

小括しよう。まず、DTC と保護観察プログラムの両者を駆動しているアディクションの回復モデルは、アディクトのアイデンティティを認識するところからスタートする。ひとたびこの自己が確立すると、次なる段階は自己への配慮のやり方を教えるべく対象者に介入することである。ここでの自己への配慮は３つの側面からなる。第一に、個人は己を知ろうと慎重につとめなければならない（これは Rabinow（2003）が教授学（pedagogy）という言葉で述べたことでもある)。換言すれば、個人は自分の薬物への渇望の引き金を引くのは何なのかに気づいていなければならないということでもある。第二に、個人は自己への配慮が単なる自己認識（self-knowing）とは異なるものであることに気づく必要がある。Foucault（1994）が述べるように、これは自己に関するアクティヴな倫理の発達に関連している。自己への配慮は行動（doing）でもあるのだ。犯罪者／アディクトは必ずやこの自己に関する知識（self-knowledge）に基づいて行為しなくてはならない。かれらは自分自身の引き金に対処（cope）するための、そして薬物を止めるという決心が揺らいでしまうような状況を避けるための、自己への配慮の特定のテクニックを展開できるようにならなければならないのである。そして第三に、個人は喜んで自身を作り変え（remake）なければならない。

(1)　自己への配慮と DTC

DTC のクライアントは——そもそもアディクションであることに疑いをさしはさむことはできないのであるが——自身の変容を開始するのに必要な自己

の概念をしっかりと抱いている。それゆえに、DTC における強調点の多くは、自己への配慮の実践を発達させ、研ぎ澄ますことに置かれることになる。しかしながらこのことは、自己認識の実践がアディクションや犯罪に対する罪の意識の受容を通して完遂されるべき、と考えられていることを意味しない。自己に関する知識は、絶えず進化していくものなのである（Rabinow 2003、Rose 1998）。DTC においては、クライアントはより一層自己点検を深いものとすべく励むよう促される。そこでは、この自己の教授学は常に交渉され続けるのである。

DTC は、クライアントが自分自身を知るために、実にさまざまなやり方で働きかける。先述したように、インテークの際にクライアントは、自らがアディクションであることを認めていること、そして自身の物質使用習慣を変える動機づけがあることを表明すること、という２点において自己に関する知識を開陳するよう求められる。クライアントがDTC においてうまくやるために、自己に関する知識が重要となるもうひとつの局面は、リラプスへの対処（processing relapse）をめぐるものである。DTC において薬物使用への逆戻りとなるリラプスは想定内の出来事であり、それ自体で即座に罰則の対象となることはない。しかしながら、罰則の対象となり得るのは、クライアントがリラプスに適切に対処せず、それについての熟考を怠った場合である。クライアントは、彼または彼女がそれについての洞察（insight）を示した場合に、リラプスにうまく対処したものとみなされるのである。TDTC からの以下の例がこのことを説明してくれる。

> George は彼の重度の（fill-blown）リラプスについて説明をするよう、裁判官の前に呼び出された。George は法廷において以下のことを語った。ガールフレンドと別れたことがきっかけで、彼は大酒をあおり、コカイン・コデイン・鎮痛剤・モルヒネを含むあらゆる物質を使用したこと。そして、それに加えて、ここ２週間の間 DTC を欠席し続けてしまったこと。検察官は George を厳罰に処したがっているようで、保釈の取り消しを提案していた。裁判官は George に対して、この提案に応答するように促した。彼は自分がセカンド・チャンスに値すると述べ、自分は「自らのリラプスに対処し（processed relapse）、なぜ使ってしまったのか、引き金（triggers）が何だったのか、といったことについての明確な理解を得た」のだと説明した。George はまた、裁判官に対して、自分は回復に向けて真摯に取り

組んでおり、DTCの人々の支えを借りながら「このリラプスを乗り越え、もう一度回復の軌道に乗る（get back on track）」ことに自信を持っていると述べた。裁判官は、Georgeの洞察の度合いを見ることができてうれしい、と伝えたうえで、にもかかわらず再使用（slip）に対して「さらなる対処を行う（further process）」ためにも、Georgeは被収容下でいくばくかの時間を過ごすのが有益だろうと答えたのだった。

（フィールドノーツからの引用）

知識のネットワークの話を思い出してもよいが、上のやりとりのなかで、GeorgeがDTCの専門家たちによって使用されているのと同じ——アディクションからの回復に関連した——隠語を用いていたことに留意するのは重要なことである。彼は「引き金」「リラプス」「対処」といったキー・ワードを用いていた。セルフヘルプ運動の上昇を通したセラピー言語のポピュラー化や、George自身が何度も治療の場に置かれていたことをふまえると、彼がこうした言語を用いていたのは驚くべきことではない。セラピー的知識がDTCのセラピストの手から離れただけではなく、アディクションや回復に関する言語はますます日常世界の一部になっているのである。かつては「セルフヘルプ」の札が掲げられていた本屋の棚は、いまやアディクションや回復を含むさまざまなジャンルのなかに分散するようになっている。「引き金」「動機づけ」「対処」といったものはすべてある共通言語の一部なのである。[*13] Georgeは自身の自己に関する知識を示すために、こうした語彙を配列したのだと考えることができよう。彼は確かに再使用（slip）してしまった。しかしながら、リラプスに対処しようと配慮し、洞察を重ね、こうした挫折から回復しようとする動機づけを示したのである。ただしこの事例は、自己への配慮をしたからといってDTCの包括的な統治権力からクライアントが逃れることができるということを意味するわけではない、ということを示すものでもある。むしろこの事例では、薬物使用に関するさらなる洞察を促すために、DTCは施設収容という「構造化された」セッティングをGeorgeに科すことを決めたのだった。

DTCからの承認を得るために、自己に関する知識は必ずしも回復のセラピー的言語のなかに含まれる必要はない。例えば、VDTCにおける、プログラム修了に向けたSkipの2回目の挑戦を見てみよう。まず裁判官が、今回彼がプログラムをうまくやり遂げたと思う理由について尋ねると、彼は「私は自分がそこにいたくないと思うような場所にいます。私は戦場を離れたいし、平和条約に調印したいのです」と答えた。それに対して裁判官は「うん。その発言には前進が見られますね」と返答した。Skip は、自らの物質使用習慣を変容させるために、そしてトリートメントの言語を用いることなく自己を再発見するために、動機づけを駆り立てることに成功したと言える。彼は、アディクトのアイデンティティの受容と動機づけとを、彼自身の言葉を用いて変容に関連づけたのである。

DTC のクライアントは、自己への配慮のための実践を発展させるよう、促される。アディクションからの回復の言語においては、自己への配慮の多くは引き金への対処という点に結びつけられてイメージされる。そこで考えられているのは、アディクションの根源が「引き金を引くこと」「薬物使用を渇望すること」に存しているということである。もしどのように渇望に対処すべきかを人に教えることができるのであれば、その人はどのように薬物使用を止めることができるかについて学ぶことができよう。

ブリティッシュ・コロンビア政府は、月に一度の決められた日に、すべての対象者に社会扶助小切手（social assistance cheque）を配布している。薬物使用者たちのコミュニティにとって、この日はお祭り騒ぎの雰囲気を帯びた「福祉の水曜日（welfare Wednesday）」として知られている。この日の評判と効果については、VDTC 内でもよく知られている。私がインタヴューした実務家たちは、福祉の水曜日の翌日がひと月のなかで最も逮捕者、入院者、DTC への欠席者の割合が高い日となると述べている。福祉の水曜日に開かれる DTC のセッションでは、引き金への対処プランを考案することに力点が置かれる。クライアントは、当日からに 3 日後までのプランを DTC に説明するよう求められる。「善い」プランには、通常、解毒治療の登録のためにダウンタウンの中心地に出かけたり、街の郊外に出かけて（薬物使用とは無関係の）家族と過ごしたりすることが含まれる。トリートメント・センターに参加したり、セラピストや他の支援者たちと密接に連絡をとりあったりすることもまた、実行可能な戦略である。これらのスキームはすべて、福祉小切手大量発行後のバンクーバーの薬物コミュニティを特徴づける使用の激増にさらされること、そして何より手持ちのお金を有してしまうこと、といった引き金に DTC のクライアントたちが対処するのを手助けするように意図されているのである。示唆的なのは、クライアントたちはこの期間中、強制的にどこかに閉じ込められているわけでも、DTC の統制下に置かれるわけでもないという点であろう。許容される自己への配慮の実践に向けてクライアントを教育するという大きな方針の一部として、クライアントたちは自分自身のプランを彫琢するように求められる。そして、それがDTCに報告され、承認されるのである。

自己への配慮には自己を変容させることが含まれる、というFoucault（1994）の観察通り、クライアントたちはまた、よりよい配慮に向けた努力の一環として自分自身を再発見するよう勧奨される。ここで想定されているのは、古い自己は逆機能的であり、新たな自己の開花が可能になるよう脱却されなければならない、ということである。Rabinow（2003）は、自己への配慮を、倫理をめぐる生涯にわたる闘いだと述べている。それゆえ、自己への配慮を通して生起する変容は限りのあるものでもなければ、ある特定の瞬間に発生するようなものでもないのである――たとえ、DTCにおける回復のディスコースにとって「底つき（bottoming out）」のストーリーが極めて重要であるとしても（Nolan 2001＝2006、より広範な問題についてはValverde 1998b）。自己への配慮が自己の再創造（remaking）に関わるものとされている一方で、この再創造は再交渉（renegotiation）の拡大プロジェクトでもある。Goffman（1961＝1984）は、このことを精神病院でのインテークの様子を記述するなかで示している。精神病患者はさまざまな点においてアイデンティティを喪失している。かれらは自分の所有物を奪われ、患者用の寝巻を着せられる。外界との接触は許されたとしても厳しく制限され、日々の生活は厳格に秩序化される。かれらは個人としての自律を喪失してしまうのである。そこでの自己は「（退院後の）外界」へのより善い適応に向けて再構築されなければならないとして、ほとんど消去されてしまう。退院後には、患者たちは新たな自己を維持し、それをさらに進化させるのに助けとなるような諸テクノロジーを装備するのである（Rabinow 2003）。繰り返すが、ここでの理想的なシナリオとは、精神病患者を自分自身の再創造への積極的参加者（active participant）として仕立てあげることなのだ。Goffman や Foucault が指摘していたように、ポイントは人間をひとつの集合（an aggregate）の一部として構成することではない。そうではなく、これらの自己のプロジェクトは極めて個人化されたものであり、何が健康的か／善いか／許容可能か、といったことに関する特定の規範を活用するのである。そして、そうした規範の内部においてのみ、個人が自らの自己実現に向かっていくように促すのである。

こうした自己の剥奪と再創造は、DTCにおいてもおなじみのものである。プログラムに参加すると、クライアントが一番最初に求められるのは古い自己を捨てることである。トロントとバンクーバーのDTCでは、クライアントたちは仕事のことを忘れ、古い（薬物使用者の）仲間たちと別れ、自身を家族的責任から解放するように期待される。このことは女性のクライアントにとって特別な問題をもたらしてしまう。薬物歴や犯罪歴ゆえに、DTCのプログラムの初期段階にいる女性たちのほとんどは子どもの親権を喪失しているのだが[*14]、「アディクションからの回復の初期段階にいる女性は、親業によって回復を妨げられるべきではない」という理由でDTCはやり方を変えようとはしない。DTCのこうしたやり方に不満を持つ女性たちは子どもの親権をなるべく早く取り戻そうとするわけだが、裁判官から決まって非難を受けることになってしまう。裁判官にとっては、自分の子どもの面倒を見ようとする前に「まずかれら自身の面倒を見る」ことができなければならないのである。回復の初期段階において女性たちは、薬物を止めるための真剣な取り組みに完全に集中できるよう、現状の責任を完全に手放すことが求められるのだ。

女性がアディクションからの回復のために母親業を中断しなければならない一方で、すべてのDTCのクライアントは、古い自己を捨て去るプロセスにおいてある一定の裁量を許されてもいる。このことは特にVDTCにおいてそうだと言えるだろう。VDTCは、かなり進歩的なことであるが、薬物使用者が薬物コミュニティのなかで他の使用者とサポーティヴで重要かつ健康的な関係を築くことが可能であると認識している。それゆえ、VDTCは、もし仮にクライアントの周りにある程度の支援や世話を提供してくれるような者がいるのであれば、すべての薬物使用仲間との関係を捨て去るよう積極的に促すことはしない。ただ、２つのDTCにはともに、クライアントがつながってからおおむね３～６か月の内に重要な変容が起こるはずだという想定があるように思われる。この時点までに顕著な自己の変容を示さない者については、原則的にDTCから排除されることになるし、変容した者については――クライアントが古い自己のあり方に舞い戻ってしまったと思われるような出来事があれば、DTCがすぐさま警告を発することができるように――慎重にモニターされることになる。そうすることで、DTCはクライアントたちが長期にわたるプロジェクト――再使用（slip）から身を守るための絶え間ない警戒と修正（Rose 2003）を必要とするプロジェクト――に従事していることを再認識させることができるのである。

古い自己を参照することは、裁判官が深刻な警告を発するうえでよく見られるやり方である。例えば、あるTDTCの男性クライアントが、過去２週間にわたってほぼコンスタントにヘロインを使い続けていたことを裁判官に報告しにやってきたことがあった。その裁判官は彼に向かって「どうして自分自身への手綱を緩めてしまったのですか。どうして古いあなたに逆戻りしてしまったのですか。私は本当に失望していますよ」と伝えたのだった。２つのDTCにおいては、クライアントたちは決まって、古い自己を露わにしたり、それに似てきたりすることを諌められる。犯罪者／アディクトの古い自己は望ましくない性格なのである。DTCのプログラムを通して発明された新たな自己とは異なり、古い自己は洞察と自己に関する知識を欠いており、それゆえに自己に配慮する能力を持たない。そのような自己はまた、しばしば魅力に欠け、没感情的で興味を惹かれないものである。他方で、新たな自己は自己への配慮のすべての特徴を備えている。新たな自己は、回復の初期段階においては重荷であった親業や仕事といったかつての役割を取り戻すことができる。そして、引き金への対処の仕方を身につけ、新たな友達に囲まれ、見映えや健康状態もよくなり、自分自身に対する肯定的な感情を持っている。

新たに発明された薬物とは無縁の自己は、大まかに３か月ごとに行われるDTCの卒業式において強調される。それは成功裏にプログラムを修了したクライアントたちのための／にとってのお祝いとしてデザインされ、しばしば大がかりな行事となる。TDTCでは、卒業式はオーク材の羽目板が張られた法廷において行われる（通常のDTCはそれよりも大幅に質素で、印象深い装飾などは一切ないその場しのぎといった感じの部屋で開かれる）。要人（や出資者）たちに加え、過去の卒業生たちも招かれる。通常は２、３人のクライアントの卒業式が一度に行われるが、それぞれ個別に裁判官の前に呼ばれ、個人ごとにDTCの職員からの拍手喝さいを受ける。裁判官に加え、たいていは法律家、トリートメントの連絡調整担当、各クライアントの担当セラピストなどが、クライアントの成長や達成、将来の目標などについて話をする。各クライアントはまた、DTCに注意を振り向けるために招かれているとも言える。卒業式の目的はクライアント個人の成功を祝うことだけではなく、すべてのDTCクライアント（かれらは出席が義務づけられる）に対してクリーンになることの価値を強調し、アディクションからの成功裏の回復とはどのようなものかに関する特定のビジョンを与えることでもある。

VDTCにおけるShellyのケースは、卒業式が新たに鋳造された薬物に無縁な自己自覚的・自己配慮的主体という特定の概念をいかにして植えつけるのかということに加え、こうした主体がいかにジェンダー化されたものであるかを示す好例である。

> VDTCにおけるShelleyの卒業式では、職員たちがかわるがわる彼女に対する肯定的なコメントを付していった。国選弁護人は、彼が最初にShelleyに出会った日と比べて、彼女の態度も見た目も異なっていることを指摘した。連絡調整担当の職員は、仕事を見つけたり子どもと再びつながるようになったりと、彼女は人生におけるたくさんの肯定的な変容を遂げたとコメントした。彼は他のプログラム・クライアントたちにとって、彼女がひとつのロール・モデルになると保証した。スピーチを促されると、彼女は涙をこらえながらDTCにつながる前の自分の人生について語った。セックス・ワーカーとして長く働いてきた彼女は、絶えず性的／身体的暴力の犠牲者となってきた。彼女はついに泣きはじめ、新しい自分になったと感じること、そしてクリーンであることに心から感謝していることを述べた。
>
> （フィールドノーツからの引用）

Shellyの卒業式は、徹頭徹尾、彼女の事前の自己と事後の自己に関わる出来事であったと言える。DTCにつながる以前は、彼女の生活は暴力と不安定性に取り巻かれたものであり、子どもたちの世話をすることもできなかった。例のごとく、彼女の魅力に欠ける人生は、彼女の「態度と見た目」にあらわれていたが、Shelleyの「事後」のイメージは、変化した自己であり、仕事ができ（employable）、母性のある、魅力的で感じのよいものとなっていた。この種のコメントは、女性がDTCを卒業する際になされるものが何であるかを反映している。男性が卒業するときに見た目や子育てについて言及されることはめったにない。Shelleyを成功した卒業生とならしめたのは、自分自身を適切かつ魅力的で母性的な人間へと作り変えた彼女の能力である。何が女性を「非犯罪的」なものにするかについてのこうしたビジョンは、ジェンダー規範としてよりよく記述されている（Boritch 1997、Bosworth 1999、Hannah-Moffat 2001、Smart 1995）。

こうしたジェンダー化はさておいても、成功したDTCのクライアントは最初にDTCにつながったときとはまったく異なる人物なのである。最も重要なのは、こうしたディスコースのなかに自己への配慮が浸透していることに注意を払いつつ、クライアントは「自己」を実践していた（he did this “himself”）ということだ。卒業式の強調点の多くは、クライアント自身が自分の回復にどのくらい粘り強く取り組んでいるか、といった点に置かれている。例えば、Tim が VDTC を卒業した際、彼が DTC が与えてくれた助力と支援のすべてに過度とも映る感謝を示していたのに対して、裁判官は次のように答えていた。「それはあなたなのですよ、Tim。われわれは構造を提供したけれど、あなた自身が取り組んだのです。そしてこれからはあなたが自分の人生を切り開いていかねばなりません。われわれは新たな人生においてもあなたがそれに取り組み続けていくことを信じていますよ」。クライアントは人生に取り組むことへの専心を称賛され、自分自身が本当に願っている何かのために取り組まねばならなかったこと、そしてこれからも取り組み続けなければならないことがいかにハードであるかを想起させられるのである。

DTC のクライアントは、自己への配慮の概念を体現することができる。アディクトのアイデンティティを獲得するなかで、DTC のクライアントは薬物使用者としての自己をよりよく知ろうと取り組む。この自己に関する知識は、解放に向けた手がかりである。なぜなら、自分自身についてよりよく知れば知るほど、クライアントは自らを薬物使用に導いた人生における諸々をよりよく同定することができるのだから。引き金を知れば、それをもっと上手に避けることができるだろう。自己について知り、そして引き金を避けること、というこのプロセスは、意図された自己破壊と再構築のひとつとなる。DTC のクライアントは、薬物使用をもたらすような自分自身の古い自己のすべてのピースを脱ぎ捨て、薬物を使用しない仲間、地元からの引っ越し (geographic relocation)、そしてセルフヘルプ・ミーティングといった「健康的」な諸特徴でもってそれを置き換えるのである。

(2) 保護観察対象者の自己

保護観察プログラムを通して自己への配慮のやり方を学ぶことは、DTC において活用されていたものと比べるとずいぶん受動的なプロセスであると言える。保護観察プログラムは、対象者が自己に関する真理を受け入れ、その真理の周りにいかにして個人的倫理を発達させるかを学ぶよう促すような、教育的ツールとして機能することが意図されている。プログラム自体が保護観察対象者にアディクションであることを受け入れさせるように目的化されているので、概してそれは教育的なものになるのである。こうした方向性は、DTC プログラムにおいて特徴的だったセラピー的な関与といったものをおおむね欠いていると言えよう。保護観察対象者は、まずもって自分自身が物質使用を止めたいかどうかをより上手に「選択する」ことができるようになるために、物質乱用に関して学ばなければならない。ひとたび対象者がこの選択をしたならば、かれらは処遇の選択肢を変更することを求められる。「変容は選択だ」プログラムの特徴がよりよく理解できるのは、保護観察官がプログラムを提供するのをガイドするためのプログラム・マニュアルにおいてである。そのマニュアルには、保護観察官が対象者に「あなたはアディクトだ」と直接伝えることなしに自己の真理に気づかせ、その真理に働きかけ（ることで変容段階（stages of change）を上昇させ）ようとする際の諸テクニックについて詳説されている。

プログラムの意図や中身に関してはDTCと大きく異なっている一方で、「変容は選択だ」プログラムはそれでもやはり対象者に自己への配慮のやり方を教えることをめざしていると言える。このことの多くは、アディクトのアイデンティティ構成（the constitution of the addict identity）のうえに基礎を置いている。プログラムは4つのセッションに分かれている。第一セッションの目的は「薬物およびアルコールとその効果についての一般的で導入的な情報を提供すること、そして、この情報を犯罪者が自分流にアレンジする機会を提供すること」（Cox 2001:34）である。セッションは、「保護観察官はすべての対象者がアディクションの問題を有しているとは想定していない」という留保からはじまる一方で、トレーニング・マニュアルには第一セッションのなかの3番目の項目として、保護観察官に引き金に対する対処戦略について討議するようにとの指示がある。マニュアルは、担当の保護観察官に対して、「4つのセッションを通して、ビデオと討議の両方またはいずれか一方は、それがいかに興味深く有益なものであったとしても一部のメンバーにとっては衝動や渇望の引き金を引くものになるかもしれない、という情報をグループに提供するように」（Cox 2001：35）促している。マニュアルによれば、第一セッションを通して、保護観察官は引き金に対処する際のさまざまに異なる戦略についてグループとともにブレイン・ストーミングをするべきである。薬物を使用したいという衝動を感じる保護観察対象者は、自己に関するポジティヴな考えを行使するように、今自分が経験していることは渇望であると認めるように、使用してしまった際のネガティヴな帰結について考えるように、そして、単純に「ストップ・サイン（a stop sign）について考える」ように励まされる。そこでは、引き金への対処法が前景化していることから、グループ・メンバーはアディクションの問題を抱えている、という保護観察官の想定が存在していることが強く示唆されるのである——たとえ保護観察官がそれとは正反対のことを言いながら討議をまとめているとしても。

第一セッションにおいて保護観察対象者は、『バランスの問題』(薬物使用の悪影響に関するフィルム作品)を視聴し、自分自身の薬物使用が「バランスを欠いた」ものであるかどうかをいかにして知ることができるかについての一般討議を行う。それから、対象者は自分自身の習慣について個人的に熟考し、自分の薬物使用におけるバランスについて考えるよう求められる。、また、このセッションでは、対象者はアディクション処遇プログラムに関する配布物を手渡される。

第二セッションも目的は第一セッションと同様である。焦点は、自らの習慣を変更すべきか否かに関する対象者の決定を促進する点に置かれる。繰り返すが、マニュアルでは保護観察官に対して「アディクション」というような表現を用いないように注意が促されており、その代わりに、自分がどの地点にいるのかを対象者自身が判断するのを手助けするように保護観察官に求めている。ただ、そのためには、保護観察対象者は自分の薬物使用に関するコスト・ベネフィット分析——それは、薬物使用が「割にあう (worth it)」かどうかを判別する手助けとなるようにデザインされている——を行うように方向づけられる必要がある。第二セッションでは、薬物使用が割にあわないことを示すさまざまな警告サイン (warning signs) が保護観察対象者に対して例示される。前述した自己スクリーニングの場合と同様に、保護観察対象者が法を犯したり、アクシデントに巻き込まれたり、成績の低下に気づいたり、仕事をさぼりがちになったり、物忘れが起きたり、もしくは薬物に多額のお金をつぎ込むようになったりすれば、それらはアディクションの「警告サイン」なのであって、明らかにかれらの物質使用は「割にあわ」ないということになる。

第三セッションでは、引き金に対する対処スキルを練習することの重要性が強調される。そこでは、長期にわたる自己への配慮の諸戦略を対象者が身につけるためのテクニックが提供される (Rabinow 2003)。瞑想や漸進的筋弛緩法 (progressive muscle relaxation) についての教育のほかに、治療先を探す方法、治療過程にとっての障壁 (例えば「否認」) を変化させるやり方についての教育が行われる。

このセッションにおいて保護観察対象者は、『否認の壁』というタイトルのビデオを視聴しなければならないが、そこでは第二セッションにおいて登場したものと類似の「警告サイン」が明確に提示される一方で、アディクトは本質的に自らのアディクションを否認するものだとの断定が見られる。否認状態のアディクトの映像が、個人が否認に陥ってしまう理由や否認状態のネガティヴな効果を説明するナレーションに伴われて映し出される。ある場面のナレーションでは、「われわれが否認状態にあるとき、アディクションはそれ自体がその深刻さと強度を増大させてしまうような振舞い、信念、そして感情をわれわれに課してくるのである」(Rabinow 2003：59) と述べられる。

第四セッション（最終セッション）はまとめのセッションであり、保護観察対象者によるプログラム評価票への記入、対処戦略の復習、保護観察官によるコミュニティにおいて利用可能なトリートメント・サービスに関する追加的情報の提供、などが実施される。このプログラムが保護観察対象者に自身のアディクションについて気づかせることを目的としてデザインされているという事実は、プログラム評価に関する報告のなかにおいても強調されている。そこでは、プログラムの効果を示す指標として、アディクションであることを認めた対象者の数と、プログラム修了後にトリートメントを求めた対象者の数を採用しているのである。それにもかかわらず、プログラム・マニュアルにおいては繰り返し、保護観察官は単に対象者に対して「あなたはアディクションの問題を抱えている」と伝えるのではなく対象者の側での気づきを促すべきである、との留意がなされる。このように、保護観察対象者はここでの介入においてまさに中心に位置づけられ、変容のプロセスにおける自分自身のエージェントとして見出されていると言えよう。ただ、「あなたはアディクトだと言われているわけではない、あなた自身が変わらなければならない」という繰り返される呼びかけは、明らかにプログラムの根底にあるそれとは正反対のメッセージによって抑制される。プログラムのすべては特定のアイデンティティ形態としての自己に気づくこと、これに関連しているのである。(先述した) 保護観察対象者に対する自己診断が実質的にすべての者をアディクトのアイデンティティのなかに迎え入れるようデザインされていたように、「変容は選択だ」プログラムも、そのすべてが保護観察対象者にこの特定のアイデンティティを気づかせるようデザインされているのだ。「誰もあなたをアディクトと決めつけたりはしない」と言われた矢先に、保護観察対象者はいかにして渇望に対処すべきかを語りあうことをグループ・メンバーに求めるセッションに参加しなければならない。かれらは、多くのコストがアディクションの警告サインでもあるような自身の物質使用について、コスト・ベネフィット分析に取り組むよう求められる。対象者は否認について教えられ、いかにしてアディクションがこの否認状態を作りだし、支えるのかを学ぶ。そして最後に、すべてのセッションにおいて、いかにしてアディクション問題に関する手助けを求めるべきかについての情報が提供されるのである。

「変容は選択だ」プログラムは、Rose（1998）の言うトップダウン型の自己への配慮と非常によく似ている。Roseの術語系を用いるのなら、保護観察対象者はたったひとつの自己――アディクト――の発明しか許されないような状況に置かれたうえで、「自己を発明する」よう責任化されるのである。その他の自己理解や結論は、端的に否認の一形態とみなされてしまう。対象者は、特定の自己実現の方向に水路づけられることにより、こうした文脈下で自己への配慮を行うよう求められる。対処スキルの行使を学び、それを実践しはじめることや、さらなるトリートメントを探し求めることは、こうした形態の自己への配慮にとって、長い目で見た場合のゴールなのである。

法律違反者に対して実施されるこの種の諸介入を探求するなかで、アディクトのアイデンティティがひとつの接近／認識可能な場として浮かび上がってくる。保護観察対象者とDTCのクライアントの両者がこのアイデンティティのもとに構成されるとき、かれらは自身の変容のプロセスのなかに迎え入れられ、自己に関する真理を受け入れることができるようになるよう求められ、そして、広範な統治戦略の一環としての自己への配慮を実践するのである（Rabinow 2003、Rose 1998）。けれども、こうしたトップダウン型の自己への配慮は、保護観察対象者やDTCのクライアントが与えられたセッティングのなかで自己への配慮を行う際の唯一の手段というわけではない。かれらは、統治の一戦略として繰り返される自己への配慮の実践に従事することが求められると同時に、自分たち自身による自己統治の実践にも従事しているのである。そして、そうした自己統治は、従属させられた状況を自ら操舵するための手助けとなると同時に、そこでの従属に対するひとつの応答としても機能していくことになる。

3．抵抗

DTCのプログラムとThe Ministryでの保護観察プログラムは、両者ともにアディクトのアイデンティティを通して作動し、ひとつの統治レジームを発生させるものであったと言える。自己への気づき、自己への配慮、そして自己変容といったものに対する強調が、「遠隔的（at a distance）」に作動する統制の一戦略（Rose 1996b）を作り出すのに成功する一方で、保護観察対象者とDTCのクライアントたちに対して、かれらを統治可能な主体へと変容させるべく権力が行使されているのである。犯罪者を治療することは、かれらに権力を行使することであり、かれらを従属の位置に置くことであり、かれらをより容易に望ましい主体へと作り変えるべく働きかけることなのである。とはいえ、犯罪者／アディクトの治療の企てについてこのように考えてしまうと、これらの場における権力の配分について歪んだ解釈をもたらしてしまうだろう。すなわち、保護観察所とDTCのダイナミクスは、あたかも権力のゼロサム関係（その場合、保護観察対象者やDTCのクライアントがゼロの側である）を作り出しているように見えてしまうのである。

本書を通して、私はFoucaultの権力モデルを参照点としてきた。このモデルでは、権力はゼロサム・ゲームではない。権力は関係性のなかに存するのであって、排他的に所有されたり独占されることはない。権力は関係的であるがゆえに、統治レジームに関与する者は皆——それが従属させられた側であっても——権力を行使することができるのである。Foucaultは以下のように述べている。

> 私は物質としての権力を仮定しているわけではないのです。私は単純に、ある権力関係があるところには抵抗の可能性がある、と言っているのです。われわれが権力にとらわれている、というようなことは決してありません。決定された条件下において、もしくは後続する精緻な戦略下において、権力の影響力を修正することは常に可能なのです。
>
> （Sawicki 1991：25より引用）

権力関係のなかで抵抗は常に可能である——この点に共鳴しつつRose（1998）は、自己の構成や自己への配慮についての研究を行うなかで、構成されている個人と構成する側の権威や体制との間の葛藤は当然起こり得るものであると述べている。自己は、自己への配慮や統治戦略の一部としてつねに発明／再発明されるものであるため、やがて衝突（contestation）へと至らざるを得ない。Rose自身はこの術語を用いることをためらっているものの、ここでの私の目的に照らせば、抵抗（resistance）という語でこの衝突を考察することが有益であろう。抵抗、自己、そしてアイデンティティは互いに密接に結びついている。この点は、アイデンティティ・ポリティクスを通して抵抗を考察することで容易に理解されよう。女性は、「われわれは男性と同等の安心も安全も与えられていない」ということを主張する一手段として、「テイク・バック・

ザ・ナイト（Take Back the Night）」のデモ行進[訳注31]に毎年参加し続ける。これもFoucaultが思い描いた抵抗のひとつであろう。アイデンティティ・ポリティクスを通した抵抗はしばしば組織化され、戦略的で、ターゲット化されたものとなる。

抵抗は、アイデンティティ・ポリティクスの境界――それは明確とは言えないものの――の外側で生起することもある。それは自然発生的／非組織的／非戦略的であり、あいまいなものとなり得るだろう。DTCのクライアントや保護観察対象者は、この種の抵抗を見せていると考えられる。かれらは自らに対して行使される権力を転覆させようと試みる。私は（この種の抵抗が、しばしば政治的なものと理解されるだろうことを了解したうえで）、少なくともこの文脈における抵抗は、自己への配慮に対するある種の対抗実践（counter-practice）、もしくは必ずしも政治的基盤を持たない自己に関する転覆的な（subverted）倫理としても現出し得ることを示唆したい。

女性刑務所におけるアイデンティティと抵抗に関するBosworthの研究（Bosworth 1999）がここで役に立つだろう。Foucaultを想起しながら、Bosworth（1999）は「抵抗は、権力と同様にどこにでもあるものだ」（Bosworth 1999：130）と述べる。彼女の議論によれば、抵抗は以下の理由から便利な概念であるという。

> 抵抗は、さもなくば見過ごされるかもしれないようなたくさんの些細な振舞いや反抗に注意を払うことによって、権力関係を中断させる小さな企てを明らかにする。これらの従属的な振舞いを批判の一形態として認めることは、内部の権力関係が見かけほど固定されたものでも不変のものでもないことを例証しているのである。
>
> （Bosworth 1999：130）

Bosworthが観察したたくさんの些細な抵抗の振舞いは、Roseが想定した自己をめぐる衝突に関連するものであった。アディクトのアイデンティティは

訳注31　「テイク・バック・ザ・ナイト」は、1970年代のアメリカ合衆国で、レイプをはじめとするあらゆる性暴力に反対する目的ではじまったデモ行進、集会等の総称であり、現在では「テイク・バック・ザ・ナイト財団」として世界30か国以上でさまざまな活動を行っている。性暴力の被害を恐れて夜間に自由に出歩くことのできない女性の状況を問題化する意図を持って、Anne Prideが1977年にピッツバーグで開かれた反暴力集会の記念講演のなかで用いた「テイク・バック・ザ・ナイト（夜を（女性たちのもとに）取り戻せ）」が活動名の由来となっている。

刑事司法的介入の第一義的な場であり、変容のプロジェクトの主要ターゲットであるがゆえに、自己をめぐる衝突は、刑事司法システムのなかに絡めとられた者が自己への配慮に関する転覆的な思惑を実践しようとする際のひとつの重要な手段となる。それは、かれらが刑事上の処罰を受け、変容していくプロセスにおいて、自分自身を支援するひとつのやり方を提供するものでもある。Rose（1999）は、介入と葛藤の場となる多面的自己について指摘しているが、もし仮に多面的な自己が存在するのであれば、多様な形態の自己への配慮が存在するはずであろう。自己への配慮は単なる統治のテクノロジーであるばかりではない。それは抵抗のテクノロジーでもあるのだ。抵抗という大まかで混乱含みのカテゴリのなかにあっても、自己への配慮は多頭の猛獣（a many-headed beast）のようなものである。保護観察対象者はしばしば自分たちに付与されるアイデンティティを明確に拒絶することによって自己への配慮に取り組む。それに対して、DTCのクライアントが取り組む抵抗は、広範なアイデンティティに関するものというよりははるかに特定の実践に関するものである。

(1) アディクトのアイデンティティを拒絶する(保護観察における自己)

保護観察対象者は自らが困難な立場に置かれていることに気づいている。たとえかれらが自分たちのことをアディクトだとは信じていないとしても、プログラムへの参加を拒否したり、保護観察官によるアディクション状態へのアセスメントを否定することによってこのアイデンティティを外見上拒絶してしまえば、それは自分が否認の状態に陥ったことを意味してしまうからである。否認の状態に陥ったとなれば、対象者は保護観察の遵守事項に違反したとみなされ、結果としてさらに厳しい介入に従属することになるかもしれない。こうした状況下で自己への配慮を行うために、保護観察対象者はアディクトのアイデンティティを受け入れるふりをすることになる。Goffmanが描いた病院職員の期待に添うように振舞う精神病患者のように、対象者は刑事司法過程に屈服（resignation）するふりをするのである。私がインタヴューした男性の内1人を除いて全員が、刑事司法システムにおける経験について、刑事司法システムに関する自分自身の感情や意見とは無関係に、単に「やり過ご」（get through）さねばならなかった出来事として語った。1人の保護観察対象者は次のように述べている。

そうだな、正直どうでもいいっていうか…。ここ（プログラム）に来るのは義務（mandated）なんだよね。１か月に１回、参加しているよ。いつも遅刻もしないし、たとえアンフェアだと思ったことでも、やらなきゃいけないことは何でもやる準備がある。義務なんだからね。何だろう、僕は自分がヤク中（druggie）じゃないって知ってるし、自分が無実だってことも知ってる。だけどここにいるんだ、そうだろう？これが終わるまでじっと待たなきゃ、ってことだよ。

（フィールドノーツからの引用）

インタヴューを通してこの男性は、刑事司法システムは人々を社会復帰させることができない、という彼自身の強い信念を繰り返し語った。彼は、刑事司法システムにおける彼の経験のすべてが脱人間化されたものであり、実際にアディクションの問題を抱えている者がこのシステムのなかでよくなることなど想像できない、と説明した。彼のコメントは、従属と自己への配慮の間の緊張を示すものであったと言える。この男性は、the Ministry での保護観察プログラムへの参加を通して、彼にアディクトのアイデンティティが割り当てられたことを知っていた。そして彼は、このアイデンティティを拒否することは自分が置かれた統制をより一層強めてしまうかもしれないということもまた、知っていたのである。アディクトのアイデンティティを拒否する彼の発言にもかかわらず、彼は保護観察の終了時期が早まることを期待して、外見上はこのプロセスに屈服することになった。

「変容は選択だ」プログラムのデザインのなかで作動しているのは、保護観察対象者の側における屈服の内の抵抗（resigned resistance）とも言うべき目算である。仮に遵守事項違反とみなされてしまえば、対象者はプログラムから脱落ということになりかねない。プログラムの第一セッションにおいて、グループ・メンバーそれぞれの参加が期待されていること、不参加は保護観察官によって遵守事項違反と判断されるということがファシリテーターから説明される。ある対象者は次のように説明していた。

俺の担当保護観察官は、俺がただそこに座って何もしないだけじゃダメだ、って最初から言ってたよ。そこにいたいと思う必要はないけど、そこに行き、参加しなくちゃダメだってね。だから俺は１回のクラスのなかで１個の質問に答えて、１個のコメントを出す、って決めたのさ。でもそれだけ。そう、「参加した」ってわけ。

（フィールドノーツからの引用）

その他ほとんどの対象者たちと同様に、この男性は自分がアディクションの問題を抱えているという認識を拒絶していた。そして、彼はプログラムに参加させられたことに対して極めて強い憤りを表明してもいた。なぜ保護観察官に対して遵守事項を守るつもりがないことをストレートに言わないのかということを尋ねた際、彼は不遵守の帰結は屈服を装うことよりも悪いものとなることを知っているからだと説明した。この男性にとって、1回のセッションにつきひとつの質問をやりとりすることによってプログラムに興味があるふりをすることは、より厳しい介入を避けるための方法だったのである。それは確かに自己のテクノロジーであり、配慮のひとつのやり方であったと言えよう。

別の男性対象者は、上記のケースと同様の彼自身の感情と、プログラムでの他の対象者の経験を次のように報告している。

> あいつら（保護観察官たち）は、全員をその気にさせようと躍起になっているのさ。そう、動機づけようとね。でも見知らぬ者同士、起訴されたとか、そういった理由でそこに座らされている者ばかりが大勢いるわけだよ。雰囲気はあんまりよくなかったよね。まあ何というか、怒りを露わにするわけでもなく、ただその場に座っているだけさ。……実際に一生懸命やろうとポジティヴに取り組んでいたのは、ほんの数名だったんじゃないかな。
>
> （フィールドノーツからの引用）

繰り返すが、屈服は、プログラムにおいてこの男性が自己を管理するやり方の内に鍵となる要素として現れている。この男性のコメントで最も興味深いのは、プログラムにおいて動機づけが占めるその中心性である。彼は、自分自身や他の対象者たちが参加を通して動機づけられるよう求められていたことに鋭く気がついていた。この文脈において、屈服は転覆（subversion）の振舞いでもある。私がインタヴューした男性たちのなかには、記事司法システムに係属するなかで、さまざまな場面でよりあからさまな形態の抵抗を行おうと試みた者たちもいた。刑務所の看守と揉め事を起こしたり、裁判官に食ってかかったり、保護観察官をののしったり、といった具合にである。しかし、こうしたすべてのケースにおいて、これらの男性たちは抵抗がもたらす影響が手ひどいものであったことを感じてもいたのである。ある男性は、刑務所の看守に「読まずにサインしろ」と言われた書類を読もうとしたという理由で、部屋のなかで2時間にわたって立たされたことを語った。目の前で保護観察官に悪態をついたために、保釈を取り消されたという者もいた。[*15] こうしたあからさまな抵抗を見せた者への手ひどい対応を考慮すると、屈服のテクニックは腑に落ちるものであると言える。屈服は命令の遵守でもなければ、不遵守でもないのである。それは、同意することも反対することもなく他者の要求を黙諾（acquiescence）することであり、「何がなされているか、そして／もしくは何が求められているか」について、双方が内に秘めた自分の見解を維持することを可能にする。

インタヴューに協力してくれた男性たちが、参加、受容、従属、といったさまざまなレベルにおいて「ふりをする」ことで保護観察プログラムをやり過ごしていたのと同様に、1人を除いたすべての保護観察対象者たちが、アディクトのアイデンティティとそれに由来する体制を断固として拒絶していたことは指摘されるべきだろう。[*16] アディクトの自己に対する応答として、対象者たちはプログラムを通して伝えられるアディクションのストーリーにフィットしない自分たちの生活の諸側面について指摘していた。ある男性は、自分が逮捕されたことに伴う帰結を次のように描写していた。

> それが起こったとき、俺は酔っぱらっていたんだ。……やつら（裁判官と保護観察官）はそのことを誤解したんだと思うね。その日は俺の誕生日だった。俺はひどく酔っ払って、ブラックアウトしちまった。それが起こったとき、俺はちょうど別世界にいたのさ。何をしていたのかまったく覚えていない。翌日になって、俺はすべてがジョークだと思った。何ていうか、台無しになったように感じたよ。なのに、俺は起訴されちまったんだ。開示された情報を読まされるときまで、自分が一体何をしたのかまったく分からなかった。
>
> （フィールドノーツからの引用）

彼は身体的危害をもたらす傷害のかどで逮捕された。彼は逮捕された夜、彼の家に押し入ろうとする一団を見つけ、殴りあいのけんかになってしまった。インタヴューのなかで、彼は自分が酔っ払いではなく、滅多に薬物も使用しないものの、その夜はただ「やりすぎて」しまったのだ、ということを繰り返した。彼は、犯行時点で中毒状態にあったために物質使用プログラムへの参加を義務づけられたのであり、長期間にわたる、目に見えるような物質使用問題を有していたからではない、とかなり強く感じてもいた。

同様のストーリーを語るインタヴュー対象者は他にもいた。やはり傷害で逮捕されたある人物は、自分は犯行時に中毒状態ですらなく、プログラムに参加させられたのは保護観察官に「あなたは機会的なアルコール・マリファナ・コカイン使用がある」と言われたからだ、と主張していた。他の調査対象者もまた、自分たちが物質使用問題を抱えていることを否定しており、かれらがイメージする犯罪者／アディクトと自分たち自身の姿を対照させていた。例えばある男性は、「自分はプログラムにいる他の負け犬たちとは違う」と説明し、「俺には教育もあるし、仕事もある。持ち家だってあるし、犯罪歴もない。ただ運が悪かっただけさ」と述べていた。別の男性も同様の心情を吐露している。「僕はヘルスケア・ワーカーなんだよ。仕事柄いつも物質乱用の問題に取り組んできたから分かるけど、僕は物質乱用じゃない。誰がアディクトか見分けられる奴がいるとすれば、それは僕のことさ」。これらの男性たちは自分たちのことをアディクトの正反対のものとみなしていた。かれらの見解では、アディクトは失業中で、ケアを必要としていて、(かれらの言葉を使えば) 負け犬なのである。そうした「負け犬たち」と並ぶとき、これらの男性たちは自分自身をプロフェッショナルで学のある人物とみなす。物質乱用ではなく、運の悪さがかれらを有罪判決へと導いたというわけだ。

保護観察対象者がこのようにアディクトのアイデンティティに対する抵抗を練りあげる一方で、その抵抗を保護観察官の面前で披露しようとする者は誰一人としていない。そうではなく、前述したような自己への配慮のテクノロジーを反映しながら、かれらはたとえ個人的にはプログラムに沿うような自己を採用することに抵抗があったとしても、プログラムの期待と「うまくやってい」こうとしていたのである。このことに関して私が保護観察対象者にたずねたとき、かれらは抵抗するよりもうまくやっていくことの方が簡単だと述べていた。プログラムや保護観察官と激しくぶつかりあうことにほとんど利益はないだろう、ということを知っていたのである。Ewick and Silbey (1998) は、この種の振舞いを「戦術的抵抗 (tactical resistance)」(Ewick and Silbey 1998 : 184) の一形態と捉えている。Ewick and Silbey (1998) における日常的なレベルでの法と私たちの相互作用に関する研究によれば、自分は法律に直接的に抵抗する権威はないと感じていたり、そうすることから得るものはないだろうと考えている人は、抵抗の形態として遠回しなやり方を展開するという。本研究の保観察対象者たちも、直接のぶつかりあいから得られるものはほとんどないと感じていたわけである。けれどもそれと同時に、対象者はthe Ministryが本研究の最終報告書を受けとるだろう、ということにも皆気がついていた。つまり、打ち解けたインタヴューという比較的安全な文脈において抵抗について語ることは――その研究成果が政府の役人たちの手にわたるのは、対象者の保護観察期間が終わってだいぶ経ってからなので――、保護観察対象者の側から見ればひとつの戦略的行為だったのである。こうした行為もまた、自己のテクノロジーのひとつである。アディクトのアイデンティティを完全に否定することは、そのアイデンティティを強固にするばかりであり（否認状態ゆえにその者はアディクトに他ならない）、プログラム内で示されたり保護観察官に向けられたりする積極的な抵抗は、保護観察条件のさらなる厳格化や違反に対する罰則、戻し収容などをもたらすかもしれない。私に対してアディクトのアイデンティティに対する抵抗について語る、ということは、保護観察対象者自身が自分たちの従属を操舵するのを可能にすると同時に、かれらの抵抗を確実に記録に残すための方法でもある。事実、最も熱心に保護観察の処遇環境に抵抗した男性たちは、かれらがプログラム、アディクトのアイデンティティ、そしてより一般的には保護観察の経験自体に対する拒絶を表明するとき、私に「このことを書き記せ」そして「絶対に出版しろ」と指示を出した者たちでもあった。

(2) 抵抗とDTC

自己への配慮の一戦略としての戦術的抵抗は、DTCにおいても明らかである。法廷は極めて公的な空間であるため、あからさまな抵抗の振舞いは迅速かつ厳格な対応を招いてしまうことになる（Ewick and Silbey 1998）。それゆえ、DTCのクライアントは極めてあいまいな転覆というべき作業に従事する。こうしたあいまいな転覆は、アディクトのアイデンティティに特に関わるものではなく―― DTCのクライアントは通常はこのアイデンティティを受け入れている――、回復を促進すべくデザインされた個々人の自己のテクノロジーを導こうとするDTCの企てに対するミクロな挑戦、といった形態をとる。

ある1人の女性の例を挙げよう。その女性は裁判官の前に召喚され、尿検査を受けなかったことについて質問を受けた。彼女は、ひどく具合が悪かったためにトリートメント・センターに検体を持っていくことができなかった、と説明した。裁判官が、なぜトリートメント・センターに電話して病気だということを伝えなかったのかと尋ねたのに対して、その女性は「そのときは本当に具合が悪く、まともに考えられないような状態だった」と答えた。結局、裁判官は次回同じことをしたら罰則対象になるとの警告を与えて、彼女を放免したのだった。彼女は傍聴席のところに戻ってくると、眉の汗をぬぐうふりをして罰則を免れた安堵を他のクライアントたちに伝えてみせた。うまく罰則を回避するなかで、この女性は刑務所収容や指導監督の強化といった帰結に陥らないよう、自己への配慮を行ったのである。処罰的帰結を芸術的にかいくぐることは、抵抗を通して繰り返される自己への配慮の一形態である。他の例では、尿検査で陽性の結果が出ること、トリートメント・グループを欠席すること、保釈中の立入制限区域で見つかることなどによる罰則を避けようとするなかで、クライアントたちはこの種の転覆作業に従事していた。

罰則をかいくぐるだけではなく、DTC のクライアントはかれらの日常生活を秩序づけようとする企てに対しても抵抗していた。VDTC においては、一貫して住居とホームレスが問題となっていた。ホームレスの人々のなかには、一時的なシェルター生活よりも、相対的に自由で、プライバシーもあり、安全なストリートでの生活を好む者がいる。多くのホームレス向けシェルターは、アルコールや薬物に対して「ゼロ・トレランス」の姿勢を見せており、それはすなわち、もし酩酊／中毒状態にある場合には宿泊できないということを意味する。シェルターは犯罪多発場所でもある。個々人の持ち物を安全に保管しておくことはまず困難であろう。シェルターにはしばしば門限や規則があり、宗教教育の存在は人々に敬遠される一因となっている。クライアントをシェルターに向かわせることは、VDTC にとって常にトラブルの種になる問題だった。フィールドノーツからの以下の記述は、このことを例証している。

> Ty が裁判官の前に立った。現時点で住むところがないので門限設定を解除してほしいと裁判官に頼んでいる。彼は友達のカウチを寝床にしているが、ストリートに戻る決意を固めるかもしれない。トリートメントの連絡調整担当が立ち上がり、裁判官に対して「シェルターのベッドは何度も何度も Ty のために確保されたが、その度に Ty は姿を現さなかった」と発言。裁判官がこのことを Ty に尋ねると、彼はどんなことがあろうとシェルターには泊まりたくない、と述べる。彼が言うには、シェルターは胸糞悪くなるような場所であり、クズのような連中や不潔な野郎どもであふれているとのこと。裁判官は Ty を叱りつけ、保釈上の遵守事項を守らなければだめだと諭す。裁判官は彼に、もしシェルターが嫌いなら住居を確保できるように生活保護を受給しなければならない、そして今夜はシェル

ターに行かねばならない、と告げた。

（フィールドノーツからの引用）

Ty にとって、シェルターを拒絶することは自律と一定の生活水準を維持するための行為だった。彼は、彼にとって何がベストなのかに関する DTC の見解と真っ向からぶつかるにもかかわらず、生活条件に関する自己の倫理を積極的に行使しようとしたのである。

DTC のクライアントたちは、アディクトのアイデンティティを自己への配慮のための一手段としてのみならず、DTC への抵抗の一手段としても使用している。TDTC における Ronald のケースがその好例であろう。

Ronald はインテークのために DTC に連れてこられている。裁判官は全般的に Ronald の記録に満足しているようで、彼が住居プランへの同意を保留するのを認めるための準備を進めている。Ronald は実家に戻ろうと計画しており、裁判官は Ronald の妻がそれに同意しているかを確認するために、妻からのチェックを必要としている。トリートメント・チームのメンバーの１人は、Ronald の妻とコンタクトをとれていないと報告する。DTC が彼の住居に関する調整状況を確認するまで、Ronald の保釈は延期されなければならない、と裁判官は決定した。Ronald はこの決定に怒り、裁判官に何か言い返しはじめる。裁判官は Ronald を連れて行くように廷吏に促す。Ronald は法廷から連れ出されながらも、こちらに聞こえるほどの声で何か罵り続けている。２日後、Ronald は再度召喚されることになる。検察官は、「前回の法廷での Ronald の爆発を鑑みるに彼は DTC プログラムに不適格だということになった」と説明する。このことが Ronald を猛烈に怒らせてしまう。彼はこの決定がアンフェアであると主張し、「俺だってアディクトなはずだろ！」と叫ぶ。彼は DTC プログラムが「でたらめ」であり、被告側弁護人を「コカイン中毒」呼ばわりする。廷吏が Ronald に手錠をはめ、彼を待機房へと連れて行った。

（フィールドノーツからの引用）

Ronald は DTC の決定に対する抵抗の一手段としてアディクトのアイデンティティを主張していたのである。彼の振舞いは、DTC で私がとりあげた他のシナリオよりもさらに極端であるとはいえ、それでもなおある特定の自己の倫理（ethic of self）に従事する企てであったと言える。Ronald は、回復支援のニーズを表明するという身振りでもって、彼を排除しようとしたDTCの誤った判断の論拠を正そうとしたのである。

DTC において、アディクトのアイデンティティは抵抗の振舞いに向けたひとつの道具として使われ得るとしても、抵抗のための土台となっているわけではない。DTC のクライアントたちは、自分たちのアイデンティティを受け入れたうえで自己を維持しようと努め、住居に関する環境調整や処罰の回避をめぐる小規模の抵抗（small scale forms of resistance）を通した対抗戦略としての自己への配慮を試みる。DTC に対する抵抗という文脈でアディクトのアイデンティティが呼び起されることがあるとすれば、それはクライアント自身のやり方による自己への配慮を行う場合にその正当性を主張するためのひとつの手段としてである。自己についての知識を深めるなかで、クライアントは、たとえ DTC によって想定されたものとは倫理的に異なるものであったとしても、自己への配慮を実践することは可能であることを主張するのである。

DTC の職員や保護観察官は、DTC のクライアントや保護観察対象者に対して、かれらを統治可能にするための一手段として、そして権力の行使の一環として、ある特定の戦略に基づく自己への配慮を教育することに関心を持っていたと言える。しかしながらこれは、DTC と保護観察という２つのサイトで実際に作動している自己への配慮のあり方として唯一のものではない。DTC のクライアントや保護観察対象者たちの側もまた、自己への配慮に関心があるのである。実際には、かれらは最初からずっと自己への配慮に従事してきていたのだ、と言ってもよい。しかし、そこでの自己の配慮の実践は、刑事司法システムによって想定されたあり方とは明らかに異なったものである。それは、クライアントや対象者たちに行使される統制を緩めるためにデザインされたものであり、オルタナティヴな自己の倫理の余地を作り出すためにデザインされたものでもあった。これまでも見てきたように、かれらは要求されたことを何とかやり過ごしたり、アディクトのアイデンティティの拒絶を確かなものとするためのテクニックを通して刑事司法システムを戦術的に転覆させたりしていた。処罰を回避したり、自分のライフスタイルを維持しようと試みることは、統治の戦略を戦術的に転覆させるための自己への配慮の一戦略である。自己への配慮はそれゆえ、統制側の戦略としても、抵抗の戦略としても、どちらでも利用可能なものなのである。

4．統治の心理学――抵抗への備え

上で見てきたような転覆の試みは、DTC 職員や保護観察官にとって想定外のものというわけではない。刑事司法システムの諸アクターは抵抗に対して直接に対抗しようとすることはせず、抵抗への応答として心理的な諸合理性（psy rationalities）を召喚していく。Rose（1998）は心理的なもののこのような用法について、以下のように述べている。

> 心理学的な諸テクニックは、自己に徳性や幸福をもたらすために、神学、道徳、身体、食事その他のレジームに侵入し、支配し、それらにとって代わるようになってきている。……もちろん、われわれの側にいて、生活上の振舞いを通してわれわれを導く専門家のすべてが心理学者ではない。にもかかわらず、かれらはますます心理学者としてトレーニングされ、心理学的な解釈学を展開し、心理学的な説明システムを活用し、そして心理学的な救済策を推奨するのである。
>
> （Rose 1998：95）

心理学的な解釈学は、統治されることへの抵抗の企てを拡散させるひとつの手段として動員されていくのである。

保護観察プログラムにおいては、保護観察官は対象者が自分自身についての真理を受け入れていると分かるときに「仕事がうまくいっている」と感じるわけであるが、対象者が真理を拒絶する場合にはそれが阻まれてしまう、というわけではない。この場合、「アディクションからの回復」というロジックが絶対確実なものとして機能する。アディクトのアイデンティティを拒絶したり、渋々処遇のプロセスに身を委ねる者は、単に「前思索（precontemplation）」の段階に留まっているとみなされるのだ。対象者がプログラムで学んだことのどれくらいが十分に理解されたのか、そして対処戦略のような諸テクノロジーが対象者の未来においてどのように再出現するか、といったことは分かりようがないのであり、だからこそこのロジックは無謬であり続ける。このプログラムの開発者によれば、保護観察対象者をプログラムに迎え入れることそれ自体がひとつの成功なのである――なぜなら、仮にその時点では対象者側に「聴き入れる準備」ができていなかったとしても、少なくともアディクションや回復に関する重要な情報に触れることにはなるのだから。たとえ仮に保護観察対象者がプログラムやそこで押しつけられるアディクトのアイデンティティに賛同していなかったとしても、かれらの「やり過ごそう（get through）」という努力は保護観察官にとっては織り込み済みである。プログラム開発者は、プログラム自体が最もやる気のない対象者に向けて特に届くようにデザインされていると説明している。事実、かれらがこのプログラムを受けているのは、まさにかれらが問題を有しているということを受け入れる準備が整っていないからに他ならない。最終的には、保護観察対象者は自分たちがプログラムのなかで学んだことを統合的に理解するような地点に到達するであろうし、自身の生活にそれを応用することができるはずだ。そしてそれゆえに、実際に自分が物質乱用の問題を抱えているのだという気づきを得るはずなのである。プログラムの目的は、アディクションの回復に向けて「種を蒔く（plant the seed）」ことなのだ。

プログラムのデザイナー[*17]によれば、同様のことは保護観察対象者がプログラムに対して行ういかなるリアクションに関してもあてはまる。仮に対象者があきらめてしまっているように見える場合でも、それは「対象者の現状（where he is at）」がそうであるというだけなのであり、その対象者はプログラムで得た情報を使用する準備が整うまで保持しておくはずだ。仮に対象者が物質乱用を自分の問題としてではなく自分以外の他者の問題としてのみ理解している場合でも、それは物質乱用について批判的に考察するための出発点であり、最終的には自らの内面に目を向けるはずなのである。プログラム・マニュアル（Cox 2001）では、前思索段階として４つのタイプが概述され、４つのタイプそれぞれに対する保護観察官向けの対処戦略が記載されている。そこにおいて保護観察官は、やる気のない対象者に対しては「繊細なフィードバック（sensitive feedback）」を、敵対的で従順でない対象者に対しては選択肢を、あきらめてしまっている対象者に対しては希望を、自らを犯罪者／アディクトのアイデンティティから合理的に説明しようとする対象者に対しては共感を、それぞれ提供するよう促されている。

同様の犯罪者／アディクトに関する考え方は、DTC における抵抗の企てを拡散させるうえでも機能する。DTC プログラムに対する関与の失敗（グループに参加しないこと、尿検査によるスクリーニングを欠席すること、リラプス（relapse）すること）は、DTC の職員チームの目には抵抗の振舞いとは映らない。そうではなく、こうした振舞いは（一定の期間プログラムに参加している者であれば）「古いやり方」へと舞い戻ってしまった指標として理解されたり、（プログラムに参加しはじめたばかりの者であれば）「動機づけの欠如」とみなされたりするのである。繰り返される「再使用（slip）」は、結果として何らかの罰則を受けたり、プログラムから除名されることにつながるかもしれない。しかし、重ねて、こうしたことは意図的な抵抗に対する処罰的な応答というわけではなく、むしろ特定の治療的目的を持ったケアの諸戦略である。この意味では、罰則は抵抗への応答ではなく、クライアントの側の治療的ニーズに対する解答なのである。DTCの権力行使に対する、クライアントたちによる抵抗の企ての実際例を見ても、DTCはクライアントの抵抗を臨床的な理由づけのもとで許容したり（尿検査を受けなかった女性の例を想起せよ）、クライアントの行為を否定する独自の治療ロジックを展開したり（シェルター行きを拒絶したTyを想起せよ）することで対応している。Ronaldがプログラムから除名されたときでさえ、DTCは彼の振舞いをあからさまな抵抗としてではなく、DTCに「うまくなじんでいない」ことの指標として理解しようとしていたのである。

5．結論

本章における私の目的は、アディクションの概念を基盤とした統治戦略の枠内で犯罪者／アディクトが構成されていくさまざまに異なるあり方を示すことであった。分析のなかでDTCとThe Ministryのプログラムの双方をデータとして用いることの利点は、それによって異なるサイトから類似の傾向が現れている様子を見ることが可能になったことである。望むらくは、本章の分析を経て「アディクトとは何らかのかたちで科学的に理解可能な存在である」といった概念が崩壊し、代わって「アディクトとは戦略的で統治可能なアイデンティティであり、広範な統治戦略を動員する属性である」といった理解がなされるとよいと思う。これらの統治戦略は、ドラッグ・アディクトという統治可能なアイデンティティを個人が受け入れるかどうか、という点にかかっている。実際、このアイデンティティを受容するのに気が進まない保護観察対象者に対しては、さまざまに異なるテクニックがそれを掻き立てるために展開されていたのだった。アディクトのアイデンティティの拒絶は、保護観察対象者の側においてより深刻な問題（否認）があることを示唆するものであり、統治側の失敗とみなされることはない。DTCのクライアントたちに明らかだったように、アディクトのアイデンティティを受け入れている者は、究極的に自己を作り変えるための自己への配慮を責任を持って実践するよう、訓練されるのである。けれども、こうしたセッティングのなかでの自己への配慮は、刑事司法システムにおける変容のプロジェクトの一テクニックに他ならないわけではない。それは同時に抵抗の一実践でもあるのだ。保護観察対象者やDTCのクライアントは、自分なりの自己への配慮の諸テクニックを展開することを通して、個人的な行為や自己の観念を維持する。とはいえ、私としては（もちろんそうした例はいくつかあるとはいえ）、こうした自己についての対抗実践は必ずや戦術的なものだとか、転覆的なものだとかみなすのにはためらいがある。多くの実例において――例えば本章で登場した、ストリートに留まる許可を得ようと奮闘したTyのように――こうした対抗的な自己への配慮の諸実践は端的に生存に関わるものであり、ある意味での個人的尊厳を維持するためのものであり、自律性を行使するための企てだった。また、生成的な能力を有する法律違反者と権力との間の進行中の対話を考慮すれば、これらの抵抗の振舞いは権威を有する側によってすでに織り込み済みなのである。かれらはそれらを抵抗の振舞いとしてではなく、より深刻な個人的病理の証左と見る。そしてそれがより一層の治療的介入の必要性を示唆するのである。

私の分析は、どちらかの側が「勝利」して、どちらかの側が「敗北」するような、そうした究極的な手段を同定するためのイデオロギー的な試みではない。包括的な統治スキームに対して（もしくは互いに）従属したり転覆したりしようとする者たちの企てが成功したか失敗したかを評定することを通して権力の強さを測るようなことに、私の興味はない。どちらかの側（sides）ということを定義している時点で私は間違っているのではないかとさえ思う。そうではなく、私はある特定のサイトにおける権力諸関係をあとづけること、そして人々が支配の対象者と統治者の両方として振舞うことを可能にするさまざまに異なるやり方を示すことに興味を持っているのである。人々は、ある統治関係のなかで自分自身の権力を行使する一手段として、自己への配慮のようなリベラルな統治戦略を用いることができる。（法律違反者たちのような）より極端な形態の統制下に置かれた者でさえ、普段はかれらを従属させるために用いられる特定のテクノロジーや言語、そしてアイデンティティまでもを、そうした統治関係を転覆するための一手段として活用することができるのである。

第6章

結論

私は、われわれの時代における興味深い社会的構成物として犯罪者／アディクトを把握するために、たくさんの理論的／方法論的ツールを用いてきた。この形象に働きかけ、その周りに発達している関係性やつながりに関する広範な調査を行うことによって、犯罪者／アディクトを覆うネットワークの存在が明らかになった。このネットワークの内部において、犯罪者／アディクトはそれ自体が互いに影響を与えあうような広範にわたる諸介入に影響を受け、同時にそれらに影響を与えるのである。こうしたアプローチは、関わりの相互性（interconnections）と言うべきものを示してくれるものであろう。そしてそれゆえに、いかなるアクター、客体、知識、統治的心性もこのサイトの外部に立つことはできない、という理解をもたらしてもくれる。薬物、薬物使用者、国家の交わりに注目することを通して、私は犯罪者／アディクトが乱雑な偶有性の布置を通して統治される事例を描出したわけである。

偶有性に向きあうとはいえ、私の研究は犯罪者／アディクトに対する処遇の無秩序性を整序することを志向したわけではない。本書における処方箋の欠如は、私のプロジェクトの本質について熟考した結果なのである。Foucaultの仕事はしばしば、研究対象となっている諸サイトに対する鈍感さゆえに以下のように批判される。彼はアカデミックな仕事において監獄や精神医療システムに関する提言を行うことを明白に拒絶しているがゆえに——とはいえ彼は他の文脈においては活動家の帽子をかぶっているのであるが——、彼の仕事はよくて脱政治的（apolitical）、悪く言えば政治的闘争を掘り崩すには締まりのない不明瞭な試みなのである、と（Naffine 1996）。Foucault自身はこうした批判に対して自覚的であり、以下のような明確な応答を行っている。

（実務家たちにとっては）私の書物に「何がなされるべきか」ということ

を教えてくれるアドヴァイスや指示が見つかるはずはありません。とはいえ、私の計画とは、まさにかれらが「何をすればよいのか分からない」ようにすることなのです。つまり、それまでかれらにとって当然のなりゆきであった行為や身振りや言説といったものが、問題含みで、困難で、危険なものとなるように仕向けることなのです。

(Foucault 1991b：84)

Foucaultは、彼の仕事の目的は既存の前提を不安定化させ、確立した諸実践や論理を掘り崩し、さもなくば問題化されることのなかった支配の諸形態を問いに付すように強いることであると主張している。こうした取り組みは思考の規範的な枠組みに挑戦しようとするものであるがゆえに、「最良のもの」とか「正しいこと」に関する処方箋を期待することへの対抗構想であると言えよう。

著作の末尾において、Latour（1993 = 2008）は以下のように結論を述べている。「さあ、これで私の仕事は終わりだ。あちこちに散在していた比較人類学の主題を寄せ集め、哲学者として、そして1人の有権者としてできることはやった。これでモノの議会（the Parliament of Things）を開催することができるだろう」（Latour 1993 = 2008：242-243)。Foucaultが混乱を引き起こすことをねらいとしたのだとすれば、Latourがねらいとしたのが寄せ集め（gather together）である。この両者のねらいは相互排他的なものではない。両者はともに、真理（や権力、知識）を再発明することではなく、それらが何なのかに関する異なる思考のやり方を提供することを目的としているからである。こうした試みの効果は（それこそがLatourが諌めたところのものであったが)、物質的なものを否定することではなく、それを取り巻く前提を混乱させることなのだ。混乱を引き起こすことは、それ自体重要かつ豊かなプロジェクトである。このプロジェクトは、Latourが示唆するように、異なるプロジェクトに従事する他のアクター――望むらくは本書のような常識破壊的な取り組み（disruptive work）を知り、その上に自分のプロジェクトを組み立てることのできるアクター――に引き継がれていく。それゆえに、それを通して犯罪者／アディクトが発見／構成されるような、さまざまな問題、権力の諸関係、行為のネットワークを明らかにすることで十分なのである。よそ者が、「どのように行為すべきか（how to go about their business)」を伝えてくれる権威者の存在を想定することなど、およそおこがましいことだろう。私は権力のダイナミクスに関するある特定の観察――統治の諸心性に挑戦するような観察――を行うことで、それ（that business）に関する異なる思考のやり方を提案しているのである。

私の主たる関心のひとつは、「犯罪者／アディクトは自然な真理であり、事実としての人間存在である」とする強固に確立された文化的、統治的、臨床的前提に挑戦することである。もちろん、私にはドラッグ・アディクションや薬物犯罪の物質的リアリティを無視しようなどという関心は毛頭ない。私の関心は、前提視されている犯罪者／アディクトを構成しているつながりを断ち切ることにある。犯罪者／アディクトは――ホモセクシュアルがそうであるように――作られたものなのだ。この形象は、戦略的かつ偶像的な存在であるような、ある特定の人間の種類（human kind）なのである（Hacking 1999 = 2006）。犯罪者／アディクトは政治的必要性から生み出されたのであり、衰えゆく福祉国家から上昇するネオリベラリズムまでを通底する刑事司法における変容のプロジェクトを推進する導管のひとつなのだ。それぞれの時代において、犯罪者／アディクトは政治的景観のなかに注ぎ入れられ、周りの環境の輪郭にフィットするように姿を変えてきた。1960 年代には福祉国家的なケースとして、自身の病気や衝動の前に屈服し、ホリスティックなケアや注目を必要とした。そして 1990 年代にはネオリベラルな主体として、自身の非理性的な思考過程に躓きながらもアディクションからの回復を志向しようと選択する完全な自由を有し、自分自身を犯罪的ライフスタイルから引き戻す者とみなされた。犯罪者／アディクトは、犯罪原因の根本に位置づくものなどではまったくなく、まったく異なる問い――広範かつ明白に社会的なプロジェクトであったものが衰退しつつある政治的環境において、いかにして外見上は慈悲深く、変容志向の刑事司法アジェンダを維持することができるのか？――への解答なのである。

政治的戦略におけるひとつの道具であるのと同様に、犯罪者／アディクトは使用する薬物によってその振舞いが組織化されるような文化的比喩でもある。薬物使用者は薬物の犠牲者であり、使用者は薬物によって作り出される。部分的には薬物の臨床的行為の物質性によってもたらされるその生成的能力は、薬物の文化的表象を見ることで最もよく理解できるだろう。薬物の犯罪誘発的表象は 1 世紀を超える歴史を持ち、北米文化のなかにゆきわたってきた。こうした文化的背景に反して、犯罪者／アディクトは犯罪学的介入のほとんど抗しがたい標的として現れてきたのだった。結局のところ、大衆（そしておそらくはより重要なことに、財界）に対して法的なものと心理的なもののますますの相互浸透の必要性を説得するにあたって、不運な（けれども危険な）犯罪者／アディクトを、問題であると同時にその解決でもあるような重要例として持ちだすことほどよい方法など他になかったのである。私が依拠している文化に関する著述家たち（Klein 1993、Marlow 1999、Szasz 1985）は皆、薬理作用のある物質としてのみならず、社会的なアクターとしての薬物に、絶大な権力を帰属させて論じた。例えばMarlowは、ヘロインを彼女の人生をまなざすための主要なレンズとして選択した。しかしながらそれは彼女がヘロインを自伝における最も重要な側面であると感じたからではなく、ヘロインに対して巨大な社会的意味が付与されていたからであった。同種の点は、KleinやSzasz、文化的ナラティヴにおける薬物の遍在性を明らかにしようと試みるおびただしい数の他の研究者によっても指摘されている（Acker 2002、Campbell 2000、Peele 1989、Reeves and Campbell 1994）。

こうした文化的理解はまた、司法システムにおいて定着している犯罪者／アディクトを治療する文化の内部にそうした理解が存在しているという点でも重要である。概して、刑事司法システムの内部において、もしくはその周辺で働くすべての者は、同様の文化的理解にさらされている。もちろん私は、本書の調査に参加してくれた法律家、裁判官、セラピスト、弁護士、（ついでに言えばDTCのクライアントや保護観察対象者たち）が、薬物に関するポピュラーな理解にのみ通じているとか、かれらが文化的表象に無批判に浸っているとか、そうしたことを示唆しているわけではない。しかし、これらの諸アクターとて、いついかなるときにも「クラックはカオスだ」とか「薬物を使用すると恍惚状態になる」「ジョイントの吸引は人をヘロイン・アディクトにさせる」といった文化の外部に出ることは決してないのである。DTCの諸アクターは法廷の「外部」に存在する薬物に関する特定の理解を反映していたことを想起しよう（本書第3章参照）。もちろん、こうした人々は薬物や薬物使用に関する臨床的トレーニングを受けた人たちだ。しかしながら、こうしたトレーニングそれ自体が、すでにある薬物をある特定の見方でまなざす文化的コンテクストから生まれたものである。薬物に関する臨床的／科学的探求はそれ自体が少なくとも部分的にはこうした文化的理解の産物なのである。例えば、メタドン・メンテナンスにつながったヘロイン使用者が「善くなっている」とか、潜在的には「回復の途上にある」とかいうのは、規範化された、主観的な評価である。ある特定の物質を使用した結果としてアディクションが発見されること（第5章参照）ですら、それ自体は裁量如何である。病気が臨床的に存在していることを証明する（がん細胞と同じような意味での）アディクション「細胞」のようなものは存在しない。アディクションはむしろ恣意的に定義された幅広い振舞いの異常性を通して発見される。この意味では、犯罪者／アディクトはひとつの秩序問題である。異なるやり方で組織化されたまったく同様のパーソナリティが、全然違う結果を招いたりする。私の上級クラスの学生たちが、犯罪者／アディクトと同じパーソナリティを示しているのに、保護観察対象者と同じような意味での犯罪者／アディクトとはみなされなかったことを思い出してほしい。かれらの物質使用実践は異なるやり方で秩序化されており、かれらに異なる文化的／臨床的意味づけを与えているのである。

私はまた、犯罪者／アディクトを統治する企てが、権力や知識のただひとつの源脈のようなものによってなされるのではない、ということも示してきた。特に、本書の大部分において明らかにされたのは、この統治戦略がいかに相異なる知識や学問の調和（harmonization）に依存しているか、という点であった。アディクションについての特定の病理学に注目するトリートメント・プログラムを刑務所処遇のなかに位置づける決定は、Fauteaux 報告（1956）や Ouimet 報告（1969）において推進されたように、法的処罰としてできることに関する再概念化のみならず、法的処罰としてすべきものに関する再概念化に依拠していた。特定の種類の犯罪アイデンティティとしての犯罪者／アディクトのこの発見は、司法の目的に関する一般的なレベルでの再考を促し、あらゆる規律的専門性と広範な目標や目的を包み込む犯罪学的企てを許容することになった。アディクトは、心理的専門職と刑事司法との同盟、すなわち刑事司法システムにおける変容のプロジェクトの再興を具現化するものとなったのである。

DTC の出現は、1960 年代における医療モデルの上昇が刑罰システムに対して持ったのと同様の効果を、現在の裁判システムに対して与えている。刑務所がそうであったように（そして後においては保護観察を含むコミュニティ矯正政策のように）、DTC はいまや、あらゆる範囲にわたって自分の好きなように活用できる規律的ツールや知識を有している。DTC のダイナミクスに関する私の研究はまさに、これらのツールや知識が犯罪者／アディクトに働きかけるためにどのように展開されているのかを示すものであった。その結果は言うまでもなく、諸アクターが準備万端で広範な介入的ツールを手に待ち構えている領域横断的な法廷を効果的に創り出すための一連の翻訳、ということであった。以上のように組織されたこれらの法的空間は、もはや測定不可能で定義もあいまいな「正義」とか「公正」などといった理念ではなく、それよりもはるかに焦点化され、特定化された「犯罪者を治療すること」という理念を目標とするような、よりターゲット化された新たなる使命を帯びているのである。

こうした諸々の翻訳は、Latour（1993＝2008）による近代批判を支持するものであり、「社会復帰のプロジェクトは死んだ」という主張の誤りを示すものでもある。このことは、処罰と治療という実践には決定的に「純度」が欠如していることを明らかにする。この2つの実践が純度の高いものでも、一方から他方をを明確に区別できるものでもないのだとすれば、一方が死んだとか他方が繁栄しているとか――これは「厳罰化への旋回」や「新刑罰学」の理論家たちが示唆していることであるが――そうした動きを認めるのは困難である。両者の周りの知識や実践が、規律の歴史的変容をどのようなものとして想定してきたのかを理解しようとする方が、道理にあっているだろう。そうすることで、法的戦略と治療的戦略との間の交わりと重なりゆえに変容のプロジェクトが生き延びているのだということを理解することができる。法廷という外見上は最も法的な空間であるように見える場所においてすら、この両者の境界線は公的にも揺るがされていたのである。

こうした傾向は、われわれが見てきた特定のサイトに限られたものではない。広範な刑事司法政策もまた、日々の諸実践のなかでますます領域混交的なものになってきている。TDTCの入っている裁判所庁舎にはメンタル・ヘルス・コート（mental health court）やファミリー・バイオレンス・コート（family violence court）も入っているのだが、これら2つの裁判所もDTCと同じく、領域混交的な原理のもとで機能している。この傾向はカナダに限らず、国際的なものでもある。本書出版時点においてDTCは世界13か国で開廷されている[訳注32]。イギリス、オーストラリア、ニュージーランド、そしてアメリカの刑罰システムはすべて、受刑者や保護観察対象者に対する薬物処遇プログラムを提供している。

変容のプロジェクトを維持するための手段として、こうした領域混交性に向けた動きが存在することは、なにも刑事司法にのみ限られた話ではない。私は、過去の論文（Mooe 2000）において、飲酒中に学則に違反した学生に対して、

訳注32　全米ドラッグ・コート専門家会議（The National Association of Drug Court Professionals）内のプロジェクトであるDTCグローバル・センター（The Global Centre for Drug Treatment Courts）によれば、2014年現在においてDTCないしドラッグ・コートは20を超える国と地域において開廷されている。アメリカ合衆国内だけで2800以上のドラッグ・コートが存在し、国外でも36か所以上が存在しているという（DTCグローバル・センターのHPを参照：http://globaldrugcourts.com/）。

大学側がいかに同じような戦略を動員しているかを示したことがある。また、ますます勢いを増しているコラボラティヴ家族法（collaborative family law）運動の背後には、関係解消に向けた調停をするためにカウンセリングや紛争解決スキルのトレーニングを受けた弁護士たちの存在がある。ソーシャル・ワークやソーシャル・サービスの領域も、ワーカーたちが、社会扶助の対象者に対するポリシング、リスク分析、心理学的介入、アドヴォカシーやクライアント支援といったあらゆるものを含む極めて広範な仕事に関する訓練を受け、実際にそれをこなすことが期待されるようになるに従って、ますます領域混交的な分野となってきている（例えば、Dzeigeilewski and Holliman 2001）。

ただ、同時に指摘しておきたいのは、われわれはこうした純度の欠如という現象を新たなる展開として想定すべきではない、ということである。オンタリオ州における刑罰やアディクション処遇の歴史は例外的なものではなく、同州の他のソーシャル・サービス政策と極めてよく似た軌跡をたどっている。やはりそこでも、領域混交的実践が社会的に関心の的となる振舞いに向けられた変容のプロジェクトと融合しているのである。例えば、Struthers（1994）は福祉プログラムが刑罰システムにおいて見られたのと同様の論理と実践を展開している様子を詳述している。第二次世界大戦後、福祉受給者に対して社会扶助からかれらを抜け出させ、社会に貢献する一員として「社会復帰」させようとする動きが存在した。ソーシャル・ワーカーたちは、福祉受給者たちが仕事を見つけ、それを維持するように動機づけるべく介入した。かれらは、受給者が生活を向上させるのを手助けするために、心理療法等の介入テクニックの訓練を受けていた。

こうした領域混交は、学問領域のクロスオーバーといった現象に限られるものではない。私のプロジェクトは、薬物、薬物使用者、国家の間に存在する統治上の関係性をマッピングすることに関するものである。それゆえに、自己（selves）が統治戦略上の重要な生成的アクターとして浮上する。Rose（1998・1999）は、広範な統治的文脈の内部において自己を理解することの重要性を明確化している。そうすることで彼は抵抗の可能性を認識しているのだが、同時に抵抗の概念は権力の支配モデルを含意してしまうがゆえにシンプル過ぎ、かつ「薄っぺらい（flat）」ものとなっていると結論づける。とはいえ、抵抗の概念は、権力――たとえそれが関係的なものであろうとも――が紛れもなく支配のプロジェクトに貢献するからこそ、こうしたサイトにおいて分析概念として機能する。例えば、DTC のクライアントや保護観察対象者にとって利用可能だった抵抗は、あからさまに政治的というものではなかった。シェルターに住むことを拒否したDTCのクライアントは、政治的動機からDTCの命令を拒絶したわけではなかった。彼の論理は、特定の意味における自己への配慮から来ていたものなのだ。こうした自己への配慮はアイデンティティ・ポリティクスに関係するものではなく、個人的倫理に関係するものだろう。それゆえ、抵抗についてのもうひとつの考え方は、政治的なニーズではなく個人化された特定のニーズを満たすための個人的かつ倫理的実践としてそれを考えるということなのである。

法律違反者は、自分たちがますます強力な統制のもとに置かれていると感じている。そうした統制は、自己に関する特定の諸概念や諸行為を通して広く作動する。保護観察対象者のケースに見るひとつの統治的アイデンティティとしてのアディクトの発見は、この場合の好例だろう。もし介入や統制の諸形態が問題ある自己に対する対応の名のもとに正当化され実施されるならば、主体化された自己は管理の一手段としての自己の諸実践を通して作動するだろうと考えるのはもっともなことである。これは広範なネオリベラリズムのトレンドを反映したものであり、法律違反者たちの生成的能力を自己責任に向けた変化のなかに位置づけるものだ。おそらく、保護観察対象者やDTCのクライアントたちによる自己への配慮の諸実践に見られるのは、抵抗のパターンや実践における変化である。責任ある自己がネオリベラルな主体であるならば、まったく同じその主体はかれらを統治しようとする企てを自らマネージしたり、潜在的に抵抗したりするために、自己を通して作動しなければならないはずなのだ。

たとえ統治レジームに巻き込まれた者の行為があからさまに抵抗的なものでないとしても、それでもなおそうした行為はその統治レジームに対して生成的な効果を有する。私が議論してきたなかでこのことが最も明瞭に現れるのは、個人の行為がすべて、単に問題あるアディクトのアイデンティティの別の側面としてルーティン化されてしまう現象であろう。刑事司法は、自身に対して対抗的行為を企てるような者に対して、単体ではそれほど多くの対応が出来るわけではない。心理的ディスコース（psy discourse）を刑事司法のなかに注入することによって、広範なテクノロジーとディスコースを通した抵抗を把握し、それに対応することが可能となる。嘘、芝居、リラプス（relapse）、アディクションに対する否認、こうした営みを刑事司法の権威に対する文字通りの抵抗の企てと理解する必要はない。こうした振舞いは、特定のさらなる病理を示唆するものとして翻訳されていく。抵抗は、アディクトのアイデンティティを付与したことが正しかったのであり、アディクトと定義された者が介入を必要としているのだ、ということの証拠として機能してしまうのである。

究極的には、本書は統治的諸関係の複雑性を示すものに他ならないと言えるだろう。統治行為は、支配レジームの多元性を明らかにする幾多のレンズを通して、最もよく理解される。私は、このパースペクティヴから犯罪者／アディクトにアプローチするなかで、大きな物語をあてはめることで刑事司法の本質に対する対抗的な理解を試みたいという欲求に抗しつつ、経営管理的(managerial)な職業としての主流派犯罪学の諸前提と諸実践に挑戦する批判的プロジェクトと連携した火急の犯罪学的探究に貢献しているのである。それゆえに、本書の仕事は、Cole (2001)、Doyle (2003)、Hannah-Moffat (2001)、Kramar (2005)、O'Malley (2001)、Pavlich (1999)、Simon (1993)、Valverde (2003a、2005) といった研究者たちによって行われているプロジェクト（このリストはますます増え続けている）と最も密接に結びつく。事実、こうした研究プロジェクトの展開はとてもわくわくするようなものだ。もちろん、それらが参照する枠組みは、方法論的にも理論的にも大きな違いがある。しかし、経営管理的な研究と批判的な研究の双方から距離を置こうとしている点で、それらのプロジェクトには類似性が見られるのもまた、事実なのである。

こうした調査アプローチは、犯罪に関する大きな物語を拒絶することを前提としている。この領域の研究は、犯罪統制に関して語るべき一般化されたストーリーが存在する、という前提から出発するのではなく、個別のサイトに特有なものに注目する傾向がある。そして、特定のレジームに見られる実践、慣習、知識、ディスコースといったものを、犯罪統制についてより多くのものを学び、現代のシステムを構築している前提や実践の批判を作りあげていくための土台として捉えようとするのである。だからこそ、例えばCole (2001) は、特定の統治戦略を形成するために記号論とテクノロジーが交差する様子を理解するための出発点として「指紋採取」に注目したのである。ここでの私の目的は、Pavlich (1999) が批判的犯罪学のプロジェクトが有する極めて非再帰的(unreflexive) な特徴として指摘したものから、犯罪学の調査を区別することである。Pavlichは、批判的犯罪学のプロジェクトは再帰性に欠けているがゆえに、左派的かつ解放的なタイプの経営管理主義 (managerialism) とも呼べるようなものになっていることを示唆している。そこでの目標は、犯罪に関する本質主義的な思考に挑戦することではなく、よりよい、より公正な、そしてより人道的な犯罪統制システムを作りあげることなのだ。この目標はほとんど反論の余地のないものである一方で、気になるのはそれが狭すぎる目標である、という点である。より人道的な刑事司法システムを作りあげるということは、現存する枠組みの内部において仕事をするということを意味する。そこでは、こうした人道化のプロセスと、例えるなら「薬物が犯罪の原因なのだ」というような前提とを区別することは極めて困難である。それゆえに、こうした観点には政治的な限界があるのだ。システムの諸要素の内部において仕事をすることは、そのシステムの奇妙さを不可視化し、システムの諸前提を温存してしまう。薬物使用者や法律違反者に対してより一層のセラピー的対応を求めていくのであれば、こうした思考の枠内に見事にはまることになろう。特に超犯罪化（hyper-criminalization）と厳罰化に直面してはなおさらのことであるが、心理的なものと法的なものの融合は、多分に善意にあふれ、人道的なものであるように思える。しかしながら、こうした対応は人道化によってシステム改善を図ろうとする場合と同種の強力な諸前提に依然として基づくものである。より一層のトリートメントを要求することは、「薬物が犯罪の原因なのだ」といった考え方や、より広範には薬物の犯罪化に対して、何らの挑戦にもならないのだ。それは依然として、「薬物使用に対する最もよい対応はトリートメントであり、人々が薬物使用を止めるのを保障するのは国家の責任である」という想定に基づいているのである。

私の研究と連携する研究者たちは、刑事司法実践を既存のシステムに対する基礎的な挑戦に向けたひとつの手段としてみなすことに興味を持っている。犯罪者／アディクトに関する私の研究は、犯罪学的諸実践の実際的なターゲットとしての犯罪者／アディクトの管理や治療に関する諸前提に挑戦するだけでなく、全般的に見た犯罪学の奇妙さを浮かび上がらせるものでもあった。むろん、現代の刑事司法において最も目立っている傾向のいくつかに見られる野蛮な非人道性（人種的プロファイリング、過剰収容、処遇なき施設収容（warehousing）、国家の安全の名のもとでの非合法の収監）に直面するなかで、上述したような人道的構想への疑義をさしはさむことは難しくなっている。実際に、私はこうした困難な論点について、刑務所廃止運動、刑務所の状況改善運動、反ジェンダー・人種差別運動、抑圧的な（特に薬物に関連した）法律の改正運動といった種々の運動に従事する友人との議論を行ってきた。私とて、トリートメントが刑務所の状況をよりよくするものでなければならないという意見には共感するし、刑事司法の現状の非人間性に反対する政治サークルにおいて政治的主張を行うことにためらいはほとんどない。私の運動家としての無能さ（そしてメディアからのインタヴューをそれほど受けない理由）は、実行可能なオルタナティヴや処方箋を出すやり方に私自身が抵抗を感じているという事実に由来している。私が恐れるのは、オルタナティヴや処方箋を出すことで、現在力をつけはじめている犯罪学者たちがそこから自分自身を解放しようとしている罠（trap）——まさに Pavlich が指摘したものでもある——にはまってしまうかもしれない、ということである。現状の刑事司法のあり方と比較して、それとは違う特定の刑事司法のあり方の方が望ましいと想定することは、刑事司法を別様なものとして見る可能性やシステム自体にラディカルな変容（例えばそのシステム自体を廃止することなど）をもたらす可能性を封殺してしまう。私は、「あれかこれか」の二分法が持つ絶対的な正しさに挑戦することにより一層の興味関心を有しているのだ。そうした挑戦によって、われわれがいかに犯罪に対処するのかについての新たな思考法がもたらされるのではないか、さらにはもしかすると、犯罪という概念それ自体を再考することが可能になるのではないか——私はそうした希望を抱いているのである。

原注

第1章　序論

＊1　カナダ連邦矯正局HPを参照（http://www.csc-scc.gc.ca/text/prgrm/correctional/sub_e.shtml、2006年1月9日最終アクセス）。

＊2　ここでの例外のひとつはNolan（2001＝2006）の研究である。そこでは、ドラッグ・コートが治療国家（therapeutic state）の一部として理論化されている。私は本書の各所でこの議論に立ち戻るつもりである。

＊3「心理的なもの（the psy）」はRose（1996b）によって心理学、精神医学、ソーシャル・ワーク等をあらわすのに用いられた用語である。

＊4　Hannah-Moffat（2001）もカナダの女子刑務所に関して同様の考察を行っている。

＊5　カナダのドラッグ・スケジュールの歴史に関する洞察に富んだ説明については、Carstairs（2005）を参照。

＊6　VDTCのトリートメント・センターは民間の請負業者であり、セラピストたちにインタヴューを受ける許可を与えなかった。

第2章　トリートメントの心性

＊1　こうした変化に関する、アメリカの仮釈放システムを題材とした力強い説明として、Simon（1993）を参照。

＊2　私は、「ネオリベラリズム（新自由主義）」という術語を、われわれの現在の本質を具現する広範な社会経済的傾向性に言及するために用いる。Unger（1998）の言を借りれば、ネオリベラリズムは、おおむね私事化と個人への責任化を通してマクロ経済／財政的責任を特権化し、国家の脱中心化をめざすひとつの統治スタイルとして理解される。刑事司法のセッティングに関して言えば、ネオリベラリズムはしばしば諸政策を効率性概念のもとに形作ったり、犯罪者個人への責任化を行ったり、刑罰やポリシングの私事化としてこうした諸政策を実施したりすることを含む（Ericson and Haggerty 1997）。

＊3「ネオコンサーバティズム（新保守主義）」という術語は、実践をガイドするにあたって道徳と（しばしば）宗教を大々的に活用する統治手法を示すために用いられる。刑事司法の術語としては、ネオコンサーバティズムはしばしば必要的最低量刑や刑期の長期化、死刑等の諸動向を意味する。

＊4　この点はCSCの調査報告である「矯正調査に関するフォーラム（*Forum on Correctional Rersearch*）」においても繰り返し指摘されていた。そこでの焦点は、

ほとんど社会復帰に関連して組織された調査計画にのみ注がれていたのである。

＊5　刑罰システムの外部においては、アディクション調査財団（Addiction Research Foundation）やHomewood療養所（the Homewood Sanitorium）といった他のトリートメント施設も展開されていた（Carstairs 2005）。

＊6　*Classification and Treatment: New Concepts in Correctional Custody,* 1970, RG 20-148-0-10. 4. Minister's Advisory Counsel on the Treatment of the Offender (MACTO) を参照。

＊7　The Ouimet Commission（Ouimet 1969）は、部分的には、なぜFauteaux報告の提言が実際の刑罰実践にひとつとして応用されなかったのかを探究することを義務づけられた組織であった。そこでは、社会復帰への注目の必要性が再三強調されたし、施設からコミュニティへの刑罰実践の拡大と展開が可能な限り要求されていた。

＊8　Ministry of Correctional Service Act, 1976, RG 20-155-0-11, Probation and Parole Service Legislative References.

＊9　この種のアプローチの上昇は、カリフォルニアの仮釈放システムについて論じたSimon（1993）においても記されている。

＊10　*Hansard Parliamentary Debates,* Legislature of Ontario, 7 April 1970, at 1207.

＊11　この時期において、Guelph矯正施設は最も評判の悪い施設のひとつであり、受刑者たちには「バケツ」と呼ばれ、多くの人権侵害と暴動が発生していた。Guelph矯正施設は監獄改革運動が組織された刑務所のひとつでもあった（Caron 1978、McMahon 1992）。

＊12　当時においてはかなり革新的だったとはいえ、こうしたアセスメント・ユニットはカナダの刑罰においてはよく見られる特徴のひとつとなっている。アセスメント・ユニットは、通常比較的大きな刑務所の隔離された区画において、受刑者が最初に刑罰システムに接触するポイントである。典型的には、受刑者は（刑期に応じて数週間から数か月にわたる）アセスメント期間を過ごす。その過程でかれらは、自身のリスク・レベルとプログラム・ニーズを評価することを目的とした一連の保険数理的なアセスメントを経験するのである。

＊13　多くが元アディクト（ex-addicts）によって運営されるこれらの施設は、しばしば霊性に基づくトリートメントやプログラムの要請に対する個人の全面的服従を命ずるものだった。それらは過度に道徳的で、しばしば立ち直りのためには個人をいったん壊さなければならないという哲学を採用していた（White 1998 = 2007：258-264）。

＊14　OCI施設長のノートによる（*Correctional Update,* 12(2), May 1984）。

＊15　すべてのインタヴュー対象者の匿名性を保持するために、以下では名前、インタヴュー場所、インタヴュー日時の変更、もしくは削除を行っている。

＊16　*Ministry of Correctional Services Newsletter,* 1: 5 (October 1973).

＊17　*Hansard Parliamentary Debates,* Legislature of Ontario, Standing Committee on

Administration of Justice, 20 January 1987, J180.

*18　同上。15 march, 34th Parliament, 1st session, 1988, J79.

*19　同上。24 January 1989, J104.

*20　オンタリオ州の街頭安全法は2000年に導入された。この法律では、「自動車の窓ガラス拭きをする子どもたち（squeegee kids）」と物乞いにターゲット化することがねらいとされており、公道上での振舞いについて厳しい規制が定められていた（街頭安全法に関するより詳細な議論については、Hermer and Mosher（2002）を参照）。

*21　これらの刑罰変動についてのより詳細な記述は、Moore and Hannah-Moffat（2002）を参照。

*22　*Hansard Parliamentary Debates,* Legislature of Ontario, 20 November 2000, at 350.

*23　*Hansard Parliamentary Debates,* Legislature of Ontario, 20 November 2000, at 350.

*24　コミュニティ安全／矯正サービス省HPを参照（http://www.mpss.jus.gov.on.ca/english/corr_serv/adult_off/earned_rem.html、2006年1月26日最終アクセス）。

*25　Ministry of Correctional Services, 2000, "*Change Is a Choice,*" Policy Document.

*26　毎回「この個人」や「この人物」「このインタヴュー対象者」等といった表現を用いることを避けるために、私は以下で匿名のインフォーマントに言及する際はすべて、男性／女性人称代名詞を互換的に用いていくことにする。

*27　Beck（1976＝1990）がCBT史上最重要の「父」としてみなされている一方で、Ellis（1994＝1999）やFrankl（1961＝1969）も同様にこの運動において重要な生成的役割を担ったとして引用されるのが典型的である。

*28　Susan Coxへのインタヴューによる（2002年7月、トロント）。

*29　*Hansard,* Standing Committee on the Administration of Justice, 20 January 1987, 33rd Parl., 2nd sess, J181.

*30　*Hansard,* Standing Committee on the Administration of Justice, 14 December 1987, J79.

*31　本書と同様の志向性を持った批判については、Kendall（2000）を参照。

*32　こうした刑罰モデルに対するより包括的な説明、そしてそのインプリケーションに対する批判的コメントについては、Andrews and Bonta（1998）、Kendall（2000）、Hannah-Moffat（1999）、Hannah-Moffat and Maurutto（2005）を参照。

*33　*Hansard Parliamentary Debates,* Legislature of Ontario, 19 December 2000, 37th parl., 1st sess, at 49.

*34　このライバル関係はオンタリオ州においてハリス政権がはじめて矯正改革戦略を導入した際に明らかとなった。そこにおいて、システムを改革する主たる正当化論拠のひとつは、「連邦クラブ（club fed）」アプローチを取り除くことであり、連邦

システムは受刑者に寛容すぎるという批判であった。

*35　カナダ連邦矯正局 HP を参照。(http://www.csc-scc.gc.ca/text/prgrm/correctional/sub_e.shtml、2005 年 12 月 27 日最終アクセス)

*36　これらについてのより詳細な議論は、Comack (1991)、Giffen, Endicott, and Lambert (1991) を参照。

*37　「ブリティッシュ・コロンビア州におけるヘロインへの強制的治療 (Compulsory Heroin Treatment in British Columbia)」*Cannabis Culture Magazine,* Alain Boisert (April 1995): 7-8.

*38　ブリティッシュ・コロンビア州公共安全/法務省 HP を参照 (http://www.pssg.gov.bc.ca/corrections/in-bc/details/overview.htm、2006 年 1 月 26 日最終アクセス)。

*39　本書のための調査を終了した時点で開設されていた DTC は、トロントとバンクーバーの 2 つのみであった。本書の出版時点 (2007 年) において、6 つの DTC (トロント、バンクーバー、オタワ、ウィニペグ、エドモントン、レジャイナ) が開設されている。

*40　アメリカ連邦刑務局 HP を参照 (http://www.bop.gov、2006 年 1 月 12 日最終アクセス)。

*41　カリフォルニア州矯正/社会復帰局 HP を参照 (http://www.cya.ca.gov、2006 年 1 月 12 日最終アクセス)。

*42　ニューヨーク州矯正サービス局 HP を参照 (http://www.docs.state.ny.us、2006 年 1 月 12 日最終アクセス)。

第 3 章　薬物のパーソナリティ

* 1　私は、薬物のナラティヴのなかにおいて、危険性のディスコースとリスクのディスコースとの間に「その時々」の決定的な境界線が引けるということを示唆しているわけではない。その反対に、この 2 つの言語は容易に混交しあうものであろう。特に、危険性の語彙は現代の薬物に関する説明図式においてもいまだにとりあげられるものとなっている。

* 2　特に西洋世界から見た中国やインドに対する関心は、主としてトラフィッキングに置かれていた。それに対して、北アメリカやヨーロッパ諸国内での関心はそれよりもはるかにアヘン使用がもたらす有害な影響に注がれていた。

* 3　カナダにおいて、コカインは 1911 年に犯罪化された。また、マリファナは 1923 年に犯罪化された。

* 4　この時期を通して RCMP の存在は両義的であったと思われる。政治家たちや州・市警察職員たちは、植民過程から引き続く秩序の保護者としてのかれらの役割が機能しなくなってしまったと論じていた。それに対して、特に広範囲の国際貿易としてのアヘン交易の統制は、RCMP の存在意義にとっての便利な正当化として機能

したし、予算の拡大、資源へのアクセス、操作や押収権限の拡大などを要求していくための基盤をRCMPに提供したのだった。

＊5　オピエイトの投薬維持を求める動きは、最も初期に見られたハーム・リダクションの一形態であり、長期のヘロイン使用者に対して現在でも実施されているメタドン・メンテナンスの先駆けと言えるものであった。モルヒネ・メンテナンス・クリニックは、アメリカ合衆国において1910年代から存在していた。

＊6　アルバム『*Sgt. Pepper's Lonely Hearts Club Band*』(Capitol Record, 1967) に収録。

＊7　アルバム『*Surrealistic Pillow*』(RCA Victor, 1967) に収録。

＊8　このアルバムタイトルはそれ自体で示唆的である。「hot rocks」は"細切れ肉 (hash：ハッシシ (精製された固形大麻や大麻樹脂)、という意味もある)"を"料理 (cook：大麻を精製する、という意味もある)"しようとする人の上にしばしば降り落ちてくる肉の欠片のことを意味している。

＊9　アルバム『*The Velvet Underground and Nico*』(Polydor, 1967) に収録。

＊10　アメリカ合衆国のドラッグ戦争は、1940年代にHarry Anslingerによってはじめて宣言された。1970年代の初頭においてRichard Nixonによって宣言されたのは、史上2番目のドラッグ戦争であったということになる。薬物取引の需要の側面にほとんど目を向けずに供給の側面にターゲット化したという点で、両者の方向性は類似のものであった。

＊11　この例外としては、オピエイト使用者の注射針共用やHIV／AIDSの問題に関して特別な政策的顧慮が行われたことであろう。

＊12　アメリカ合衆国の反薬物キャンペーンは、早々と薬物とテロリズムを結びつけた。国家薬物統制政策オフィス (the American Office of National Drug Control Office) の出資のもとでの一連の広告がはじめて打ち出されたのは、2002年1月のスーパーボウル開催期間においてである。そこでの広告はすべて、「個人による薬物使用はテロリストの活動に直接的に寄与する」というメッセージを含むものだった。

＊13　王立カナダ騎馬警察 (RCMP) のHPを参照 (http://www.rcmp-grc.gc.ca、2003年6月9日最終アクセス)。

＊14　TDTC, 2000, "The Journey," Official Video.

＊15　重要な点として、TDTCとVDTCのプログラム面での違いについて留意しておく必要があろう。VDTCでは対象者が薬物を使用したからといってサンクションを科すことはない。かれらが自ら薬物を使用したことを正直に認めようが認めまいが、尿検査で陽性反応が出るなどして繰り返し薬物を使用していることが明らかになった場合には、そのことをもってVDTCは解毒入院か治療への参加を命ずることになる。それに対してTDTCでは、繰り返し薬物を使用したり、(実際には薬物を使用したのに) 使用していないと嘘をついた場合には、サンクションとしてDTCのプログラムからの除名がなされる。

＊16　第5章で述べるように、プログラムに参加することを義務づけられた者は、かれ

らがこれまである特定の物質を使用してきたことをアセスメント担当の職員に対して告白したがゆえに、こうしたプログラムへの参加を命じられることになったのだと説明していた。当該物質の使用がかれらの犯罪行為に結びついていたか否かはまったく考慮されなかった。

*17 Latourによれば、ひとつのネットワークのなかにおいて、あからさま関心はある種の硬直性（rigidity）を構成してしまうために、翻訳に向けた高い障壁となってしまうという。Latourは、明確に定義された関心を持つことを通して、ネットワーク内の諸アクターは「知りすぎて」しまうのであり、特定の関心に強く結びつきすぎてしまうようになると論じている。彼はこの問題に対する5つの異なる戦術を記しているが、これについての詳細な議論はLatour（1987 = 1999：197-207）を参照のこと。

*18 この法案（違反法と規制薬物・物質法（のマリファナに関する部分）への修正法案）は、当初1999年10月26日にBill C-266として議会に提出された。Martin議員による2回目の提出は2001年5月4日に行われた。

*19 規制システム（特に刑事司法システム）におけるリスクと危害（harm）の言語の上昇に関する広範にわたる議論については、Beck（1992）や、彼の批判者であるEricson and Haggerty（1997）、O'Malley（1999a）などを参照。今日における支配の本質を正確に記述しようとする試みをめぐって大量かつ激烈な論争が存在する一方で、社会理論家と政策に関与する者たち双方の間では「リスクの概念は、法や政策を立案するうえで極めて生産的な役割を果たすようになってきている」という合意が存在している。

*20 *R. v. Parker* (2000), 49 O.R. (3d) 481 (O.C.A.)において、てんかん患者であるTerrence Parkerは、マリファナが彼の発作やその他の合併症を和らげる唯一の物質であるとの主張を行った。オンタリオ控訴裁判所は、既成薬物・物質法によってParkerのマリファナへのアクセスを禁ずることは冷酷で不適切な処罰を構成するものであり、したがってカナダ人権憲章（the Canadian Charter of Rights and Freedom）のセクション12に基づいて違法である、との判決を下した。

*21 R. v. Parker (2000) at 39.

*22 2006年11月現在において、新たに保守政権となった連邦政府は、マリファナを非犯罪化する法案を再提出するつもりがないことを約束している。

*23 アルコールを非犯罪誘発物質として描くことは、それ自体非常に興味深いことである。なぜなら、すべての精神活性物質のなかでアルコールは最も犯罪（特に暴力犯罪）行為に結びつけられやすいもののひとつであるからだ（Pernanen et al. 2002）。

*24 ゲートウェイ仮説に関する最も詳細な議論として、Furgusson and Horwood（2000）やKandel, Yamaguchi, and Chen（1992）などを参照。

*25 TDTCのセラピスト1に対するインタヴュー（2003年3月）。

*26 TDTCのセラピスト2に対するインタヴュー（2003年3月）。

*27　TDTC のセラピスト 3 に対するインタヴュー（2003 年 3 月）。

*28　TDTC のセラピスト 1 に対するインタヴュー（2003 年 3 月）。

*29　卒業認定を受けるためには、クライアントは最低でも 3 か月の間あらゆる物質使用を止めていなければならない。

*30　議論の余地はあるかもしれないが、この種のパニックはオピエイトをめぐる現在のディスコースにおいても何らかのかたちで継続していると思われる。

*31　アヘン（opium）はケシの未熟果から採取される樹脂状の抽出物である。ヘロインとコデインは両者ともに元のオピエイト・アルカロイド（モルヒネ）から化学的に合成されたものであり、メタドンはこれと同種の化合物である。

*32　C 型肝炎は、注射針を共用することで感染する恐れのある血液感染性の病気である。

*33　映画『トレインスポッティング』は、Irvine Welsh の同名小説（Welsh 1996 = 1998）を原作としている。

*34　ここで言う法律家には、裁判官、検察官、被告側弁護人が含まれている。

*35　TDTC のセラピスト 4 に対するインタヴュー（2002 年 4 月）。

*36　TDTC のセラピスト 1 に対するインタヴュー（2002 年 3 月）。

*37　TDTC のセラピスト 2 に対するインタヴュー（2002 年 3 月）。

*38　「ぼうっとしている（on the nod）」は長期間にわたるオピエイト使用のせいで眠たげな状態になっている様子を描写するために用いられる口語表現である。

*39　クラックは、パウダー・コカインの誘導体である。それはしばしば「フリー・ベース」と称されるが、その理由はクラックを製造するプロセスで、より純粋かつ吸引可能な形態を作り出すためにコカインの化学塩基（chemical base）を遊離させる（freeing）からである。1920 年代におけるコカインの犯罪化は有色人種に対する人種主義的恐怖や白人若年層の神聖さへの脅威と結びついていた（Carstairs 2005、Giffen, Endicott, and Lambert 1991）。

*40　『レス・ザン・ゼロ（Less Than Zero）』や『フォレスト・ガンプ（Forest Gump）』のような映画では、コカインが個人的退廃と結びつけられている。

*41　この文脈において、「体よく使う（run）」とは、不正な取り扱いを受けていることを意味する。意味的には「ごまかされる（getting the run around）」に近い。

*42　TDTC のセラピスト 5 に対するインタヴュー（2005 年 4 月）。

第４章　司法とセラピーの翻訳

* 1　私は、法的知識／非 - 法的（臨床的・セラピー的）知識というこの二分法を議論の見通しをよくする目的で用いている。これらは概念的カテゴリであり、これらの知識、ないしその他の知識の間に明確な境界線が引けると考えているわけではない。

* 2　オンライン・データベースである Criminal Justice Abstracts を参照（2004 年 2 月 7 日最終アクセス）。

＊３　不法行為を定めた法律において、訴訟は過失に基づいて判決が下されることになっている。過失があったかどうかを判断するために、裁判官はしばしばケアの水準を用いる。換言すれば、裁判官は問題となっている関係性において何らかのケアや予防の責任があったどうか、そしてもしそうした責任があったのであればそれが果たされていたのかどうかを見ようとするのである。

＊４　通常の保釈命令を超えて、DTC における典型的な保釈では、地理的立入制限、アルコールの禁断、指定されたトリートメント機関への報告、といった諸条件が伴うことになる。

＊５　リカバリー・ハウスとは、使用者が支援的な環境のもとで解毒を行う場所である。

＊６　地理的立入制限は Hastings 通りと Main 通りの交差点に薬物使用が集中するバンクーバー、つまり VDTC においてよく見られるものであった。すべてのクライアントは Oppenheimer 公園（バンクーバーにおける薬物取引の「ハブ」のひとつ）への立入を禁止されており、ほとんどのクライアントは交差点周辺の地域（典型的には Princess 通り、Cordova 通り、Pender 通り、Carrall 通りを含むエリア）を含む立入禁止区域を指定されていた。このような立入禁止区域が設定されるのは、この地域が薬物使用の集中地域であるという理由のみならず、クライアントから物理的にその地域を奪い去ることで Hastings 通りと Main 通りの交差点の近隣と結びついたライフスタイルからの脱却を促進する、というねらいに基づいてもいる（とはいえ、そもそも VDTC が Hastings 通りと Main 通りの交差点の近隣のど真ん中に位置しているので、クライアントたちは定期的にこの地域に戻ってこざるを得ないのだが）。VDTC のクライアントたちにとって、こうした地理的立入制限は予想できるように大変問題含みなものであり、多くがこの地域に（制限を破って）進入したかどで保釈条件違反として逮捕されている。本書第５章において、われわれはもう一度こうした空間的制限の問題に立ち戻ることになるだろう

＊７　Winnipeg Child and Family Service (Northwest Area) v. G. (D. F.) [1997] 3 SCR.

＊８　TDTC の裁判官に対するインタヴュー（2002 年６月）、VDTC の２人の裁判官に対するインタヴュー（2005 年６月）、TDTC の４人のセラピストに対するインタヴュー（2002 年９～10 月）。

＊９　VDTC の検察官に対するインタヴュー（2005 年６月）。

＊10　TDTC のコーディネーターに対するインタヴュー（2003 年１月）。

＊11　TDTC の検察官に対するインタヴュー（2003 年１月）。

＊12　DTC のセラピストに対するインタヴュー（2003 年３月３日）。

＊13　Department of Justice Canada, Drug Treatment CourtFunding Program を参照（http://www.canada.justice.gc.ca、2004 年３月 12 日最終アクセス）。

＊14　http://www.prevention.gc.ca を参照（2004 年１月 15 日最終アクセス）。

＊15　『近代の虚構』のなかで、Latour（1993 ＝ 2008）は、近代的プロジェクトの純潔さや真理が実際に存在したことはいまだかつてなかったという理由で、われわれ

の社会が近代という段階を決して迎えていないことを論じている。

*16　TDTC の国選弁護人に対するインタヴュー（2003 年 2 月）。

*17　同上。

*18　同上。

*19　VDTC の国選弁護人に対するインタヴュー（2005 年 6 月）。

*20　ソーシャル・ワーカー登録委員会（Board of Registration for Social Workers）を参照（http://www.brsw.bc.ca/resources=links/pdfs/CodeOfEthics.pdf、もしくは http://www.collegeofpsychologists.bc.ca/documents/Code%20of%20Conduct.pdf、2005 年 9 月 20 日最終アクセス）。

*21　オンタリオ・ソーシャル・ワーカー大学の倫理綱領は、ソーシャル・ワーク実践における責務のひとつとしてアドヴォカシーにも言及している。ここでのアドヴォカシーは、とりわけクライアントにとっての最善の利益を守ることに向けられるよう求められている。

*22　TDTC のセラピストに対するインタヴュー（2003 年 3 月）。

*23　同上（2003 年 4 月）。

*24　VDTC のトリートメント・チームの統括に対するインタヴュー（2005 年 6 月）。

*25　DTC のセラピストに対するインタヴュー（2003 年 3 月 1 日）。

*26　Winnipeg Child and Family Service (Northwest Area) v. G. (D. F.) [1997] 3 SCR.

*27　法廷でのパターナリズムに関する詳細な説明については、Backhouse（1991）や Chesney-Lind（1977）を参照。

第5章　アディクトによる自己への配慮

* 1　この調査が実施された時点では、the Ministry のプログラムは男性のみを対象としていた。

* 2　私は「時点」という言葉を、これら 2 つのグループがひとつの連続体の内に置かれるかもしれないという可能性を回避するための術語として慎重に用いていく。これらの諸アクターをひとつの連続体上に位置づけることは、薬物使用と（多くの者が否定している）犯罪性を特定の真理として認めてしまうことを意味する。そしてその発想は、薬物と犯罪との連関（drug/crime nexus）を――「マリファナ使用と万引きは、ヘロイン注射と車両強盗の前兆現象である」といった議論に見られるような――滑り坂論法（a slippery slope）的な論理で理解することを支持してしまうだろう。こうした議論は著しく説得力を欠いたものである。

* 3　Foucault が書き記したのは、ほとんど男性に関することのみであった。

* 4　臨床上の隠語を用いるならば、このプロセスは第 2 章で述べられたマッチングの考え方と共振するものである。

* 5　ただし、後段においてひとつの例外事例について言及する。そこでのシナリオに

は開かれた議論は含まれないが、クライアントは自身のアディクション問題に気がついていないのだ、ということを示唆する検察官が登場する。

＊6　本調査の対象となった保護観察所において、保護観察対象者は、対象者同士はもちろん担当の保護観察官についても何も知らない状態であった。

＊7　これらのアセスメントは、連邦レベルやその他の西洋世界の刑罰システムにおいて用いられるものと大変似通ったものであった（Hannah-Moffat 2001 を参照）。そしてそれゆえに、これらのツールやアセスメントのテクニックは同じ関心に基づいていると言える。換言すれば、われわれ自身もさまざまな箇所で見てきたように、保険数理的なアセスメント・ツールの活用は客観性やバイアスのない結果を保証するものではない。これらのツールが、他のツールと比較して人々の間の微細な（もしくは微細とは言えない）差異――ジェンダー、人種、社会階級など――をよりよく説明できる、などということは決してないのである。

＊8　これらの実践に対する鋭い批判的評価に関しては、Hannah-Moffat（1999）やHannah-Moffat and Maurutto（2005）を参照。

＊9　調査に参加してくれた人々に対する守秘義務を果たすため、以下ではかれらを同定することのできるいかなる個人情報も記さないことを断っておく。

＊10　重要な点として言っておかねばならないのは、私がインタヴューした多くの男性たちが、自身が誤って起訴され、有罪判決を受けたと主張していたことである。私がインタヴューした時点で、10 名中 6 名のインタヴュー対象者が自分は無実であるとの主張に基づいた不服申し立てを行っていた。

＊11　このことについての批判的コメントは、Rose（1998）を参照。

＊12　「統治可能なアイデンティティ」という術語は Goffman ではなく私のオリジナルである。Goffman が言及しているのは、精神病患者や他の「被収容者（inmates）」のアイデンティティについてのみである。

＊13　セラピー的ディスコースの拡大についての素晴らしい説明として、Nolan（1998）を参照。

＊14　母親や子どもに対する拘禁のインパクトをめぐる傑出した議論として、Mauer and Chesney-Lind（2002）を参照。

＊15　法をめぐる人々の経験についての詳細なエスノグラフィのなかで、Ewick and Silbey（1998）はこの種の相互作用に関する包括的な説明を行っている。

＊16　この 1 人の対象者に対するインタヴューは多くの点において例外的なものであった。彼はインタヴューの時間を通して極めて混乱した様子であり、われわれは何のプログラムについて話しているのか、彼の年齢は何歳か、彼が逮捕されてからどのくらい経つのか、といったことに関して思い出すことができなかった。

＊17　Susan Cox へのインタヴューによる（2002 年 7 月、トロント）。

文献

Acker, Caroline Jean. 2002. *Creating the American Junkie: Addiction Research in the Classic Era of Narcotic Control.* Baltimore: Johns Hopkins University Press.

Allen, Chris. 2005. "The Links between Heroin, Crack Cocaine and Crime: Where Does Street Crime Fit in?" *British Journal of Criminology* 45 (3): 355-72.

Anderson, John. 2001. "What to Do about 'Much Ado' about Drug Courts?" *International Journal of Drug Policy* 12: 469-75.

Andrews, D., and J. Bonta. 1998. *The Psychology of Criminal Conduct. 2nd ed.* Cincinnati: Anderson.

Andrews, D.A., I. Zinger, R.D. Hoge, J. Bonta, P. Gendreau, and F. T. Cullen. 1990. "Does Correctional Treatment Work? A Clinically Relevant and Informed Meta-Analysis." *Criminology* 28: 369-404.

Anslinger, Harry. 1961. *The Murderers: The Story of the Narcotic Gangs.* New York: Farrar, Strauss and Cudahy.

Archives of Ontario. 1968. Printer Materials: Rules, Regulations and Manuals. Series RG 20-155-0-10.

———. 1970a. Drug Abuse Conferences, Deputy Minister's Correspondence. Series RG 20-8-003.

———. 1970b. Minister's Advisory Council on the Treatment of the Offender: Classification and Treatment - New Concepts in Correctional Custody. Series RG 20-148-0-10.4.

———. 1972. Probation and Parole General. Series RG 20-0-0-19.7.

———. 1974. National Conference, Directors of Probation, 13-15 May 1974. Series RG 20-8-0010.13.

———. 1975. Hamilton Liquor Court Project. Series RG 20-8

———. n.d. Alex G. Brown Memorial Clinic Information Booklet. Series RG 20-155-0-11.

Arrigo, Bruce. 2002. *Punishing the Mentally Ill: A Critical Analysis of Law and Psychiatry.* Albany: SUNY Press.

Backhouse, Constance. 1991. *Petticoats and Prejudice: Woman and Law in 19th Century Canada.* Toronto: Women's Press

Bauman, Zygmunt. 2000. "Social Issues of Law and Order" *British Journal of Criminology* 40(2): 205-21.

Beck, Aaron. 1976. *Cognitive Therapy and Emotional Disorders.* New York: International Universities Press.（＝1990，大野裕訳『認知療法――精神療法の新しい発展』岩崎学術出版社.）

Beck, Aaron, and John Rush. 1988. “Cognitive Therapy.” In *Comprehensive Textbook of Psychiatry, 5th ed.*, ed. Harold I Kaplan and Benjamin J. Sadock, 1541-49. Baltimore: Williams and Wilkins.

Beck, Urlich. 1992. *The Risk Society: Towards a New Modernity.* London: Sage.（1986＝1998，東廉・伊藤美登里訳『危険社会――新しい近代への道』法政大学出版局.）

Becker, Howard S. 1966. *The Outsiders: Studies in the Sociology of Deviance.* New York: Free Press.（＝2011，村上直之訳『完訳アウトサイダーズ――ラベリング理論再考』現代人文社.）

Beiras, I. 2005. “State Form, Labour Market and Penal System: The New Punitive Rationality in Perspective.” *Punishment and Society* 7 (2):167-82.

Belenko, Steve. 1999. *Research on Drug Courts: A Critical Review.* New York: national Centre on Addiction and Substance Use.

Bentham, Jeremy. 1791 → 1962. *Panopticon* (London).

Bentley, Paul. 2000. “Canada's First Drug Treatment Court.” *Criminal Reports* 31(5): 257-74.

Berridge, Virginia, and Griffith Edwards. 1981. *Opium and the People: Opiate Use and Drug Control Policy in Nineteenth and Early Twentieth Century England.* London: Free Association Books.

Boldt, Richard. 2002, “The Adversary System and Attorney Role in the Drug Treatment Court Movement.” In *Drug Courts in Theory and Practice,* ed. James Nolan, 48-51. Hawthorne: Aldine de Gruyter.

Boritch, Helen. 1997. *Female Crime and Criminal Justice in Canada.* Scarborough: Nelson.

Bosworth, Mary. 1999. *Engendering Resistance: Agency and Power in Woman's Prisons.* London: Ahsgate.

Bourgeois, Philippe. 2003. *In Search of Respect: Selling Crack in El Barrio.* London: Cambridge University Press.

Boyd, Neil. 1984. “The Origins of Canadian Narcotics Legislation: The Process of Criminalization in Historical Context.” *Dalhousie Law Journal* 8: 102-36.

Boyd, Susan. 2004. *From Witches to Crack Moms: Women, Drug Law and Policy.* Durham: Carolina Academic Press.

Burgess, Anthony. 1967. *A Clockwork Orange.* New York: Norton.（＝2008，乾信一郎訳『時計じかけのオレンジ』早川書房.）

British Columbia. Department of Corrections. 1957-78. Annual Reports.

Burstow, Bonnie. 2005. “Feminist Antipsychiatry Praxis: Women and the Movement(s) – A Canadian Perspective.” In *Women, Madness and the Law: A Feminist Reader,* ed. Wendy Chan, Dorothy E. Chunn, and Robert Menzies, 245-58. London: Glasshouse.

Callon, Michel. 1999. “Some Elements of a Sociology of Translation: Domestication of Scallops and the Fishermen of St. Brieuc Bay." In *The Science Studies Reader,* ed. Mario Biagioli, 67-83. New York: Routledge.

Campbell, Nancy. 2000. *Using Women: Gender, Drug Policy and Social Justice.* New York: Routledge.

Canada. 2000. Canada's Drug Strategy. Ottawa: Ministry of Health.

Caron, Roger. 1978. *Go Boy! The True Story of Life behind Bars.* Toronto: McGraw-Hill Ryerson.

Carrigan, Owen. 1991. *Crime and Punishment in Canada: A History.* Toronto: Oxford University Press.

Carstairs, Catherine. 1999. "Deporting 'Ah Sin' to Save the White Race: Moral Panic, Racialization and the Extension of Canadian Drug Laws in the 1920s." *Canadian Bulletin of Medical History* 16: 65-88.

———. 2005. *Jailed for Possession: Illegal Drug Use, Regulation and Power in Canada, 1920-1961.* Toronto: University of Toronto Press.

Castel, Robert. 1991. "From Dangerousness to Risk." In *The Foucault Effect: Essays on Governmentality,* ed. Graham Burchell, Colin Gordon, and Peter Miller, 281-98. Chicago: University of Chicago Press.

Chesney-Lind, Meda. 1977. "Judicial Paternalism and the Female Status Offender: Training Woman to Know Their Place." *Crime and Delinquency* 23 (2): 121-30.

Chunn, Dorothy, and Bob Menzies. 1990. "Gender, Madness and Crime: The Reproduction of Patriarchal and Class Relations in a Court Clinic." *Journal of Human Justice* 1 (2):33-54.

Coldren, James R. 2004. *Patuxent Institution: An American Experiment in Corrections.* New York: Peter Lang

Cole, Simon. 2001. *Suspect Identities: A History of Fingerprinting and Criminal Identification.* Cambridge: Harvard University Press.

College of Psychologists of Ontario. 2004. Toronto: The College of Psychologists in Ontario.

Comack, Elizabeth. 1991. "'We Will Get Some Good out of This Riot Yet': The Canadian State, Drug Legislation and Class Conflict." In *The Social Basis of Law: Critical Readings in the Society of Law,* ed. Elizabeth Comack and Stephen Brickey, 48-70. Halifax: Garamond.

———. 2000. "The Prisoning of Woman: Meeting Women's Needs." In *An Ideal Prison? Critical Essays on Woman's Imprisonment in Canada,* ed. Kelly Hannah-Moffat and Margaret Shaw, 117-27. Halifax: Fernwood.

Commission on Systemic Racism in the Ontario Criminal Justice System. 1995. *Report of the Commission on Systemic Racism in the Ontario Criminal Justice System.* Toronto: The Commission.

Courtwright, David. 2001. *Forces of Habit: Drugs and the Making of the Modern World.*

Boston: Harvard University Press.（＝2003，小川昭子訳『ドラッグは世界をいかに変えたか――依存性物質の社会史』春秋社.）

Cox, Susan. 2001. *Change is a Choice: Substance Misuse Orientation Program Training Manual.* Toronto: Ontario Ministry Correctional Services.

Cruikshank, Barbara. 1996. "Revolutions from Within: Self-Government and Self-Esteem." In *Foucault and Political Reason: Liberalism, Neo-Liberalism and Rationalities of Government,* ed. Andrew Barry, Thomas Osborne, and Nikolas Rose. Chicago: University of Chicago Press.

Culhane, Clare. 1991. *No Longer Barred from Prison: Social Injustice in Canada.* Montreal: Black Rose Books.

Cullen, Francis, 2005. "The 12 People Who Saved Rehabilitation: How the Science of Criminology Made a Difference." *Criminology* 43 (1): 1-42.

Cullen, F.T., and K.E. Gilbert. 1982. *Reaffirming Rehabilitation.* Cincinnati: Halstead.

Dean, Mitchell. 1999. *Governmentality: Power and Role in Modern Society.* London: Sage.

Denton, Barbara, and Pat O'Malley. 2001. "Property Crime and Woman Drug Dealers in Australia." *Journal of Drug Issues* 1 (2): 365-86.

DiClemente, Carlo, and James Prochaska. 1998. "Toward a Comprehensive, Transtheoretical Model of Change: Stages of Change and Addictive Behaviours." In *Applied Clinical Psychology,* ed. William Miller and Nick Heather, 3-24. New York: Plenum Press.

Dobash, Russell, R. Emerson Dobash, and Sue Gutteridge. 1986. *The Imprisonment of Women.* Oxford: Blackwell.

Dobson, Keith, ed. 2001. *Handbook of Cognitive Behavioral Therapies.* New York: Guilford Press.

Doherty, Diana, and John Ekstedt. 1991. *Conflict, Care, and Control: The History of the British Columbia Corrections Branch, 1848-1988.* Burnaby: Simon Fraser Institute for Studies in Criminal Justice Policy.

Doyle, Aaron. 2003. *Arresting Images: Crime and Policing in Front of the Television Camera.* Toronto: University of Toronto Press,

Dzeigeilewski, Sophia, and Diane Holliman. 2001. "Managed Care and Social Work: Practice Implications in an Era of Change." *Journal of Sociology and Social Welfare* 28 (2): 125-39.

Ekstedt, John, and Curt Griffiths. 1988. *Corrections in Canada: Policy and Practice. 2nd ed.* Toronto: Butterworths.

Elias, Nobert. 1984. *The Civilizing Process.* Oxford: Blackwell.（＝2010，波田節夫ほか訳『文明化の過程（上）ヨーロッパ上流階層の風俗の変遷・（下）社会の変遷 / 文明化の理論のための見取図』法政大学出版局.）

Ellis, A. 1994. *Reason and Emotion in Psychotherapy.* New York: Lyle Stuart.（＝1999,

野口京子訳『理性感情行動療法』金子書房.）
Erickson, Pat, Diane Riley, Yeut Cheung, and Patrick O'Hare. 1997. "Introduction: The Search for Harm Reduction." In *Harm Reduction: A New Direction for Drug Policies and Programs,* ed. Pat Erickson, Diane Riley, and Yuet Cheung, 3-11. Toronto: University of Toronto Press.
Erickson, Pat, and Reginald Smart. 1988. "The LeDain Commission Recommendations." In *Illicit Drugs in Canada: A Risky Business.* ed. Pat Erickson and Judith Blackwell, 48-63. Toronto: Nelson.
Ericson, Richard, and Aaron Doyle. 2003. "Risk and Morality." In *Risk and Morality,* ed. Richard Ericson and Aaron Doyle, 1-10. Toronto: University of Toronto Press.
Ericson, Richard, and Kevin Haggerty. 1997. *Policing the Risk Society.* Toronto: University of Toronto Press.
Ewald, Francois. 1991. "Insurance and Risk." In *The Foucault Effect: Studies in Governmentality,* ed. Graham Burchell, Colin Gordon, and Peter Miller, 197-210. Chicago: University of Chicago Press.
Ewick, Patricia, and Susan Silbey. 1998. *The Common Place of Law: Stories from Everyday Life,* Chicago: University of Chicago Press.
Ewick, Patty, Robert Kagan, and Austin Sarat. 1999. *Legacies of Legal Realism: Social Science, Social Policy and the Law.* New York: Russell Sage Foundation.
Fauteaux, G. 1956. *Report of the Committee Appointed to Inquire into the Principles and Procedures Followed in the Remission Service of the Department of Justice of Canada.* Ottawa: Queen's Printer.
Feeley, Malcolm, and Jonathan Simon. 1992. "The New Penology: Notes on the Emerging Strategy of Corrections and Its Implications." *Criminology* 30: 449-74.
Fergusson, David, and John Horwood. 2000. "Does Cannabis Use Encourage Other Forms Of Illicit Drug Use?" *Addiction* 95 (4): 505-20.
Ferri, Enrico. 1967. *Criminal Sociology.* New York: Agathon.（= 2008, 山田吉彦訳『犯罪社会学（上）・（下）』日本図書センター.）
Fisher, Benedikt, Julian Roberts and Maritt Kirst. 2002. "Compulsory Drug Treatment in Canada: Historical Origins and Recent Developments." *European Addiction Research* 8: 61-68.
Fisher, Fenaughty, and Amy Paschane. 1997. "Hepatitis C Virus Infection among Alaskan Drug Users." *American Journal of Public Health* 87: 1722-24.
Foucault, Michel. 1965. *Madness and Civilization: A History of Insanity in the Age of Reason.* New York: Vintage.（1961 → 1972 = 1975, 田村俶訳『狂気の歴史――古典主義時代における』新潮社.）
――― . 1977. *Discipline and Punish: The Birth of the Prison.* New York: Vintage Books.（1975 = 1977, 田村俶訳『監獄の誕生――監視と処罰』新潮社.）

———. 1978. *The History of Sexuality. Vol. 1: An Introduction.* New York: Vintage Books.（1976＝1986, 渡辺守章訳『知への意志——性の歴史Ⅰ』新潮社.）
———. 1980. *Power/Knowledge: Selected Interviews and Other Writings, 1972-77.* ed. Colin Gordon. New York: Pantheon.
———. 1991a. "Governmentality." In *The Foucault Effect: Essays on Governmentality,* ed. Graham Burchell, Colin Gordon, and Peter Miller, 87-104. Chicago: University of Chicago Press.
———. 1991b. "Questions of Method." In *The Foucault Effect: Essays on Governmentality,* ed. Graham Burchell, Colin Gordon, and Peter Miller, 73-86. Chicago: University of Chicago Press.
———. 1994. *Ethics, Subjectivity and Truth: The Essential Work of Michel Foucault,* 1954-84. ed. Paul Rabinow. New York: The New Press.
———. 2001. *Fearless Speech.* ed. Joseph Pearson. Los Angeles: Simiotext(e).（＝2002, 中山元訳『真理とディスクール——パレーシア講義』筑摩書房.）
Frankl, J.D. 1961. *Persuasion and Healing: A Comparative Study of Psychotherapy.* Baltimore: Johns Hopkins University Press.（＝1969, 酒井汀訳『心理療法の比較研究——説得と治療』岩崎学術出版社.）
Garland, David. 1985. *Punishment and Welfare: A History of Penal Strategies.* Aldershot: Gower.
———. 1996. "The Limits of the Sovereign State: Strategies of Crime Control in Contemporary Society." *British Journal of Criminology* 36 (4): 173-214.
———. 2001. *The Culture of Control: Crime and Social Order in Contemporary Society.* Chicago: University of Chicago Press.
Garland, David, and Richard Sparks. 2000. "Criminology, Social Theory and Challenges of our Times." *British Journal of Criminology* 40 (2): 189-204.
Gendreau, P., and P. Goggin. 1996. "Principles of Effective Correctional Programming." *Forum on Corrections Research* 8 (3): 38-41.
Gendreau, P., and B. Ross. 1978. *Effective Correctional Treatment: Bibliotherapy for Cynics.* Ontario: Ministry for Correctional Services.
———. 1980. *Correctional Potency: Treatment and Deterrence on Trial.* Toronto: Ministry of Correctional Services.
Giddens, Anthony. 2000. *The Third Way and Its Critics.* Cambridge: Polity.（＝2003, 今枝法之・干川剛史訳『第三の道とその批判』晃洋書房.）
Giffen, P.J., Shirley Endicott, and Sylvia Lambert. 1991. *Panic and Indifference: The Politics of Canada's Drug Laws, a Study in the Sociology of Law.* Ottawa: Canadian Centre on Substance Abuse.
Goffman, Erving. 1959. *The Presentation of Self in Everyday Life.* New York: Doubleday.（＝1974, 石黒毅訳『行為と演技——日常生活における自己呈示』誠信書房.）
———. 1961. *Asylums: Essays on the Social Situation of Mental Patients and Other In-*

mates. New York: Garden City.（= 1984，石黒毅訳『アサイラム――施設被収容者の日常世界』誠信書房.）
Goldkamp, John, Michael White, and Jennifer Robinson. 2001. "Context and Change: The Evolution of Pioneering Drug Courts in Portland and Las Vegas." *Law and Policy* 23 (2): 141-70.
Goldsmith, Margaret. 1939. *The Trail of Opium: The Eleventh Plague.* London: Robert Hale.
Gordon, Colin. 1991. "Governmental Rationality: An Introduction." In *The Foucault Effect Studies in Governmentality,* ed. Graham Burchell, Colin Gordon, and Peter Miller, 1-52. Chicago: University of Chicago Press.
Graham-Mulhall, Sarah. 1926. *Opium: The Demon Flower.* New York: Arno Press.
Gubrium, Jaber, and James Holstein. 1999. "At the Border of Narative and Ethnography." *Journal of Contemporary Ethnography* 28 (5): 561-73.
Hacking, Ian. 1999. *The Social Construction of What?* Cambridge: Harvard University Press.（= 2006，出口康夫・久米暁訳『何が社会的に構成されるのか』岩波書店.）
――――. 2004. "Between Michel Foucault and Erving Goffman: Between Discourse in the Abstract and Face-to-Face Interaction." *Economy and Society* 33 (3): 277-302.
Hannah-Moffat, Kelly. 1999. "Moral Agent or Actuarial Subject? Risk and Canadian Women's Imprisonment." *Theoretical Criminology* 3 (1): 74-91.
――――. 2000. "Prisons that Empower: Neoliberal Governance and Canadian Women's Prisons." *British Journal of Criminology* 40 (3): 510-31.
――――. 2001. *Punishment in Disguise: Penal Governance and Federal Women's Corrections.* Toronto: University of Toronto Press.
Hannah-Moffat, Kelly, and Paula Maurutto. 2005. "Assembling Risk and the Restructuring of Penal Control" *British Journal of Criminology* 46 (3): 438-54.
Harrison, Lana, Patricia Erickson, Edward Adlaf, and Charles Freeman. 2001. The Drugs-Violence Nexus among American and Canadian Youth." *Substance Use and Misuse* 36 (14): 2065-86.
Hathaway, Andrew, and Patricia Erickson. 2003. "Drug Reform Issues and Policy Debates: Harm Reduction Prospects for Cannabis in Canada." *Journal of Drug Issues* 33 (2): 465-95.
Hermer, Joe, and Janet Mosher, eds. 2002. *Disorderly People: Law and the Politics of Exclusion in Ontario.* Halifax: Fernwood.
平井秀幸, 2014,「犯罪・非行からの『立ち直り』？――社会構想への接続」岡邊健編『犯罪・非行の社会学――常識をとらえなおす視座』有斐閣，251-274.
――――，2015,『刑務所処遇の社会学――認知行動療法・新自由主義的規律・統治性』世織書房.
Hoffman, Nicolas. 1984. "Cognitive Therapy: Introduction to the Subject." In *Foun-*

dations of Cognitive Therapy: Theoretical Methods and Practical Applications, ed. Nicolas Hoffman, 173-209. New York: Plenum Press.

Hornblum, Allen. 1998. *Acres of Skin: Human Experiments at Holmsburg Prison.* New York: Routledge.

Hudson, Barbara. 1987. *Justice through Punishment : A Critique of the Justice Model of Corrections.* Basingstoke: St. Martin's Press.

Huxley, Aldous. 1954. *The Doors of Perception.* New York: Harper.（= 1995，河村錠一郎訳『知覚の扉』平凡社.）

Incardi, James. 1981. *The Drugs-Crime Connection.* London: Sage.

石塚伸一編著，2007，『日本版ドラッグ・コート――処罰から治療へ』日本評論社.

Jasanoff, Sheila. 1995. *Science at the Bar: Law, Science and Technology in America.* Cambridge: Harvard University Press.

Jay, Mike. 1999. *Artificial Paradises.* New York: Penguin.

Jenkins, Philip. 1999. *Synthetic Panics: The Symbolic Policies of Designer Drugs.* New York: New York Press.

Jensen, Eric. 2004. "Scial Consequences of War on Drugs: the Legacy of Failed Policy." *Criminal Justice Policy Review* 15 (1): 100-121.

Jensen, Eric, and Jurg Gerber. 1993. "State Efforts to Construct a Social Problem: The 1986 War on Drugs in Canada." *Canadian Journal of Sociology* 18 (4): 453-62.

Jorgess, Bernward. 1999. "Do Politics Have Artefacts?" *Social Studies of Science* 29 (2): 411-31.

Kandel, D., K. Yamaguchi, and K. Chen. 1992. "Stages of Progression in Drug Involvement from Adolescence to Adulthood: Further Evidence for the Gateway Theory." *Journal of Studies on Alcohol* 53: 447-57.

Keane, Helen. 2002. *What's Wrong with Addiction?* Victoria: Melbourne University Press.

Kemshall, Hazel. 2003. *Understanding Risk in Criminal Justice.* Philadelphia: Open University Press.

Kendall, Kathy. 2000. "Psy-ence Fiction: Governing Female Prisons through the Psychological Sciencces." In *An Ideal Prison? Critical Essays on Women's Imprisonment in Canada,* ed. Kelly Hannah-Moffat and Margaret Shaw, 82-93. Halifax: Fernwood.

———. 2005. "Beyond Reason: Social Constructions of Mentally Disordered Female Offenders." In *Women, Madness and the Law: A Feminist Reader,* ed. Wendy Chan, E. Chunn, and Robert Menzies, 41-57. London: Glasshouse.

Kesey, Ken. 1969 *One Flew Over the Cuckoo's Nest.* New York: Viking Press.（= 2014，岩元巌訳『カッコーの巣の上で』白水社.）

Klein, Richard. 1993. *Cigarettes Are Sublime.* Durham: Duke University Press.（ = 1997，太田晋・谷岡健彦訳『煙草は崇高である』太田出版.）

Kramar, Kirsten. 2005. *Unwilling Mothers, Unwanted Babies: Infanticide in Canada.* Vancouver: UBC Press.

Latour, Bruno. 1987. *Science in Action: How to Follow Scientists and Engineers through Society.* Cambridge: Harvard University Press.（= 1999, 川崎勝・高田紀代志訳『科学が作られているとき——人類学的考察』産業図書.）

———. 1993. *We Have Never Been Modern.* Trans. Catherine Porter. Cambridge: Harvard University Press.（= 2008, 川村久美子訳『虚構の「近代」——科学人類学は警告する』新評論.）

———. 1999. *Pandora's Hope: Essays on the Reality of Science Studies.* Harverd: Harverd University Press.（= 2007, 川崎勝・平川秀幸訳,『科学論の実在——パンドラの希望』産業図書.）

Law, John, ed. 1999. *After Actor Network Theory.* Oxford: Blackwell.

Law Society of Upper Canada. 2000. *Rules for Professional Conduct.* Toronto.

Leary, Timothy. 1968. *The Politics of Ecstasy.* New York: Putnam.

———. 1983 → 1990. *Flashback: a Personal and Cultural History of an Ara, an Autobiogrsphy.* Los Angeles: J. P. Tarcher.（= 1995, 山形浩生ほか訳『フラッシュバックス——ティモシー・リアリー自伝』トレヴィル.）

LeDain, Honourable Justice Gerald, Chair. 1972. *Commission of Inquiry into the Nonmedical Use of Drugs.* Ottawa: Government of Canada.

Leiss, William, and Steve Hrudey. 2005. “On Proof and Probability: Introduction to ‘Law and Risk’” In *Law and Risk,* ed. Law Commission of Canada, 1-19. Vancouver: UBC Press.

Leukefeld, Carl. 2002. *Treatment of Drug Offenders: Policies and Issues.* New York: Springer.

Lightfoot, Lynn. 2000. *Choices: Offender Substance Abuse Program.* Ottawa: Correctional Service of Canada.

Lindesmith, Alfred. 1965. *The Addict and the Law.* Bloomington: Indiana University Press.

Logan, Enid. 2000. “The Wrong Race, Committing Crime, Doing Drugs, and Maladjusted for Motherhood: The Nation’s Fury over ‘Crack Babies’” *Social Justice* 26 (1): 115-38.

Lutpon, Deborah. 1997. “Foucault and the Medicalization Critique.” In *Foucault, Health and Medicine,* ed. Alan Petersen and Robin Bunton, 94-112. London: Routledge.

Mander, Christine. 1985. *Emily Murphy: Rebel - First Female Magistrate in the British Empire.* Toronto: Simon and Pierre.

Mannheim, Karl. 1970. “The Sociology of Knowledge. In *The Sociology of Knowledge: A Reader,* ed. J.E. Curtis and J.W. Petras, 107-29. New York: Praeger.（1931 = 1973, 秋元律郎・田中清助訳「知識社会学」日高六郎ほか編『現代社会学体系 8』青

木書店，151-204.）
Marez, Curtis. 2004. *Drug Wars: The Political Economy of Narcotics. Minneapolis:* University of Minnesota Press.
Marlow, Ann. 1999. *How to Stop Time: Heroin from A-Z.* New York: Basic Books.
Martinson, Robert. 1974. "What Works? Question and Answers about Prison Reform." *The Public Interest* 35: 204-18.
Matthew, Roger. 2005. "The Myth of Punitiveness." *Theoretical Criminology* 9 (2): 175-201.
Mauer, Marc. 1999. *Race to Incarcerate: Marc Mauer and the Sentencing Project.* New York: The New Press.
Mauer, Marc, and Meda Chesney-Lind. 2002. *Invisible Punishment: The Collateral Consequences of Mass Imprisonment.* New York: New York Press.
Matthews, Roger. 2005. "The Myth of Punitiveness." *Theoretical Criminology* 9 (2): 175-201.
McGuire, James. 1995. *What Works: Reducing Reoffending – Guidelines for Reserch and Practice.* Chichester: John Wiley and Sons.
McGuire, James, and Philip Priestley. 1985. *Offending Behavior: Skills and Stratagems for Going Straight.* New York: St. Martin's Press.
McLean, Edward. 1992. *Law and Civilization: The Legal Thought of Roscoe Pound.* Lanham: University Press of America.
McLean, Edward, and Philip Priestley, 1985. *Offending Behavior: Skills and Strategems for Going Straight.* New York: St. Martin's Press.
McMahon, Maeve. 1992. *The Persistent Prison? Rethinking Decarceration and Penal Reform.* Toronto: University of Toronto Press.
———.1999. *Women on Guard: Discrimination and Harassment in Correction.* Toronto: University of Toronto Press.
Miller, Toby. 1993. *The Well Tempered Self: Citizenship, Culture and the Postmodern Subject.* Baltimore: John Hopkins University Press.
Mitchell, Chet. 1990. *The Drug Solution: Regulating Drugs According to Principles of Effeciency, Justice and Democracy.* Ottawa: Carleton University Press.
Moore, Dawn. 2000. "Risking Saturday Night: Regulating Student Alcohol Use through 'Common Sense.," *Theoretical Criminology* 4 (4): 411-428.
———. 2005. "The Liberal Veil: Revisiting Canadian Penality." In *The Punitiveness: Trends, Theories, Practices,* ed. John Pratt, David Brown, Mark Brown, Simon Hallsworth, and Wayne Morrison, 214-35. Devon: Willan.
Moore, Dawn, and Kevin Haggerty. 2001. "Bring It on Home: Home Drug Testing and the Relocation of the War on Drugs." *Social and Legal Studies* 10 (3): 377-95.
Moore, Dawn and Kelly Hannah-Moffat. 2002. "Correctional Renewal without the Frills: The Politics of Get Tough Punishment in Ontario." In *Disorderly People: Law*

and the Politics of Exclusion in Ontario, ed. J. Hermer and J. Mosher, 102-13. Halifax: Fernwood Publishing.
Morgan, H. Wayne. 1981. *Drugs in America.* Syracuse: Syracuse University Press.
Morris, Norval. 1995. "The Contemporary Prison, 1965-Present." In *The Oxford History of the Prison: The Practice of Punishment in Western Society,* ed. Norval Morris and David Rothman, 202-31. Oxford: Oxford University Press.
Mosher, Clayton. 1998. *Discrimination and Denial: System Racism in Ontario's Legal and Criminal Justice Systems, 1892-1961.* Toronto: University of Toronto Press.
Mugford, Jane. 1987. *Court Support and Advisory Services.* Sydney: Australian Institute of Criminology.
Murphy, Emily. 1922. *The Black Candle.* Toronto: Thomas Allen.
Murphy, Sheila, and Marsha Rosenbaum. 1999. *Pregnant Woman on Drugs: Combating Stereo-types and stigma.* New Brunswick: Rutgers University Press.
Musto, David. 1973. *The American Disease: Origins of Narcotic Control.* New Haven: Yale University Press.
———. 2002. *One Hundred Years of Herion.* London: Auburn House.
Nolan, James. 1998. *The Therapeutic State.* New York: NYU Press.
———. 2001. *Reinventing Justice: The American Drug Treatment Court Movement.* Princeton: Princeton University Press.（＝2006, 小沼杏平ほか訳『ドラッグ・コート――アメリカ刑事司法の再編』丸善プラネット.）
Nadelmann, Ethan 1993. *Cops across Borders: The Internationalization of US Criminal Law Enforcement.* University Park: Penn State Press.
Naffine, Ngaire. 1996. *Feminism and Criminology.* Philadelphia: Temple University Press.
Oliver, Peter. 1985. *Unlikely Tory: The Life and Politics of Alan Grossman. 1st ed.* Toronto: Lester and Orpen Dennys.
O'Malley, Pat. 1996. "Risk and Responsibility." In *Foucault and Political Reason: Liberalism, Neo-Liberalism and Rationalities of Government,* ed. Andrew Barry, Thomas Osborne, and Nickolas Rose, 189-207. Chicago: University of Chicago Press.
———. 1999a. "Consuming Risks: Harm Minimization and the Government of 'Drug Users.'" In *Governable Places: Reading on Governmentality and Crime Control,* ed. Russell Smandych. Aldershot: Ashgate.
———. 1999b. "Violate and Contradictory Punishments." In *Theoretical Criminology* 3 (2): 252-75.
———. 2001. "Geneaology, Systemisaion and Resistance in 'Advanced Liberalism' " *In Rethinking Law, Society and Governance: Foucault's Bequest,* ed. Gary Wickham and George Pavlich, 13-25. Portland: Hart.
O'Malley, Pat and Mariana Valverd. 2004. "Pleasure, Freedom and Drugs: The Uses of 'Pleasure' in Liberal Governance of Drug and Alcohol Consumption." *So-*

ciology 38 (1): 25-42.

Ontario College of Social Workers and Social Service Workers. 2000. *Code of Ethics* Toronto: Ontario College of Social Workers and Social Service Workers.

Ontario Ministry of Correctional Services. 1983. *Maximum Impact Counselling.* Pamphlet.

———. 1988. Corrections in Ontario: Institutional Program. Pamphlet.

———. 2000. *Probation and Parole Service Delivery Model.* Toronto: Ontario Ministry of Correctional Services.

Orbis. 2003. *Evaluation of the Vancouver Drug Treatment Court. 3rd ed.* Vancouver: Orbis.

Ouimet, R. 1969. *Report of the Canadian Committee on Corrections: Toward Unity -Criminal Justice and Corrections.* Ottawa. Information Canada.

Pasquino, Pasquale. 1991. "Criminology: The Birth of a Special Knowledge." In *The Foucault Effect: Studies in Governmentality,* ed. Graham Burchell, Collin Gordon, and Peter Miller, 235-50. Chicago: University of Chicago Press.

Pavlich, George. 1999. "Criticism and Criminology: In Search of Legitimacy." *Theoretical Criminology* 3 (1):29-51.

Peele, Stanton. 1989. *Diseasing of America: How We Allowed Recovery Zealots and the Treatment Industry to Convince Us We Are Out of Control.* San Francisco: Josey-Bass.

Perlin, Michael. 1996. "The Jurisprudence of the Insanity Defense." In *Law in a Therapeutic Key: Developments in Therapeutic Jurisprudence,* ed. David Wexler and Bruce Winnick, 108. Durham: Carolina Academic Press.

Pernanen, Kai, Maria-Marthe Cousineau, Serge Brochu, and Fu Sun. 2002. *Proportions of Crimes Associated with Alcohol and Other Drugs in Canada.* Ottawa: Canadian Center for Substance Abuse.

Petchesky, Rosalind. 1990. *Abortion and Woman's Choice: The State, Sexuality, and Reproductive Freedom.* Boston: Northeastern University Press.

Pound, Roscoe. 1914. "Law and Liberty." In *Lectures on the Harvard Classics, Political Science. V. Law and Liberty,* ed. William Nelson et al. In The Harvard Classics, ed. Charles Eliot. New York: P.F. Collier and Son.

———. 1921. *The Spirit of the Common Law.* Boston: Marshall Jones.（= 1925, 山口喬藏訳『英米法の精神』巖松堂書店.）

Pratt, John, David Brown, Mark Brown, Simon Hallsworth, and Wayne Marrison, eds. 2005. *The New Punitiveness: Trends, Theories, Perspectives.* Devon: Willan.

Prochaska, James. 1999. "Stages of Change Approach to Treating Addictions with Special Focus on DWI Offenders." In *Reserch to Results: Effective Community Corrections,* ed. Patricia Harris, 191-214. Lanaham: American Correctional Association.

Prochaska, James, W. Velicer, Carlo Diclemente, and J. Fava. 1988. "Measuring Processes of Change: Applications to the Cessation of Smoking." In *Journal of*

Consulting and Clinical Psychology 56: 520-28.

Proctor, Dorothy, and F. Rosen. 1994. Chamaeleon: *The Lives of Dorothy Proctor from Street Criminal to International Special Agent.* Far Hills: New Horizon Press.

Rabinow, Paul. 2003. *Anthropos Today: Reflections on Modern Equipment.* Princeton: Princeton University Press.

Rafter, N. 2004. "The Unrepentant House-Slasher: Moral insanity and the Origins of Criminological Thought." *Criminology* 42 (4): 979-1008.

Reeves, Jimmie, and Lynn Campbell. 1994. *Cracked Coverage: The Anti-Cocaine Crusade and the Reagan Legacy.* Durham: Duke Press.

Reinarman, Craig, and H. Levine. 1997. *Crack in America: Demon Drugs and Social Justice.* Berkeley: University of California Press.

Roach, Kent. 2000. *Criminal Law.* Toronto: Irwin Law.

Rose, Nikolas. 1996a. "The Death of the 'Social'? Refiguring the Territory of Government." *Economy and Society* 26 (4): 327-46.

———. 1996b. "Governing 'Advanced' Liberal Democracies." In *Foucault and Political Reason: Liberalism, Neoliberalism and Rationalities of Government,* ed. Andrew Barry, Thomas Osborne, and Nickolas Rose, 327-56. Chicago: University of Chicago Press.

———. 1998. *Inventing Our Selves: Psychology, Power and Personhood.* Cambridge: Cambridge University Press.

———. 1999. *Powers of Freedom: Reframing Political Thought.* Cambridge: Cambridge University Press.

———. 2003. "The Neurochemical Self and Its Anomalies." In *Risk and Morality,* ed. Ericson and Doyle, 407-37. Toronto: University of Toronto Press.

Rose, Nikolas, Pat O'Malley, and Mariana Valverde. 2006. "Governmentality." *Annual Review of Law and Social Science* 2: 83-104.

Rothman, David. 1980. *Conscience and Convenience: The Asylum and Its Alternatives in Progressive America.* Boston: Little Brown.

Sawicki, Jana. 1991. *Disciplining Foucault: Feminism, Power and the Body.* New York: Routledge.

Senate Special Committee on Illegal Drugs. 2002. *Final Report.* Ottawa: Senate of Canada.

Senate Special Committee on Non-Medical Use of Drugs. 2002. *Final Report.* Ottawa: Government of Canada.

Sheptycki, James. 2000. "The Drug War: Learning from the Paradigm Example of Transnational Policing." In *Issues in Transnational Policing,* ed. James Sheptycki, 15-40. London: Routledge.

Shiff, Alison, and David Wexler. 1996. "Teen Court: A Therapeutic Jurisprudence Perspective." In *Law in a Therapeutic Key: Developments in Therapeutic Jurisprudence,*

ed. David Wexler and Bruce Winnick, 342. Durham: Carolina Academic Press.
Shuman, Daniel. 1996. "Therapeutic Jurisprudence and Tort Law: A Limited Subjective Standard of Care." In *Law in a Therapeutic Key: Developments in Therapeutic Jurisprudence,* ed. David Wexler and Bruce Winnick, 42-60. Durham: Carolina Academic Press.
Sim, Joe. 1990. *Medical Power in Prisons: The Prison Medical Service in England, 1774-1989.* Philadelphia: Open University Press.
Simmons, Harvey. 1982. *From Asylum to Welfare.* Downsview: National Institute on Mental Retardation.
Simon, Jonathan. 1993. *Poor Discipline: Parole and the Social Control of the Underclass, 1890-1990.* Chicago: University of Chicago Press.
Singh, Amardeep. 2002. "We Are Not the Enemy: Hate Crimes against Arabs, Muslims, and Those Perceived to be Arab or Muslim after September 11." In *New York: Human Rights Watch,* 40-56.
Sloman, Larry 'Ratso' 1979. *Reefer Madness: A History of Marijuana.* New York: St. Martin's Griffin.
Smart, Carol. 1995. *Law, Crime and Sexuality: Essays in Feminism.* London: Sage.
Struthers, James. 1994. *The Limits of Affluence: Welfare in Ontario 1920-1970.* Toronto: University of Toronto Press.
Szasz, Thomas. 1985. *Ceremonial Chemistry: The Ritual Persecution of Drugs, Addicts and Pushers. Rev. ed.* Holmes Beach: Learning Publications.
Tomlins, Christoper. 2000. "Framing the Field of Law's Disciplinary Encounters: A Historical Narrative." *Law and Society Review* 34 (4): 911-72.
Unger, Roberto. 1998. *Democracy Realized: The Progressive Alternative.* New York; Verso.
Valverde, Mariana. 1991. *The Age of Light, Soap and Water: Moral Reform in English Canada 1885-1925.* Toronto: McClelland and Stewart.
———.1995. "Building Anti-Delinquent Communities: Morality, Gender and Generation in the City." In *A Diversity of Women: Ontario 1945-1980,* ed. Joy Parr, 221-54. Toronto: University of Toronto Press.
———.1998a. *Diseases of the Will: Alcohol and the Dilemmas of Freedom.* Cambridge: Cambridge University Press.
———.1998b. "Governing Out of Habit." *Studies in Law, Politics and Society* 18: 217-42.
———.2003a. *Law's Dream of a Common Knowledge.* Princeton: Princeton University Press.
———.2003b. "Targeted Governance and the Problem of Desire." In *Risk and Morality,* ed. Richard Ericson and Aaron Doyle, 115-43. Toronto: University of Toronto Press.

———.2005. "Authorizing the Production of Urban Moral Order: Appellate Courts and Their Knowledge Games." *Law and Society Review* 39 (2): 419-55.

Valverde, Mariana, Ron Levi, and Dawn Moore. 2005. "Legal Knowledges of Risk." In *Law and Risk,* ed. Law Commission of Canada, 50-73. Vancouver: UBC Press.

Vantour, Jim. 1991. *Our Story: Organizational Renewal in Federal Corrections.* Ottawa: Canadian Corrections Service.

Wacquant, Loic. 2001. "Deadly Symbiosis: When Ghetto and Prison Meet and Mesh." *Punishment and Society* 3 (1): 95-134.

———.2005. "The Great Penal Leap Backward: Incarceration in America from Nixon to Clinton." In *The New Punitiveness: Trends, Theories, Practices,* ed. J. Pratt, D. Brown, and B. Brown. Devon: Willan.

Waldorf, Dan, and Craig Reinarman. 1975. "Addicts: Everything but Human Beings." *Urban Life* 4 (1): 30-53.

Webster, Chris. 1990. "Compulsory Treatment in Narcotic Addiction." In *Clinical Criminology: Theory, Research and Practice,* ed. Hilton, Margaret Jackson and Christopher Webster, 63-87. Toronto: Scholars Press.

Welsh, Irvine. 1996. *Trainspotting.* London: Minerva.（＝1998，池田真紀子訳『トレインスポッティング』角川書店.）

Wexler, David, and Bruce Winnick. 1996. "Introduction." In *Law in a Therapeutic Key: Developments in Therapeutic Jurisprudence,* ed. David Wexler and Bruce Winnick, 112-32. Durham: Carolina Academic Press.

White, William. 1998. *Slaying the Dragon: The History of Addiction Treatment and Recovery in America.* Bloomington: Chestnut Health Systems.（＝2007，鈴木美保子ほか訳，『米国アディクション列伝――アメリカにおけるアディクション治療と回復の歴史』ジャパンマック.）

Williams, Terry. 1993. *Crackhouse: Notes from the End of the Line.* New York: Penguin.

Winner, Langdon. 1980. "Do Artefacts Have Politics?" *Daedalus* 109 (1): 121-36.

Winnick, Bruce. 1996. "The Psycho-Therapist Patient Privilege: Therapeutic Jurisprudence in View." In *Law in a Therapeutic Key: Developments in Therapeutic Jurisprudence,* ed. David Wexler and Bruce Winnick, 212-30. Durham: Carolina Academic Press.

Woolgar, Steve, and Geoff Cooper. 1999. "Do Artefacts Have Ambivalence? Moses' Bridges, Winner's Bridges and other Urban Legends in S&TS." *Social Studies of Science* 29 (3): 433-49.

Young. Alan. 2003. *Justice Defiled: Perverts, Potheads, Serial Killers and Lawyers.* Toronto: Key Porter.

事項索引

【あ】

【か】

【さ】

【た】

【な】

【は】

【や】

【ら】

人名索引

訳者解題

本書の独創性と普遍性
——１人の批判的犯罪学者のライフヒストリーを手がかりに

本書は、Moore Dawn, 2007, *Criminal Artefacts: Governing Drugs and Users,* Vancouver: UBC Press. の全訳である。

原題でもある『クリミナル・アーティファクツ』という言葉で含意されているのは、薬物使用者がいかに——本書の鍵概念を用いれば——「犯罪者／アディクト」という統治上の形象として社会的に構成されてきたか、という点であろう。日本の読者の読みやすさを考慮して、原著者の許可のもとに原題は変更している。しかし、それが伝える“罪人であると同時に病者でもある「犯罪者／アディクト」は、決して自然にあるものではなく人為的に創り出されたものなのだ”というメッセージは大切に受け止めておきたい。

本書は社会学をベースとしながらも、現代思想・哲学、現代社会論、文学、法学、心理学等の知見を縦横に織り交ぜながら展開されており、この訳者解題においてそのエッセンスと含意を網羅的に論ずることは訳者の能力をはるかに超える作業となる。また、本書は原著者にとってはじめて日本語に翻訳される業績であり、原著者の有する研究関心とその学問的位置づけはさほど自明ではないと思われるし、本書の舞台となる（カナダの）刑事司法における薬物処遇はおそらく多くの読者にとって不案内の領域であろう。その意味では、本書の要点や意義を論ずるに先立って、こうした点についての導入的議論が不可欠であると考える。

以下では、本書の概要を訳者なりにまとめたうえで、原著者であるドーン・ムーア（Dawn Moore）氏の略歴をやや詳細にたどってみたい。もちろん、原著者の個人史に着目するのには理由がある。後で述べるように、彼女の社会学者としてのライフコースは、本書の学問的土台を形成する「批判的犯罪学（critical criminology）」の諸関心をある意味で象徴するものとなっている。本書の魅力やその意義、日本の関連諸研究へのインパクト等について議論するための準備作業として、まずはムーア個人のライフコースというレンズを通して本書が産み落とされた学問上の背景をやや広い視野から捉えることが有益だろう。

また、本書の独創的な特徴のひとつとして、刑事司法システムやそこでの薬物処遇に対して独特の「批判」的まなざしを向けているという点が挙げられる。「薬物と犯罪との連関」が自明なものではないことに対する執拗な脱本質化や、「犯罪者／アディクト」に対する「変容のプロジェクト」の変遷過程――福祉国家的な介入から新自由主義的介入へ――の歴史的追尾といった本書の取り組みは、刑事司法システムに関わるすべての人々の不意を突き、その常識を鮮やかに覆すものであろう。そこで、この訳者解題の後半では、訳者なりのスタンスから本書における「批判」をとりあげ、その意義と問題点を検討することにしたい。

重ねて、こうした議論はあくまで訳者個人が依拠するひとつの価値負荷的な立場からのものであり、読者は本解題を決して「客観的」な記述として受けとらないでほしい。本書のなかで幾度も問いに付される「薬物と犯罪との連関」が決して客観的な「真理」などではなかったのと同様に、本解題が本書に関する唯一の「取扱説明書」であるとはまったく思われない。その意味では、願わくば本書を通読した後に、本書とともにこの訳者解題に対しても「批判」的検討を試みられることを読者には強く期待したいところである。

1．本書の概要

本書は、「**批判的犯罪学**」と呼ばれる犯罪学の一潮流に緩やかに棹差しつつ、カナダ（主としてオンタリオ州）の刑事司法における薬物処遇を対象とした社会学的考察を行うものである。そこで重視されるのは、カナダの刑事司法における薬物処遇を理解するための鍵概念として、「**犯罪者／アディクト**（criminal addict）」――「犯罪」として処罰されると同時に「アディクション（病気）」として治療の対象ともなるような概念――という介入上の形象・アイデンティティである。薬物使用は強く犯罪と結びつけられると同時に、治療を要すべきアディクションとしても理解され、とり扱われてきたのだ。本書では、この「犯罪者／アディクト」に対する処遇の歴史（第２章）、「犯罪者／アディクト」を支える処遇のネットワーク（第３章）、「犯罪者／アディクト」に対する処遇実態やそこでの使用者の応答（第４章・第５章）、といった諸点について、**フーコー**の「統治性（governmentality）」論、**ラトゥール**の「アクター・ネットワーク・セオリー（actor network theory）」、**ゴフマン**の相互行為論など、現代社会学の最前線に位置する理論枠組みを用いながら分析が行われる。「犯罪者／アディクト」は処遇上の自明なアイデンティティと理解され、犯罪／アディクションに至る原因や回復のための方法が喧しく議論されているが、そもそもそれ以前に、**薬物使用者たちが「犯罪者／アディクト」とみなされるとはいかなることであり、そうしたアイデンティティのもとでどのような処遇を受けてきた／いるのだろうか。**本書はこうした問いを伏在させつつ、さまざまな角度から刑事司法における薬物処遇のあり方を分析していく。

本書第２章はこの問いに対して、第二次世界大戦後から現在に至るオンタリオ州の薬物処遇史を分析することでアプローチする。カナダでは「犯罪者／アディクト」は戦後福祉国家の刑罰システムのなかで生まれた。医療モデルに基づき、薬物使用者は真人間に生まれ変わるべく、さまざまな科学的処遇による全人格的（ホリスティック）な介入を受けたが、そうした介入を正当化したのが「犯罪者／アディクト」概念だったのである。こうした福祉国家的な心性は80年代以降、新自由主義的な心性にとって代わられたが、「犯罪者／アディクト」の形象がすたれることはなかった。カナダの刑事司法は、**「変容のプロジェクト**（project of change）」と言うべき犯罪者の改善更生を支持するスタンスを掲げ続けたのである。しかしそれは、福祉国家期の全人格的な介入とは異なり、認知行動療法に代表されるような再犯リスクの回避にターゲット化したスキル・トレーニングのようなものになった。**「犯罪者／アディクト」（と「変容のプロジェクト」）は、規範の全面的書き換えを必要とする病理的主体から、認知行動的スキルを学習し、理性的に再使用のリスクを回避する新自由主義的な能動的主体（に向けた介入）へとその意味あいを変えることで、生き延びた**のである。

「犯罪者／アディクト」の形象の上昇は、統治的心性によってのみ説明されるものではない。**「薬物」というモノそれ自体が有するパーソナリティ**に注目する必要がある。われわれの恐怖心や好奇心を喚起する広義の言葉として、「諸薬物（drugs）」――日本語では、単に「薬物」「クスリ」「ドラッグ」と言うときのニュアンスに近い――という言葉がある。また、個々の「薬物（drug）」（マリファナ、覚せい剤、ヘロイン……）は、「ある薬物は別の薬物よりも安全／危険だ」といった概念上の差異連関を持ったパーソナリティを有している。第３章の議論では、人間とそれ以外を分析上区別しないラトゥールのアクター・ネットワーク・セオリーに依拠しながら、刑事司法において「犯罪者／アディクト」が自明視され、とり扱われる際のあり方が、西洋世界における「薬物」の文化的／臨床的概念と個々の「薬物」が帯びる特定の意味に強く結びついていることを示す。「犯罪者／アディクト」は、国家というアクターとの関係性だけでなく、薬物それ自体というもうひとつのアクターとの関係性においても理解される必要があるのだ。

ところで、「犯罪者／アディクト」は実際の処遇の現場において、どのような介入を受けているのだろうか。続く第4章と第5章では、**「ドラッグ・コート」**（第4章）と**「保護観察を中心とした社会内処遇」**（第5章）という、現代の薬物事犯者処遇において注目を浴びている2つのサイトにおけるフィールドワークを通してこの問いに迫る。

第4章では、北米において注目を集めている新たな薬物処遇システムである「ドラッグ・コート」の調査を通して、**法的なアクター・知識と心理的（psy）なアクター・知識が相互補完関係にあること**が明らかにされる。ドラッグ・コートでは、刑務所への収容のような法的行為がセラピストによって治療目的のもとに志向される、もしくは認知行動療法のような心理的行為が矯正職員によって処罰目的のもとに施行される、といった場面が散見される。言うまでもなく、**そうした治療であると同時に刑罰でもあるような処遇**を引き受ける形象こそ「犯罪者／アディクト」に他ならない。ドラッグ・コートという現代の「変容のプロジェクト」の最前線において、「犯罪者／アディクト」の形象は極めて機能的なものとして絶えず召喚され続けているのである。

もちろん、「犯罪者／アディクト」は単なる統治上の客体であるばかりではなく、自らそうした統治に対して能動的反応を返していくことのできる主体でもある。第5章では、保護観察対象者に対するインタヴュー・データに依拠しながら、実際に「犯罪者／アディクト」としてまなざされ、介入を受ける人々がどのように**「自己への配慮」**（フーコー）を行うのかについて分析する。「統治されるもの」たちのなかには、保護観察において望ましいとされる実践の型を受け入れ、自己を模範的な「犯罪者／アディクト」に**適応**させていこうとする者もいれば、**対抗**的自己像を維持しようとしたり、「犯罪者／アディクト」をリスク回避的自己へと教育しようとする保護観察の統治戦略を**転覆**させようとする者もいる。**新自由主義的主体化の一環としての法的なものと心理的なもののネットワークに対して、個々の統治されるものたちの主体位置（subject position）は多様であり、そこには複数の自己の諸実践が存在している**のである。

刑事司法領域における薬物事犯者処遇、と言って真っ先に思い浮かぶのは「ドラッグ戦争（war on drugs）」に代表される、アメリカ合衆国での厳罰的薬物政策であろう（日本も広義にはこのタイプに類別されることが多い）。そこでは、犯罪者の社会復帰を重視する社会復帰思想の退潮とハイリスク人口の隔離・管理政策の上昇という刑罰変動が、しばしば80年代以降の新自由主義化の趨勢に重ねられて理解される。しかし、**カナダでは新自由主義的な刑罰政策が力を得た後も、アメリカのような厳罰化の動き自体が生じなかった。それはなぜだろうか。**

本書の議論をふまえると、薬物使用者を「犯罪者／アディクト」として想定しながら処遇する「変容のプロジェクト」が結果として時代を越えて継続したこと、それこそがカナダの薬物政策における「**厳罰化の歯止め**」として機能したのだ、と言うことができよう。しかしそれは福祉国家期の統治性ではなく、現代の刑事司法システムのなかで支配的な統治戦略となっている**新自由主義との間に親和性を有するもの**でもある。法的アクターと心理的アクターのネットワーク的統治のなかで「犯罪者／アディクト」をめぐるさまざまな自己統治的アイデンティティ・ワークが展開される「統治性」の主戦場――。刑事司法における薬物処遇という一見“地味”なフィールドをこのように捉えるならば、途端にそれは21世紀の刑事司法をめぐる諸変動を把捉するための戦略的“拠点”としてのフィールドへと変貌する。本書はこれまで自明視されてきた「犯罪者／アディクト」の自然性を問いに付すことで、刑事司法システムとそこにおける薬物処遇を揺るがせ、薬物使用への他なる介入のあり方をめぐる想像力を開くきっかけを提供しようとしているのである。

2. カナダにおける批判的犯罪学――ムーアの略歴と本書の学問的土壌

さて、本書はおおよそ以上のようにまとめられるものであるが、（特に日本の社会学的犯罪研究の視点からは）次のような素朴な疑問が寄せられるかもしれない。「そもそも、本書をどのように“面白がれ”ばよいのか？」――。率直に言って、刑事司法における薬物処遇、「変容のプロジェクト」や新自由主義、フーコーをはじめとする社会学理論や方法論等に注目するメリットはどこにあるのだろうか。また、本書のような学究がその一角を占める「批判的犯罪学」とは一体何なのだろうか。

ここでは原著者であるムーアの略歴を紹介する作業を通して、本書が生み出された学問的土壌の一端を把握してみたい。ムーアはカナダ生まれの社会学者であるが、ほとんどの日本の読者にとってはなじみがないと思われるので、以下では訳者による彼女自身へのインタヴューにも依拠しつつ、やや詳細にその経歴をたどっていく。先述のように、本書はムーアの単著でありながら、この数十年間におけるカナダの批判的犯罪学（critical criminology）における数々の営みが合流する“河口”に位置づくような趣きを有している。換言すれば、本書には現時点でのカナダの批判的犯罪学のひとつの到達点が深く刻印されているように思われるのだ。なぜそのようなことが可能となったのか。ムーア個人が“河口”にてそれを待ち受けていたわけではあるまい。彼女の歩み――学問的ライフコース――こそが、カナダの批判的犯罪学という河川のひとつの“水流”を体現しているはずである。

⑴　ハンナ・モファットとの出会い：学部時代

ムーアは1974年、カナダ、ケベック州のモントリオールで生まれた。オンタリオ州セント・キャサリンズ（有名なナイアガラの滝のすぐ近くである）にあるブロック大学（Brock University）に進学し、社会学を専攻した。ブロック大学の社会学科は伝統的にマルクス主義の影響力が色濃く残っており、カナダのなかでもかなり左派的な学科だったようだ。彼女が犯罪学や犯罪研究に関心を持ったのは、学部3年生のときに、当時ブロック大学の社会学科に教員として在籍していたケリー・ハンナ・モファット（Kelly Hannah-Moffat）の「犯罪学(criminology)」の講義を受講したことがきっかけだったという。

マルクス主義の型通りの用語系に馴染めず、社会学科内で居心地の悪い思いをしていたムーアにとって、この講義は「マルクス主義的では決してなかったけれど、批判的」であり、鮮烈な印象を残したという。ムーア自身の述懐によれば、そのときのハンナ・モファットの講義は既存の教科書をまったく用いないオリジナルなもので、彼女はその講義を「新しい犯罪学」だと宣言してはじめたということである。特に、女性犯罪者と刑務所処遇、先住民（アボリジナル）の人々の犯罪とその処遇、ドラッグ戦争、フェミニスト犯罪学、性犯罪のリスク管理、受刑者のアイデンティティ……、といったトピックが印象に残っているという。本書でもハンナ・モファットの研究は各所で引かれているため、詳細な紹介は本文に譲るが、彼女は現在、統治性とリスク、女性犯罪者処遇とジェンダーといった観点でいくつもの優れた業績を提出しており、現代カナダを代表する犯罪学者の1人となっている。ハンナ・モファットが――まさに上述のクラスでムーアに鮮烈な印象を与えたテーマのひとつである――“刑務所における女性犯罪者の統治”に関する現代の古典とも言うべき『偽装された処罰(Punishment in Disguise)』を上梓したのは、ムーアが受講した「犯罪学」講義から数年後（2001年）のことだった。

ここで重要なのは、第一に、ブロック大学“社会学”科において“犯罪学”という名の専門講義が開講されており、それが明白に「批判的犯罪学」に関連するものであったこと、第二に、ムーアにとっての犯罪研究との出会いは「批判的犯罪学」であり、それはマルクス主義と対比される批判的探究として捉えられていたということ、そして第三に、そうした出会いが後にカナダを代表する批判的犯罪学者の1人となり、ムーアの思想形成に決定的な影響を発揮するハンナ・モファットによって演出された、という事実である。

その後、ムーアはハンナ・モファットのリサーチ・アシスタントとして、『偽装された処罰』の出発点となった調査（「女性と収容に関するリスク・ニーズ・プロジェクト」）に関わりつつ、彼女の指導のもとで先住民の居留地をポリシングする先住民警察官のアイデンティティをテーマとした卒業論文の執筆に取り組んでいく。彼女がハンナ・モファットという個人に出会い、その魅力に惹かれたのはおそらく偶然だったろう。しかし、より大きな観点から見れば、ムーアはすでにこのとき、批判的犯罪学という水流のなかに身を置いていたと言えなくもない。後述するように、カナダの左派的な大学の社会学科に在籍する者であれば、「犯罪学」の講義を履修し、そのなかで批判的犯罪学の洗礼を受けることは決して珍しいことではなかっただろうし、その際に神父役をつとめる批判的犯罪学者が「４大大学」（カナダではサイモン・フレーザー大学（Simon Fraser University）、トロント大学（the University of Toronto）、オタワ大学（the University of Ottawa）、モントリオール大学（l'Université de Montréal）が犯罪学の拠点とされている）で学位を取得した新進気鋭の研究者である確率はむしろ限りなく高かったと思われる。そして、ムーア自身、まさにこの４大大学のひとつに進学することで本格的にカナダの批判的犯罪学の中心部へと向かっていくことになるのだ。

⑵　トロント大学犯罪学センターへ：大学院時代

ムーアの大学院進学を決定づけたのもハンナ・モファットであった。ムーアが進学することになったトロント大学犯罪学センター（The Centre for Criminology, The University of Toronto）は、上で述べた４大大学のひとつであり、カナダ犯罪学の文字通りコア・センターと言うべき存在であるばかりでなく、その当時批判的犯罪学の世界的拠点のひとつとなりつつあった。犯罪学センターはハンナ・モファット自身の出身校でもあり、彼女はムーアに犯罪学センターをすすめただけなく、そこで教鞭をとっていたマリアナ・ヴァルヴェルディ（Mariana Valverde）を紹介し、彼女の指導生となるようアドバスしたという。

ヴァルヴェルディもまた、カナダを代表する社会学者であり、批判的犯罪学者である。特に――これも本書に大きな影響を与えている――フーコーの統治性論の英語圏における（ニコラス・ローズ（Nikolas Rose）やパット・オマリー（Pat O'Malley）らと並ぶ）第一人者の１人であり、長年トロント大学犯罪学センターで教鞭をとっている。後述するフーコーの統治性論に関心を持つ経験的研究者たちが集うアカデミック・サークルであった「トロント現在性の歴史研究会」の主催者の１人でもあった。

ゆえにムーアは奇しくも、カナダの批判的犯罪学の中心地であり、かつ世界的に見てもフーコー統治性論の最前線である場所に飛び込んでいったことになる。彼女の修士論文の研究テーマは、「大学規律プログラム（university disciplinary program）」についてのものだった——大学規律プログラムは、アルコールや薬物の問題を抱える学生向けの大学キャンパス内での教育プログラムであり、彼女の修士時代のプロジェクトに関しては、Moore（2000）として公刊されている。そこでは、プログラムの観察や、学生寮の責任者、セキュリティ・センターの責任者、学生などへのインタヴューを通して、いかに「常識（common sense）」という考え方を通して学生が自らのリスク管理に取り組むようエンカレッジされるかを経験的に明らかにすることがめざされた。

本書でのムーアの問題関心に連なる出来事としてもうひとつ重要なのは、犯罪学センターの修士課程時代における、トロント郊外にあるブランプトン刑務所での経験だろう。この刑務所はある種の実験的治療共同体を志向していた男性刑務所だったが、彼女はそこで週に1回、コミュニティ・アウトリーチ・プログラムの活動に参加して、12~20名の受刑者を担当していたという。当時のブランプトン刑務所で最も大きな問題となっていたのは薬物依存の問題であったが、多くの受刑者は「犯罪」者として「治療」されることに違和感を覚えていたという。本書の用語を用いれば、なぜ「薬物と犯罪との連関（drug/crime nexus）が自明視されるのか、そしてなぜ受刑者が「犯罪者／アディクト」としてとり扱われるのか——そうした疑問がこの時期のムーアのなかでゆっくりと首をもたげつつあった。

ムーアは訳者との私的対話のなかで、大学規律プログラム研究と刑務所での職業経験のふたつが、強制的環境下での処遇（刑罰や矯正教育）——もっと言えばそこでの処遇を受ける側の人々の振舞い——に対する関心を育んだのだと語っている。薬物使用、フィールドワーク、刑事司法における犯罪者処遇……、という本書に接続するムーアのオリジナリティがこの時期に組みあげられていったことがうかがえよう。

(3) “主流派”犯罪学（mainstream criminology）という「誤解」

ところで、トロント大学犯罪学センターに進学したムーアを待っていたのは、“「犯罪学」とは学際的な学問である”、そしてそのなかで“主流派犯罪学は必ずしも「主流派」ではない”という2つの気づきであった。ブロック大学におけるハンナ・モファットとの出会い以来、犯罪学＝批判的犯罪学だと「誤解」していたというムーアは、犯罪学センターにて犯罪心理学を志す同僚や、政府機関と共同しながら大規模な計量研究に精を出すスタッフに出会い、「衝撃」

を受けたという。「批判的犯罪学以外の犯罪学も世のなかには存在するのだ！」というわけだ。実は、これはカナダにおいては必ずしも驚くべきことではないのだが、日本やアメリカの犯罪研究者が置かれた環境を思えば、多くの読者にとって極めて特異な状況と感じられるのではないだろうか。

批判的犯罪学は、教科書的に言えば、犯罪心理学、刑事法学、犯罪生物学、犯罪社会学、といったさまざまな犯罪諸科学からなる犯罪学において、社会構造に対するアクチュアルな批判を得意とする社会学の一派でしかない（平井2014）。アメリカにおいては計量的手法を活用した諸研究が「主流派犯罪学」としてヘゲモニーを握っており、批判的犯罪学や社会学の理論研究、質的研究は相対的に周縁化されている。さらに、日本においては犯罪学自体が学問として未成立状況にあることに加えて、そもそも計量的研究かどうかを問わず社会学的研究は極めて少数に留まっている。要するに、アメリカでは批判的犯罪学は周縁的であり、日本では批判的犯罪学どころか犯罪学さえも十分には制度化されていないという状況なのだ。そのような状況では、ムーアの「衝撃」こそが驚きであり、むしろ「批判的犯罪学などという犯罪学が世のなかには存在するのだ！」と驚く方が道理に適っているとすら思える（訳者自身も、批判的犯罪学に出会ったときにはこちらの意味で「衝撃」を受けたクチである）。

ムーアが置かれた環境が特異だったのはそれだけはない。“（犯罪学センターのなかで）主流派犯罪学は必ずしも「主流派」ではない”という２つ目の気づきがそれを例証している。トロント大学がカナダにおける犯罪学の「４大大学」のひとつであることは先に述べたが、当時のトロント大学犯罪学センターには、ヴァルヴェルディやハンナ・モファット――彼女は1999年にブロック大学からトロント大学社会学科（犯罪学センターとの連携併任）へ移籍した――をはじめ、ケビン・ハガティー（Kevin Haggerty）やキャロライン・ストレンジ（Carolyn Strange）、パトリシア・エリクソン（Patricia Erickson）といった批判的研究者が多く在籍しており、それ以外にも（必ずしも批判的犯罪学にコミットしてはいないものの）批判的犯罪学に深い理解を示していたアンソニー・ドゥーブ（Anthony Doob）のような犯罪学者たちがいた。そうしたなかでは、必ずしも主流派犯罪学は「多数派」ではなく、批判的犯罪学は「少数派」ではなかったのである。

とはいえ、こうした学的環境をトロント大学犯罪学センターのみの特殊状況と捉えるのは必ずしも至当ではないだろう。カナダやオーストラリア、イギリス、ニュージーランドといったアメリカ以外の英語圏においては、批判的犯罪学や理論犯罪学は必ずしも一概にマイノリティであるとは言えない。もしかしたらわれわれは、アメリカの状況を誤って普遍化し過ぎているのかもしれない。

ムーア自身が、自ら編者をつとめる『カナダにおける批判的犯罪学（Critical Criminology in Canada)』の序文のなかで、カナダの批判的犯罪学がアメリカの制度化された犯罪学の状況（そこでの行政との密接な関係のもとに行われる経営管理主義的（managerialist）で方法論至上主義的なアプローチ）に軽蔑の念を抱きつつ、ある種それを反面教師としながら社会学的想像力を磨いてきたことを指摘している（Doyle and Moore 2011)。ムーアの経験は、われわれ日本の犯罪研究者が（いまだ手に入らざるものとして）憧れる「犯罪学」像自体が、実はいびつに歪んだものである可能性を鋭く照射していると言ったら、言い過ぎだろうか。

⑷ カナダにおける批判的犯罪学の展開

ところで、カナダにおける批判的犯罪学はどのようなものとしてあり、いかなる展開を遂げてきたのだろうか。カナダのみならず、イギリスの新犯罪学(the new criminology）におけるネオ・マルクス主義的展開がその後の批判的犯罪学の展開に強い影響を持ったことは広く知られている（平井 2014)。しかし、ブロック大学においてムーア自身がマルクス主義と距離を置いた先に「批判的犯罪学」を見出したことにも象徴されるように、現代カナダの「批判的犯罪学」はマルクス主義との間で少なくない相違を抱えてもいる。

先ほども触れたDoyle and Moore（2011）のなかで、ムーアたちはカナダにおける批判的犯罪学の特徴を、

- ネオ・マルクス主義に留まらない、フェミニズム、フーコー派社会学、法地理学、アナーキズム、その他階層化に抗するあらゆるエッセンスを含む学問連合
- 社会的不正義に帰結する、犯罪と犯罪化過程における権力諸関係の調査分析と理論化
- 理論と実践の往還作業へのコミットメント
- 主流派犯罪学（特にそこに見られる経営管理主義）の拒否

という４点にまとめている。さらに、最後の４点目に関してはより具体的に、

- 「批判的／主流派」という二項対立を実体化して再生産しようとするアメリカ犯罪学会の批判的犯罪学部会のスタンスへの反対（逆に言えば、学会の外側で興味深い知見を提出しているアメリカの犯罪学者たちへの共感）
- ヨーロッパの批判的社会理論やイギリスのラディカル犯罪学・社会運動の影響
- カナダ特有の刑罰文化（新自由主義の影響力を強く受けつつも、刑罰政策の非寛容化や過剰収容という意味では、カナダにおいて厳罰化が生起しておらず、

社会復帰をめざす処遇がむしろ勢いを得ていること）への注目
- 社会 - 法学（socio-legal studies)、女性学、男性学など、社会学的志向性を共有する諸学問との密接な学際的関係
- 刑事司法、メディア、大衆文化、心理学等の諸学問などに広く見られる、犯罪問題を個人化して理解しようとする心性への批判

の５点に分節化している。

紙幅の都合上かなり乱暴な要約とならざるを得ないが、カナダにおける批判的犯罪学は、「『厳罰化への旋回（punitive turn)』なき新自由主義という経験的問題」「主として社会学や社会思想の領域で彫琢されてきた批判的社会理論の消化吸収という理論的問題」という２つの課題に立ち向かうなかでそのアイデンティティを育んできたと言えよう。そうしたなかで、“「厳罰化への旋回」とは異なる新たな社会復帰的処遇”の経験的フィールドとして薬物処遇が、そして“新自由主義の進撃に向かいあう批判的社会理論”のひとつとしてフーコーの統治性論が、それぞれカナダにおける批判的犯罪学のホット・トピックとして浮上してくることになる。

⑸　薬物処遇と統治性

ムーアの薬物処遇への関心を決定的なものとしたのが、やはり犯罪学センターの修士課程在籍時に受講した薬物アディクションのための専門講座であった。この講座はトロント大学が外部機関（例えばそのなかには本書でも登場するCAMH（the Centre for Addiction and Mental Health）など、トロントが誇るさまざまな社会資源が含まれていた）との連携のもとに開講した学部横断型講座のひとつで、毎回異なる分野のトリートメント専門家（精神科医、心理学者、ソーシャル・ワーカー、政府関係者、警察、矯正実務家……）が学内、学外を問わずゲストとして招かれ、実践的な講義が行われたという。ムーアにとってこの講義は、ブロック大学時代のハンナ・モファットの講義に次ぐインパクトを持ったようだが、そのインパクトの質はまったく異なっていた。ムーアによれば、この講義は「ここが自分のフィールドだ！」と思わせるようなものだったらしい。つまり、彼女にとってこの講義は、“ためになる授業”ではなく、言わばまったく異質な知が「アディクション・トリートメント」という名のもとに結合しつつ、連携することが可能になっている“極めて興味深い調査フィールド”だったのである。本書第３章や第４章におけるネットワークとしての薬物処遇、というアイデアと同型の関心が見てとれよう。

ちなみに、この時期に上記の専門講座が開かれたのは決して偶然ではない。

先述のように、この時期のカナダやオンタリオ州では、刑事施設をはじめとするさまざまなレベルで「厳罰化への旋回」は観察されず、むしろ心理療法的な薬物処遇が上昇していた。本書のフィールドのひとつとなるトロント・ドラッグ・コート（TDTC）が開設され、刑事司法のなかにアディクション治療が合流していくなかで「新たな社会復帰的処遇」の輪郭がその姿を見せはじめたのがこの時期である。本書でも述べられているように、1990 年代のオンタリオ州政府は Harris 政権下で厳罰的方向を志向するも、それと同時に治療的プログラムを打ち出していたのだった。ムーアの述懐によれば、そうしたプログラムの合理性を後に代表する存在となる認知行動療法についての熱狂的な支持をはじめて耳にしたのが、この専門講座だったという。

薬物処遇への関心は、それを分析する際の理論枠組みとして本書で最重要視されているフーコーの統治性（governmentality）論へと彼女を向かわせていく。統治性論についての詳細な解説は別稿（例えば、平井（2015））に譲るが、それはフーコーによる統治（conduct of conduct: 振舞いの操導）の歴史的分析に触発された英語圏の研究者たちによって彫琢された多様な学的運動であると言えよう。さまざまな個別の統治実践に潜在する合理性を経験的に抽出しようとするところにその本懐があるが、現代においては新自由主義という統治的合理性に焦点化し、その作動と展開を批判的にあとづける学究が蓄積されている。批判的犯罪学においては、「ポスト規律」や「厳罰化」といった言葉で理解されがちな犯罪統制・刑罰理解を相対化する経験的研究と接合しつつ、2000 年代後半以降有力な学的潮流のひとつとなっている。

これまでの議論からも、ムーアにとって統治性論との出会いは半ば自然なものであったことが分かるだろう。指導教官のヴァルヴェルディが問題物質としてのアルコールの統治に関する傑出した社会史である『意志の病（Diseases of the Will)』を上梓したのが 1998 年であり、先述したハンナ・モファットの『偽装された処罰』が刊行されたのが 2001 年である。また、パット・オマリーがオーストラリアの薬物政策に関して本格的に統治性論を応用した分析を開始したのもこの頃だった。世界的に見ても英語圏における統治性研究は 90 年代後半において盛り上がりを見せており、ムーア自身がまさにそうした空気を極めて高い濃度で吸い込みながら大学院生活を送っていたと言える。ヴァルヴェルディを中心とするトロント大学の研究グループは、ニコラス・ローズやパット・オマリーらと積極的に連携しながら、1 年に数回程度という高頻度でカナダ国内でのシンポジウムや共同研究会などを開催していた（オマリーは後にオタワのカールトン大学に赴任し、一時期ムーアの同僚となっている）。本書でも引用されている Rose, O'Malley and Valverde（2006）が述べるように、その当時のカナダではトロント大学犯罪学センターを中心として「統治性研究の核」のようなものが形成されていたのである。

本書の謝辞にも登場する「トロント現在性の歴史」研究会についても触れておかねばならない。この研究会はロンドンにある「現在性の歴史」研究会のカナダ版として、1990 年代の半ばごろからヴァルヴェルディを中心として開催されていたものである。ムーアによれば、この研究会は「いくつかの問題関心や鍵概念を共有する研究者たちを相互に引き寄せあう磁石のような役割を果たしていた」という。研究会では毎月どこかの金曜日の夜に研究発表やテーマ・セッション、書評会などが行われたが、そこには統治性論に関心を持つさまざまな領域の研究者たちが老若男女を問わず集まっていた。ムーアたち若手の研究者にとって「トロント現在性の歴史」研究会は、統治性論に関する貴重かつ濃密な社会化空間であったと同時に、ヴァルヴェルディら統治性論の第一世代を相手に公開の場で真剣勝負を仕掛けることのできるまたとない訓練の場でもあったようだ。ムーア自身の述懐によれば、本書のプロジェクトがはじまった頃には会の角っこに座っていた彼女であるが、本書を書き上げる頃には真ん中で堂々と若手に対してコメントをする側になっていたという。

⑹　カールトン大学へ：新たな批判的犯罪学のコア・センター

本書のプロジェクトにおける主たる調査はムーアが犯罪学センターの博士課程に在学していた頃になされた。それぞれの調査フィールドへのフィールド・エントリーの過程については本書でも論じられているので、ここでは割愛したい。ここでは、本書のもうひとつの特徴でもある多元的方法論について触れておく。

ムーアは本書において、フーコーの統治性論のみならず、ラトゥールのアクター・ネットワーク・セオリーや、ゴフマンの相互行為論などを活用しながら、かなりバリエーションに富んだ経験的研究を展開している。実はこうしたスタイルは必ずしも統治性論として珍しいものではないのだが（平井 2015）、なぜ他でもないラトゥールやゴフマンなのか、という点には彼女のオリジナリティが関係している。

ムーアは、犯罪学センター時代はおろか、ブロック大学時代においても、方法論の授業を一切受けたことがなかったという。彼女自身の言を借りれば、フィールドワークを中心とする彼女の調査・分析上の方法論は、「自己流」「実地訓練」で身につけたものである。彼女曰く、こうした経験（の不在）は、特定の方法論から自由な立場で、問題関心に従って「使えそう」なものを適宜選択していくという彼女自身のスタイルにつながっていったようだ。フーコーの統治性論に関しても、調査や分析の方法論というよりも（多様な方法論を雑多に駆使しながら）統治性を明らかにしていく学的態度を許容するパースペクティヴとして意識していたという。ラトゥールやゴフマンに関しても、刑事司法システム内のミクロな相互作用に潜在する諸合理性を明らかにするためのある種「使える」枠組みとして、貪欲に吸収されていった側面が指摘できる。

ムーアの方法的多元性がより強固なものになっていくのは、2006年に犯罪学センターでの博士課程を修了し、オタワのカールトン大学（Carleton University）法学科に赴任してからのことである。実はまさにこの当時、カールトン大学はカナダにおける新たな批判的犯罪学の拠点として、急激に勢力をのばしはじめていた（Doyle and Moore 2011）。カールトン大学法学科には30余名のスタッフがいたが、その内の半数以上がフェミニズムや先住民問題、（ネオ・）マルクス主義などを研究分野とする広義の批判的犯罪学者であり、およそ3分の1は社会学者であった。さらに、ムーアを含む多くのスタッフがトロント犯罪学センターの出身であり、批判的犯罪学の重要性をよく理解していたという。また、大学院生も含め、極めて多様な社会学的志向性を持つ研究者たちがカナダ中から集まりつつあった。訳者は5年ほど前に客員研究員としてカールトン大学に在籍したが、その当時の法学科ではフーコー、ルーマン、ブルデュー、ラトゥール、ロールズといったさまざまな社会思想家／社会学者についてのセッションが頻繁に開催されていたのを記憶している。批判的犯罪学の問題関心を緩やかに共有しつつも、方法論や理論志向性を異にする多様な社会学者たちと邂逅するなかで、彼女の特異な方法的多元性――「方法論は問題関心に従って多様に使い分けられるべきだ」――が強化されていったと考えられよう。

(7) 新自由主義的刑事司法とオタワ矯正心理学者ネットワーク

本書のもうひとつの特徴として指摘できるのは、新自由主義的刑事司法（neoliberal criminal justice）に対する批判的関心の存在である。ガーランドによれば、新自由主義的な犯罪統制は私事化（privatization）、経営管理主義（managerialism）、遠隔統治（governing at a distance）、そして責任化（responsibilization）の4つに特徴づけられる（Garland 1996）。新自由主義が刑事司法実践の合理性としてあらわれるとき、そこには厳罰化や国家の退場といった方向性のみならず、それと一見矛盾するような処遇の強化をもたらすこともある。特に責任化の戦略は、犯罪者個人を未来の行為に責任を負うべき主体としてみなし、教育・治療・支援といった積極的な介入によって社会適応を図るモデルと親近的である。

本書第2章でも詳述されているように、カナダの刑事司法において新自由主義が上昇するのはまさに1990年代以降であり、これはムーアが研究者としての社会化を遂げていった時期と符合している。ムーアは新自由主義的刑事司法の特徴として、法的なものと心理的なもののネットワークに特に注目しているが、それは強制的な環境下での保険数理的処遇(例えば認知行動療法)の上昇という形態をとりつつ、カナダのみならずグローバルな規模で展開されていったのだった。こうした処遇は社会復帰の責任(再犯につながり得るリスクの回避責任)を犯罪者に個人化するものであり、言うなれば過度の責任化を称揚するものとして批判されたのである(平井 2015)。

犯罪学センター時代よりこうした新自由主義的刑事司法の問題点を批判的に検討していたムーアであるが、その批判のリアリティはオタワに移ったことでさらに強化されていったようだ。オタワはカナダの首都であり、英語圏とフランス語圏が交差する行政都市である。そしてそこは、第2章で詳述される「オタワ矯正心理学者ネットワーク」の本拠地でもあった。連邦矯正局に所属する矯正心理学者やその他の公共機関、大学には多くの矯正心理学者が強力なネットワークを築いており、かれらは認知行動療法を中心とする新しい犯罪者処遇に関する実践と「エビデンス」を積み上げていた。ひとたび大学の外に出て犯罪者処遇実践の現場に赴けば、そうした心理学者たちやかれらの奉ずる新自由主義的刑事司法のプレゼンスは極めて高い。カールトン大学赴任後のムーアは、大学内外のさまざまな場でいやがおうにもそれらと対峙していくなかで、新自由主義批判を早急に現状の刑罰変動理解へと応用していくことの必要性を痛感するようになっていったのである(ちなみにカールトン大学には、本書でも詳細な批判的検討に付される『犯罪行動の心理学』の共著者の1人であるドン・アンドリューズ(Don Andrews)が所属していた。偶然にも、ムーアら批判的犯罪学者たちのセクションとアンドリューズらのセクションはほんの目と鼻の先、同じビルの同じ階に位置していた)。

以上、早足でムーアの経歴を追いかけてきた。本書のプロジェクト以降のムーアは、若手研究者から中堅研究者へと変容を遂げるなかで、大学院生をはじめとする自分より年少の研究者との共同研究を行うとともに、刑事司法における責任化実践、DV被害、文化犯罪学や公共犯罪学といった犯罪学理論、批判的犯罪学の教科書編纂など、新たな研究フィールドを開拓しつつある。おそらく彼女に言わせれば、カナダの批判的犯罪学という水流はいまだ“河口”には到底至っていない、ということになるだろう。カナダの批判的犯罪学のバトンがこの後の世代に引き継がれ、さらなる大きな水流となっていくことをムーアとともに期待したい。本書は（内容面での位置づけのみならず）、数年後、数十年後に振り返って、カナダにおける――おそらくはカナダに留まらない――批判的犯罪学の発展を評価するうえでの“道標”としての位置を占めるのではないだろうか。

最後に、本書刊行後のムーアの主要著作を掲げておく。

Moore, Dawn and Rashmee Singh (forthcoming). "Seeing Crime: Photographing the Victim of Domestic Violence." In Robert and Dufresne (eds). *Criminology and Actor Network Theory.* London: Ashgate.

Moore, Dawn and Hideyuki Hirai. (2014). "Outcasts, performers and true believers: Responsibilized subjects of criminal justice." in *Theoretical Criminology* 18(1).

Moore, Dawn and Hideyuki Hirai. (2012). "Exclus, simulateurs et partisans : les sujets responsables de la justice pénale." in *Déviance et Société* 36(3).

Mopas, Michael and Dawn Moore (2012). "Talking Heads and Bleeding Hearts: Considering Emotion in Public Criminology." in *Critical Criminology* 20(2).

Moore, Dawn. (2011). "The Benevolent Watch: Therapeutic Surveillance and Drug Treatment Courts." in *Theoretical Criminology* 15(3).

Moore, Dawn, Lisa Freeman and Marian Krawczyk. (2011). "Spatio-therapeutics: Drug Treatment Courts and Urban Space." in *Social and Legal Studies* 20(2).

Doyle, Aaron and Dawn Moore (2010). *Critical Criminology in Canada: New Voices, New Directions.* Vancouver, UBC Press.

Dohonue, Erin and Dawn Moore (2009). "Shifting Penal Subjectivities: When Offenders Become Clients." in *Punishment and Society* 11(3).

Moore, Dawn (2008). "Feminist Criminology: Gain, Loss and Backlash." in *Sociology Compass.* 1(1).

3. 本書の“面白がり”方について

以上の議論をふまえると、われわれ（2010年代に日本に生きる者）は本書をどのような観点から受けとめ、どのようなかたちで“面白がる”ことができるだろうか。言うまでもなくあくまで訳者の個人的見解に過ぎないが、以下ではこれまでの議論と関連する4つの論点を記しておきたい。

第一に、本書は日本ではほぼ類書のない批判的犯罪学の経験的研究である。日本において批判的犯罪学が（事実上）存在していないこと、それとは対照的にカナダや（アメリカ合衆国を除く）英語圏では社会学をベースとした伝統のある学問領域であることは先に述べた。日本においては、残念ながら社会学的な犯罪研究者の間でも批判的犯罪学はあまり理解されていないのが実情である。批判的犯罪学的だとみなし得る研究が皆無だとは思われないが（例えば、1980年代後半から90年代初頭にかけて、刑事法学者たちを中心とする批判的犯罪学の理論紹介が散発的に行われた）、社会学の理論・方法論に基づく経験的研究は極めて少数に留まっている。本書をきっかけに、当該分野が活性化され、日本の社会学における逸脱・社会問題研究との活発な交流を巻き起こすことが期待されよう。

第二に、本書は薬物処遇という個別テーマを扱ったものであるが、そこで採用されている分析方法や枠組みは社会学・社会理論の最前線のものであり、本書の挑戦的な取り組みは社会調査に基づく社会学的犯罪研究を志す者には大変興味深いものとなるはずである。特にフーコーの「統治性」論やラトゥールの「アクター・ネットワーク・セオリー」など、日本においては理論的な紹介が先行し、実証的な研究への応用が遅れていた理論枠組みを用い、現代の新自由主義的統治の一端を明らかにしている点は、犯罪分野だけでなく現代社会論全体への貢献度が高い。

第三に、本書でとり扱われている薬物問題は、現代日本においても社会問題化が進み、近年その対策・処遇のあり方をめぐる議論が活発化している（刑の一部執行猶予制度や、ダルクへの社会的注目など）。日本においては、「ダメ。ゼッタイ。」という標語で知られるように薬物使用は「犯罪」として罰せられるが、近年では「依存」や「アディクション」といった「病気」としての治療の必要性や、欧米諸国で上昇している「ハーム・リダクション」と呼ばれる（薬物使用そのものの根絶ではなく、薬物使用がもたらすリスクを低減することに焦点を当てた）政策に学問的期待が集まっている。本書が批判的に論じるカナダの薬物処遇では、戦後一貫して薬物使用者は犯罪者であると同時にアディクトとしてとり扱われており（「犯罪者／アディクト」）、ハーム・リダクション政策も積極的に導入されている。つまり、それは現代日本において期待を集めている方向性に近いのである。本書がインパクトを持つのは、ドラッグ・コート、認知行動療法に基づく薬物犯罪者への特別な処遇、保護観察や民間資源を利用した社会内でのハーム・リダクション的プログラムなど、先進的な薬物処遇として期待を集めている方向性が有する“問題点”を先取的に指摘するものとなっている点である（日本語版への序文で原著者自身が述べているように、ポスト「厳罰化」の時代に入りつつある近年のアメリカでは、遅まきながらこうした“面白がり”方に気づいた研究者たちによって本書が急速に注目を集めているようだ）。

第四に、本書の舞台は司法（裁判所）、矯正（施設内処遇）や保護（社会内処遇）といった刑事司法システムである。通常はあまりオープンにはされないこれらのフィールドに対して、原著者は長期間のフィールドワークを基づいた説得力ある議論を展開している。日本においては、刑事政策学に代表されるように、一般的には政策展開や行政上の動向を明らかにする研究が多い。それに対して本書は、刑事司法システムの最前線で働く実務家の動きや、処遇の対象となる薬物犯罪者自身のいきいきとした意味世界に焦点を当てている。マクロな政策レベルだけでなく、ミクロな相互作用レベルや歴史的動向にも目を向け、薬物事犯者処遇をトータルに理解する視座を提供している点で、本書は後続する研究にとってひとつの参照点になり得るものである。より一般的なレベルで、刑事司法領域でのフィールドワークを考えている大学院生や研究者をはじめ、新たな薬物事件弁護や矯正保護処遇のあり方に興味を持つ法律家や矯正保護の実務家、刑事司法行政を志す学生や実際に政策立案過程に関わる行政担当者にとって、本書は貴重な資料となるだろう。

4. ムーアによる「批判」と、それに対する「批判」的検討

しかし、上記に加えて「第五」の論点として指摘しておくべき点がある。それは、本書が既存の諸研究や刑事司法実践に対するさまざまな観点からの「批判」を視野に入れていることと関わっている。上記のように、（国や地域によって差異があるとはいえ）刑事司法システムは学術研究に対して閉鎖的であるのが通例であり、フィールドワークを実施するにしても当局の許可のもとでの限定的な調査となることがほとんどである。加えて、そうした状況下で当局の方針に批判的な研究成果を自由に公刊することはほぼ不可能であり、それゆえに刑事司法システムをフィールドとした調査研究は、どうしても現状の政策・処遇の方向性を追認するものとなりやすい。カレンとウォーラルはこうした状況を問題視しつつ、そのような研究を「公定犯罪学（official criminology）」と呼ん

で批判的研究と区別している（Carlen and Worrall 2004）。本書においていかなる調査上の困難が存在したのか、そしてそれに対処すべくいかなる工夫を重ねる必要があったのか、といった諸点は本文でも論じられているのでそちらを参照されたい。いずれにせよ、こうした「批判」に向けた本書の勇気ある挑戦は肯定的に評価されるべきだろう。

しかし、本解題の最後に、あえて「批判」をめぐる本書の立場が有する問題点の検討を行ってみたい。その理由はさほど込み入ったものではない。端的に言えば、本解題を書いている訳者自身が、自分のことを（原著者であるムーアと同様に）広義の批判的犯罪学者であるとみなしているからである。

批判的犯罪学の言う「批判」は、批判的犯罪学の諸研究それ自体にも適用される再帰的な営みである（平井 2014）。本書が展望する批判的犯罪学と訳者が展望するそれとは意味内容が必ずしも同じではないと思われるが、それでもなお本書に対する訳者のコメントが誠実なものであるためには、それが（本書以外に対してなされる「批判」と同じように）「批判」的であることが決定的に重要であろう。そうでなければ、訳者の「批判」それ自体の妥当性が根底から崩れ去ってしまうはずだ。相手や状況によって「批判」の手綱を締めたり緩めたりする者の「批判」など、誰が真面目にとりあうだろうか。

本書の「批判」をめぐる立場は、終章においてムーア自身によって要約されている。そこで注意すべきは、ムーアが本書を「大きな物語をあてはめることで刑事司法の本質に対する対抗的な理解を試みたいという欲求に抗しつつ、経営管理的な職業としての主流派犯罪学の諸前提と諸実践に挑戦する批判的プロジェクトと連携した火急の犯罪学的探究に貢献」するもの、より端的に言えば「経営管理的な研究と批判的な研究の双方から距離を置」くものであるとしている点である（本書 241 頁）。そこには、経営管理主義を批判するだけではなく、ある種の批判的犯罪学の営みそれ自体をも「批判」の射程に入れようとする本書のねらいを見てとることができよう。ムーアのライフコース上においても、そして批判的犯罪学の学説史上においても、マルクス主義をはじめとする「大きな物語」によって基礎づけられた「批判」からの距離化が図られていたことはこれまでも見てきた通りである。さらに、人道主義や人権思想的な背景に基づいて刑事司法の「野蛮な非人道性」を論難し、それを改革・改善していこうとする方向性にも同種の問題がある。ムーアによれば、そうした「批判」は「狭すぎる目標」であり、より公正かつ人道的な刑事司法システムを作りあげること（「オルタナティヴな処方箋」）にまい進するあまり、刑事司法システムの諸前提を温存し、システムの廃止や脱本質化を含めたラディカルな変容をもたらす

「批判」を封殺してしまうというのである（同241〜243頁）。こうした「大きな物語」に基礎づけられた「批判」の問題点を回避するためには、実行可能な処方箋を探るのではなく、「常識破壊的」な営みが必要であり、常に現状の真理性を脱本質化し続けること（異なる思考のやり方を提案し続けること）が肝要であるとされる（同234頁）。ムーアによればそのような「批判」はフーコーの仕事とも共振するものであり、「既存の前提を不安定化させ、確立した諸実践や論理を掘り崩し、さもなくば問題化されることのなかった支配の諸形態を問いに付すように強いる」ような、「処方箋を期待することへの対抗構想」でもある（同234頁）。

このような立場は、「基礎づけられたジャッジメント」としての「批判」ではなく、「特定化された否定」としての「批判」をめざす立場としてまとめられ得るものだろう（平井 2015）。マルクス主義や人道主義のような普遍的真理によって基礎づけられた「批判」は結局のところ「左派的かつ解放的なタイプの経営管理主義」（本書241頁）に堕してしまうのであり、実践に対して外側から「どのように行為すべきか」を指し示す審判（「ジャッジメント」）として振舞うのと似た「おこがましさ」（同234頁）をはらんでいる。そうではなく、個別具体的な特定事例に対する脱本質化と具体的な価値提言（処方箋）への誘惑の遮断——現実に対して別様の可能性（他／多であり得る可能性）の提示によって「否」を示し、問いを開き続けること——こそが重要なのである。

こうしたムーアの「批判」的立場をどのように評価することができるだろうか。訳者の見るところ、大きく３つの点からムーアの立場には看過できない問題があるように思われる。

第一に、ムーアの議論においては、「短期的な視野に立った現状を改善するための批判」か「長期的な視野に立ったラディカルな批判」かという軸（軸A）と、「基礎づけられたジャッジメント」か「特定化された否定」かという軸（軸B）が未整理なまま混在しているように映る。そもそも特定化された否定に殉ずるのであれば（短期的な批判のみならず）長期的な批判も価値負荷的な提言である以上禁じ手とせざるを得ないのではないか、という疑念が拭いがたい。ムーアの行論からは「長期的な視野に立ったラディカルな批判」が支持されているような印象を受けるが、そもそもこうした立場は（ムーアが距離を置く）マルクス主義のような基礎づけられたジャッジメントによって好んで主張されてきたものではないだろうか。残念ながら、ムーアの記述の内にこうした問題に対する明確な回答を見出すことは困難である。

第二に、仮に軸Aと軸Bを独立なものと捉えたとしても、それぞれの軸が示唆する二項対立（トレードオフ）は必ずしも説得的なものではないと思われる。軸Ａに関しては、短期的批判と長期的批判は同時に遂行可能であり、また、遂行すべきものである、という主張が可能だろう。パット・カレンは、刑務所廃絶のような長期的目標へと向かう批判を重視するあまり現実の刑務所で起こっている不正義や困難性といった短期的問題に取り組むことから目を背けるとすれば、それは長期的批判に挑む際の自らの道徳的基盤すら掘り崩してしまう、と述べている（Carlen 2012）。短期的批判に取り組むことが長期的批判を不可能とするどころか、刑事司法の「野蛮な非人道性」をめぐる短期的問題に目をつぶりながら長期的批判に専心することこそが「批判」そのもののパワーと説得力を削いでしまうのではないだろうか。

軸Ｂに関しては、「『批判』は、基礎づけられたジャッジメントと特定化された否定の２種類に大別される」というムーアの想定それ自体の妥当性が問いに付されるべきであろう。規範的価値を明示する批判は、すべてが「大きな物語」によって基礎づけられた批判であるよりほかないのだろうか。そして、基礎づけられたジャッジメントを回避しようとするならば、必ずや特定化された否定をめざすよりほかないのだろうか——。単純に過ぎるかもしれないが、そこでは言わば「基礎づけられていないジャッジメント」の存立可能性が徹底して看過されているように思われる。例えば、特定の統治実践に対して「このように統治されたくない」という「否」を突きつけ、常に別様の統治可能性を開き続けるタイプの批判があるのならば、決して普遍的真理によって基礎づけられてはおらず「統治されるもの」個人の価値に依拠したものでしかないが、「あのように統治されたい」という明確な規範的志向性によって別様の統治の具体的な姿を素描しようとするタイプの批判も想定できるはずであろう。価値に基づく規範的ビジョン（「処方箋」）を提案することそれ自体が「おこがましい」と言うのであれば、そのような考え方自体が「批判」的思考を矮小化するものであるという点において極めて「おこがましい」ものである危険性をはらんでいる。

第三に、軸Ｂに関連して見られたムーアの想定は、ムーア自身の認識とは異なってフーコーの理解とはずれる部分があると考えられる。実のところ、すぐ上で論じた「基礎づけられていないジャッジメント」は、フーコーその人の統治「批判」と整合性を有していると思われるのだ（平井 2015）。フーコーは、特定の統治（conduct of conduct：振舞いの操導）に対する「批判」でもある反操行（counter conduct）概念について論じるなかで次のように述べ、特定化された否定（「このように統治されたくない」として特定の統治を拒否するタイプの批判）から一歩踏み込んだもうひとつの「批判」のあり方を示唆している。

これ（反操行）は、別な操行を目標とするさまざまな運動です。つまり、他のやりかたで操導されたい、他の操導者（他の牧者）に操導されたい、他の目標・他の形式の救済に向けて、他の手続きで、他の方法で操導されたいということです

(Foucault 2004 = 2007：240)。

フーコーは決して「特定化された否定」としての批判のみを「批判」とみなしていたわけではない。具体的統治実践に対する批判に他ならない反操行は、「このように統治されたくない」という思いから出発し、「あのように統治されたい」という積極的な対抗価値の提示に至るものとして理解されている。「他の統治」があり得るという可能性を示唆するだけではなく、「別の統治」それ自体を展望することで自ら問いを閉じるような「批判」——。フーコー自身は決して特定の価値を基礎づけようとはしなかったものの、価値に基づくジャッジメントそれ自体は積極的に肯定されていたのである（平井（2015）ではこの論点に関するより詳細な検討が行われている）。

興味深いことに、本書刊行後のムーアの仕事は少しずつこうした「基礎づけられないジャッジメント」へと接近しているようにも見える。先に触れたDoyle and Moore（2011）のなかで、ムーアたちは近年のカナダの犯罪学事情に関して、“批判的犯罪学は発展し続けているものの、新自由主義的刑事司法の勢いは留まるところを知らず、大学の学部で犯罪学を学ぶ学生たちはますます心理学志向になっている”と指摘したうえで、批判的犯罪学がより積極的にオルタナティヴな処方箋を提示していくべきであることを危機感とともに論じている。もちろん、こうしたことのみをもってムーアが「批判」をめぐる彼女の立場を変化させたとか、首尾一貫性に欠けるなどと断ずることは早計であろう。訳者としては、ムーアの次回作において「批判」のあり方をめぐるさらなる発展的議論がなされることを強く期待したい。

5. 終わりに

本解題を閉じるにあたり、本書が翻訳されることになった経緯と訳語等をめぐる細かな注意点について、簡単に記しておきたい。

訳者は日本の司法、医療、福祉領域における薬物使用への介入／処遇をめぐる社会学的研究を専門としているが、特に2005年ごろより統治性と薬物処遇との関係性に着目するムーアの諸論文に触れ、日本とは異なる状況下にあるはずのカナダにおいて自分と同種の関心を抱く研究者が存在していることに興味を

覚えつつあった。訳者はその後、日本における薬物使用への介入／処遇において「ネットワーク」や「連携」といった身振りのなかで再編されつつある統治性の歴史研究、フィールドワーク、そして理論研究に基づく博士論文を提出したが（平井 2007）、その原稿を脱稿して数か月後に手元に届いたのが本書であった。

正直なところ、本書を一読して驚いたのは、（内容や方法、主張の方向性には違いがあるとしても）構成や問題関心レベルにおける訳者の博士論文との類似点の多さである。「厳罰化」や「排除社会」、「規律の後退（管理社会化や保険数理的予防の上昇）」に対する威勢のよい批判の裏側でじりじりとせりあがってくる“善きもの”としての「治療的処遇」や「社会復帰」をどう理論化し、評価すればよいのか。そうした事態を「厳罰化批判の勝利」などと単純に言祝いでしまってよいのか。ポスト福祉国家の歴史状況においてふたたび上昇しつつある新たな「社会的なもの」を、われわれはどう理解すればよいのか。こうした関心に歴史、フィールドワーク、理論という３つのツールをもって立ち向かおうとする本書の学的態度に強い興味と共感を覚えた。

訳者はその後、平成 21 年度日本学術振興会研究者海外派遣基金優秀若手研究者海外派遣事業（特別研究員）にて在外研究の機会を得たが、滞在先としてカールトン大学（オタワ）を選び、2010 年 4 月から 2011 年 3 月までの間、博士研究員としてムーアとの共同研究に従事することになった。オタワ滞在中は、刑事司法における「責任化」実践における被統治者（受刑者や保護観察対象者、ドラッグ・コートの参加者など）の意味世界に関する諸研究を中心に、ムーアとの共著論文を何本か発表することができたが（前掲のムーアの主要著作リストを参照）、日本の状況をグローバルな刑罰動向と比較対照させる仕事と同時に、批判的犯罪学や理論刑罰学における最先端の議論を日本に紹介し、日本の関連諸研究を刺激する仕事の必要性を痛感するようにもなった。当時の――おそらく今でもさほど変化はないと思われるが――日本の犯罪統制研究をめぐる状況は、先にも論じたようにそもそも社会学的な研究それ自体が極めて手薄な状況であり、存在したとしてもその多くはムーアが批判したような意味での「経営管理主義的」なものに留まっていた。日本の当該研究領域における社会学の役割を拡張すると同時に、（「エビデンス」を奉ずる計量研究や現状の政策・処遇を追認する公定犯罪学的研究といった）経営管理主義的な社会学とは異なる別様の社会学の可能性を展望するにあたって、本書の訳出は大きなインパクトを持ち得ると思われたのである。

ただ、一読して分かるように、本書は必ずしも平易な書ではない。本解題でも注意を払ってきたように、本書の問題関心が日本の読者に共有されづらいだろうという点に加えて、本書は（経験的研究に基づくものとはいえ）現代社会に関する諸理論を土台とする社会学の専門書であるため、翻訳にあたって原著にはないいくつかの工夫を加える必要があると判断した。

まず、原文を尊重しつつも、この領域に不案内な読者にとっての便宜を図るため、最低限の訳注を付した。訳注のなかでは日本の状況と対応させながら読み進めることができるように、原著にはない参考文献を記載した箇所がある。また、重要な術語はもちろん、訳語選択に議論の余地がありそうな（つまり訳者の選択を無条件に読者に強制するべきではないと考えられた）語句に関しても、煩雑と知りつつ初出箇所を中心に原語をカッコで記載した。例えば、この訳者解題の冒頭でも触れているように、原題の criminal artefacts は直訳すると「犯罪的人工物」となろうが、薬物犯罪が人為的（社会的、政治的、文化的）に構成される側面を強調するため、本文中では artefacts を「構成物」や「構成されたもの」などと訳し分けている。また、本書の鍵概念である criminal addict も「犯罪的アディクト」と訳すべきかもしれないが、犯罪者であると同時にアディクト（病者）でもあり、アディクト（病者）であると同時に犯罪者でもある、という含意を活かすために「犯罪者／アディクト」という訳語を選択している。

こうした措置は、もちろん訳者の責任を軽減するためのものではなく、それによって誤訳の発見可能性と読者による修正可能性が飛躍的に高まると期待してのことである。専門用語はなるべく当該領域で定訳化している表現を採用するように努めたが、不勉強ゆえに誤訳や不適切な訳語選択が散見されるかもしれない。読者のご批判とご指摘を切に願うばかりである。

英語以外の言語から英語に翻訳された文献（例えばフーコーの諸著作など）に関しては、原則としてすべて英訳から訳出した。それゆえに、原典からの日本語訳が存在するものであっても、本文中の引用符は英訳書のみに留め、文献リストに原典と日本語訳の情報を参考として記載した。ただし、訳出に際してはすべての日本語訳（フーコーの場合には思考集成やコレージュ・ド・フランス講義録等）に目を通し、必要であれば訳文にも反映させていることを付記しておきたい。

翻訳の過程においては、大変多くの方々のサポートを得た。原著者であるドーン・ムーアさんには、イギリス滞在中にもかかわらず日本語版への序文を寄せていただいた。訳者のおぼつかない英語力を補うための幾多の細かな質問に対して、そのたびに大変丁寧な回答を頂戴したことは感謝に堪えない。帝京大学の森一平さんには、草稿段階で訳文に目を通してもらい、有益なコメントをいただくことができた。また、現代人文社の成澤壽信さんには、大変厳しい出版事情とタイトなスケジュールのなか、快く出版を引き受けていただいた。心より御礼申し上げたい。

言うまでもなく、本訳書はそれ以外にも多くの方々からの学恩とご助力のもとでかろうじて成立したものである。また、今後多くの読者による忌憚なき議論の机上にあげられることによってはじめて、日本の学術／実践領域にインパクトを持つものとなろう。最後に、過去と未来の両方において本訳書に関わるすべての方々に対して、深い感謝の念を表したいと思う。

夏のおわりと政治のはじまりに。そして、SとYの記憶に。

2015年9月19日　平井　秀幸

【文献】

Carlen, P., 2012,“ Criminological Knowledge : Doing Critique, Doing Politics,” S. Hall and Winlow S. eds., *New Directions in Criminological Theory,* London : Routledge, 17-29.

Carlen, P. and A. Worrall, 2004, *Analysing Women's Imprisonment,* Willan.

Doyle A. and D. Moore, 2011, “Questions for a New Generation of Criminologists,” Doyle A. and D. Moore eds., *Critical Criminology in Canada: New Voices, New Directions,* Vancouver: UBC Press, 1-24.

Foucault M., 2004 = 2007, 高桑和巳訳『安全・領土・人口：コレージュ・ド・フランス講義　1977 - 1978年度（ミシェル・フーコー講義集成7)』筑摩書房.

Garland, D., 1996, “The Limits of the Sovereign State,” *British Journal of Criminology,* 36(4): 445–471.

平井秀幸, 2007,「薬物使用に対する『介入／処遇』のあり方をめぐる社会学的研究――ポスト福祉国家期における『ネットワーク／連携』の上昇に注目して」東京大学大学院教育学研究科2006年度博士論文.

―――, 2014,「犯罪学における未完のプロジェクト――批判的犯罪学」岡邊健編『犯罪・非行の社会学――常識をとらえなおす視座』有斐閣, 189-211.

―――, 2015,『刑務所処遇の社会学――認知行動療法・新自由主義的規律・統治性』世織書房.

Moore, D., 2000, “Risking Saturday Night: Regulating Student Alcohol Use through `Common Sense,'” *Theoretical Criminology,* 4(4): 411-428.

Rose, N., P. O'Malley and M. Valverde, 2006, “Governmentality,” *Annual Review of Law and Social Science,* 2: 83-104.

◎著者プロフィール

ドーン・ムーア（Dawn Moore）

1974年生まれ。2004年にトロント大学犯罪学センターの博士課程を修了（PhD（犯罪学））。現在、カールトン大学公共問題学部准教授（Law and Legal Studies）。『カナダ法・社会研究誌（Canadian Journal of Law and Society）』の共同編集委員長。アディクション、受刑者の権利、女性に対する暴力など多岐にわたる領域を対象に、被介入者の主体性や、人々を「作り変える」ための技術的介入に関する社会学的研究を進めてきた。現在、法をめぐる種々の相互作用に注目した編著、『法を感知する（Sensing Law）』を準備中である。『理論的犯罪学（Theoretical Criminology）』、『処罰と社会（Punishment and Society）』、『イギリス犯罪学雑誌（British Journal of Criminology）』、『社会・法研究（Social and Legal Studies）』といった犯罪学の代表的な国際ジャーナルに多くの論文が掲載されている。

◎ 訳者プロフィール

平井秀幸（ひらい・ひでゆき）

1978年生まれ。東京大学大学院教育学研究科博士後期課程修了。博士（教育学）。東京大学大学院教育学研究科教育学研究員、カールトン大学博士研究員等を経て、現在、四天王寺大学人文社会学部准教授。

主著に、『刑務所処遇の社会学――認知行動療法・新自由主義的規律・統治性』（世織書房、2015年）、「薬物依存からの『回復』をどう理解するか」ダルク研究会編著（南保輔・平井秀幸責任編集）『ダルクの日々――薬物依存者たちの生活と人生（ライフ）』（知玄舎、2013年）、「少年院処遇に期待するもの――教育学の立場から」「少年院教育の可能性と限界」広田照幸ほか編『現代日本の少年院教育』（名古屋大学出版会、2012年、いずれも広田照幸との共著）。

刑事司法における薬物処遇の社会学

「犯罪者／アディクト」と薬物の統治

2015年11月30日　第1版第1刷発行

著　者　ドーン・ムーア（Dawn Moore）
訳　者　平井秀幸
発行人　成澤壽信
発行所　株式会社現代人文社
〒160-0004　東京都新宿区四谷2-10 八ッ橋ビル7階
振替　00130-3-52366
電話　03-5379-0307（代表）
FAX　03-5379-5388
E-Mail　henshu@genjin.jp（代表）／hanbai@genjin.jp（販売）
Web　http://www.genjin.jp
発売所　株式会社大学図書
印刷所　株式会社ミツワ
ブックデザイン　加藤英一郎

検印省略　PRINTED IN JAPAN　ISBN978-4-87798-621-6　C3036